임동석중국사상100

신 서

新 序

劉向 撰 / 林東錫 譯註

유향(劉向)

象犀珠玉怪珍之物有悦於人之耳目而不適於用金石草木絲麻五穀六材有適於用而用之則弊取之則竭悦於人之耳目而不適於用金石草木絲麻五穀六材有適於用而用之則弊取之則竭悦於人之耳目而適於用用之而不弊取之而不竭賢不肖之所得各因其才仁智之所見各隨其分才分不同而求無不獲者惟書乎

丁亥菊秋錄東坡李氏山房藏書記丘堂呂元九

"상아, 물소 뿔, 진주, 옥. 진괴한 이런 물건들은 사람의 이목은 즐겁게 하지만 쓰임에는 적절하지 않다. 그런가 하면 금석이나 초목, 실, 삼베, 오곡, 육재는 쓰임에는 적절하나 이를 사용하면 닳아지고 취하면 고갈된다. 그렇다면 사람의 이목을 즐겁게 하면서 이를 사용하기에도 적절하며, 써도 닳지 아니하고 취하여도 고갈되지 않고, 똑똑한 자나 불초한 자라도 그를 통해 얻는 바가 각기 그 자신의 재능에 따라주고, 어진 사람이나 지혜로운 사람이나 그를 통해 보는 바가 각기 그 자신의 분수에 따라주되 무엇이든지 구하여 얻지 못할 것이 없는 것은 오직 책뿐이로다!"

《소동파전집》(34) 〈이씨산방장서기〉에서 구당(丘堂) 여원구(呂元九) 선생의 글씨

책 머리에

고전은 제왕학帝王學이며 지도자의 학문이며 생활에 있어서의 수신서이며 인생을 살아가는 나침반이다. 그 때문에 지도자는 이를 통해 아래 사람을 어떻게 이끌어 나갈 것인가를 배우고 구상하며, 지도자 수업을 받고 있는 자는 이를 통해 앞으로 어떻게 세상을 다스릴 것인지 목표를 설정하고 부단히 수련을 쌓게 되며, 일반인은 지도자가 어떤 고통을 당하면서 자신들을 이끌어가고 있는지를 확인하게 되는 것이다.

아울러 누구나 모두 작은 조직이지만 지도자의 위치에 서게 됨을 인식하게 되면 세상을 허투루 마구 살 수 없음을 터득하게 된다. 이러한 책이 바로 《신서新序》이다.

이 책은 지금부터 약 2천 년 전인 중국 한漢나라 때 유향劉向(B.C. 77~6)이 편집·저술하여 B.C. 24년에 완성한 역사고사집歷史故事集이다. 모두 10권으로, 1~5권은 잡사雜事(여러 가지 이야기), 6권은 자사刺奢(사치를 풍자함), 7권은 절사節士 (절의로 살아간 선비들의 이야기), 8권은 의용義勇(정의와 용기), 9~10권은 선모善謀 (훌륭한 모책, 상·하)로 권마다 편명이 붙어 있다.

그리고 내용은 고전古典의 정수精髓대로, 상고上古시대부터 한대漢代에 이르기까지 숱한 사람들의 일화와 고사를 중심으로 한 아름다운 말과 훌륭한 행동(가언선행嘉言善行) 1백88가지를 소설보다 아름다운 구성과 문체로 엮어 놓고 있다. 이는 같은 유향의 유명한 《설원說苑》보다 7년이나 앞서 편찬한 것으로, 천자에게 풍간諷諫(간언諫言)으로써 상소문上疏文을 대신하기 위한 것이라 하였다.

우리가 흔히 알고 있는 순舜임금의 지극한 효성, 손숙오孫叔敖의 음덕양보陰德陽報, 초楚 장왕莊王의 용인술用人術과 정치 방법, 기해祁奚의 인물 추천법, 제齊 환공桓公과 관중管仲의 통치술과 패업霸業, 편작扁鵲의 신비한 의술, 맹상군孟嘗君과 해대어海大語의 고사, 양梁나라 대부 송취宋就의 고사, 남군蠟君의 망국亡國과 그 결과, 송강왕宋康王의 폭정, 화씨지벽和氏之璧, 걸주桀紂의 사치와 포악, 제齊 경공景公과 안자晏子, 신포서申包胥 이야기, 변장자卞莊子의 호용好勇,

상산사호商山四皓와 한漢 고조高祖의 이야기 등 이루 헤아릴 수 없는 '감동을 주는 고사'가 주옥처럼 가득히 실려 있다.

고대에는 선악善惡의 개념이 지금보다 훨씬 강했던 것이 아닌가 한다. 게다가 선善으로의 복귀에 대해서도 지금처럼 법法이라는 강제 개념으로, 규제를 통해 사회정의를 실현하기보다는 교훈적인 윤리倫理·도덕道德을 통해 이를 법의 단계에 이르기 이전에 되돌아올 수 있도록 미리 온갖 정성을 기울인 것이 아닌가 하고 느낄 때가 있다.

물론 사회구조가 오늘날보다는 단순하고, 가치추구도 그 가족·사회·국가라는 틀을 마련해 놓은 상태에서 형성되었기 때문에 법보다는 윤리라는 초보단계로도 가능했을지 모른다. 그러나 현대라고 해서 인간이 도덕·윤리 없이 하루라도 살 수 있겠으며, 가정·사회·국가의 일원으로서 책임과 의무를 다하지 아니하고 살아갈 수가 있겠는가? 외형과 수치에 급급하여 정신문화를 무시한 채 물질문명에만 매달리는 것이 얼마나 위험한 것인지 우리는 직접 목격할 때가 있다. 물질문명의 발달은 정신문화의 기초 없이는 개인은 물론 사회나 국가조차도 가끔 사상누각砂上樓閣이 되고 만다는 이치를 우리는 현대 사회에서 체험까지 하고 있다. 이에 나는 감히 정신문화를 기초로 다지는 것이 무엇보다 시급한 문제라고 생각한다. 그 방법은 고전古典에서 출발해야 한다고 주장하고 싶다.

동서양을 막론하고 그 고전 속에서 우리는 옛사람의 윤리·도덕은 물론, 나아가 그 정서까지 도움을 얻어, 이 시대의 바른 삶의 척도로 삼을 수 있는 자료들을 찾아야 할 것이다. 이것이 시간이 걸리고 답답한 일이라 해도 꾸준히 그러한 길을 제시하여 보여 주어야 할 때이다.

고전이 고전일 수 있는 진가는 어디에 있는가? 이는 한 마디로 어느 시대·어떤 상황·어떤 경우에도 바른 잣대가 될 수 있고, 삶의 표준이 되며, 해결의 열쇠가 되고, 정신적 위안이 될 수 있는 내용이라는 데에 그 기본 가치와 진면목이 있을 것이다.

2천 년 전 유향이 편집하여 전해 오는 이 《신서》라는 책도 결국 그 2천 년 전이나 지금이나 시간의 간격은 있을지언정 인간이 고민하고 사회가 아파하는 데 대한 지식인의 참을 수 없는 고뇌들이 그냥 넘길 수 없는 상황에서 글로 엮어진 것이다.

그런데 이 《신서》는 무거운 부담감을 가지고 읽을 필요는 없다. 경학처럼 딱딱한 글이 아니라, 소설처럼 부드러운 감성의 표현이 주를 이루고 있기 때문이다. 우선 재미있는 교훈, 일상생활에서 활용할 수 있는 예화例話로서의 고사로 읽어도 된다. 그리하여 우리의 정서를 풍부하게 하고 삶에 윤택을 더하며, 수양과 도덕 교과서로 이용해도 충분한 내용이다. 나아가 정신문화의 기틀을 다지는 데 차원 있는 자료로 볼 수 있다면 더욱 좋겠다.

학문적으로 체계體系와 역주譯註, 고석考釋을 위해 원문은 일련번호와 권 번호를 부여하고, 현대적 표점標點을 가하였으며, 주석註釋과 참고자료를 실어 한문공부와 원문대조原文對照에 편리하도록 하였다. 학문적인 성과도 기해 보려고 애를 썼다.

끝으로 편집과 교정·출판에 심혈을 기울여준 편집부 여러분께도 감사의 말을 적는다. 아울러 독자 제현의 끊임없는 관심과 지도를 기원하며, 간단間斷 없는 채찍질도 기다린다.

줄포茁浦 임동석林東錫이 수정판을 내면서 부곽재負郭齋에서 적다.

일러두기

1. 이 책은 문연각본文淵閣本 사고전서四庫全書 《신서新序》(子部一, 儒家類)를 저본으로 하고, 〈사부총간四部叢刊〉 초편初編(58)·《신서新序》(1926년 商務印書館 판본을 1989년 上海古籍出版社에서 重印한 것)와 〈백자전서본百子全書本〉 1 《신서新序》 표점활자본(岳麓書社, 1993, 長沙)을 대조하여 완역상주完譯詳註한 것이다.

2. 현대 백화주석본白話註釋本으로는 《신서금주금역新序今註今譯》(盧元駿, 商務印書館, 1975년 초판, 1991년 5판, 臺北)과 《신서전역新序全譯》(李華年, 貴州人民出版社, 1994, 貴陽)·《신역신서독본新譯新序讀本》(葉幼明, 三民書局, 1996, 臺北)이 있어 훌륭한 참고가 되었다.

3. 분장分章은 본문 10권卷 188장章, 일문佚文 56장章 등 모두 244장章이며, 이에 일련번호를 부여하고 다시 괄호 속에 권卷·장章의 번호를 넣어 찾기 쉽도록 하였다. 단 본문의 분장은 각각의 의견이 모두 달라 이에 본인은 188장章으로 잠정 분류하였다.(해제부분 참고)

4. 각 편장에는 원래 제목이 없으나 본인은 해당 장의 첫 구절을 임시의 제목으로 실어 찾아보기 쉽도록 하였다.

5. 주는 인명·지명·사건명·연대 등과 역문의 부가설명·추가내용 등을 위주로 하였으며 장이 바뀌는 곳에 반복하여 실은 것도 있다.

6. 매장 끝의 참고 부분에는 가능한 한 관련 기록을 모두 찾아 실었다. 실제 이 작업은 엄청난 노력과 시간이 소요되었다. 게다가 고판본古板本 원문에 일일이 표점標點과 문장부호를 통일되게 부여하는 일은 본문 역주보다 훨씬 많은 작업량이었으나, 학문적인 중요한 가치를 감안하여 심혈을 기울여 찾아 전재한 것이다. 단일본을 대상으로 역주하였을 경우의 오류를 최소화할 수 있고, 동일한 내용에 대해 문장의 차이·고석考釋·비교比較·정위正僞를 밝히는 일은 물론, 문법文法·수사修辭·어휘語彙·어법語法 등

무궁한 분석 자료를 한 곳에 모아둠으로써 일목 요연하게 해결하는 데 용이한 체제이기 때문이다. 물론 자료 수집의 한계 때문에 모든 기록을 빠짐없이 다 실을 수는 없고, 경우에 따라서는 완전 일치하는 기록이라기보다 전체 내용 중 일부에 관련된 것도 있다. 이에 대하여는 따로 관련기록의 소재와 책 이름의 편명만을 밝힌 것도 있다.

7. 일문佚文은 이미 알려진 56조條(《新譯新序讀本》에는 51조條, 《新序全譯》에는 56條로 실려 있음)를 그대로 실어 이에 대한 연구의 참고로 활용할 수 있도록 하였다.

8. 해제解題와 참고參考 및 기왕의 《신서新序》 관련 연구기록의 원문은 뒤로 실어 학술적인 연구에 도움이 되도록 하였다.

9. 뒤편에 색인을 실어 찾아보기 편하도록 하였다.

10. 원의原意의 충실을 기하기 위해 직역으로 하였다. 문장이 순통하지 못하거나 오류가 발견되면 질정叱正과 편달鞭撻을 내려 주기 바란다.

11. 본 《신서新序》의 완역상주完譯詳註 작업에 참고로 쓰인 문헌은 대략 다음과 같다.

❋ 참고문헌

1. 《新序》 漢, 劉向 撰, 四庫全書(文淵閣本) 子部 1, 儒家類

2. 《新序》 漢, 劉向 撰, 四部叢刊初編 子部, 商務印書館, 1926年(上海古籍 出版社, 1989年 重印本, 上海.)

3. 《新序》 漢, 劉向 撰, 百子全書本 1, 岳麓書社(標點活字本), 1993, 長沙.

4. 《新序》 漢, 劉向 撰, 諸子百家叢書本(四庫全書本을 覆刊한 것), 上海古籍 出版社, 1995, 上海.

5.《新序今註今譯》盧元駿, 臺灣商務印書館, 1991(5版), 臺北.

6.《新序今註今譯》盧元駿, 天津古籍出版社(臺灣商務印書館本을 영인한 것), 1987, 天津.

7.《新序全譯》李華年, 貴州人民出版社, 1994, 貴陽.

8.《新譯新序讀本》葉幼明, 三民書局, 1964, 臺北.

9.《十三經注疏》藝文印書館, 1982, 臺北.

10.《論語集註》宋, 朱熹, 四部刊要本 漢京文化事業有限公司 影印本, 1981, 臺北.

11.《孟子集註》宋, 朱熹, 四部刊要本 漢京文化事業有限公司 影印本, 1981, 臺北.

12.《中庸語集註》宋, 朱熹, 四部刊要本 漢京文化事業有限公司 影印本, 1981, 臺北.

13.《大學語集註》宋, 朱熹, 四部刊要本 漢京文化事業有限公司 影印本, 1981, 臺北.

14.《太平廣記》北宋, 李昉 等, 中華書局 活字本, 1994, 北京.

15.《太平御覽》北宋, 李昉 等, 商務印書館 印本, 1980, 臺北.

16.《藝文類聚》唐, 歐陽詢 等, 文光出版社 活字本, 1977, 臺北.

17.《淵鑑類函》淸, 張英, 新興書局 影印本, 1978, 臺北.

18.《太平豈宇記》北宋, 樂史, 文海出版社, 1980, 臺北.

19.《北堂書梢》唐, 虞世南, 中國書店, 1989, 北京.

20.《水經注》後魏, 域道元, 世界書局 活字本, 1983, 臺北.

21.《初學記》唐, 徐堅 等, 鼎文書局 活字本, 1976, 臺北.

22.《史記》漢, 司馬遷, 鼎文書局 活字本, 1979, 臺北.

23.《漢書》後漢, 班固, 鼎文書局 活字本, 1979, 臺北.

24. 《隋書》唐, 魏徵, 鼎文書局 活字本, 1979, 臺北.

25. 《吳越春秋》漢, 趙曄, 四部備要本 臺灣商務印書局印本, 1974, 臺北.

26. 《越絶書》漢, 袁康, 四部備要本 臺灣商務印書局印本, 1974, 臺北.

27. 《古今注》晉, 崔豹, 四部備要本 臺灣商務印書局印本, 1974, 臺北.

28. 《中華古今注》後唐, 馬縞(附撰), 四部備要本 臺灣商務印書局印本, 1974, 臺北.

29. 《博物志》晉, 張華, 四部備要本 臺灣商務印書局印本, 1974, 臺北.

30. 《列女傳》漢, 劉向, 四部備要本 臺灣商務印書局印本, 1974, 臺北.

31. 《揚子法言》漢, 揚雄, 諸子集成本 世界書局, 1978, 臺北.

32. 《抱朴子》晉, 葛弘, 諸子集成本 世界書局, 1978, 臺北.

33. 《晏子春秋》張純一校註 諸子集成本 世界書局, 1978, 臺北.

34. 《呂氏春秋》晉, 呂不韋, 諸子集成本 世界書局, 1978, 臺北.

35. 《淮南子》漢, 劉安, 諸子集成本 世界書局, 1978, 臺北.

36. 《韓非子》戰國, 韓非, 諸子集成本 世界書局, 1978, 臺北.

37. 《論衡》漢, 王充, 諸子集成本 世界書局, 1978, 臺北.

38. 《太玄經》漢, 揚雄 撰, 晉, 范望 注, 四庫全書(文淵閣) 子部 術數篇.

39. 《洪範皇極內篇》宋, 蔡沈, 四庫全書(文淵閣) 子部 術數篇.

40. 《金樓子》梁, 孝元皇帝, 四庫全書 子部 雜家類.

41. 《蒙求集註》唐, 李瀚 撰, 宋, 徐子光 注, 四庫全書 類書類.

42. 《西京雜記》漢, 劉歆 撰, 四庫全書 子部 小說家類.

43. 《關尹子》周, 關尹喜, 四庫全書 子部 道家類.

44. 《拾遺記》晉, 王嘉, 四庫全書 子部 道家類.

45. 《續博物志》宋, 李石, 四庫全書 子部 道家類.

46. 《酉陽雜俎》唐, 段成式, 四庫全書 子部 道家類.

47. 《述異記》梁, 任昉, 四庫全書 子部 道家類.

48. 《高士傳》晉, 皇甫謐, 史部 傳記類.

49. 《唐芝言》五代, 王定保, 子部 小說家類.

50. 《神仙傳》晉, 葛洪, 子部 道家類.

51. 《春秋繁露》漢, 董仲舒, 經部 春秋類.

52. 《大戴禮記》漢, 戴德, 經部 禮類.

53. 《文子》周, 辛銒, 子部 道家類.

54. 《神異經》漢, 東方朔, 四庫全書 子部 道家類.

55. 《山海經》晉, 郭璞, 藝文印書館 印本, 1977, 臺北.

56. 《世說新語》南朝宋, 劉義慶, (楊勇校註本) 正文書局, 1992, 臺北.

57. 《樂府詩集》宋, 郭茂晉, 中華書局 活字本, 1979, 北京.

58. 《玉臺新詠》梁, 徐陵, 文光書局 印本, 1972, 臺北.

59. 《說苑》漢, 劉向, 四庫全書 儒家類.

60. 《韓詩外傳》漢, 韓祿, 四庫全書 儒家類.

61. 《左傳》周, 左丘明, 十三經注疏本.

62. 《詩經全譯》貴州出版社 全譯本.

63. 《史通全譯》貴州出版社 全譯本.

64. 《列子全譯》貴州出版社 全譯本.

65. 《莊子全譯》貴州出版社 全譯本.

66. 《戰國策全譯》貴州出版社 全譯本.

67. 《楚辭全譯》貴州出版社 全譯本.

68. 《抱朴子內篇全譯》貴州出版社 全譯本.

69. 《吳越春秋全譯》貴州出版社 全譯本.

70. 《抱朴子內篇校釋》中華書局, 1988년.

71. 《孔子家語》魏, 王肅, 中州古籍出版社, 1991년.

72. 《孔子集語》淸, 孫星衍, 上海古籍出版社, 1993년.

73. 《鹽鐵論譯註》王貞珉, 吉林文史出版社, 1995년.

74. 《水經注疏》楊守敬(等), 上海古籍出版社, 1989년.

75. 《太玄經校注》劉韶軍, 華中師範大學出版社, 1996년.

76. 《列仙傳今譯·神仙傳今譯》邱鶴亭, 中國社會科學研究所, 1996년.

77. 《方言》漢, 揚雄, 國民出版社 印本, 1960, 臺北.

78. 《燕京歲時記》淸, 富察敦崇, 廣文書局 影印本, 1981, 臺北.

79. 《新語》漢, 陸賈, 百家總書本 印本 上海古籍出版社, 1990, 上海.

80. 《潛夫論》東漢, 王符, 百家總書本 印本 上海古籍出版社, 1990, 上海.

81. 《國語》周, 左丘明, 百家總書本 印本 上海古籍出版社, 1990, 上海.

82. 《文選(六臣注)》梁, 蕭統, 華正書局 影印本, 1983, 臺北.

83. 《說文解字注》漢, 許愼, 淸, 段玉裁 注, 漢京文化出版社 影印本, 1980, 臺北.

84. 《中國大百科全書》(民族·文學·哲學·歷史) 中國大百科全書出版社, 1993, 北京.

85. 《中國儒學百科全書》中國大百科全書出版社, 1997, 北京.

86. 《三才圖會》明, 王圻·王思義(編集) 上海古籍出版社(印本) 1988, 上海.

87. 기타 관련 서적 다수는 생략함.

해 제

1. 《신서新序》

《신서新序》는 중국 서한西漢 말기의 유향(劉向; B.C. 77~6)이 편찬한 역사고사집歷史故事集이다. 유향은 이를 통하여 한漢 왕조에게 간언諫言과 교훈을 삼도록 하려고 의도하였다. 《한서漢書》권36의 유향전劉向傳·초원왕전楚元王傳에 이렇게 기록되어 있다.

"采傳記行事, 著《新序》·《說苑》凡五十篇奏之. 數上疏言得失, 陳法戒. 書數十上, 以助觀覽, 補遺闕. 上雖不能盡用, 然內嘉其言, 上嗟歎之."

(전기와 행사를 채집하여 《신서》·《설원》 모두 50편을 지어 상주하였다. 자주 상소하여 득실을 말하며 법계를 진술하였고, 글을 수십 번 올림에 이 책을 통해 살펴보아 빠진 것은 이를 통해 보충토록 하기 위함이었다. 임금은 비록 이를 그대로 모두 실행하지는 못하였으나, 그 말을 가상하다고 받아들이며 감탄하였다.)

따라서 실제로 "以著述當諫書"(저술로 간언할 말을 대신함)한 것이다. 이 《신서》의 책이름은 "새롭게 순서를 정하여 내용을 분류하다"라는 뜻으로 보고 있다. 제목 자체의 의미보다는 오히려 편집 순서에 치중하여, 풍간諷諫의 재료로 삼는다는 주제에 의미를 두고 있었던 것이다.

이 책의 완성 시기는 대체로 한漢 성제成帝 양삭陽朔 원년(B.C. 24년) 2월 계묘일癸卯日로 보고 있다(王應麟《漢書藝文志考證》). 그리고 모두 10권으로 분류하여 잡사雜事 1·2·3·4·5를 각 권으로 하여 앞세우고, 6권은 자사刺奢, 7권은 절사節士, 8권은 의용義勇, 9·10권은 선모善謀 상·하로 묶은 것이다.

한편 편장篇章의 분류는 각각의 의견이 모두 달라, 초기 송대宋代 증공曾鞏의 집본輯本에는 166장으로, 왕응린王應麟은 183장으로, 〈백자전서百子全書〉에는 169장으로, 〈사부총간四部叢刊〉은 176장으로, 〈총서집성叢書集成〉은 182장으로, 〈철화관鐵華館〉본 《신서》는 184장으로 나누고 있다. 그런가 하면 현대 역주본도 각각 달라 《신서금주금역新序今註今譯》(商務印書館)은 183장으로, 《신역신서독본新譯新序讀本》(三民書局)은 182장으로, 《신서전역新序全譯》(貴州人民出版社)에는 183장으로 나누고 있다. 본인은 188장으로 나누었다. 이는 관련 기록의 대조에서 다른 전적에 전재된 문장, 혹은 출전의 문단을 근거로 한 것이며, 일부는 문장의 합장보다는 분리가 훨씬 합리적이라 여겨 기준으로 삼은 것이다. 이는 물론 절대적일 수는 없다. 보는 각도에 따라 동일한 주제로 판단할 수도 있고, 또 경우에 따라서는 분장分章이 마땅하다고 인정할 수 있는 것도 있기 때문이다.

유향은 한대漢代의 시대 조류와 맞게 고사의 수집과 분류·편집·교집校輯과 교감校勘에 아주 뛰어난 선각적 시각을 가졌던 인물이다. 그는 수사修史에 대한 의도보다는 오히려 대량의 일사逸事·기문奇聞·고사·일화, 심지어 신화·전설에 이르기까지 폭넓게 수집하였으며, 체제 또한 자유롭게 구사하며, 채록 고사의 대상도 장단長短과 상략詳略에 구애받지 않은 채 엄청난 양의 자료를 모았던 것이다. 더구나 잡사雜史·잡전雜傳까지도 넘나들며 정통 유학儒學의 속박에도 얽매이지 않았다. 그는 이에 따라 《열녀전列女傳》·《열선전列仙傳》·《열사전列士傳》 등 인물 위주의 수집·편찬은 물론, 《신서》·《설원》처럼 고사 중심의 자료도 한 곳으로 모아 이를 찬집하였으며, 《전국책》처럼 시대 중심의 인간 활동 기록에 대한 정리에도 관심을 버리지 않았던 것이다. 이는 한대 기록 문화의 꽃이었던 《사기》의 영향도 컸으리라 여겨진다.

유향은 사마천(司馬遷; B.C. 145~?)보다 약 70년 뒤에 태어났다. 신분상으로 궁중 비부秘府의 도서를 마음놓고 볼 수 있었으며, 그 도서에 대한 정리를 자신의 사명으로 여겨 《별록別錄》을 작성한 업적으로 보아도 그의 활동과 관심 사항을 알 수 있다. 특히 한대의 도서는 주로 죽간竹簡·목간木簡, 혹은 백서帛書였으므로 그에 대한 훼손과 탈간·탈락에 대한 안타까움으로 도서정리의 필요성을 절감, 결국 이에 대한 작업으로 중국 목록학目錄學의 새로운 장을 개척하기에 이른 것이다. 그리고 그의 아들 유흠劉歆은 기구지업箕裘之業을 이어받아 중국 학술의 기초를 다졌으니, 이는 바로 아버지 유향의 노력에서 비롯된 것이었다. (《漢書》藝文志 序文 참조) 그러한 일련의 작업과 분위기는 스스로 섭렵한 내용과 자료를 일관되게 분류·기록·재정리하여 새로운 도서로 작성할 욕구를 낳게 하였을 것으로 보인다. 게다가 자신이 처한 시대 상황이 서한말西漢末 외척과 환관의 득세로 어둡고 혼암하여, 왕조 몰락의 기미가 보이자, 우선 천자를 설득하여 사회분위기와 가치관을 일신하고자 하였지만 상소문을 올릴 때마다 천자는 긍정과 찬탄을 금치 못하면서도, 정작 실제 행동으로는 옮기지 못하였다. 이러한 안타까움에 자료를 정리하여 바침으로써 간언을 대신코자 하였던 것이다. (《漢書》本傳 참조) 따라서 자신이 읽고 수집하였던 숱한 고사에서 얻을 수 있는 흥망의 득실, 삶의 지혜와 사회정의 등을 주제로 천자에게 풍간이 될 내용을 모아 편집하되, 그 이름을 우선 "새롭게 차례를 정해 찬집한 책"이라는 뜻의 《신서》라 이름 지은 것이다. 그러나 이러한 노력에도 불구하고 역사란 어쩔 수 없는 것이었는지 서한은 유향 사후 13년 만에 외척 왕씨王氏의 세력인 왕망王莽에 의해 제위가 찬탈되고 '신新' 나라가 들어서면서 유씨劉氏 왕조는 일단락되고 만다.

한편 유향은 이 《신서》의 작업이 끝나자, 나머지 방대한 자료를 그냥 둘 수 없어 이번에는 더욱 세분화하고 편장의 주제까지 명확히 하여, 그 유명한 《설원》을 완성하게 된다. 이 《설원》은 학자들의 연구에 의하면 《신서》의 나머지 부분이었던 것으로 여겨진다. 《신서》가 이루어진(B.C. 24년) 7년 뒤인 B.C. 17년(成帝 鴻嘉 4년)에 완성된 것으로 내용이나 편장의 장단·분량 등에 있어서 훨씬 자유롭고 방대하다.

이로 보면 《신서》는 《설원》보다 앞서 초보적이고 표준적인 편찬 의도로 시작된 것이다. 따라서 《신서》의 내용과 체제가 규범적이라면, 《설원》은 그에 비해 다양하고 제한 없는 분량의 파일을 주제에 의해 분류하여 이루어진 것이라 할 수 있다. 그러나 두 책은 실제에 있어서 결국 같은 풍모를 지니고 있다. 그 때문에 《한서》 본전에 두 책을 언급하되 "采傳記行事, 著新序·說苑, 凡五十篇"이라 묶어서 거론했던 것이다.

한편 《신서》는 《한서》 예문지藝文志에 유향의 저술 67편에 속한다고만 하고 구체적인 편수가 없었고, 《수서隋書》 경적지經籍志에 30권이라 기록되어 있다. 현존 본은 송대 증공曾鞏이 찬집하면서 10권 166장으로 분류되어 이어져 오고 있다.

내용은 순순·우禹로부터 한대 당시의 사실까지 폭넓게 걸쳐 있으며, 많은 부분은 《좌전》·《국어》·《전국책》·《사기》·《설원》·《한시외전》·《안자춘추》는 물론 전국戰國 시대부터 한초漢初까지의 제자백가에 널리 기재되어 있는 것들이다. 그리고 찬집 주제는 유가사상에 바탕을 두고 있지만, 실제로는 도가·묵가의 장점도 실어 선진先秦과 한대의 사회사상과 인식의 조류를 거부감 없이 수용하고 있는 것이다.

《신서》의 판본으로서 〈사부총간본〉은 명明 가정(嘉靖: 1522~1565) 시기에 송본宋本을 복각復刻한 것이며 그 외에 〈총서집성본叢書集成本〉·〈백자전서본〉·〈제자백가총서본〉 등이 있다. 현대 역주본으로는 《신서금주금역》(盧元駿, 臺灣 商務印書館, 1975), 《신역신서독본》(葉幼明, 臺灣 三民書局, 1996), 《신서전역》(李華年, 貴州人民出版社, 1994)등이 있다.

그리고 《고려사》에 의하면 우리나라에서도 일찍이 《신서》 판본이 있어 널리 읽혔던 것으로 짐작할 수 있다. 특히 송나라의 철종(哲宗; 1086~1100 재위)이 고려에 대한 도서 요구에 응한 목록 중에 "新序三卷, 說苑二十卷, 劉向七錄二十卷" 등의 구체적인 기록이 있어 당시 고려는 유향의 편찬서를 모두 보유·소장하고 있었던 것으로 여겨진다(《고려사》 세가 卷十, 宣宗 8年. 이에 대한 것은 林東錫 역주 《설원》 해제 부분을 참고할 것).

그밖에 현재 한국 소장본의 《신서》 고판본으로는 광서光緒 19년(1893)의 중국 목판본 《신서》 10권이 국립도서관(고문서번호: 고2526-25)에 소장되어 있다.

2. 유향劉向

유향은 서한 때의 경학가·문학가·목록학자로 널리 알려져 있으며 생몰연대는 대체로 B.C. 77년부터 B.C. 6년, 즉 서한 소제(昭帝, 劉弗陵, B.C. 86~74년 재위) 원봉元鳳 4년에 태어나, 선제(宣帝; 劉詢, B.C. 73~49년 재위), 원제(元帝; 劉奭, B.C. 48~33년 재위), 성제(成帝; 劉驁, B.C. 32~7년 재위)를 거쳐 애제(哀帝; 劉欣, B.C. 6~1년 재위) 원년에 72세로 생을 마친 인물이다.

정치적으로 그의 말년에는 외척 왕씨가 집권하여 왕권의 쇠락과 혼란을 거듭한 끝에, 그의 사후 13년 만에는 결국 서한 왕조가 무너지고 왕망의 찬탈로 '신'이 들어서는 시기이기도 하다.

유향의 본명은 경생更生이며 자는 자정子政이었으나, 성제 즉위 초년에 이름을 향向으로 바꾸었으며 이 이름이 지금도 널리 알려져 있다.

그는 한 왕조의 시조인 고조 유방劉邦의 이복동생 초원왕楚元王, 劉交의 4세손인 황족으로서 유덕劉德의 아들이다. 특히 유향의 아들들도 모두 학문에 뜻을 두어 맏이인 유급劉伋은 《역易》으로써 교수가 되어 군수郡守에까지 올랐고, 둘째 유사劉賜는 구경승九卿丞을 지냈으며, 막내아들 유흠劉歆은 아버지의 학문을 그대로 이어받아 중국 학술사에 빛나는 《칠략》을 지어 목록학의 한 장을 성취한 것으로도 유명하다.

유향은 선제 때부터 성제에 이르기까지 연랑輦郎·간대부諫大夫·낭중郎中·급사황문給事黃門·산기간의대부散騎諫議大夫·산기중정급사중散騎中正給事中·중랑中郎·광록대부光祿大夫·중루교위中壘校尉 등을 지냈으며 한때 임금의 노여움을 사서 여러 차례 하옥되기도 하였다.

그는 《춘추곡량전春秋穀梁傳》·《춘추좌씨전春秋左氏傳》 등에 밝아 선제 때에는 '명유준재名儒俊材'로 선발되어 〈부송賦頌〉 수십 편을 바치기도 하였으며 석거각회의石渠閣會議에 참여하여 오경이동五經同異에 대한 강론을 펼치기도 하였다.

원제 때에는 음양재이陰陽災異에 대한 문제와, 외척 환관의 탄핵 문제에 연루되어 하옥되었다. 성제 때 다시 비부秘府의 책을 교정하여 유명한 《별록別錄》을 지어 목록학의 개조開祖가 되었으며, 고래의 길흉화복에 대한 징험徵驗을 모아 《홍범오행전론洪範五行傳論》을 썼다. 그리고 《시》·《서》 속의 현비賢妃·정부貞婦와 흥국현가興國顯家의 부녀들 이야기를 모아 《열녀전列女傳》을 완성하기도 하였다. 그리고 유별로 교훈적인 이야기와 문장을 모아 찬집한 《신서》와 《설원》은 오늘날까지 유가의 전범과 방증 자료로 널리 이용되고 있다. 특히 《홍범오행전론》은 당시의 정치 혼란을 재이와 부서符瑞·점험占驗에 맞추어 이론화한 것으로 뒷날 점법占法에 지대한 영향을 미친 저술이기도 하다.

《설원》은 군도君道·신술臣術로 시작하여 수문修文·반질反質에 이르기까지 오늘날 20권으로 되어 있으며 당시까지의 교훈적 일화와 명문을 모아 유가의 정치이론과 가치관을 그대로 반영한 대작이다. 그에 비하여 《신서》는 《춘추》의 근본사상을 바탕으로 상고부터 한대에 이르기까지 가언선행嘉言善行을 포양褒揚하여 태평지기太平之基, 만세지리萬世之利의 사회정의에 대한 관념을 정론화한 것으로 평가받고 있다.

한편 《한서》 예문지에 그의 〈사부〉 33편의 목록이 있으나 지금은 몇몇 잔편단장殘篇斷章 외에는 모두 소실되었고, 다만 〈구탄九嘆〉이 《초사楚辭》 속에 들어 있을 뿐이다. 이는 유향이 경서를 전교典校할 때, 굴원屈原을 추념하기 위해 굴원에 의탁하여 쓴 것으로 그 자신이 교집校輯하면서 《초사》 16편 속에 함께 실은 것이다. 이 《초사》는 동한東漢에 이르러 왕일王逸이 주를 달아 《초사 장구》라는 책으로 정리되어, 현존 최고最古의 《초사》 전본으로 귀중한 자료가 되고 있다.

유향은 주소奏疏 문장의 보존과 고서古書에 대한 교수校讐에도 심혈을 기울여 그에 대한 회록을 남겼는데 특히 〈간영창릉소諫營昌陵疏〉와 《전국책회록戰國策 廻錄》이 유명하다.

한편 그의 산문은 간약창달簡約暢達하고 종용서완從容舒緩하여 당송唐宋 고문 가에게 큰 영향을 끼치기도 하였다. 그 외에도 학술적으로는 고적을 전교하여 이룩한 《별록》은 그의 아들 유흠이 이를 바탕으로 《칠략》으로 완성, 중국 목록학의 선하先河를 개도開導한 것으로 오늘날까지 학술사의 중요한 일문을 차지하고 있다. 이의 대략은 반고班固의 《한서》 예문지로써 알 수 있으며, 원서는 이미 사라졌다. 청대에 이르러 홍이훤洪頤煊, 마국한馬國翰, 요진종 姚振宗이 집일한 것이 있어 그 대강을 엿볼 수 있다. 그 외에 《열선전》(이는 송대 陳振孫의 僞作으로 보기도 한다)과 《전국책》 33권 등도 널리 알려져 있다.

그의 문집은 《수서》 경적지에 《유향집》 6권의 목록이 보이나 지금은 없어 졌고, 명대 장부(張溥; 1602~1641)가 집일한 《유자정집劉子政集》이 《한위육조백 삼가집漢魏六朝百三家集》에 수록되어 있다.

유향의 전기는 《한서》 권36 초원왕전에 유교劉交·유향劉向·유흠劉歆이 함께 실려 있다. 그중 〈유향전〉을 전재하여 참고로 삼는다. (단 원문 중의 〈上書文〉과 〈上疏文〉 등은 생략하였다.)

《漢書》卷36〈楚元王傳〉(〈劉向傳〉節錄)

向字子政, 本名更生. 年十二, 以父德任爲輦郎. 既冠, 以行修飭擢爲諫大夫是時, 宣帝循武帝故事, 招選名儒俊材置左右. 更生以通達能屬文辭, 與王褒·張子僑等並進對, 獻賦頌凡數十篇. 上復興神僊方術之事, 而淮南有《枕中鴻寶苑秘書》. 書言神僊使鬼物爲金之術, 及鄒衍重道延命方, 世人莫見, 而更生父德武帝時治淮南獄得其書. 更生幼而讀誦, 以爲奇, 獻之, 言黃金可成. 上令典尚方鑄作事, 費甚多, 方不驗. 上乃下更生吏, 吏劾更生鑄僞黃金, 繫當死. 更生兄陽城侯安民上書, 入國戶半, 贖更生罪. 上亦奇其材, 得踰冬減死論. 會初立《穀梁春秋》, 徵更生受《穀梁》, 講論《五經》於石渠, 復拜爲郎中給事黃門, 遷散騎諫大夫給事中.

元帝初卽位, 太傅蕭望之爲前將軍, 少傅周堪爲諸吏光祿大夫, 皆領尚書事, 甚見尊任. 更生年少於望之·堪, 然二人重之, 薦更生宗室忠直, 明經有行, 擢爲散騎宗正給事中, 與侍中金敞拾遺於左右. 四人同心輔政, 患苦外戚許·史在位放縱, 而中書宦官弘恭·石顯弄權. 望之·堪·更生議, 欲白罷退之. 未白而語泄, 遂爲許·史及恭·顯所譖愬, 堪·更生下獄, 及望之皆免官. 語在《望之傳》. 其春地震. 夏, 客星見昴·卷舌間. 上感悟, 下詔賜望之爵關內侯, 奉朝請. 秋, 徵堪·向, 欲以爲諫大夫, 恭·顯白皆爲中郎. 冬, 地復震. 時恭·顯·許·史子弟侍中諸曹, 皆側目於望之等, 更生懼焉, 乃使其外親上變事, 言:(上疏文, 略)

書奏, 恭·顯疑其更生所爲, 白請考姦詐. 辭果服, 遂逮更生繫獄, 下太傅韋玄成·諫大夫貢禹, 與廷尉雜考. 劾更生前爲九卿, 坐與望之·堪謀排車騎將軍高·許·史氏侍中者, 毀離親戚, 欲退去之, 而獨專權. 爲臣不忠, 幸不伏誅, 復蒙恩徵用, 不悔前過, 而教令人言變事, 誣罔不道. 更生坐免爲庶人. 而望之亦坐使子上書自冤前事, 恭·顯白令詣獄置對. 望之自殺. 天子甚悼恨之, 乃擢周堪爲

光祿勳, 堪弟子張猛光祿大夫給事中, 大見信任, 恭·顯憚之, 數譖毀焉. 更生見堪·猛在位, 幾已得復進, 懼其傾危, 乃上封事諫曰: (封事諫書, 略)

　　恭·顯見其書, 愈與許·史比而怨更生等. 堪性公方, 自見孤立, 遂直道而不曲, 是歲夏寒, 日青無光, 恭·顯及許·史皆言堪·猛用事之咎. 上內重堪, 又患眾口之寖潤, 無所取信. 時長安令楊興以材能幸, 常稱譽堪. 上欲以爲助, 乃見問興:「朝臣斷斷不可光祿勳, 何(也)邪?」興者傾巧士, 謂上疑堪, 因順指曰:「堪非獨不可於朝廷, 自州里亦不可也. 臣見眾人聞堪前與劉更生等謀毀骨肉, 以爲當誅, 故臣前言堪不可誅傷, 爲國養恩也.」上曰:「然此何罪而誅? 今宜奈何?」興曰:「臣愚以爲可賜爵關內侯, 食邑三百戶, 勿令典事. 明主不失師傅之恩, 此最策之得者也.」上於是疑. 會城門校尉諸葛豐亦言堪·猛短, 上因發怒免豐. 語在其傳. 又曰:「豐言堪·猛貞信不立, 朕閔而不治, 又惜其材能未有所効, 其左遷堪爲河東太守, 猛槐里令.」

　　顯等專權日甚. 後三歲餘, 孝宣廟闕災, 其晦, 日有蝕之. 於是上召諸前言日變在堪·猛者責問, 皆稽首謝. 乃因下詔曰:「河東太守堪, 先帝賢之, 命而傅朕. 資質淑茂, 道術通明, 論議正直, 秉心有常, 發憤悃愊, 信有憂國之心. 以不能阿尊事貴, 孤特寡助, 抑厭遂退, 卒不克明. 往者眾臣見異, 不務自修, 深惟其故, 而反晻昧說天, 託咎此人. 朕不得已, 出而試之, 以彰其材. 堪出之後, 大變仍臻, 眾亦嘿然. 堪治未期年, 而三老官屬有識之士詠頌其美, 使者過郡, 靡人不稱. 此固足以彰先帝之知人, 而朕有以自明也. 俗人乃造端作基, 非議訛欺, 或引幽隱, 非所宜明, 意疑以類, 欲以陷之, 朕亦不取也. 朕迫于俗, 不得專心, 乃者天著大異, 朕甚懼焉. 今堪年衰歲暮, 恐不得自信, 排於異人, 將安究之哉? 其徵堪詣行在所.」拜爲光祿大夫, 秩中二千石, 領尚書事. 猛復爲太中大夫給事中. 顯幹尚書(事), 尚書五人, 皆其黨也. 堪希得見, 常因顯白事, 事決顯口. 會堪疾瘖, 不能言而卒, 顯誣奏猛, 令自殺於公車. 更生傷之, 乃著《疾讒》·《摘要》·《救危》及《世頌》, 凡八篇, 依興

古事, 悼己及同類也. 遂廢十餘年.

成帝卽位, 顯等伏辜, 更生乃復進用, 更名向. 向以故九卿召拜爲中郎, 使領護三輔都水. 數奏封事, 遷光祿大夫. 是時帝元舅陽平侯王鳳爲大將軍秉政, 倚太后, 專國權, 兄弟七人皆封爲列侯. 時數有大異, 向以爲外戚貴盛, 鳳兄弟用事之咎. 而上方精於《詩書》, 觀古文, 詔向領校中《五經》祕書. 向見《尚書洪範》, 箕子爲武王陳五行陰陽休咎之應, 向乃集合上古以來歷春秋六國至秦漢符瑞災異之記, 推迹行事, 連傳禍福, 著其占驗, 比類相從, 各有條目, 凡十一篇, 號曰《洪範五行傳論》, 奏之. 天子心知向忠精, 故爲鳳兄弟起此論也, 然終不能奪王氏權.

久之, 營起昌陵, 數年不成, 復還歸延陵, 制度泰奢. 向上疏諫曰: (上疏文, 略)

書奏, 上甚感向言, 而不能從其計.

向睹俗彌奢淫, 而趙·衛之屬起微賤, 踰禮制. 向以爲王教由內及外, 自近者始. 故採取《詩書》所載賢妃貞婦, 興國顯家可法則, 及孽嬖亂亡者, 序次爲《列女傳》, 凡八篇, 以戒天子. 及采傳記行事, 著《新序》·《說苑》凡五十篇奏之. 數上疏言得失, 陳法戒. 書數十上, 以助觀覽, 補遺闕. 上雖不能盡用, 然內嘉其言, 常嗟歎之.

時上無繼嗣, 政由王氏出, 災異浸甚. 向雅奇陳湯智謀, 與相親友, 獨謂湯曰: 「災異如此, 而外家日(甚)盛, 其漸必危劉氏. 吾幸得同姓末屬, 絫世蒙漢厚恩, 身爲宗室遺老, 歷事三主. 上以我先帝舊臣, 每進見常加優禮, 吾而不言, 孰當言者?」向遂上封事極諫曰: (上諫書, 略)

書奏, 天子召見向, 歎息悲傷其意, 謂曰: 「君且休矣, 吾將思之.」以向爲中壘校尉.

向爲人簡易無威儀, 廉靖樂道, 不交接世俗, 專積思於經術, 晝誦書傳, 夜觀星宿, 或不寐達旦. 元延中, 星孛東井, 蜀郡岷山崩雍江, 向惡此異, 語在《五行志》. 懷不能已, 復上奏, 其辭曰: (上奏文, 略)

上輒入之, 然終不能用也. 向每召見, 數言公族者國之枝葉, 枝葉落則本根無所庇廕; 方今同姓疏遠, 母黨專政, 祿去公室, 權在外家, 非所以彊漢宗, 卑私門, 保守社稷, 安固後嗣也.

向自見得信於上, 故常顯訟宗室, 譏刺王氏及在位大臣, 其言多痛切, 發於至誠. 上數欲用向爲九卿, 輒不爲王氏居位者及丞相御史所持, 故終不遷. 居列大夫官前後三十餘年, 年七十二卒. 卒後十三歲而王氏代漢. 向三子皆好學: 長子伋, 以《易》教授, 官至郡守; 中子賜, 九卿丞, 蚤卒; 少子歆, 最知名.

　　　　　漢　劉向　撰

昔者舜自耕稼陶漁而孝友父事瞽叟母事頑嚚及弟象
傲者不悛不移舜盡孝道以供養瞽叟瞽叟與象為浚
井塗廩之謀欲以殺舜舜孝益篤出田則號泣年五十
猶嬰兒慕可謂至孝矣故耕於歷山歷山之耕者讓畔
漁於河濱河濱之陶者罷不苦窳漁於雷澤雷澤之漁
者分均及立為天子天下化之蠻夷率服北發渠搜南
撫交阯莫不慕義麟鳳在郊故孔子曰孝弟之至通於
神明光於四海舜之謂也孔子在州里篤行孝道居於
闕黨闕黨之子弟畋漁分有親者得多孝以化之也是
以七十二子自遠方至服從其德也魯有沈猶氏者旦飲
羊飽之以欺市人公慎氏有妻而淫慎潰氏奢侈驕佚
曾市之鬻牛馬者善豫賈孔子將為魯司寇沈猶氏不

敢朝飲其羊公慎氏出其妻慎潰氏踰境而徙魯之鬻
馬牛不豫賈布正以待之也既為司寇季孟墮邱貴之
城齊人歸所侵魯之地由積正之所致也故曰其身正
不令而行
孫叔敖為嬰兒之時出遊見兩頭蛇殺而埋之歸而泣
其母問其故叔敖對曰聞見兩頭之蛇者死嚮者吾見
之恐去母而死也其母曰蛇今安在曰恐他人又見殺
而埋之矣其母曰吾聞有陰德者天報以福汝不死也
及長為楚令尹未治而國人信其仁也
禹之興也以塗山紂之亡也以末喜湯之興也以有莘
紂之亡也以妲己文武之興也以任姒幽王之亡也以
襃姒如是以詩正關雎而春秋襃伯姬也襃姒楚國之夫
人也楚莊王罷朝而晏問其故莊王曰今旦與賢相語
不知日之晏也樊姬曰奚謂賢相王曰為虞丘子樊姬
掩口而笑王問其故曰妾幸得執巾櫛以侍王非不欲
專貴擅愛也以為傷王之義故所進與妾同位者數人

劉向新序卷第一

雜事第一

昔者舜自耕稼陶漁而躬孝友父瞽瞍頑母嚚
及弟象傲皆下愚不移舜盡孝道以供養瞽瞍
瞽瞍與象爲浚井塗廩之謀欲以殺舜舜孝益
篤出田則號泣年五十猶嬰兒慕可謂至孝矣
故耕於歷山歷山之耕者讓畔陶於河濱河濱
之陶者器不苦窳漁於雷澤雷澤之漁者分均
及立爲天子天下化之蠻夷率服比發渠搜南
撫交阯莫不慕義麟鳳在郊故孔子曰孝弟之
至通於神明光于四海舜之謂也

篤行孝道居於闕黨闕黨之子弟畋漁分有親
者得多孝以化之也是以七十二子自遠方至
服從其德魯有沈猶氏者旦飲羊飽之以欺市
人公慎氏有妻而淫慎氏出其妻魯有司寇沈
猶氏不敢朝飲其羊公慎氏出其妻慎潰氏踰
境而徙魯之鬻牛馬者善豫賈孔子將爲魯司
寇沈猶之朝飲其羊者魯之鬻馬牛不豫賈所
由積正之所致也故曰其身正不令而行
季子孟嘗郡費之城齊人歸所侵魯之地由正
孫叔敖爲嬰兒之時出遊見兩頭蛇殺而埋之
歸而泣其母問其故叔敖對曰聞見兩頭之蛇

者死嚮者吾見之恐去母而死也其母曰今蛇
安在曰恐他人又見殺而埋之矣其母曰吾聞
有陰德者天報以福汝不死也及長爲楚令尹
未治而國人信其仁也
禹之興也以塗山桀之亡也以妹喜湯之興也
以伊尹紂之亡也以妲己文武之興也以任姒
幽王之亡也以褒姒是以詩正關雎而春秋襃
伯姬也樊姬楚國之夫人也楚莊王罷朝而晏
問其故莊王曰今日與賢相語不知日之晏也
樊姬曰賢相爲誰曰爲虞丘子樊姬掩口而
笑王問其故曰妾幸得執巾櫛以侍王非不欲

專貴擅愛也以爲傷王之義故所進與妾同位
者數人矣今虞丘子爲相數十年未嘗進一賢
知而不進是不忠也不知也不智也安得爲賢
明日朝王以樊姬之言告虞丘子虞丘子稽首
曰如樊姬之言於是辭位而進孫叔敖孫叔敖
相楚莊王爲霸樊姬之言也
衛靈公之時彌子瑕有寵於衛專於衛國
任事衛大夫史鰌病且死謂其子瑕不肖而
知而不進是不忠也史鰌治喪於北堂吾不聽
鰌病且死謂其子瑕即死吾不能正君也生不
能進蘧伯玉而退彌子瑕是不能正君也生不
能正君者死不當成禮置尸堂於我足矣史

劉向新序卷第一

雜事第一

昔者舜自耕稼陶漁而躬孝友及父瞽瞍頑母嚚及弟象傲皆下愚不移舜盡孝道以供養瞽瞍瞽瞍與象為浚井塗廩之謀欲以殺舜舜孝益篤出田則號泣年五十猶嬰兒慕可謂至孝矣故耕於歷山歷山之耕者讓畔陶於河濱河濱之陶者器不苦窳漁於雷澤雷澤之漁者分均及立為天子天下化之蟁東率服北發渠搜南撫交阯莫不慕義麟鳳在郊故孔子曰孝弟之至通於神明光于四海矣之謂也孔子在州里篤行者道居於闕黨闕黨之子弟畋漁分有親者得多孝以化之也是以七十二子自遠方至服從其德誨有沈猶氏者旦飲其羊飽之以欺市人公慎氏有妻而淫慎氏奢侈驕佚沈猶氏之鄰牛馬者善豫賈孔子將為魯司寇沈猶氏不敢朝飲其羊公慎氏出其妻豫賈不敢為市魯之鬻馬牛不豫賈布正以待之也既為司寇季孟皆墮郈費之城齊人歸所侵魯之地由司寇之所致也故曰其身正不令而行

孫叔敖為嬰兒之時出遊見兩頭蛇殺而埋之歸而泣其母問其故叔敖對曰聞見兩頭之蛇者死嚮者吾見之恐去母而死也其母曰蛇今安在曰恐他人又見殺而埋之矣其母曰吾聞有陰德者天報以福汝不死也及長為楚令尹未治而國人信其仁也

禹之興也以塗山紂之亡也以妲己文武之興也以任姒幽王之亡也以褒姒是以詩正關雎而春秋褒宋姜夫人也莊王罷朝而晏問其故莊王曰今日與賢相語不知日之晏也樊姬曰賢相為誰王曰為虞丘子樊姬掩口而笑王問其故曰妾得執巾櫛以侍王非不欲專貴擅愛也以為傷王之義故所進與妾同位者數人矣今虞丘子為相數十年未嘗進一賢而退不肖是不忠也不知是不智也安得為賢知而不進是不忠也不知是不智也安得為賢明日朝王以樊姬之言告虞丘子虞丘子稽首曰如樊姬之言於是辭位而進孫叔敖孫叔敖相楚莊王之時伯王而霸樊姬與有力焉

衛靈公之時彌子瑕有寵而任事衛大夫史鰌病且死謂其子曰我即死治喪於北堂吾生不能進蘧伯玉而退彌子瑕是不能正君也生不能正君者死不當成禮置尸堂於我足矣史

《新序》諸子百家叢書本

劉向新序

四部叢刊子部

劉向新序卷第一

雜事第一

昔者舜自耕稼陶漁而躬孝友父瞽瞍頑母嚚
及弟象傲皆下愚不移舜盡孝道以供養瞽瞍
瞽瞍與象為浚井塗廩之謀欲以殺舜舜孝益
篤出田則號泣年五十猶嬰兒慕可謂至孝矣
故耕於歷山歷山之耕者讓畔陶於河濱河濱
之陶者器不苦窳漁於雷澤雷澤之漁者分均
及立為天子天下化之蠻夷率服北發渠搜南
撫交阯莫不慕義麟鳳在郊藪
至通於神明光于四海舜之謂也孔子在州里

篤行孝道居於闕黨闕黨之子弟畋漁分有親
者得多孝以化之也是以七十二子自遠方至
服從其德魯有沈猶氏者旦飲羊飽之以欺市
人公慎氏有妻而淫慎潰氏奢侈驕佚魯市之
鬻牛馬者善豫賈孔子將為魯司寇沈猶氏不
敢朝飲其羊公慎氏出其妻慎潰氏踰境而徙
魯之鬻馬牛不豫賈布正以待之也既為司寇
季孟墮郈費之城齊人歸所侵魯之地由積正
之所致也故曰其身正不令而行
孫叔敖為嬰兒之時出遊見兩頭蛇殺而埋之
歸而泣其母問其故叔敖對曰聞見兩頭之蛇

四部叢刊　新序

《新序》四部叢刊 初編 「書同文」 電子版(北京)

차 례

❧ 책머리에
❧ 일러두기
❧ 해제

新序 一

卷一 雜事(一)

卷二 雜事(二)

卷三　雜事(三)

卷四　雜事(四)

卷五 雜事(五)

新序 三

卷八 義勇

卷九 善謀(上)

卷十 善謀(下)

◉ 부록

卷一

잡사雜事 (一)

(001~021)

秦始皇陵〈銅馬車〉 1980 陝西 秦始皇陵 출토

001(1-1) 昔者舜自耕稼陶漁
순임금의 교화

옛날 순舜임금은 친히 밭을 갈아 농사를 짓고, 그릇을 굽고, 고기를 잡는 힘든 일을 하면서도 몸소 효도와 우애를 실천하였다.

아버지인 고수瞽瞍는 완고하기 이를 데 없었고, 어머니는 못된 말만 골라서 하는 인물이었으며, 동생인 상象은 오만하기 그지없어 식구들 모두가 이처럼 그 지혜가 낮아 어찌해 볼 도리가 없는 인물들이었다. 그렇지만 순은 효도를 극진히 하여 아버지인 고수를 봉양하였다.

그런데도 고수와 상은 준정도름浚井塗廩의 일을 꾸며 순을 살해하려 하였고, 그럴수록 순은 효도를 더욱 돈독히 하였다.

순은 매번 밭에 홀로 나와 일을 할 때면 울음을 터뜨리며 나이 5십이 넘었으면서도 마치 어린아이가 그 어버이 그리워하듯 하였으니, 가히 지극한 효도라 이를 만하였다.

그러한 까닭으로 그가 역산歷山에서 농사를 짓자 그 덕德에 감화된 역산의 농부들이 그 밭두둑을 서로 양보하였고, 하수河水가에서 그릇을 구울 때에는 도공들이 성심을 다하여 그릇을 기울거나 찌그러지게 굽는 일이 없었다. 또 뇌택雷澤에서 고기잡이를 할 때에는, 고기 잡는 사람들이 서로 양보하여 욕심을 내지 않았으므로 모두

舜임금

그 몫을 고르게 나누어 갖게 되었다. 그러한 그가 천자天子가 되자 천하가 모두 교화되었고, 만이蠻夷의 이민족이 몰려와서 복종하였다.

이리하여 북으로는 거수渠搜까지 뻗쳤고, 남으로는 교지交阯까지 위무하여 그의 의를 사모하지 않는 자가 없었고, 인麟과 봉鳳이 교외에 나타났다.

그러므로 공자孔子가 "효성과 우애의 지극함은 신명神明에게까지 통하고, 그 빛은 사방에 뻗치도다"라 하였으니, 바로 순임금을 두고 한 말이다.

昔者, 舜自耕稼陶漁而躬孝友. 父瞽瞍頑, 母嚚, 及弟象傲, 皆下愚不移. 舜盡孝道, 以供養瞽瞍. 瞽瞍與象, 爲浚井塗廩之謀, 欲以殺舜, 舜孝益篤. 出田則號泣, 年五十猶嬰兒慕, 可謂至孝矣. 故耕於歷山, 歷山之耕者讓畔; 陶於河濱, 河濱之陶者, 器不苦窳; 漁於雷澤, 雷澤之漁者分均. 及立爲天子, 天下化之, 蠻夷率服. 北發渠搜, 南撫交阯, 莫不慕義, 麟鳳在郊.

故孔子曰:『孝弟之至, 通於神明, 光於四座.』舜之謂也.

【舜】 古代의 三皇五帝 가운데 하나로 治水의 功이 있어 堯로부터 천하를 이어 받았다. 姓은 嬀(蔿), 이름은 重華, 나라 이름을 虞라 하여 흔히 虞舜으로 불린다. 舜은 諡號로《史記》集解에『諡法曰: 仁聖盛明曰舜』이라 하였고, 索隱에는 『舜, 諡也, 皇甫謐云舜字都君也』라 하였다.

【瞽瞍】 흔히 瞽叟로도 쓰며, 舜의 아버지이다. 장님이었다.《史記》正義에『孔安國云: 無目曰瞽, 舜父有目不能分別好惡, 故時人謂之父瞽, 配字曰瞍, 瞍, 無目之稱也』라 하였다.

【母】 舜임금의 生母인 握登이 죽자 瞽瞍가 새로이 맞아들인 후처. 舜의 계모.《史記》正義에『瞽瞍姓嬀, 妻曰握登, 見大虹意感而生舜於姚墟, 故姓姚, 目重

瞳子. 故曰重華, 字都君, 龍顏, 大口. 黑色, 身長六尺一寸』이라 하였고, 索隱에는
『皇甫謐云: 舜母名握登, 生舜於姚墟, 因姓姚氏也』라 하였다. 그리고 《史記》
본문에는 『舜父瞽瞍盲, 而舜母死. 瞽瞍更娶妻而生象……』라 하였다.

【嚚】 "어리석고 말다툼을 잘하며 신의가 없음"을 뜻한다. 《左傳》僖公 24年에
『口不道忠信之言爲嚚』이라 하였다.

【象】 瞽瞍의 후처가 낳은 아들 이름. 舜의 이복동생.

【下愚不移】 "지극히 어리석어 어쩌지 못함"을 뜻한다. 《論語》陽貨篇에 『唯上知
與下愚不可移』라 하였고, 그 註에 『下愚不可以使强賢』이라 하였다.

【浚井塗廩】 우물 속을 浚渫하는 일과 창고의 틈새를 바르는 일. 瞽瞍와 象이
舜을 미워하여 우물 바닥을 파내도록 시킨 후 흙으로 메우려 들고, 창고의
지붕을 고치도록 해놓고 불을 질러 죽이려 한 일. 《史記》에 『瞽瞍尙復欲殺之,
使舜上塗廩, 瞽瞍從下縱火焚廩, 舜乃以兩笠自扞而下, 去, 得不死, 後瞽瞍又使舜
穿井, 舜穿井爲匿空旁出, ……』라 하였다.

【嬰兒慕】 《孟子》萬章(上)篇에 『大孝終身慕父母, 五十而慕者, 予於大舜見
之矣』라 하였다.

【歷山】 山東省 濮縣 동남쪽. 지금의 濟南 남쪽이며, 濟南市에 舜耕路가 있다.
《史記》正義에 『韓非子: 歷山之農相侵略, 舜往耕, 朞年, 耕者讓畔也』라 함.

【苦窳】 "그릇이 거칠고 이지러지거나 흠이 있음"을 말한다. 즉 성의 없이 마구
만들어 냄. 조악함.

【雷澤】 지명. 못 이름. 雷夏澤이라고도 한다. 지금의 山東省 濮縣 동남쪽의 荷澤縣
과 맞닿은 곳.

【蠻夷】 중원 지역 사람들이 사방의 미개민족을 낮추어 부르는 말. 흔히 東夷·
南蠻·北狄·西戎이라고 한다.

【渠搜】 古代 西戎의 국가. 漢나라 때에 渠搜縣을 두었던 곳으로 지금의 蒙古
경내.

【交阯】 지금의 越南 북부. 安南. 漢나라 때에 交阯郡을 두었던 곳.

【麟·鳳】 古代에는 麒麟을 祥獸, 鳳凰을 瑞鳥로 여겨 聖人이 나타나면 이들이
함께 나타난다고 믿었다.

【孔子曰】 《孝經》感應篇의 구절.

1.《尚書》堯典

岳曰:「瞽子, 父頑, 母嚚, 象傲; 克諧以孝, 烝烝乂, 不格姦.」帝曰:「我其試哉!」
女于時, 觀厥刑于二女. 釐降二女于嬀汭, 嬪于虞. 帝曰:「欽哉!」

2.《韓非子》難一

歷山之農者侵畔, 舜往耕焉, 朞年, 甽畝正. 河濱之漁者爭坻, 舜往漁焉, 朞年而
讓長. 東夷之陶者器苦窳, 舜往陶焉, 朞年而器牢. 仲尼歎曰:「耕, 漁與陶, 非舜
官也, 而舜往爲之者, 所以救敗也. 舜其信仁乎!」乃躬藉處苦而民從之. 故曰:「聖人
之德化乎!」

3.《列女傳》卷一「有虞二妃」

有虞二妃者, 帝堯之二女也: 長娥皇·次女英. 舜父頑, 母嚚; 父號瞽叟. 弟曰象,
敖游於嫚, 舜能諧柔之; 承事瞽叟以孝. 母憎舜而愛象; 舜猶內治, 靡有姦意. 四嶽薦
之於堯, 堯乃妻以二女, 以觀厥內. 二女承事舜於畎畝之中, 不以天子之女故, 而驕
盈怠嫚, 猶謙謙恭儉, 思盡婦道. 瞽叟與象, 謀殺舜, 使塗廩. 舜歸告二女曰:「父母使
我塗廩, 我其往.」二女曰:「往哉!」舜既治廩, 乃捐階; 瞽叟焚廩, 舜往飛出. 象復與
父母謀, 使舜浚井. 舜乃告二女, 二女曰:「俞, 往哉!」舜往浚井, 格其出入, 從掩,
舜潛出. 時既不能殺舜, 瞽叟又速舜飲酒, 醉將殺之. 舜告二女, 二女乃與舜藥, 浴汪
遂往, 舜終日飲酒不醉. 舜之女弟繫憐之, 與二嫂諧. 父母欲殺舜, 舜猶不怨, 怒之不已.
舜往於田, 號泣日呼旻天, 呼父母, 惟害若茲, 思慕不已, 不怨其弟, 篤厚不怠. 既納
於百揆, 賓於四門, 選於林木, 入於大麓, 堯試之百方, 每事常謀於二女. 舜既嗣位,
升爲天子, 娥皇爲后, 女英爲妃; 封象於有庳, 事瞽叟猶若初焉, 天下稱二妃聰明貞仁.
舜陟方死於蒼梧, 號曰重華. 二妃死於江湘之間, 俗謂之湘君. 君子曰:「二妃德純而
行篤.」詩云:「不顯惟德, 百辟其刑之.」此之謂也. 頌曰:「元始二妃, 帝堯之女,
嬪列有虞, 承舜於下. 以尊事卑, 終能勞苦. 瞽叟和寧, 卒享福祐.」

4.《史記》五帝本紀

舜父瞽叟盲, 而舜母死, 瞽叟更娶妻而生象, 象傲. 瞽叟愛後妻子, 常欲殺舜, 舜避逃;
及有小過, 則受罪. 順事父及後母與弟, 日以篤謹, 匪有解. 舜, 冀州之人也. 舜耕歷山,
漁雷澤, 陶河濱, 作什器於壽丘, 就時於負夏. 舜父瞽叟頑, 母嚚, 弟象傲, 皆欲殺舜.
舜順適不失子道, 兄弟孝慈. 欲殺, 不可得; 即求, 嘗在側.

5.《史記》五帝本紀

舜年二十以孝聞. 三十而帝堯問可用者, 四嶽咸薦虞舜:「曰可.」於是堯乃以二女妻舜以觀其內, 使九男與處以觀其外. 舜居嬀汭, 內行彌謹. 堯二女不敢以貴驕事舜親戚, 甚有婦道. 堯九男皆益篤. 舜耕歷山, 歷山之人皆讓畔; 漁雷澤, 雷澤上人皆讓居; 陶河濱, 河濱器皆不苦窳. 一年而所居成聚, 二年成邑, 三年成都. 堯乃賜舜絺衣, 與琴, 爲築倉廩, 予牛羊. 瞽叟尚復欲殺之, 使舜上塗廩, 瞽叟從下縱火焚廩. 舜乃以兩笠自扞而下, 去, 得不死. 後瞽叟又使舜穿井, 舜穿井爲匿空旁出. 舜既入深, 瞽叟與象共下土實井, 舜從匿空出, 去. 瞽叟・象喜, 以舜爲已死. 象曰:「本謀者象.」象與其父母分, 於是曰:「舜妻堯二女, 與琴, 象取之. 牛羊倉廩予父母」象乃止舜宮居, 鼓其琴. 舜往見之. 象鄂不懌, 曰:「我思舜正鬱陶!」舜曰:「然, 爾其庶矣!」舜復事瞽叟愛弟彌謹. 於是堯乃試舜五典百官, 皆治.

6.《韓詩外傳》卷四

韶用干戚, 非至樂也; 舜兼二女, 非達禮也; 封黃帝之子十九人, 非法義也. 往田號泣, 未盡命也. 以人觀之則是也, 以法量之則未也. 禮曰:『禮儀三百, 威儀三千.』詩曰:『靖恭爾位, 正直是與, 神之聽之, 式穀以女.』

7.《十八史略》卷一

帝舜有虞氏: 帝舜有虞氏, 姚姓, 或曰名重華, 瞽瞍之子, 顓頊六世孫也. 父惑於後妻, 愛少子象, 常欲殺舜, 舜盡孝悌之道, 烝烝乂不格姦. 畊歷山, 民皆讓畔, 漁雷澤, 人皆讓居, 陶河濱, 器不苦窳, 所居成聚, 二年成邑, 三年成都. 堯聞之聰明, 舉於畎畝, 妻以二女, 曰娥黃・女英, 釐降于嬀汭, 遂相堯攝政, 放驩兜, 流共工, 殛鯀, 竄三苗.

8. 기타 참고자료

《類說》(38)・《墨子》尙賢(中)・《孟子》公孫丑(上)・《大戴禮記》五帝德・《楚辭》天問・《呂氏春秋》愼人・《淮南子》原道・《說苑》反質

002(1-2) 孔子在州里
공자의 교화

공자孔子가 마을에 살고 있을 때에 효도를 돈독히 실행하였다.
그가 궐당闕黨에 살게 되자 궐당의 자제들이 사냥을 하거나 고기잡이를
하게 되면 그 친척에게 더 많이 나누
어 주었으니, 이는 바로 공자의 효
도가 그들을 교화시켰기 때문이다.

이 까닭으로 72인의 제자들이
먼 곳에서부터 모여들어, 그의 덕
德에 복종하였던 것이다.

노魯나라의 심유씨沈猶氏라는 자
는, 아침에 양羊에게 물을 잔뜩 먹
여 살찐 것처럼 속임수를 써서 남
에게 파는 짓을 하고 있었다. 또
공신씨公愼氏라는 자는 그 아내가
심히 음탕하였으며, 신궤씨愼潰氏
라는 자는 사치스럽고 교만하기가
이를 데 없었고, 게다가 노나라
시장에서 소와 말을 팔되 미리 싼
값에 사들여 폭리를 취하는 데에
뛰어났었다.

〈闕里行敎圖〉顧愷之의 그림을 銅版에 새겼
으며 위에 宋 眞宗의 贊을 더하였음. 王立忠
《精選中華文物石索》

그러나 공자가 장차 노나라의 사구司寇가 되리라는 것을 알자, 심유씨는 감히 아침에 양에게 물을 먹여 파는 짓을 하지 못하였으며, 공신씨는 그 음탕한 아내를 내쫓아 버렸고, 신궤씨는 국경을 넘어 다른 곳으로 이사 감으로써 노나라의 우마牛馬 시장에는 미리 사두었다가 폭리를 취하는 폐단이 더 이상 나타나지 않게 되었다. 이는 바로 공자가 정당하게 법을 시행하여 그들을 대하는 인물이었기 때문이다.

이윽고 공자가 사구가 되자, 계손씨季孫氏·맹손씨孟孫氏를 보내어 후성郈城과 비성費城의 반란을 진압하도록 하였다. 그러자 제齊나라에서는 지난 날 노나라로부터 빼앗았던 땅을 되돌려 주었으니, 이는 공자가 정당한 정치를 쌓았기 때문에 얻어진 결과이다.

그래서 "자신의 몸을 바르게 하면, 명령을 내리지 않아도 실행된다"라 한 것이다.

孔子在州里, 篤行孝道, 居於闕黨, 闕黨之子弟畋漁, 分有親者得多, 孝以化之也. 是以七十二子, 自遠方至, 服從其德. 魯有沈猶氏者, 旦飮羊飽之, 以欺市人; 公愼氏有妻而淫; 愼潰氏奢侈驕佚; 魯市之鬻牛馬者善豫賈. 孔子將爲魯司寇, 沈猶氏不敢朝飮其羊, 公愼氏出其妻, 愼潰氏踰境而徙, 魯之鬻馬牛不豫賈, 布正以待之也. 旣爲司寇, 季孟墮郈費之城, 齊人歸所侵魯之地, 由積正之所致也.

故曰: 『其身正, 不令而行.』

【孔子】 이름은 丘, 字는 仲尼. 《史記》 孔子世家 등 참조.
【州里】 州나 里는 행정 구역 명칭으로 비교적 큰 도시나 마을을 뜻함. "벼슬 없이 평상으로 마을에 살고 있기만 해도"라는 뜻이 들어 있음.
【闕黨】 地名. 闕里. 孔子의 故鄕. 지금의 山東省 曲阜市에 闕里가 있다.

【畋漁】 畋은 사냥, 漁는 고기잡이.

【七十二子】 孔子의 수제자들. 《史記》 仲尼弟子列傳 참조.

【魯】 春秋時代의 나라. 지금의 山東省 경내였으며 曲阜를 도읍으로 하였다. 원래 周公 旦이 封을 받았던 나라이며, 孔子가 태어난 곳이기도 하다. B.C. 256년 楚에게 망하였다.

【沈猶氏】 魯나라의 어떤 人物. 家門. 본 《新序》 雜事(五) 087(5-10) 참조.

【公愼氏】 魯나라의 어떤 人物. 087(5-10) 참조.

【愼潰氏】 魯나라의 어떤 人物. 087(5-10) 참조.

【司寇】 官名. 古代 六卿의 하나로 刑法을 관장하였음. 魯나라 定公 9年(B.C. 501년)에 공자가 大司寇가 되었다.

【季孫氏】 魯나라의 權門世家. 《論語》 등 참조.

【孟孫氏】 역시 魯나라의 세족.

【郈】 春秋時代의 魯나라 邑. 지금의 山東省 東平縣 경내.

【費】 역시 노나라의 읍 이름. 鄪자로도 표기한다. 지금의 山東省 경내. 《左傳》 定公 12年 經에 『叔孫州仇師師墮郈』, 『季孫斯仲孫何忌師師墮費』라 하였다.

【齊】 春秋時代의 諸侯國. 姜太公望이 封을 받았던 곳. 지금의 山東省 일대. 수도는 臨淄. 戰國時代의 齊나라는 田敬仲完이 姜氏齊를 찬탈한 나라이며, 후에 田氏姓을 陳氏로 바꾸었으며 전국시대에 이르러 田氏(陳氏)제가 된다. 《史記》 齊太公世家 및 田敬仲完世家 참조.

【侵魯之地】 魯 定公 10年(B.C. 500년), 齊 景公이 孔子의 덕행을 두려워하여 魯나라로부터 빼앗았던 鄆城·汶陽·龜陰의 땅을 되돌려 주고 사과하였다. 魯나라는 이 땅을 축성하여 孔子의 덕을 높였고, 이 때문에 그 이름을 謝城으로 고쳤다. 《左傳》 定公 10年 傳을 참조할 것.

【其身正】 《論語》 子路篇에 『子曰: 其身正, 不令而行; 其身不正, 雖令不從』이라 하였다.

1. 《新序》 雜事(五) 087(5-10) 참조.

2. 《孔子家語》 相魯篇

初, 魯之販羊有沈猶氏者, 常朝飮其羊以詐市人; 有公愼氏者, 妻淫不制; 有愼潰氏, 奢侈踰法. 魯之鬻六畜者, 飾之以儲價. 及孔子之爲政也, 則沈猶氏不敢朝飮其羊, 公愼氏出其妻, 愼潰氏越境而徙. 三月, 則鬻牛馬者不儲價, 賣羊豚者不加飾, 男女行者別其塗, 道不拾遺, 男尙忠信, 女尙貞順, 四方客至於邑, 不求有司, 皆如歸焉.

3. 《荀子》 儒效篇

仲尼將爲司寇, 沈猶氏不敢朝飮其羊, 公愼氏出其妻也, 愼潰氏踰境而徙, 魯之粥牛馬者不豫賈, 必蚤正以待之也. 居於闕黨, 闕黨之子弟, 罔不必分, 有親者取多, 孝弟以化之也. 儒者在本朝則美政, 在下位則美俗. 儒之爲人下如是矣.

4. 《史記》 孔子世家

定公十四年, 孔子年五十六, 有大司寇行攝相事, 有喜色. 門人曰:「聞君子禍至不懼, 福至不喜.」孔子曰:「有是言也. 不曰『樂其以貴下人』乎?」於是誅魯大夫亂政者少正卯. 與聞國政三月, 粥羔豚者弗飾賈; 男女行者別於塗; 塗不拾遺; 四方之客至乎邑者不求有司, 皆予之以歸.

5. 기타 참고자료

《史記》仲尼弟子列傳

003(1-3) 孫叔敖爲嬰兒之時
음덕양보

손숙오孫叔敖가 어렸을 적에 밖에서 놀다가 양두사兩頭蛇를 보고, 이를 죽여 땅에 묻고는 집으로 돌아와 우는 것이었다. 그의 어머니가 그 이유를 묻자 숙오는 이렇게 대답하였다.

"제가 듣기로 머리가 둘 달린 뱀을 본 사람은 죽게 된다면서요. 방금 제가 그런 뱀을 보았습니다. 어머니를 두고 죽게 될까 봐 두려워 우는 것입니다."

이에 어머니가 다시 물었다.

"그래, 그 뱀은 지금 어디에 있느냐?"

그러자 숙오는 이렇게 설명하였다.

"다른 사람이 또 보게 되면 저처럼 죽게 될까 봐 걱정스러워 그것을 죽여 땅에 묻어 버렸습니다."

어머니는 이렇게 달래 주었다.

"내 듣기로 남몰래 덕을 베푼 자는 하늘이 복으로 보답해 준다고 하더구나. 너는 죽지 않을 것이다."

그가 장성하여 초楚나라의 영윤令尹이 되자, 아직 정치를 펴기도 전에 백성들은 그의 어짊을 믿고 따르게 되었다.

孫叔敖爲嬰兒之時, 出游, 見兩頭蛇, 殺而埋之.

歸而泣, 其母問其故, 叔敖對曰:「吾聞見兩頭之蛇者死, 嚮者

吾見之, 恐去母而死也.」

　其母曰:「蛇今安在?」

　曰:「恐他人又見, 殺而埋之矣.」

　其母曰:「吾聞有陰德者, 天報之以福, 汝不死也.」

　及長, 爲楚令尹, 未治, 而國人信其仁也.

【孫叔敖】蔿敖. 楚 莊王 때의 훌륭한 宰相. 이 글은 흔히『陰德陽報』와『兩頭蛇의
故事』로 널리 알려진 교훈적인 일화이다.
【兩頭蛇】몸체 하나에 머리가 둘 달린 뱀. 당시 楚나라 사람들은 이런 뱀을
보게 되면 곧 죽게 된다는 미신이 있었다.
【楚】春秋時代를 거쳐 戰國時代에 이르도록 中國 長江을 중심으로 세력을 떨쳤던
나라.
【令尹】春秋時代 楚나라의 최고 관직. 다른 나라의 相國에 해당되는 높은 벼슬이
었다.

참고 및 관련 자료

1.《列女傳》卷三「孫叔敖母」

楚令尹孫叔敖之母也. 叔敖爲嬰兒之時, 出遊, 見兩頭蛇, 殺而埋之, 歸見其母而
泣焉. 母問其故, 對曰:「吾聞見兩頭蛇者死, 今者出遊見之.」其母曰:「蛇安在?」
對曰:「吾恐他人復見之, 殺而埋之矣!」其母曰:「汝不死矣! 夫有陰德者, 陽報之,
德勝不祥, 仁除百禍. 天之處高而聽卑. 書不云乎:「皇天無親, 惟德是輔.」爾嘿矣!
必興於楚.」及叔敖長, 爲令尹. 君子謂叔敖之母知道德之次. 詩云:「母氏聖善.」
此之謂也. 頌曰:「叔敖之母, 深知天道, 叔敖見蛇, 兩頭岐首, 殺而埋之, 泣恐不及,
母曰陰德, 不死必壽.」

2.《論衡》福虛篇

楚相孫叔敖爲兒之時, 見兩頭蛇, 殺而埋之, 歸, 對其母泣. 母問其故, 對曰:「我聞見

兩頭蛇[者]死. 向者, 出見兩頭蛇, 恐去母死, 是以泣也.」其母曰:「今蛇何在?」
對曰:「我恐後人見之, 卽殺而埋之.」其母曰:「吾聞有陰德者, 天報之. 汝必不死,
天必報汝.」叔敖竟不死, 遂爲楚相. 埋一蛇, 獲二祐, 天報善, 明矣.

3.《新書》(賈誼) 卷六 春秋

孫叔敖之爲嬰兒也, 出遊而還, 憂而不食. 其母問其故, 泣而對曰:「今日吾見兩頭
蛇, 恐去死無日矣.」其母曰:「今蛇安在?」曰:「吾聞見兩頭蛇者死, 吾恐他人又見,
吾已埋之也.」其母曰:「無憂! 汝不死. 吾聞之; 有陰德者, 天報以福.」人聞之,
皆諭其能仁也. 及爲令尹, 未治而國人信之.

004(1-4) 禹之興也
여자 때문에 망한 나라

우禹임금이 흥할 수 있었던 것은 도산씨塗山氏의 도움 때문이었으며, 걸桀이 망할 수밖에 없었던 것은 말희末喜 때문이었다. 또 탕湯이 흥할 수 있었던 것은 유신씨有莘氏 덕택이었고, 주紂가 망한 것은 달기妲己 때문이었다.

〈啓母塗山〉《列女傳》 삽화

그런가 하면 문왕文王과 무왕武王이 흥할 수 있었던 것은 그 어머니인 태임太任과 태사太姒의 덕분이요, 유왕幽王에 이르러 망하고 만 것은 포사褒姒 때문이었다.

이러한 까닭으로 《시경詩經》에서는 관저關雎 장章을 가장 바른 장으로 여겼고, 《춘추春秋》에서는 백희伯姬를 크게 칭찬하고 있는 것이다.

禹의 治水 모습

禹之興也, 以塗山; 桀之亡也, 以末喜. 湯之興也, 以有莘;
紂之亡也, 以妲己. 文武之興也, 以任姒; 幽王之亡也, 以褒姒缸.
是以詩正關雎, 而春秋褒伯姬也.

【禹】 夏나라(대략 B.C. 2100~1600년경)의 始祖. 성은 姒, 이름은 文命. 謚號는
　　禹. 《史記》 夏本紀 集解에 『謚法曰: 受禪成功曰禹』라 하였고, 索隱에는 『尙書云:
　　文命敷于四海. 孔安國云: 外布文德敎命. 不云是禹名. 太史公皆以放勳, 重華,
　　文命. 爲堯, 舜, 禹之名. 未必爲得』이라 하였다. 《史記》 夏本紀 참조.
【塗山氏】 禹의 아내 氏族. 女嬌라고도 한다.
【桀】 夏代의 末王. 포악한 君主로 묘사된 人物. 禹의 17代 후손으로 이름은
　　履癸. 商湯에게 망하였다.
【末喜】 有施氏로 桀의 아내. 桀의 惡行을 방조하였다.
【湯】 商나라의 始祖. 契의 후손으로 성은 子氏, 이름은 履, 또는 天乙이라 하였다.
　　처음에 박(亳)이라는 곳을 근거지로 桀을 무너뜨리고, 商을 세웠다. 재위 30년.
　　湯은 《史記》 集解에 『謚法曰: 除虐去殘曰湯』이라 하였다. 《史記》 殷本紀 참조.
【有莘氏】 湯의 아내.
【紂】 殷(商)의 末王. 이름은 受, 호는 宰辛. 폭군으로 알려진 人物. 周 武王에게
　　망하였다.

【妲己】 紂의 아내. 紂의 악행을 방조하였다.

【文王】 周나라의 개국 始祖. 성은 姬氏. 后稷의 후손으로 이름은 昌. 西伯에 봉해져 西伯昌이라고 불렸으며, 聖人으로 추대되었다.

【武王】 周의 개국 始祖인 昌의 아들로 이름은 發. 姜太公을 등용하여 殷을 멸망시켰다.

【太任】 文王의 어머니이며, 季歷의 아내. 훌륭한 어머니로 추앙되었다. 太姙, 太妊으로도 쓴다.

【太姒】 文王의 아내이자 武王과 周公 旦의 어머니. 역시 훌륭한 어머니로 추앙되었다.

【幽王】 西周(B.C. 1027~771)의 마지막 임금. 이름은 宮涅. 재위기간(B.C. 781~771) 중 褒姒의 일로 西戎의 침입을 받아 幽王은 죽고, 周나라는 초토화되었다. 뒤를 이어 그의 太子가 洛陽으로 옮겨 건설한 것이 東周(B.C. 770~256)이며, 태자는 평왕이 되고 이때부터 춘추시대가 시작된다.

【褒姒】 幽王의 愛妃로 나라를 망하게 하였다. 《史記》 周本紀 참조.

【關雎】 《詩經》의 첫 장. 后妃의 덕과 淑女君子의 덕을 노래하였다. 그 첫구는 『關關雎鳩, 在河之洲. 窈窕淑女, 君子好逑』라 하였다.

【伯姬】 春秋時代 魯 成公의 딸로 宋 共公에게 시집갔다가 10년 만에 과부가 되었으나 수절하였다. 《左傳》 成公 9年 참조.

참고 및 관련 자료

1. 《詩序》
關雎, 后妃之德也, 風之始也. 所以風天下而正夫婦也.

2. 《穀梁傳》 襄公 三十年
婦人以貞爲行者也, 伯姬之婦道盡矣, 詳其事, 賢伯姬也.

3. 《左傳》 成公 九年
二月, 伯姬歸于宋.

4. 《列女傳》 卷七 「夏桀末姬」
末喜者, 夏桀之妃也. 美於色, 薄於德, 亂孼無道. 女子行, 丈夫心, 佩劍帶冠. 桀既棄

禮義, 淫於婦人, 求美女, 積之於後宮. 收倡優'侏儒'狎徒, 能爲奇偉戲者, 聚之於旁,
造爛漫之樂, 日夜與末喜及宮女飲酒, 無有休時. 置末喜於膝上, 聽用其言, 昏亂失道,
驕奢自恣. 爲酒池, 可以運舟, 一鼓而牛飲者三千人, 其頭而飮之於酒池, 醉而溺死者,
末喜笑之以爲樂. 龍逢進諫曰:「君無道, 必亡矣.」桀曰:「日有亡乎? 日亡而我亡.」
不聽, 以爲妖言而殺之. 造瓊室瑤臺, 以臨雲雨. 殫財盡幣, 意尚不饜. 召湯, 囚之於
夏臺, 已而釋之. 諸侯大叛. 於是湯受命而伐之, 戰於鳴條, 桀師不戰, 湯遂放桀,
與末喜・嬖妾同舟, 流於海, 死於南巢之山. 詩曰:「懿厥哲婦, 爲梟爲鴟.」此之謂也.
頌曰:「末喜配桀, 維亂驕揚. 桀既無道, 又重其荒. 姦軌是用, 不恤法常. 夏后之國,
遂反爲商.」

5. 《列女傳》卷七「殷紂妲己」

妲己者, 殷紂之妃也, 嬖幸於紂. 紂材力過人, 手格猛獸. 智足以距諫, 辯足以飾非.
矜人臣以能, 高天下以聲, 以爲人皆出己之下. 好酒淫樂, 不離妲己. 妲己之所譽,
貴之; 妲己之所憎, 誅之. 作新淫之聲, 北鄙之舞, 靡靡之樂, 收珍物積之於後宮,
諛臣群女, 咸獲所欲. 積糟爲邱, 流酒爲池, 懸肉爲林, 使人裸形相逐其間, 爲長夜
之飲. 妲己好之. 百姓怨望, 諸侯有畔者. 紂乃爲炮烙之法, 膏銅柱, 加之炭. 令有罪者
行其上, 輒墮炭中, 妲己乃笑. 比干諫曰:「不修先王之典法, 而用婦言, 禍至無日!」
紂怒, 以爲妖言. 妲己曰:「吾聞聖人之心有七竅.」於是剖心而觀之. 囚箕子. 微子
去之. 武王遂受命興師伐紂, 戰於牧野. 紂師倒戈. 紂乃登廩臺, 衣寶玉衣而自殺.
於是武王遂致天之罰, 斬妲己頭, 懸於小白旗, 以爲亡紂者, 是女也. 書曰:「牝雞無晨,
牝雞之晨, 惟家之索.」詩云:「君子信盜, 亂是用暴. 匪其止共, 維王之邛.」此之謂也.
頌曰:「妲己配紂, 惑亂是修. 紂既無道, 又重相謬. 指笑炮炙, 諫士剖囚. 遂敗牧野,
反商爲周.」

6. 《列女傳》卷七「周幽褒姒」

褒姒者, 童妾之女, 周幽王之后也. 初, 夏之衰也, 褒人之神化爲二龍, 同於王庭而
言曰:「余, 褒之二君也. 夏后卜殺之與去, 莫吉. 卜請其漦, 藏之而吉. 乃布幣焉,
龍忽不見. 而藏漦櫝中, 乃置之郊. 至周, 莫之敢發也. 及周厲王之末, 發而觀之,
漦流於庭, 不可除也. 王使婦人裸而譟之, 化爲玄蚖, 入後宮, 宮之童妾未毀而遭之,
旣笄而孕. 當宣王之時, 産無夫而乳, 懼而棄之. 先是有童謠曰:「檿弧箕服, 實亡周國.」
宣王聞之, 後有人夫妻賣檿弧箕服之器者, 王使執而戮之. 夫妻夜逃, 聞童妾遭棄而
夜號, 哀而取之, 遂竄於褒. 長而美好, 褒人姁有獄, 獻之以贖, 幽王受而嬖之, 遂釋

褒姁, 故號曰褒姒. 旣生子伯服, 幽王乃廢后申侯之女, 而立褒姒爲后, 廢太子宜咎,
而立伯服爲太子. 幽王惑於褒姒, 出入與之同乘, 不恤國事, 驅馳弋獵不時, 以適褒
姒之意, 飲酒流湎, 倡優在前, 以夜續晝. 褒姒不笑, 幽王乃欲其笑, 萬端, 故不笑.
幽王爲烽燧大鼓, 有寇至則擧. 諸侯悉至而無寇, 褒姒乃大笑. 幽王欲悅之, 數爲擧
烽火, 其後不信, 諸侯不至. 忠諫者誅, 唯褒姒言是從. 上下相謏, 百姓離. 申侯乃與
繒西夷犬戎共攻幽王, 幽王擧烽燧徵兵, 莫至. 遂殺幽王於驪山之下, 虜褒姒盡取周
賂而去. 於是諸侯乃卽申侯, 而共立故太子宜咎, 是爲平王. 自是之後, 周與諸侯無異.
詩曰:「赫赫宗周, 褒姒滅之.」此之謂也. 頌曰:「褒神龍變, 寔生褒姒. 興配幽王,
廢后太子. 擧烽致兵, 笑寇不至. 申侯伐周, 果滅其祀.」

여자 때문에 흥한 나라

번희樊姬는 초楚나라의 부인夫人이다. 초楚 장왕莊王이 오래도록 조회를 하고 밤이 깊어서야 돌아오게 되었다.

이에 번희가 장왕에게 늦도록 회의를 한 까닭을 묻자, 장왕이 이렇게 설명하였다.

"오늘, 어진 재상과 더불어 이야기를 주고받느라 시간이 이렇듯 흘렀는지를 몰랐구려."

그러자 번희가 다시 물었다.

"어진 재상이라면 누구를 말하는 것입니까?"

"우구자虞丘子를 두고 한 말이오."

왕의 이 대답에 번희가 입을 가리고 웃는 것이었다. 왕이 그 까닭을 묻자, 번희는 이렇게 대답하였다.

"첩은 다행스럽게도 건즐巾櫛을 잡고 대왕을 모시면서 귀함과 사랑을 독차지하고 싶은 마음이 없는 것은 아니지만, 혹시나 대왕의 의義를

초장왕과 번희 《列女傳》 삽화

상하게 하지나 않을까 하여 첩과 동등한 지위의 여러 여자들을 임금께 바친 것입니다. 그러나 지금 우구자는 재상이 된 지 십수 년이 되었지만 단 한 번도 어진 이를 추천한 적이 없습니다. 알면서도 추천하지 않았다면 이는 충성심이 없는 것이요, 몰라서 그러하였다면 이는 지혜롭지 못한 사람이라고 할 수 있습니다. 그런데도 어찌 어질다고 일컫습니까?"

이튿날 조회 시간에 임금이 번희의 말을 우구자에게 일렀다. 그러자 우구자가 머리를 조아렸다.

"번희의 말대로입니다."

그리고는 재상의 자리를 사직하고, 손숙오孫叔敖를 초나라 재상으로 추천하였다. 이리하여 초 장왕은 마침내 패업霸業을 이룰 수 있게 되었다.

초 장왕이 패업을 이룬 것은 번희의 힘이 컸다고 하겠다.

樊姬, 楚國之夫人也, 楚莊王罷朝而晏, 問其故.

莊王曰:「今旦與賢相語, 不知日之晏也.」

樊姬曰:「賢相爲誰?」

王曰:「爲虞丘子.」

樊姬掩口而笑, 王問其故.

曰:「妾幸得執巾櫛以侍王, 非不欲專貴擅愛也, 以爲傷王之義, 故能進與妾同位者數人矣. 今虞丘子爲相數十年, 未嘗進一賢. 知而不進, 是不忠也; 不知, 是不智也. 安得爲賢?」

明日朝, 王以樊姬之言告虞丘子.

虞丘子稽首曰:「如樊姬之言.」

於是辭位, 而進孫叔敖. 孫叔敖. 相楚, 莊王卒而霸, 樊姬與有力焉.

【樊姬】楚나라 莊王의 夫人.

【夫人】정식 王妃가 아닌 諸夫人 중의 하나. 궁중 여인의 직분 명칭.

【楚 莊王】春秋時代 楚나라의 영명한 君主. 재위 23년(B.C. 613~591). 春秋五霸의
하나로서 이름은 侶.『三年不飛』・『問九鼎之輕重』・『絶纓』등의 故事를 남겼다.

【晏】"늦어서야 돌아옴"을 말한다.

【虞丘子】楚 莊王 때의 宰相. 孫叔敖를 자기 자리에 추천하여 나라를 부흥시켰다.
莊王은 이를 높이 여겨 采地 三百을 내리고, 國老로 우대하였다.

【巾櫛】巾은 수건, 櫛은 빗. 손을 씻고 나서 수건을 바쳐 올리고, 머리를 빗도록
빗을 들고 모신다는 뜻으로 여자가 남자를 모심을 일컫는 謙讓의 표현.

【數十年】《列女傳》・《說苑》등을 근거로 보면『十數年』이 정확하다.

【不忠不智】원문에는 이 구절이 빠져 있다.《太平御覽》(633)에는 이 구절이
삽입되어 있다.

【孫叔敖】앞 장 참조.

【莊王卒而霸】《文選》〈楊荊州誄〉의 註에는『孫叔敖相楚, 國富兵強』으로
되어 있다.

참고 및 관련 자료

1.《韓詩外傳》卷二

楚莊王聽朝罷晏. 樊姬下堂而迎之, 曰:「何罷之晏也? 得無饑倦乎?」莊王曰:「今日
聽忠賢之言, 不知饑倦也.」樊姬曰:「王之所謂忠賢者, 諸侯之客歟? 中國之士歟?」
莊王曰:「則沈令尹也.」樊姬掩口而笑. 莊王曰:「姬之所笑, 何也?」姬曰:「妾得
於王, 尚湯沐, 執巾櫛, 振袵席, 十有一年矣. 然妾未嘗不遣人之梁鄭之間, 九美人而
進之於王也. 與妾同列者, 十人; 賢於妾者, 二人. 妾豈不欲擅王之寵哉? 不敢私願
蔽衆美, 欲王之多見則娛. 今沈令尹相楚數年矣, 未嘗見進賢而退不肖也, 又焉得爲
忠賢乎?」莊王旦朝, 以樊姬之言告沈令尹. 令尹避席而進孫叔敖. 叔敖治楚, 三年,
而楚國霸. 楚史援筆而書之於策, 曰:『楚之霸, 樊姬之力也.』詩曰:『百爾所思,
不如我所之.』樊姬之謂也.

2.《列女傳》卷二「楚莊樊姬」

樊姬, 楚莊王之夫人也. 莊王卽位, 好狩獵, 樊姬諫, 不止, 乃不食禽獸之肉, 王改過,

勤於政事. 王嘗聽朝罷晏, 姬下殿迎曰:「何罷之晏也, 得無飢倦乎?」王曰:「與賢者語, 不知飢倦也.」姬曰:「王之所謂賢者, 何也?」曰:「虞丘子也.」姬掩口而笑. 王曰:「姬之所笑何也?」曰:「虞丘子賢則賢矣, 未忠也.」王曰:「何謂也?」對曰:「妾執巾櫛十一年, 遣人之鄭衛求美人進於王; 今賢於妾者二人, 同列者七人, 妾豈不欲擅王之愛寵哉? 妾聞堂上兼女, 所以觀人能也. 妾不能以私蔽公, 欲王多見知人能也. 今虞丘子相楚十餘年, 所薦非子弟則族昆弟, 未聞進賢退不肖, 是蔽君而塞賢路. 知賢不進是不忠, 不知其賢, 是不智也. 妾之所笑不亦可乎?」王悅. 明日王以姬言告虞丘子, 丘子避席, 不知所對. 於是避舍. 使人迎孫叔敖而進之, 王以爲令尹, 治楚三年, 而莊王以霸. 楚史書曰:「莊王之霸, 樊姬之力也.」詩曰:「大夫夙退, 無使君勞.」其君者謂女君也. 又曰:「溫恭朝夕, 執事有恪.」此之謂也. 頌曰:「樊姬謙讓, 靡有嫉妒. 薦進美人, 與己同處. 非刺虞丘, 蔽賢之路. 楚莊用焉, 功業遂伯.」

3. 《說苑》至公篇

楚令尹虞丘子復於莊王曰:「臣聞奉公行法, 可以得榮, 能淺行薄, 無望上位, 不名仁智, 無求顯榮, 才之所不著, 無當其處. 臣爲令尹十年矣, 國不加治, 獄訟不息, 處士不升, 淫禍不討, 久踐高位, 妨群賢路, 尸祿素飱, 貪欲無厭, 臣之罪當稽於理, 臣竊選國俊下里之士孫叔敖, 秀羸多能, 其性無欲, 君舉而授之政, 則國可使治而士民可使附.」莊王曰:「子輔寡人, 寡人得以長於中國, 令行於絶域, 遂霸諸侯, 非子如何?」虞丘子曰:「久固祿位者, 貪也; 不進賢達能者, 誣也; 不讓以位者, 不廉也; 不能三者, 不忠也. 爲人臣不忠, 君王又何以爲忠? 臣願固辭.」莊王從之, 賜虞子采地三百, 號曰「國老」, 以孫叔敖爲令尹. 少焉, 虞丘子家干法, 孫叔敖執而戮之. 虞丘子喜, 入見於王曰:「臣言孫叔敖果可使持國政, 奉國法而不黨, 施刑戮而不駭, 可謂公平.」莊王曰:「夫子之賜也已!」

4. 기타 참고자료

蔡邕《琴操》卷下·《群書治要》(8)·《文選》〈文賦〉注, 曹子建〈贈白馬王彪詩〉注·《呂氏春秋》贊能篇

006(1-6) 衛靈公之時
시신으로 충간한 사추

위衛 **영공**靈公 때에 거백옥蘧伯玉은 어질면서도 등용되지 못하였고,
미자하彌子瑕는 불초不肖하였으나 정사를 맡고 있었다.

위나라의 대부大夫 사추史鰌가 이를 근심하여, 여러 차례 영공에게
간諫하였지만 영공은 이를 들어주지 아니하였다.

사추는 병이 들어 죽음이 임박하자 자신의 아들에게 이렇게 일렀다.

"내가 죽거든 북당北堂에서 장례를 치러 다오. 내가 살면서 능히 거백옥
을 추천하지 못하였고, 미자하를 축출하지도 못하였으니, 이는 임금을
바른길로 가게 하지 못한 것과 같다. 살아 있을 때에 임금을 바른길로
인도하지 못한 자는 죽어서 예를 갖추어 장례를 치르지 않는 법. 그러니
나의 시신을 북당에 안치하는 것만으로도 나에게는 족하다."

마침내 사추가 죽자, 영공이 조문을 와서 북당에서 장례를 치르는
것을 보고 의아히 여겨 물었다.

이에 그 아들이 아버지가 임종 때 부탁하였던 말을 영공에게 들려
주자, 영공은 축연蹴然히 놀라 얼굴을 바꾸고 오연愕然히 자리를 잃고
이렇게 말하였다.

"선생께서는 살아 계실 때는 어진 이를 추천하고 불초한 자를 몰아
내기 위해 애쓰시더니, 죽어서도 여전히 그 뜻을 굽히지 않고 그 주검
으로 나에게 간언을 하니, 가히 충성스러우면서 그 성의가 조금도
쇠퇴하지 않았다고 이를 만하도다."

이에 거백옥을 등용하여 경卿 벼슬을 내리고, 미자하는 축출시켜 버렸다. 그리고는 사추의 주검을 정당正堂으로 옮겨 예를 갖추어 장례를 치르게 한 후 돌아갔다. 위나라는 이로써 잘 다스려졌다.

(사추는 자字가 자어子魚이며, 《논어論語》에서 "곧도다! 사어史魚여!"라고 말한 바로 그 인물이다.)

衛靈公之時, 蘧伯玉賢而不用, 彌子瑕不肖而任事. 衛大夫史鰌患之, 數以諫靈公而不聽.

史鰌病且死, 謂其子曰:「我卽死, 治喪於北堂. 吾不能進蘧伯玉而退彌子瑕, 是不能正君也, 生不能正君者, 死不當成禮, 置尸於北堂, 於我足矣.」

史鰌死, 靈公往弔, 見喪在北堂, 問其故. 其子以父言對靈公.

靈公蹴然易容, 寢然失位, 曰:「夫子生則欲進賢而退不肖, 死且不懈, 又以尸諫, 可謂忠而不衰矣.」

於是, 乃召蘧伯玉, 而進之以爲卿; 退彌子瑕.

徙喪正堂, 成禮而後返, 衛國以治.

(史鰌, 字子魚, 論語所謂:『直哉. 史魚』者也.)

【衛】 春秋時代의 나라 이름. 지금의 河南省 일대. B.C. 209년 秦에게 망하였다.

【衛 靈公】 이름은 之. 春秋時代 衛나라 임금. 재위 42년(B.C. 534~493). 《論語》 衛靈公篇 등 참조.

【蘧伯玉】 이름은 瑗. 衛나라의 賢人으로 孔子가 衛나라에 갔을 때 그의 집에 머물며 서로를 존중하여 平交를 맺었다. 《論語》 衛靈公篇에 『君子哉! 蘧伯玉, 邦有道則仕, 邦無道則可卷而懷之』라 하였다.

【彌子瑕】 衛 靈公의 佞臣. 유명한 『愛憎之變』의 故事를 남긴 人物. 《韓非子》 說難篇, 《說苑》 雜言篇과 《史記》 佞幸列傳·韓非子列傳 등 참조.

【史鰌】衛나라 大夫. 字는 子魚. 史鰍로도 쓴다. 《說苑》 復恩篇 참조.

【北堂】 집의 북쪽에 따로 있는 별채.

【屍諫】 주검으로써 임금을 간함을 말한다.

【寤然】 悟然과 같다. 갑작스럽게 깨닫는 상태를 말한다.

【卿】 古代에는 三卿이 있었으며, 大夫보다 높은 벼슬.

【正堂】 집의 안채.

【史鰌字子魚~史魚者也】 후세 사람이 메모용으로 삽입된 것이 잘못하여 원문
처럼 된 것이다. 《大戴禮記》 保傳篇, 《新書》 胎教篇, 《韓詩外傳》(卷7), 《孔子
家語》 困誓篇 등에는 이 구절이 실려 있지 않다. 한편 언급한 《論語》의 구절은
衛靈公篇에 『子曰: 直哉! 史魚, 邦有道知矣, 邦無道知矣』라 한 것을 인용한
것이다.

참고 및 관련 자료

1. 《韓非子》 說難篇

昔者, 彌子瑕有寵於衛君. 衛國之法: 竊駕君車者罪刖. 彌子瑕母病, 人聞有夜告
彌子, 彌子矯駕君車以出. 君聞而賢之, 曰:「孝哉! 爲母之故, 忘其犯刖罪.」異日,
與君遊於果園, 食桃而甘, 不盡, 以其半啗君. 君曰:「愛我哉! 忘其口味, 以啗寡人.」
及彌子色衰愛弛, 得罪於君, 君曰:「是固嘗矯駕吾車, 又嘗啗我以餘桃.」故彌子之
行未變於初也, 而以前之所以見賢而後獲罪者, 愛憎之變也.

2. 《孔子家語》 困誓篇

衛蘧伯玉賢而靈公不用, 彌子瑕不肖反任之, 史魚驟諫而不從, 史魚病將卒, 命其子
曰:「吾在衛朝, 不能進蘧伯玉退彌子瑕, 是吾爲臣不能正君也. 生而不能正君, 則死
無以成禮. 我死, 汝置屍牖下, 於我畢矣.」其子從之, 靈公弔焉, 怪而問焉, 其子以其
父言告公, 公愕然失容曰:「是寡人之過也.」於是命之殯於客位, 進蘧伯玉而用之,
退彌子瑕而遠之. 孔子問之:「古之列諫之者, 死則已矣, 未有若史魚死而屍諫, 忠感
其君者也, 不可謂直乎?」

3. 《說苑》 雜言篇

彌子瑕愛於衛君, 衛國之法: 竊駕君車罪刖. 彌子瑕之母疾, 人聞, 夜往告之. 彌子瑕

擅駕君車而出, 君聞之, 賢之曰:「孝哉! 爲母之故犯刖罪哉!」君遊果園, 彌子瑕食桃而甘, 不盡而奉君, 君曰:「愛我而忘其口味.」及彌子瑕色衰而愛弛, 得罪於君, 君曰:「是故嘗矯吾車, 又嘗食我以餘桃.」故子瑕之行未必變初也, 前見賢後獲罪者, 愛憎之生變也.

4. 《史記》韓非子列傳

昔者, 彌子瑕見愛於衛君. 衛國之法, 竊駕君車者罪至刖. 既而彌子之母病, 人聞, 往夜告之, 彌子矯駕君車而出. 君聞之而賢之曰:「孝哉, 爲母之故而犯刖罪!」與君游果園, 彌子食桃而甘, 不盡而奉君. 君曰:「愛我哉, 忘其口味而念我!」及彌子色衰而愛弛, 得罪於君. 君曰:「是嘗矯駕吾車, 又嘗食我以其餘桃.」故彌子之行未變於初也, 前見賢而後獲罪者, 愛憎之至變也. 故有愛於主, 則知當而加親; 見憎於主, 則罪當而加疏. 故諫說之士不可不察愛憎之主而後說之矣.

5. 《韓詩外傳》卷七

昔者, 衛大夫史魚病且死, 謂其子曰:「我數言蘧伯玉之賢, 而不能進; 彌子瑕不肖, 而不能退. 爲人臣, 生不能進賢而退不肖, 死不堂治喪正堂, 殯我於室, 足矣.」衛君問其故, 子以父言聞. 君造然召蘧伯玉而貴之, 而退彌子瑕, 徒殯於正堂, 成禮而後去. 生以身諫, 死以尸諫, 可謂直矣. 詩曰:『靖共爾位, 好是正直.』

6. 《大戴禮記》保傳篇

衛靈公之時, 蘧伯玉賢而不用, 迷子瑕不肖而任事, 史鰌患之, 數言蘧伯玉賢而不聽. 病且死, 謂其子曰:「我卽死, 置喪於北堂, 吾生不能進蘧伯玉, 而退迷子瑕, 是不能正君者, 死不當成禮, 而置屍於北堂, 於我足矣.」靈公往弔, 問其故, 其子以父言聞. 靈公造然失容. 曰:「吾失矣!」立召蘧伯玉而貴之, 召迷子瑕而退, 徙喪於堂, 成禮而後去. 衛國以治, 史鰌之力也. 夫生進賢而退不肖, 死且未止, 又以屍諫, 可謂忠不衰矣.

7. 《新書》(賈誼) 胎教篇

衛靈公之時, 蘧伯玉賢而不用, 彌子瑕不肖而任事, 史鰌患之, 數言蘧伯玉賢而不聽. 病且死, 謂其子曰:「我卽死, 置喪於北堂, 吾生不能進蘧伯玉, 而退彌子瑕, 不能正君也, 生不能正君者, 死不當成禮, 死而置屍於北堂, 於我足矣.」靈公往弔, 問其故, 其子以父言聞. 靈公戚然易容而癘. 曰:「吾失矣!」立召蘧伯玉而進之, 召彌子瑕而退之, 徙喪於當堂, 成禮而後去. 衛國以治, 史鰌之力也. 夫生進賢而退不肖, 死且未止, 又以屍諫, 可謂忠不衰矣.

8. 《藝文類聚》(24)

逸禮曰: 衛史鰌病且死, 謂其子曰:「我死, 治喪於北堂, 吾生不能進蘧伯玉, 而退彌子瑕, 是不能正君也. 生不能正君者, 死不當成禮, 死而置尸於北堂, 於我足矣.」靈公往弔, 問其故, 其子以父言聞于靈公. 公失容. 曰:「吾失矣!」立召蘧伯玉而貴之, 召彌子瑕而退之, 徙喪於堂, 成禮而後去.

9. 《論語》衛靈公篇

子曰:「直哉史魚! 邦有道, 如矢; 邦無道, 如矢. 君子哉蘧伯玉! 邦有道, 則仕; 邦無道, 則可卷而懷之.」

10. 기타 참고자료

《琴操》(蔡邕) 卷下·《文選》〈演連珠〉注, 〈楊荊州誄〉注, 〈齊故安陸昭王碑〉注·《後漢書》〈戴馮傳〉注, 〈朱穆傳〉朱, 〈虞詡傳〉朱·《藝文類聚》24(《逸禮》)·《太平御覽》(363)·《冊府元龜》(548)

007(1-7) 晉大夫祁奚老
원수와 아들을 추천한 기해

진晉나라의 대부大夫인 기해祁奚가 늙어지자 진나라 임금이 물었다.

"누구를 가히 그대의 후임으로 삼았으면 좋겠습니까?"

그러자 기해가 이렇게 대답하였다.

"해호解狐가 좋겠습니다."

임금이 의아해하며 물었다.

"그 사람은 그대와 원수 사이가 아닙니까?"

이 말에 기해는 이렇게 되물었다.

"임금께서는 누가 좋겠는가를 물으셨지, 나의 원수가 누구인가를
물으신 것이 아니잖습니까?"

그리하여 임금은 드디어 해호를 천거하여 후임으로 삼았다. 그리고
나서 얼마 후였다. 임금이 다시 다른 문제로 이렇게 물었다.

"과연 누가 국위國尉로 삼기에 적당하겠습니까?"

이에 기해는 이렇게 대답하였다.

"오午가 알맞은 인물입니다."

그러자 임금이 물었다.

"그는 그대의 아들이 아닙니까?"

기해는 이렇게 되물었다.

"임금께서는 알맞은 인물이 누구인가를 물으셨지, 내 아들이 누구
인가를 물으신 것이 아니잖습니까?"

군자君子들이 이 일을 두고 기해야말로 능히 사람을 잘 추천하는 자라고 하였다. 자신의 원수를 거론하면서 악담을 늘어놓는 일도 없고, 그 아들을 세우면서도 사견私見에 얽매이지 않는다는 것이었다.

서書에 "치우침도 작당함도 없으니 왕도가 탕탕하도다"라고 하였으니, 바로 기해 같은 경우를 두고 한 말이다. 밖으로 원수라고 해서 피하지 아니하고, 안으로 친척이라고 해서 추천을 회피하는 일도 없으니, 가히 지극히 공정하다 이를 만하다. 오직 훌륭한가만을 따졌기 때문에 능히 그에 맞는 동류同類를 추천할 수 있었던 것이다.

《시詩》에 "그 스스로가 재능을 가졌기 때문에, 이 까닭으로 그와 비슷한 자를 골라낼 수 있도다"라 하였으니, 기해는 그러한 덕을 가지고 있는 자였다.

晉大夫祁奚老, 晉君問曰:「孰可使嗣?」

祁奚對曰:「解狐可.」

君曰:「非子之讐邪?」

對曰:「君問可, 非問讐也.」

晉遂舉解狐.

後又問:「孰可以爲國尉?」

祁奚對曰:「午也可.」

君曰:「非子之子邪?」

對曰:「君問可, 非問子也.」

君子謂祁奚能舉善矣. 稱其讐不爲諂, 立其子不爲比.

書曰:『不偏不黨, 王道蕩蕩.』祁奚之謂也.

外舉不避仇讐, 內舉不回親戚, 可謂至公矣. 唯善, 故能舉其類.

詩曰:『唯其有之, 是以似之.』祁奚有焉.

【晉】春秋時代 지금의 山西省 太原縣 일대를 중심으로 크게 번성하였던 나라. 春秋 말기 六卿의 瓜分으로 戰國시대에 이르러 韓·魏·趙 세 나라로 分立되었다. 五霸 중의 晉 文公(B.C. 636~628)을 배출하였던 나라.

【祁奚】春秋時代의 晉나라 大夫. 晉 悼公 때에 中軍尉를 지냈다.

【晉君】구체적으로는 晉 悼公(B.C. 572~558)으로 보고 있으나 기록마다 같은 사건에 인물과 임금이 달라 정확히 알 수는 없다.

【解狐】晉 悼公 때의 人物.

【國尉】벼슬 이름.

【午】祁午. 祁奚의 아들.

【書曰】《書經》洪範篇의 구절.

【詩曰】《詩經》小雅 裳裳者華의 구절.

참고 및 관련 자료

1.《左傳》襄公 三年 傳

祁奚請老, 晉侯問嗣焉. 稱解狐, 其讎也, 將立之而卒. 又問焉. 對曰:「午也可.」於是羊舌職死矣. 晉侯曰:「孰可以代之?」對曰:「赤也可.」於是使祁午爲中軍尉, 羊舌赤佐之. 君子謂祁奚「於是能舉善矣. 稱其讎, 不爲諂; 立其子, 不爲比; 舉其偏, 不爲黨. 商書曰:『無偏無黨, 王道蕩蕩.』其祁奚之謂矣. 解狐得舉, 祁午得位, 伯華得官, 建一官而三物成, 能舉善也. 夫唯善, 故能舉其類. 詩云:『惟其有之, 是以似之.』祁奚有焉.」

2.《韓非子》外儲說左下

中牟無令, 魯平公問趙武曰:「中牟, 三國之股肱, 邯鄲之肩髀, 寡人欲得其良令也, 誰使而可?」武曰:「邢伯子可.」公曰:「非子之讎也?」曰:「私讎不入公門.」公又問曰:「中府之令, 誰使而可?」曰:「臣子可.」故曰:「外舉不避讎, 內不避子.」趙武所薦四十六人, 及武死, 各就賓位, 其無私德若此也.

3.《韓非子》外儲說左下

解狐薦其讎於簡主以爲相. 其讎以爲且幸釋己也, 乃因往拜謝. 狐乃引弓迎而射之, 曰:「夫薦汝, 公也, 以汝能當之也. 夫讎汝, 吾私怨也, 不以私怨汝之故擁汝於吾君.」故私怨不入公門.

4.《韓非子》外儲說左下

一曰: 解狐舉邢伯柳爲上黨守, 柳往謝之, 曰:「子釋罪, 敢不再拜?」曰:「舉子,
公也; 怨子, 私也. 子往矣, 怨子如初也.」

5.《呂氏春秋》去私篇

晉平公問於祁黃羊曰:「南陽無令, 其誰可而爲之?」祁黃羊對曰:「解狐可.」平公曰:
「解狐非子之讎邪?」對曰:「君問可, 非問臣之讎也.」平公曰:「善!」遂用之. 國人稱
善焉. 居有間, 平公又問祁黃羊:「國無尉, 其誰可而爲之?」對曰:「午可.」平公曰:
「午非子之子邪?」對曰:「君問可, 非問臣之子也.」平公曰:「善.」又遂用之. 國人稱
善焉. 孔子聞之曰:「善哉! 祁黃羊之論也, 外舉不避讎, 內舉不避子. 祁黃羊可謂公矣.」

6.《說苑》至公篇

晉文公問於咎犯曰:「誰可使爲西河守者?」咎犯對曰:「虞子羔可也.」公曰:「非汝之讎也?」
對曰:「君問可爲守者, 非問臣之讎也.」羔見咎犯而謝之曰:「幸赦臣之過, 薦之於君, 得爲
西河守.」咎犯曰:「薦子者公也, 怨子者私也, 吾不以私事害公義, 子其去矣, 顧吾射子也.」

7.《韓詩外傳》卷九

魏文侯問於解狐曰:「寡人將立西河之守, 誰可用者?」解狐對曰:「荊伯柳者, 賢人,
殆可.」文侯曰:「是非子之讎邪?」對曰:「君問可, 非問讎也.」文侯將以荊伯柳爲西
河守. 荊伯柳問左右:「誰言我於吾君?」左右皆曰:「解狐.」荊伯柳往見解狐而謝之
曰:「子乃寬臣之過也, 言於君. 謹再拜謝.」解狐曰:「言子者, 公也; 怨子者, 吾私也.
公事已行, 怨子如故.」張弓射之, 走十步而沒, 可謂勇矣. 詩曰:『邦之司直.』

8.《國語》晉語(七)

祁奚辭於軍尉, 公問焉, 曰:「孰可?」對曰:「臣之子午可. 人有言曰:『擇臣莫若君,
擇子莫若父.』午之少也, 婉而從令, 遊有鄉, 處有所, 好學而不戲. 其壯也, 彊志而
用命, 守業而不淫. 其冠也, 和安而好敬, 柔惠小物, 而鎮定大事, 有直質而無流心,
非義不變, 非上不舉. 若臨大事, 其可以賢於臣. 臣請薦所能擇而君比義焉.」公使祁
午爲軍尉, 歿平公, 軍無秕政.

9.《史記》晉世家

三年, 晉會諸侯. 悼公問群臣可用者, 祁傒舉解狐. 解狐, 傒之仇. 復問, 舉其子祁午.
君子曰:「祁傒可謂不黨矣! 外舉不隱仇, 內舉不隱子.」

10. 기타 참고자료

《類說》(28)·《太平御覽》(429, 482)·《冊府元龜》(901)

008(1-8) 楚共王有疾
새는 죽음에 그 울음이 슬프고

초楚 **공왕**共王이 병이 들자, 영윤수尹을 불러 이렇게 부탁하였다.
"상시常侍인 관소箮蘇라는 자는 나와 함께 있을 때 항상 나를 도道로써
충간하고, 의義로써 바르게 고쳐 주었습니다. 그래서 그와 함께 있으면
나는 또 혹시나 무엇을 잘못하지 않았나 늘 불안하였습니다. 그 때문에
그가 보이지 않으면 보고 싶다는 생각도 들지 않았습니다. 그러나
나는 그로부터 얻은 것이 많았습니다. 그 공이 적지 않으니, 반드시
후한 벼슬로 그에게 보답해 주십시오. 다음으로 신후백申侯伯은 나와
함께 있을 때 항상 내 마음대로 하도록 풀어놓아 주었습니다. 내가
좋아하는 것이라면 나에게 권해 실컷 해보도록 하였고, 내가 즐기는
것이 있으면 나보다 먼저 먹어 보고 일러 주었습니다. 내가 그와 함께
처하면서 더불어 즐기고 놀았기 때문에, 그가 보이지 않으면 문득
쓸쓸한 기분까지 들었습니다. 그러나 나는 끝내 얻은 것이 없습니다.
그의 허물이 적지 않으니, 반드시 급히 견책하여 주십시오."
　영윤은 이 부탁에 동의하였다. 이튿날 임금은 홍서薨逝하였다. 이에
영윤은 관소를 즉시 상경上卿으로 올려 주고, 신후백은 국경 밖으로
내쫓아 버렸다.
　증자曾子가 "새는 죽음에 이르러 그 울음이 슬프고, 사람은 죽음에
이르러 그 말이 선하다"라고 하였으니, 이는 그 본성本性으로 되돌아감을

曾子(曾参)《三才圖會》

말한 것으로 공왕의 경우가 이에 해당한다.

그러므로 공자孔子는 "아침에 도를 들으면 저녁에 죽어도 좋다"라고 하였으니, 이는 뒤를 이을 사람을 열어 주고 다음 세대를 깨닫게 해주는 것으로, 오히려 세상을 마치도록 깨어나지 못하는 자에게 경종을 울리는 말이다.

楚共王有疾, 召令尹曰:「常侍筦蘇與我處, 常忠我以道, 正我以義, 吾與處不安也, 不見不思也. 雖然, 吾有得也, 其功不細, 必厚爵之. 申侯伯與處, 常縱恣吾, 吾所樂者, 勸吾爲之; 吾所好者, 先吾服之. 吾與處歡樂之, 不見戚戚也, 雖然, 吾終無得也, 其過不細, 必亟遣之.」

令尹曰:「諾.」

明日, 王薨逝. 令尹卽拜筦蘇爲上卿, 而逐申侯伯出之境.

曾子曰:『鳥之將死, 其鳴也哀; 人之將死, 其言也善.』言反其本性, 共王之謂也.

故孔子曰:『朝聞道, 夕死可矣.』

於以開後嗣, 覺來世, 猶愈沒世不寤者也.

【楚 共王】春秋時代의 楚나라 君主. 재위 31년(B.C. 590~560). 楚 莊王의 아들. 이름은 審. 한편 본장과 같은 내용이 《說苑》에는 楚文王으로 실려 있고, 《左傳》역시 楚文王, 《呂氏春秋》에도 역시 荊文王(楚文王)으로 실려 있다.

【令尹】楚나라 최고의 관직.

【常侍】벼슬 이름. 侍從官. 近衛.

【筦蘇】다른 기록에는 筦饒로 실려 있다.

【申侯伯】당시의 寵臣. 申侯는 封名.

【先吾服之】『服』은 '먹어 보다'로 해석하였다. "임금보다 먼저 먹어 보고 그 맛을 일러 준다"는 뜻이다.

【薨逝】임금이나 왕족, 높은 귀족 등을 높이어 그의 '죽음'을 이르는 말.

【上卿】卿 벼슬 중의 최고 관직.

【曾子】曾參. 字는 子輿. 春秋時代 魯나라 武城人. 孔子의 弟子이며, 孝로써 이름이 났다. 『曾參殺人』이라는 유명한 故事를 남겼다.

【曾子曰】《論語》泰伯篇의 구절.

【孔子曰】《論語》里仁篇의 구절.

【猶愈沒世不寤者也】"沒世不寤한 자를 깨닫게[愈]해 주다"로 풀이하였다.

참고 및 관련 자료

1.《左傳》僖公 七年 傳

夏, 鄭殺申侯以說于齊, 且用陳轅濤塗之譖也. 初, 申侯, 申出也, 有寵於楚文王. 文王將死, 與之璧, 使行, 曰:「唯我知女. 女專利而不厭, 予取予求, 不女疵瑕也. 後之人將求多於女, 女必不免. 我死, 女必速行, 無適小國, 將不女容焉」旣葬, 出奔鄭, 又有寵於厲公. 子文聞其死也, 曰:「古人有言曰:『知臣莫若君.』弗可改也已.」

2.《呂氏春秋》長見篇

荊文王曰:「莧譆數犯我以義, 違我以禮, 與處則不安, 曠之則不穀得焉. 不以吾身爵之, 後世有聖人, 將以非不穀」於是爵之五大夫.「申侯伯善持養吾意, 吾所欲則先我爲之. 與處則安, 曠之而不穀喪焉. 不以吾身遠之, 後世有聖人. 將以非不穀」於是送而行之. 申侯伯如鄭, 阿鄭君之心, 先爲其所欲, 三年而知鄭國之政也. 五月而鄭人殺之. 是後世之聖人, 使文王爲善於上世也.

72 신서

3. 《說苑》君道篇

楚文王有疾, 告大夫曰:「筦饒犯我以義, 違我以禮, 與處不安, 不見不思, 然吾有得焉, 必以吾時爵之; 申侯伯, 吾所欲者勸我爲之, 吾所樂者先我行之, 與處則安, 不見則思, 然吾有喪焉, 必以吾時遺之.」大夫許諾, 乃爵筦饒以大夫, 贈申侯伯而行之. 申侯伯將之鄭, 王曰:「必戒之矣, 而爲人也不仁, 而欲得人之政, 毋以之魯衛宋鄭.」不聽, 遂之鄭, 三年而得鄭國之政, 五月而鄭人殺之.

자신이 훌륭하다고 여기는 임금

옛날 위魏나라의 무후武侯가 어떤 일을 해결하려고 여러 신하들과 그에 대한 의견을 나누게 되었다. 그런데 무후의 의견이 가장 타당성이 있었고, 여러 신하들 중 누구도 무후에게 미치지 못하는 것이었다. 이에 무후가 조회에서 물러나면서 대단히 득의만만한 즐거운 기색을 지었다. 그러자 오기吳起가 이렇게 진언進言하였다.

"방금 초楚 장왕莊王의 이야기를 들려주는 자가 없었습니까?"

이에 무후가 되물었다.

"아직 듣지 못하였소. 장왕의 이야기가 무엇이오?"

오기는 이렇게 설명하였다.

"장왕이 어떤 일을 모책謀策하였는데 그 자신의 의견이 가장 타당하였고

신하들 중 누구도 그에 미치지 못하였습니다. 하지만 장왕은 조회를 마치면서 오히려 근심스러운 기색을 띠었지요. 이에 신공무신申公巫臣이라는 자가 '임금께서 조회를 마치시고 근심스러운 빛이시니 무슨 까닭입니까?'라고 물었습니다. 그러자 장왕은 '내가 듣건대 제후로서 스스로 그 자신보다 나은 자를 스승으로 삼는 자는 왕도王道를 이룰 수 있고, 스스로 친구가 될 만한 자를 선택한 자는

吳起

패도霸道를 이룰 수 있으나, 자신에게 만족하고 여러 신하 또한 자신만 못한 자를 두고 있으면 망한다고 하였소. 지금 불곡不穀같이 불초不肖한 자가 조회에서 의논을 하였으나 신하들조차 능히 나를 앞서지 못하니, 이는 곧 우리 초나라가 망할 것이 아닌가 해서요. 그래서 내 이렇게 근심스런 빛을 띠고 있는 것이오'라고 하였습니다.

똑같은 일로 초 장왕은 이를 근심거리로 여겼는데, 임금께서는 도리어 희색이 만면하시니, 이는 어찌된 까닭입니까?"

무후는 거북한 걸음으로 서성거리다가 이렇게 감사의 말을 하였다.

"하늘이 그대로 하여금 과인의 허물을 들추어내도록 해 주었구려. 하늘이 그대로 하여금 과인의 허물을 들추어내도록 해 주었구려."

昔者, 魏武侯謀事而當, 群臣莫能逮, 朝而有喜色.

吳起進曰:「今者, 有以楚莊王之語聞者乎?」

武侯曰:「未也, 莊王之語奈何?」

吳起曰:「楚莊王謀事而當, 群臣莫能逮, 朝而有憂色. 申公巫臣進曰:『君朝有憂色, 何也?』楚王曰:『吾聞之: 諸侯自擇師者王, 自擇友者霸, 足己而群臣莫之若者亡. 今以不穀之不肖而議於朝, 且群臣莫能逮, 吾國其幾於亡矣. 是以有憂色也.』莊王之所以憂, 而君獨有喜色, 何也?」

武侯逡巡而謝曰:「天使夫子振寡人之過也, 天使夫子振寡人之過也.」

【魏 武侯】戰國時代의 魏나라 君主. 이름은 擊. 재위 26년(B.C. 395〜370).
【朝而有喜色】〈四庫全書〉本에는 원문『朝退而有喜色』에서『退』자가 실려 있지 않다. 그러나《荀子》·《呂氏春秋》에는『退』자가 실려 있다.

【吳起】衛나라 출신의 兵法家. 魯·魏·楚 등에서 벼슬을 하였다. 그의 兵法은 孫子와 병칭되며, 《吳子》라는 저술이 전한다.

【楚 莊王】春秋五霸의 하나. 楚나라의 가장 영명한 君主. 재위 23년(B.C. 613~ 591).

【申公巫臣】楚 莊王의 臣下. 楚나라 申邑의 大夫.

【不穀】곡식도 제대로 익게 하지 못하는 사람이라는 뜻으로, 임금이 자신을 낮추어 부르는 말. 혹은 《論語》泰伯篇의 『不至於穀』에 근거하여 '穀'을 '善' 으로 풀이하기도 한다. 한편 《老子》42章에 『人之所惡, 唯孤·寡·不穀, 而王公 以爲稱』이라 하였다.

참고 및 관련 자료

1. 《荀子》堯問篇

吳起對曰:「楚莊王謀事而當, 群臣莫逮, 退朝而有憂色, 申公巫臣進, 問曰:『王朝而有 憂色, 何也?』莊王曰:『不穀謀事而當, 群臣莫能逮, 是以憂也. 其在中蘬之言也, 曰: 諸侯自爲得師者王, 得友者霸, 得疑者存, 自爲謀而莫己若者亡. 今以不谷之不肖, 而群臣莫吾逮, 吾國幾於亡乎? 是以憂也.』楚莊王以憂, 而君以憙!」

2. 《說苑》君道篇

楚莊王旣服鄭伯, 敗晉師, 將軍子重, 三言而不當, 莊王歸, 過申侯之邑, 申侯進飯, 日中而王不食, 申侯請罪, 莊王喟然歎曰:「吾聞之, 其君賢者也, 而又有師者王; 其君中君也, 而又有師者霸; 其君下君也, 而君臣又莫若君者亡. 今我, 下君也, 而君 臣又莫若不穀, 不穀恐亡, 且世不絶聖, 國不絶賢; 天下有賢而我獨不得, 若吾生者, 何以食爲?」故戰服大國義從諸侯, 戚然憂恐聖知不在乎身, 自惜不肖, 思得賢佐, 日中忘飯, 可謂明君矣.

3. 《呂氏春秋》驕恣篇

昔者, 楚莊王謀事而當, 有大功, 退朝而有憂色. 人左右曰:「王有大功, 退朝而有憂色 敢問其說?」王曰:「仲虺有言, 不穀說之, 曰:『諸侯之德, 能自爲取師者王, 能自取友 者存, 其所擇而莫如己者亡.』今以不穀之不肖也, 群臣之謀又莫吾及也, 我其亡乎!」

4.《新書》(賈誼) 先醒篇

莊王歸, 過申侯之邑. 申侯進飯, 日中而王不食. 申侯請罪曰:「臣齋而具食甚潔, 日中而不飯, 臣敢請罪.」莊王喟然嘆曰:「非子之罪也! 吾聞之曰, 其君賢君也, 而又有師者王; 其君中君也, 而有師者伯; 其君下君也, 而群臣又莫若者亡. 今我下君也, 而群臣又莫若不穀, 不穀恐亡無日也. 吾聞之, 世不絕賢. 天下有賢而我獨不得, 若吾生者, 何以食爲?」故莊王戰服大國, 義從諸侯, 戚然憂恐, 聖智在身, 而自錯不肖, 思得賢佐, 日中忘飯, 可謂明君矣.

5.《韓詩外傳》卷六

問者曰:「古之謂知道者曰先生, 何也?」「猶言先醒也. 不聞道術之人, 則冥於得失, 不知亂之所由. 眠眠乎其猶醉也. 故世主有先生者, 有後生者, 有不生者.」昔者, 楚莊王謀事而居有憂色. 申公巫臣問:「王何爲有憂也?」莊王曰:「吾聞諸侯之德, 能自取師者王, 而與居不若其身者亡. 以寡人之不肖也, 諸大夫之論, 莫有及於寡人, 是以憂也.」莊王之德宜君人, 威服諸侯, 日猶恐懼, 思索賢佐. 此其先生者也. 昔者, 宋昭公出亡, 謂其御:「吾知其所以亡矣.」御者曰:「何哉?」昭公曰:「吾被服而立, 侍御者數十人, 無不曰:『吾君, 麗者也.』吾發言動事, 朝臣數百人, 無不曰:『吾君, 聖者也.』吾外內不見吾過失, 是以亡也.」於是改操易行, 安義行道, 不出二年, 而美聞於宋, 宋人迎而復之, 諡爲昭. 此其後生者也. 昔郭君出郭, 謂其御者曰:「吾渴, 欲飲.」御者進清酒. 曰:「吾飢, 欲食.」御者進乾脯粱糗. 曰:「何備也?」御者曰:「臣儲之.」曰:「奚儲之?」御者曰:「爲君之出亡, 而道飢渴也.」曰:「子知吾且亡乎?」御者曰:「然.」曰:「何不以諫也?」御者曰:「君喜道諛, 而惡至言. 臣欲進諫, 恐先郭亡, 是以不諫也.」郭君作色而怒曰:「吾所以亡者, 誠何哉?」御轉其辭曰:「君之所以亡者, 太賢.」曰:「夫賢者所以不爲存而亡者, 何也?」御曰:「天下無賢而獨賢, 是以亡也.」伏軾而嘆曰:「嗟乎! 夫賢人者如此乎?」於是身倦力解, 枕御膝而臥, 御自易以備, 疏行而去. 身死中野, 爲虎狼所食. 此其不生者也. 故先生者, 當年霸, 楚莊王是也; 後生者, 三年而復, 宋昭公是也; 不生者, 死中野, 爲虎狼所食, 郭君是也. 有先生者, 有後生者, 有不生者. 詩曰:『聽言則對, 誦言如醉.』

6.《吳子》圖國篇

武侯嘗謀事, 群臣莫能及, 罷朝而有喜色. 起進曰:「昔楚莊王嘗謀事, 群臣莫能及, 罷朝而有憂色. 申公問:『君有憂色, 何也?』曰:『寡人聞之, 世不絕聖, 國不乏賢, 能得其師者王, 能得其友者霸. 今寡人不才, 而群臣莫及者, 楚國其殆矣!』此楚莊王之所憂, 而君說之, 臣竊懼矣.」於是武侯有慚色.

010(1-10) 衛國逐獻公
임금을 내쫓다니

衛위나라 사람들이 자신들의 임금인 헌공獻公을 축출하자, 진晉나라의 도공悼公이 이 소식을 듣고 사광師曠에게 물었다.

"위나라 사람들이 그 임금을 내쫓다니, 너무 심한 것 아닙니까?"

그러자 사광이 이렇게 설명하였다.

"혹자는 그 임금이 사실 너무 심하였다고 말합니다. 무릇 하늘이 백성을 내리고 그들의 임금을 세워 준 것은, 그로 하여금 목자牧者가 되라고 한 것이지, 그 백성들로 하여금 성명性命을 잃게 하라고 한 것은 아니지요. 훌륭한 임금이란 어진 이에게 상을 주고, 백성의 환난을 제거해 주며, 백성을 자식같이 여깁니다. 그래서 덮어 주기를 하늘같이 넓게 하며, 용납해 주기를 땅같이 크게 합니다.

그런가 하면 백성은 그 임금을 모시되 마치 부모처럼 여겨 받들고, 우러러보되 일월日月같이 하며, 공경하되 신명神明에게 하듯 하고, 두려워하기를 우레나 번개를 무서워하듯 합니다. 무릇 임금이란 신神의 주인이며, 백성의 우러름의 대상입니다. 하늘이 그 백성을 사랑하기가 이렇듯 지극한데, 어찌 단 한 사람만을 시켜 백성위에 군림하면서 제멋대로 음행을 부리고, 천지天地의 본성을 버리도록 하겠습니까? 절대로 그렇지 않을 것입니다. 만약 백성의 본성을 곤액困厄스럽게 하고, 신에 대한 제사를 궁핍하게 한다면, 백성은 희망을 잃게 되고 사직社稷은 주인을 잃게 되니 장차 그 결과가 어떻겠습니까? 그러니 그런 자를 제거하지 않고 어찌겠습니까?"

이 말을 듣고 도공이 동의하였다.

"옳습니다."

衛國逐獻公, 晉悼公謂曠曰:「衛人出其君, 不亦甚乎?」

對曰:「或者, 其君實甚也. 夫天生民而立之君, 使司牧之, 無使失性. 良君將賞善而除民患, 愛民如子, 蓋之如天, 容之若地. 民奉其君, 愛之如父母, 仰之如日月, 敬之如神明, 畏之若雷霆. 夫君, 神之主也, 而民之望也. 天之愛民甚矣, 豈使一人肆於民上, 以縱其淫而棄天地之性乎? 必不然矣. 若困民之性, 乏神之祀, 百姓絶望, 社稷無主, 將焉用之? 不去何爲?」

公曰:「善.」

【衛】 春秋時代부터 戰國時代까지 있었던 諸侯國. B.C. 209년에 秦에게 망하였다.
【衛獻公】 春秋時代의 衛나라 君主. 이름은 衎. 추방당하여 12년이나 지난 후 다시 復位, 3년 만에 죽었다. 첫 번째 재위는 18년(B.C. 576~559), 다시 復位된 것은 B.C. 546~544까지이다.
【晉悼公】 春秋時代의 晉나라 君主. 재위 15년(B.C. 572~558).
【師曠】 春秋時代 晉나라의 悼公·平公을 섬겼던 훌륭한 臣下. 字는 子野. 音樂을 담당하였으며, 吉凶을 능히 판별하였다.
【牧者】 "가축을 다루듯 먹여 주고 인도하여 이끌다"의 뜻. 즉 牧民官을 말함.
【社稷】 古代의 土地神과 穀神을 말하며, 곧 국가라는 뜻으로 쓰인다.

참고 및 관련 자료

1.《左傳》襄公 十四年 傳

師曠侍於晉侯, 晉侯曰:「衛人出其君, 不亦甚乎?」對曰:「或者其君實甚! 良君將賞

善而刑淫, 養民如子, 蓋之如天, 容之如地; 民奉其君, 愛之如父母, 仰之如日月, 敬之如神明, 畏之如雷霆, 其可出乎? 夫君, 神之主而民之望也. 若困民之主, 匱神乏祀, 百姓絶望, 社稷無主, 將安用之? 弗去何爲? 天生民而立之君, 使司牧之, 勿使失性. 有君而爲之貳, 使師保之, 勿使過度. 是故天子有公, 諸侯有卿, 卿置側室, 大夫有貳宗, 士有朋友, 庶人, 工, 商, 皂, 隷, 牧, 圉皆有親暱, 以相輔佐也. 善則賞之, 過則匡之, 患則救之, 失則革之. 自王以下各有父兄子弟以補察其政. 史爲書, 瞽爲詩, 工誦箴諫, 大夫規誨, 士傳言, 庶人謗, 商旅于市, 百工獻藝. 故夏書曰: 『遒人以木鐸徇於路.』官師相規, 工執藝事以諫, 正月孟春, 於是乎有之, 諫失常也. 天之愛民甚矣, 豈其使一人肆於民上, 以從其淫, 而棄天地之性? 必不然矣.」

011(1-11) 趙簡子上羊腸之坂
임금이 신하를 모멸하면

조간자趙簡子가 양羊의 창자처럼 구불구불한 험한 산길을 오르고 있었다. 여러 신하들이 일제히 팔을 걷어붙이고 수레를 미는데, 오직 호회虎會만은 창을 메고 노래만 부를 뿐 수레를 밀지 않는 것이었다. 이에 간자가 화가 나서 물었다.

"과인이 산길을 오르고 있는데 모든 신하들이 수레를 밀고 있다. 그런데 그대 회會만은 창을 메고 노래만 부를 뿐 수레를 밀지 않으니, 이는 남의 신하된 자로서 그 임금을 모독하는 것이다. 신하된 자가 그 임금을 모멸하면, 그 죄가 어떠한지 알고 있는가?"

그러자 호회는 얼른 이렇게 대답하였다.

"신하된 자가 그 임금을 모멸하면, 그 죄는 죽고 또 죽는 것이지요!"

간자가 의아히 여겨 물었다.

"죽고 또 죽는다는 말이 무슨 뜻인가?"

호회는 이렇게 설명하였다.

"자기 자신이 죽고 그 처자까지 죽으니, 이를 두고 죽고 또 죽는다고 한 것입니다. 그런데 임금께서는 신하된 자가 그 임금을 모멸하였을 때 그 죄가 어떠한지는 이미 들으셨겠지만, 반대로 남의 임금 된 자가 그 신하를 모멸하였을 때 그 죄가 어떠한지는 들으셨는지요?"

간자가 다시 물었다.

"남의 임금 된 자가 그 신하를 모멸한다니 이는 무슨 뜻인가?"

호회는 이렇게 설명하였다.

"임금 된 자가 그 신하를 모멸하게 되면 지혜 있는 자는 임금을 위해 머리를 짜내지 않으며, 말 잘하는 자는 그 임금을 위해 사신으로 가려 하지 않고, 용맹이 있는 자는 그 임금을 위해 싸우려 하지 않게 되지요. 지혜 있는 자가 모책을 내놓지 않으면 사직이 위태로워지고, 말 잘하는 자가 사신으로 가지 않겠다고 하면 외국과 외교가 통하지 못하며, 용맹이 있는 자가 임금을 위해 싸우려 하지 않으면 변경이 침략을 받게 되고 맙니다."

이 말에 간자가 동의하였다.

"옳도다."

그리고는 신하들의 수레 미는 일을 그치게 하고, 사대부들을 위해 술상을 마련하였다. 그리고 여러 신하들과 함께 어울려 마시면서 호회 를 상객上客으로 삼았다.

趙簡子上羊腸之坂, 群臣皆偏袒推車, 而虎會獨擔戟行歌, 不推車.

簡子曰:「寡人上坂, 群臣皆推車, 會獨擔戟行歌, 不推車. 是會爲人臣侮其主, 爲人臣侮其主, 其罪何若?」

虎會曰:「爲人臣而侮其主者, 死而又死.」

簡子曰:「何謂死而又死?」

虎會曰:「身死, 妻子又死, 若是謂死而又死. 君旣已聞爲人臣 而侮其主之罪矣; 君亦聞爲人君而侮其臣者乎?」

簡子曰:「爲人君而侮其臣者何若?」

虎會對曰:「爲人君而侮其臣者, 智者不爲謀, 辯者不爲使, 勇者 不爲鬪. 智者不爲謀, 則社稷危; 辯者不爲使, 則使不通; 勇者 不爲鬪, 則邊境侵.」

簡子曰:「善.」

乃罷群臣不推車; 爲士大夫置酒, 與群臣飮, 以虎會爲上客.

【趙簡子】春秋 말기 晉나라 六卿의 하나로 뒤에 戰國時代 趙나라의 先代. 이름은
鞅. 簡子는 公・侯・伯・子・男의 爵位 가운데 하나이며, 諡號이다.
【羊腸之坂】羊의 창자처럼 꼬불꼬불하고 험한 길의 비유. 혹은『羊腸坂』이라는
고개 이름으로도 본다.
【虎會】趙簡子의 臣下.
【士大夫】古代 官職이 있는 사람을 통칭하는 말.
【上客】客人으로서 가장 높은 벼슬, 칭호, 대우.

┌─────────────────────┐
│ 참고 및 관련 자료 │
└─────────────────────┘

1.《說苑》尊賢篇

晉文侯行地登隧, 大夫皆扶之, 隨會不扶, 文侯曰:「會! 夫爲人臣而忍其君者, 其罪
奚如?」對曰:「其罪重死.」文侯曰:「何謂重死?」對曰:「身死, 妻子爲戮焉.」隨會
曰:「君奚獨問爲人臣忍其君者, 而不問爲人君而忍其臣者邪?」文侯曰:「爲人君而
忍其臣者, 其罪何如?」隨會對曰:「爲人君而忍其臣者, 智士不爲謀, 辨士不爲言,
仁士不爲行, 勇士不爲死.」文侯援綏下車, 辭大夫曰:「寡人有腰髀之病, 願諸大夫
勿罪也.」

2.《藝文類聚》(24)

新序曰: 趙簡子上羊腸阪, 群臣皆偏袒推車, 而唐會擔戟行歌. 簡子曰:「寡人上阪,
群臣推車. 會獨行歌, 不推車, 是會爲臣而侮其主. 其罪何若?」對曰:「臣侮主之罪,
當死. 死者身死妻子爲戮也. 君雖聞爲臣侮主之罪, 君亦聞爲人君而侮其臣者乎?」
簡子曰:「何若爲侮其臣者乎?」對曰:「智者不爲謀; 辯者不爲使; 勇者不爲鬪. 夫智
者不爲謀, 則社稷危; 辯者不爲使, 則指事不通; 勇者不爲鬪, 則邊境侵. 三者不使,
則君難保.」簡子乃罷推車.

3. 기타 참고자료

《群書治要》(42)・《太平御覽》(457)

012(1-12) 昔者周舍事趙簡子
양털과 여우겨드랑이 털

옛날 주사周舍라는 사람이 조간자趙簡子를 섬기겠다고 하면서 조간자의 문 앞에 서서 사흘 밤낮을 떠나지 않는 것이었다. 간자가 의아히 여겨 사람을 시켜 그에게 이렇게 물어보도록 하였다.

"선생께서는 장차 나에게 무엇을 가르쳐 주려는 것입니까?"

이에 주사가 대답하였다.

"원컨대 저는 임금의 잘못만을 들추어내는 신하가 되고 싶습니다. 그래서 먹과 붓, 그리고 기록할 판자를 들고 임금의 뒤를 따라다니며, 임금께서 잘못을 저지르기만 하면 이를 기록하고자 합니다. 날마다 이를 기록해 나가면 한 달만 지나도 고쳐지는 효과가 있을 것이요, 세월이 흐르면 무언가 얻을 것이 있으리라 봅니다."

그러자 간자가 대단히 기뻐하며 그가 함께 거처할 것을 허락하였다. 그러나 불행히도 얼마 지나지 않아 주사는 그만 병이 들어 죽고 말았다. 이에 간자는 그의 장례를 후하게 치러 주었다.

그로부터 3년이 지난 어느 날, 간자가 여러 대부들과 잔치를 벌이다가 술이 거나하게 취하자 울음을 터뜨리는 것이었다. 여러 대부들이 놀라 일어나 다가가 물었다.

"저희가 죽을죄를 지었습니다만 무슨 죄인지는 잘 모르겠습니다."

그러자 간자가 이렇게 설명하였다.

"대부들은 아무런 죄가 없습니다. 지난날 나의 친구 주사는 이렇게 말하였지요. '1백 마리 양의 껍질이 한 마리 여우의 겨드랑이 털만 못하다'라고요. 그런데 지금 여러 사람들은 그저 내 말이라면 예예할 뿐, 주사처럼 나의 잘못을 꼬집어 악악諤諤하는 자가 없습니다.

옛날 주紂는 그 신하들이 그저 혼암昏闇한 자들뿐이었기 때문에 나라를 망쳤고, 무왕武王은 악악하는 신하가 많았기에 창성할 수 있었던 것입니다. 주사가 죽고 난 뒤부터, 나는 아직 나의 과실을 지적해 주는 말을 한 번도 듣지 못하였습니다. 그래서 임금 된 자가 자신의 잘못을 들을 기회가 없거나, 듣고 나서도 고치지 않으면 이내 망하고 마는 법인데 악악지신諤諤之臣이 없으니 우리나라는 곧 망하고 말 것인즉, 그런 까닭에 내가 우는 것입니다."

昔者, 周舍事趙簡子, 立趙簡子之門, 三日三夜.

簡子使人出問之曰:「夫子將何以令我?」

周舍曰:「願爲諤諤之臣, 墨筆操牘, 隨君之後, 司君之過而書之, 日有記也, 月有效也, 歲有得也.」

簡子悅之, 與處. 居無幾何而周舍死, 簡子厚葬之.

三年之後, 與諸大夫飮, 酒酣, 簡子泣.

諸大夫起而出, 曰:「臣有死罪而不自知也.」

簡子曰:「大夫反, 無罪. 昔者, 吾友周舍有言曰:『百羊之皮, 不如一狐之腋.』衆人之唯唯, 不如周舍之諤諤. 昔紂昏昏而亡, 武王諤諤而昌. 自周舍之死後, 吾未嘗聞吾過也. 故人君不聞其非, 及聞而不改者亡, 吾國其幾於亡矣, 是以泣也.」

【周舍】趙簡子를 섬겨 直諫을 잘하였던 臣下.
【趙簡子】春秋 말기 晉나라 六卿의 하나. 뒤에 趙나라가 되었다.
【牘】종이가 없던 시절에는 나무판자에 글씨를 썼다.

【昏闇】어리석고 못나서 사리에 어두움.

【紂】商나라의 마지막 임금. 周나라의 武王에게 망하였다.

【武王】文王의 아들. 이름은 發. 周나라를 세웠으며, 聖人으로 추대되었다.

【諤諤之臣】임금의 잘못을 들추어내어 아무 거리낌 없이 諫하는 신하를 말한다.

참고 및 관련 자료

1.《韓詩外傳》卷七

趙簡子有臣曰周舍, 立於門下, 三日三夜. 簡子使問之, 曰:「子欲見寡人何事?」
周舍對曰:「願爲諤諤之臣, 墨筆操牘, 從君之過, 而日有記也, 月有成也, 歲有效也.」
簡子居, 則與之居; 出, 則與之出. 居無幾何, 而周舍死, 簡子如喪子. 後與諸大夫飮
於洪波之臺, 酒酣, 簡子涕泣, 諸大夫皆出走, 曰:「臣有罪而不自知.」簡子曰:「大夫
皆無罪. 昔者, 吾有周舍有言曰:『千羊之皮, 不若一狐之腋; 衆人諾諾, 不若一士之
諤諤. 昔者, 商紂黙黙而亡, 武王諤諤而昌.』今自周舍之死, 吾未嘗聞吾過也, 吾亡
無日矣, 是以寡人泣也.」

2.《史記》趙世家

趙簡子有臣曰周舍, 好直諫. 周舍死, 簡子每聽朝, 常不悅, 大夫請罪. 簡子曰:「大夫
無罪. 吾聞千羊之皮不如一狐之腋. 諸大夫朝, 徒聞唯唯, 不聞周舍之鄂鄂, 是以
憂也.」簡子由此能附趙邑而懷晉人.

3.《史記》趙世家 集解

周舍立於門下三日三夜, 簡子使問之曰:「子欲見寡人何事?」對曰:「願爲諤諤
之臣, 擧筆操牘, 從君之過, 而日有所記, 月有所成, 歲有所效也.」

4.《藝文類聚》(58)

簡子有臣曰周舍, 立於門下三日三夜, 簡子問其故. 對曰:「願爲諤諤之臣, 墨筆
執牘, 從君之後, 伺君之過而書之.」

5. 기타 참고자료

《太平御覽》(497, 606)·《文房四譜》(1)·《事類賦注》(15)·《群書治要》·《冊府元龜》
(792)·《史記》商君列傳·《說苑》卷九 正諫篇·《孔子家語》六本篇·《三國志》
虞飜傳 注에 引用된《江表傳》

013(1-13) 魏文侯與士大夫坐
임금이 어질면 그 신하가 곧다

위魏나라의 문후文侯가 사대부들과 함께 앉아 있다가 물었다.

"과인寡人은 어떤 임금인가?"

이에 여러 신하들이 일제히 말하였다.

"어진 임금이지요."

그러자 뒤이어 들어온 적황翟黃이 이렇게 말하였다.

"임금께서는 어진 임금이 아닙니다."

이에 문후가 물었다.

"그대의 말은 무슨 뜻인가?"

적황은 이렇게 설명하였다.

"임금께서 중산中山을 정벌하고 나서, 이 땅을 임금의 동생에게 봉해주지 아니하고 임금의 장자에게 봉해 주셨지요. 이로써 저는 임금께서 어진 임금이 아니라는 것을 알게 되었습니다."

문후가 크게 화를 내며 적황을 내쫓으라 하였다. 적황이 일어나서 나가자, 뒤이어 임좌任座가 들어왔다. 문후가 물었다.

"그대는 과인을 어떤 임금이라 여기는가?"

그러자 임좌는 이렇게 대답하였다.

"어진 임금이십니다."

이에 문후가 다시 물었다.

"그대는 무슨 이유로 그렇게 말하는가?"

이 말에 임좌는 이렇게 설명하였다.

"제가 듣건대, 그 임금이 어질면 그 밑의 신하가 곧다고 하였습니다. 방금 적황이 임금에게 곧은 말을 하였지요. 이로써 저는 임금께서 어진 임금이라는 것을 알았습니다."

이 말에 문후가 말하였다.

"옳도다."

그리고는 적황을 다시 불러 상경上卿으로 삼았다.

魏文侯與士大夫坐, 問曰:「寡人何如君也?」

群臣皆曰:「君, 仁君也.」

次至翟黃, 曰:「君, 非仁君也.」

曰:「子何以言之?」

對曰:「君伐中山, 不以封君之弟, 而以封君之長子. 臣以此知君之非仁君.」

文侯大怒, 而逐翟黃, 翟黃起而出.

次至任座, 文侯問:「寡人何如君也?」

任座對曰:「君, 仁君也.」

曰:「子何以言之?」

對曰:「臣聞之: 其君仁者, 其臣直. 向翟黃之言直, 臣是以知君仁君也.」

文侯曰:「善.」

復召翟黃, 入拜爲上卿.

【魏 文侯】戰國時代 魏나라의 영명한 君主. 재위 50년(B.C. 445~396).

【寡人】『寡德之人』의 준말로 임금이 자신을 낮추어 부르는 말.《老子》42장에 『唯孤·寡·不穀, 而王公以爲稱』이라 하였다.

【翟黃】魏나라 文侯의 臣下. 戰國時代 魏나라의 下郢 출신. 《史記》魏世家 참조.

【中山】지금의 河北省 중부에 있던 나라이다. 魏 文侯 17년(B.C. 429)에 中山을 쳤다.

【任座】魏나라 文侯의 臣下.

【上卿】卿 벼슬 중의 최고 관직.

참고 및 관련 자료

1.《呂氏春秋》自知篇

魏文侯燕飲, 皆令諸大夫論己. 或言君之智也. 至於任座, 任座曰:「君不肖君也, 得中山, 不以封君之弟, 而以封君之子, 是以知君之不肖也.」文侯不說, 知於顏色. 任座趨而出, 次及翟黃. 翟黃曰:「君賢君也, 臣聞其主賢者. 其臣之言直. 今者, 任座之言直., 是以知君之賢也.」文侯喜曰:「可反歟!」翟黃對曰:「奚爲不可! 臣聞忠臣畢其忠, 而不敢遠其死. 座殆尚在於門.」翟黃往視之, 任座在於門, 以君令召之. 任座入, 文侯下階而迎之, 終座以爲上客. 文侯微翟黃, 則幾失忠臣矣. 上順乎主心以顯賢者, 其唯翟黃乎!

2.《藝文類聚》(24)

魏文侯與大夫坐, 問曰:「寡人何如君也?」群臣皆曰:「君仁君也.」次問翟黃. 曰:「君非仁君也.」曰:「子何以言之?」對曰:「君伐中山, 不以封君之弟, 而以封君之長子, 曰是以知君之非仁君也.」文侯怒而逐翟黃. 翟黃趨而出, 次任座. 座對曰:「君仁君也.」曰:「子何以言之?」對曰:「臣聞之, 其君仁者. 其臣直. 向翟黃之言直., 臣是以知君仁君也.」文侯曰:「善!」復召翟黃對.

3. 기타 참고자료

《群書治要》권42·《太平御覽》(428, 622)

014(1-14) 中行寅將亡
백성의 저주

중항인中行寅이 장차 나라가 망하려 하자, 태축太祝을 불러 그 죄를 뒤집어씌우려고 이렇게 말하였다.

"그대는 나를 위해 신에게 제사 지내는 일을 맡아 놓고, 그 희생犧牲을 삐쩍 마른 것을 쓰지는 않았는가? 또 재계齋戒를 하면서 경건치 못한 행위를 하지는 않았는가? 그대가 내 나라를 망하게 하였으니 무슨 까닭인가?"

그러자 태축 벼슬의 축간祝簡이 이렇게 말하였다.

"지난날 우리의 선대 임금이셨던 중항목자中行穆子께서는 겨우 피거皮車 십승十乘밖에 없었지만, 그것이 너무 초라한 것은 아닌가 하고 근심하는 일은 없었습니다. 오히려 자신의 덕의德義가 부족할까 하고 걱정하였습니다. 그런데 지금 임금께서는 혁거革車가 백승百乘이나 되는데도 덕의가 부족한 것은 근심치 아니하고, 오직 수레가 적다고 걱정을 하고 있습니다. 무릇 배나 수레를 화려하게 장식하려면 세금이 무거워지게 마련이고, 세금이 가혹해지면 백성의 원망과 비방·저주가 늘어날 것입니다. 임금께서 진실로 축원하는 것으로써 나라에 이익이 있게 할 수 있다고 여기십니까? 그렇다면 백성의 저주도 장차 나라를 깎아내려 끝내 세상이 망하고 말 것입니다. 한 사람은 복을 달라고 빌고, 그 나라의 모든 백성은 이를 망하게 해달라고 저주한다면, 한 사람의 축원이 만 사람의 저주를 이겨낼 수가 없게 될 것입니다. 그러니 나라가 망하는 것이 당연하다 하지 않겠습니까? 태축이 무슨 죄가 있다는 말입니까?"

이 말에 중항인은 부끄러워 어쩔 줄을 몰랐다.

中行寅將亡, 乃召其太祝, 而欲加罪焉.

曰:「子爲我祝, 犧牲不肥澤耶? 且齋戒不敬耶? 使吾國亡, 何也?」

祝簡對曰:「昔者, 吾先君中行穆子, 皮車十乘, 不憂其薄也, 憂德義之不足也. 今主君有革車百乘, 不憂德義之薄也, 唯患車之不足也. 夫舟車飾, 則賦斂厚; 賦斂厚, 則民怨謗詛矣. 且君苟以爲祝有益於國乎? 則詛亦將爲損, 世亡矣. 一人祝之, 一國詛之. 一祝不勝萬詛, 國亡, 不亦宜乎? 祝其何罪?」

中行子乃慚.

【中行寅】中行은 姓氏. 원래 春秋時代 晉나라 荀林父(荀林甫)가 中行將이라는 관직을 얻어 이것이 姓氏가 되었으며, 뒤에 智氏(知氏)·韓氏·魏氏·趙氏·范氏 등과 같이 晉나라의 六卿으로 성장하였다. 그 뒤 智氏에 의하여 망하고, 또한 그 智氏도 망하자 韓·魏·趙가 晉나라를 三分하여 戰國七雄의 반열에 서게 된다.

【太祝】官職名.《周禮》에 의하면 春官에 속하며, 나라를 위해 국가의 제사·祝辭 등을 맡았다.

【齋戒】古代人이 제사를 지내기 전에 齋室에 들어가 기도하고, 병과 악마를 경계하여 준비하는 일.『洗心曰齋, 防患曰戒』라 하였고,《禮記》祭義篇에『及其將齋也, 防其邪物, 訖其嗜欲. 耳不聽樂, 心不苟慮, 手不苟動』이라 하였다.

【祝簡】당시 太祝의 벼슬이었던 人物.

【中行穆子】中行寅의 先君.

【皮車】짐승 껍질로 대강 덮은 초라한 수레.

【革車】古代의 戰車. 훌륭하고 튼튼한 수레.

【唯患車之不足也】『之』자는 〈四庫全書〉本에는 실려 있지 않으나,《論衡》및《太平御覽》에는 실려 있다.

【賦斂厚則民怨詛矣】〈四庫全書〉本에『賦斂厚則民怨謗詛矣』로 실려 있다.

【則詛亦將爲亡矣】〈四庫全書〉本에는『則詛亦將爲損世亡矣』로 실려 있으나,《論衡》과《太平御覽》에는『損世』두 글자가 없다.

1. 《論衡》 解除篇

晉中行寅將亡, 召其太祝, 欲加罪焉, 曰:「子爲我祀, 犧牲不肥澤也? 且齊戒不敬也? 使吾國亡, 何也?」祝簡對曰:「昔日, 吾先君中行密子, 有車十乘, 不憂其薄也, 憂德義之不足也. 今主君有革車百乘, 不憂[德]義之薄也, 唯患車之不足也. 夫船車飾, 則賦斂厚, 賦斂厚則民謗詛. 君苟以祀爲有益於國乎? 詛亦將爲亡矣! 一人祝之, 一國詛之, 一祝不勝萬詛, 國亡, 不亦宜乎? 祝其何罪?」中行子乃慙. 今世信祭祀, 中行子之類也. 不脩其行而豐其祝, 不敬其上而畏其鬼; 身死禍至, 歸之於祟, 謂祟未得; 得祟脩祀, 禍繁不止, 歸之於祭, 謂祭未敬. 夫論解除, 解除無益; 論祭祀, 祭祀無補; 論巫祝, 巫祝無力. 竟在人不在鬼, 在德不在祀, 明矣哉!

2. 《晏子春秋》 諫上

景公疥且瘧, 期年不已. 召會譴梁丘據晏子而問焉. 曰:「寡人之病,病矣. 使史固與祝佗, 巡山川宗廟, 犧牲珪璧, 莫不備具, 其數常多于先君桓公. 桓公一則寡人再, 病不已, 滋甚. 予欲殺二子者, 以說于上帝. 其可乎?」會譴梁丘據曰:「可!」晏子不對. 公曰:「晏子何如?」晏子曰:「君以祝爲有益乎?」公曰:「然!」晏子免冠曰:「若以爲有益, 則詛亦有損也. 君疏輔而遠拂, 忠臣擁塞, 諫言不出. 臣聞:『近臣嘿, 遠臣瘖, 衆口鑠金.』今自聊攝以東, 姑尤以西者. 此其人民衆矣. 百姓之咎怨誹謗, 詛君于上帝者, 多矣. 一國詛, 兩人祝, 雖善祝者, 不能勝也. 且夫祝直言情, 則謗吾君也. 隱匿過, 則欺上帝也. 上帝神, 則不可欺. 上帝不神, 祝亦無益. 願君察之也. 不然, 刑無罪, 夏商所以滅也.」公曰:「善解予惑, 加冠!」命會譴毋治齊國之政, 梁丘據毋治賓客之事, 兼屬之乎晏子. 晏子辭, 不得命. 受, 相退. 把政. 改月而君病悛. 公曰:「昔吾先君桓公, 以管子爲有力, 邑狐與穀. 以共宗廟之鮮. 賜其忠臣, 則是多忠臣者. 子今忠臣也, 寡人請賜子州款.」辭曰:「管子有一美, 嬰不如也. 有一惡, 嬰不忍爲也. 其宗廟之養鮮也.」終辭而不受.

3. 기타 참고자료

《太平御覽》 六二七·七三六

015(1-15) 秦欲伐楚
나라의 진정한 보물

진秦나라가 초楚나라를 치려고 사자使者로 하여금 초나라에 가서 그 보물을 살펴보도록 하였다. 초나라 임금이 이 소식을 듣고, 영윤令尹 자서子西를 불러 물었다.

"진나라가 우리 초나라의 보물을 보겠다 합니다. 우리나라에는 화씨지벽和氏之璧과 수후지주隨侯之珠가 있는데, 이를 보여 주면 되겠습니까?"

그러자 영윤 자서가 이렇게 대답하였다.

"저는 모르겠습니다."

임금은 할 수 없이 소해휼昭奚恤을 불러 똑같은 질문을 하였다. 이에 소해휼은 이렇게 대답하였다.

"이는 우리나라의 득실과 장단점을 알아내어 우리를 치고자 시도하는 것입니다. 나라의 존망은 보물에 달려 있는 것이 아니라, 어진 신하에 달려 있습니다. 무릇 구슬이나 보배 같은 노리개 물건은 중요한 보물이 되지 못합니다."

이 말에 임금은 소해휼로 하여금 그 진나라 사신을 응대하도록 하였다. 소해휼은 정병精兵 3백 인을 뽑아 궁궐 서쪽 문에 배치시킨 뒤 동쪽에 단壇을 하나 쌓고, 남쪽에는 네 개, 서쪽에는 하나의 단을 쌓아 놓았다. 그런 연후에 진나라 사신이 도착하자 이렇게 말하였다.

"귀하는 손님입니다. 그러니 청컨대 동쪽 단으로 오르십시오."

그리고는 영윤 자서를 남쪽에 서도록 하고 태종자오太宗子敖를 그 다음으로, 다시 섭공자고葉公子高를 그 다음으로, 사마자반司馬子反을 그 다음의 차례로 자리를 정하였다. 그런 뒤 소해휼 자신은 서쪽 단에 올라 이렇게 설명하였다.

"손님께서 우리 초나라의 보물을 보고자 하시기에 이렇게 보여 드립니다. 초나라에서 보물로 여기는 바는, 바로 여기에 자리한 어진 신하들입니다. 백성을 다스리고 창름倉廩을 실實하게 하여, 백성들로 하여금 각각 자기 나름대로 얻을 것이 있도록 한 것은, 바로 여기 영윤 자서가 있기 때문입니다. 또 규벽珪璧을 받들고 여러 제후 나라에 사신으로 가서는, 서로 원망하거나 오해하는 일이 있으면 이를 풀어 두 나라 사이에 즐거움을 교환하여 전쟁의 근심이 없도록 한 것은, 바로 여기 태종자오가 있기 때문입니다. 그런가 하면 국토를 지키고 그 경계를 관리함에 게으름이 없도록 하여, 이웃 나라를 침략하지 않고 이웃 나라 역시 침략해 오지 않도록 하는 것은, 바로 여기 섭공자고의 역할입니다. 군사를 잘 관리하고 무기를 정비하여 강한 적과 맞닥뜨렸을 때 전쟁의 북채를 잡고 1백만 무리를 움직이되, 시키기만 하면 끓는 물과 무서운 불길에도 뛰쳐나가고 시퍼런 칼날조차도 밟고 나가며, 만인이 죽어도 두려워하지 않고 자신의 생명을 아까워하지 않도록 훈련된 것은 바로 여기 사마자반의 덕택입니다.

또 만약 패왕霸王의 시대를 누렸던 의논거리가 아직 남아 있도록 하고, 치란治亂의 유풍遺風이 이어지도록 하는 것이 있다면, 이는 바로 나 소해휼이 여기에 있기 때문입니다. 오직 이것이 귀국이 보고 갈 일입니다."

진나라 사신은 이 말을 듣고 두려워하면서 더 이상 대답을 하지 못하였다. 소해휼은 드디어 읍揖을 하고 자리를 떴다.

진나라 사신은 귀국한 후, 이 일을 진나라 임금에게 이렇게 보고하였다.

"초나라에는 어진 신하가 많습니다. 그들을 상대로 어떻게 해보겠다고 도모하는 것은 어려운 일입니다."

결국 진나라는 초나라를 칠 계획을 철회해 버렸다.

《시詩》에 "훌륭하고 뛰어난 많은 선비들! 문왕文王은 이로써 안녕을 얻었네!"라고 하였으니, 바로 이러한 경우를 두고 노래한 것이다.

秦欲伐楚, 使使者往觀楚之寶器.

楚王聞之, 召令尹子西而問焉, 曰:「秦欲觀楚之寶器, 吾和氏之璧, 隨侯之珠, 可以示諸?」

令尹子西對曰:「臣不知也.」

召昭奚恤問焉, 昭奚恤對曰:「此欲觀吾國之得失而圖之, 不在寶器, 在於賢臣. 珠玉玩好之物, 非國所寶之重者.」

王遂使昭奚恤應之. 昭奚恤發精兵三百人, 陳於西門之內. 爲東面之壇一, 爲南面之壇四, 爲西面之壇一.

秦使者至, 昭奚恤曰:「君, 客也. 請就上位東面.」

令尹子西南面, 太宗子敖次之, 葉公子高次之, 司馬子反次之, 昭奚恤自居西面之壇, 稱曰:「客欲觀楚國之寶器, 楚國之所寶者, 賢臣也. 理百姓, 實倉廩, 使民各得其所, 令尹子西在此. 奉珪璧, 使諸侯, 解忿悁之難, 交兩國之歡, 使無兵革之憂, 太宗子敖在此. 守封疆, 謹境界, 不侵鄰國, 鄰國亦不見侵, 葉公子高在此. 理使旅, 整兵戎, 以當彊敵, 提枹鼓, 以動百萬之衆, 所使皆趨湯火, 蹈白刃, 出萬死, 不顧一生之難, 司馬子反在此. 懷霸王之餘議, 攝治亂之遺風, 昭奚恤在此. 唯大國之所觀.」

秦使者懼然無以對, 昭奚恤遂揖而去.

秦使者反, 言於秦君曰:「楚多賢臣, 未可謀也.」

遂不伐楚.

詩云:『濟濟多士, 文王以寧.』斯之謂也.

【秦】 春秋五霸의 하나인 秦 穆公을 낳았고, 戰國時代에 가장 강성하였으며, 始皇에 이르러 中國을 통일한 나라. 首都는 咸陽(지금의 西安 경내)이었다.

【往觀楚之寶器】 대체로 楚 宣王(재위 30년, B.C. 369~340) 때의 일로 여겨진다.

【令尹】 楚나라의 최고 관직. 相國에 해당한다.

【子西】 楚 宣王 때의 令尹.

【和氏之璧】 楚나라의 卞和라는 자가 얻었던 璞玉을 다듬어 만든 天下의 至寶.『完璧歸趙』,『刎頸之交』 등의 고사를 남긴 구슬.《韓非子》和氏篇에 『楚人和氏, 得玉璞楚山中, 奉而獻之厲王, 厲王使玉人相之, 玉人曰:「石也.」 王以和爲誑, 而刖其左足, 及厲王薨, 武王卽位, 和又奉其璞而獻之武王. 武王 使玉人相之, 又曰:「石也.」 王又以和爲誑, 而刖其右足. 武王薨, 文王卽位, 和乃抱其璞, 而哭於楚山之下. 三日三夜, 泣盡而繼之以血. 王聞之, 使人問 其故, 曰:「天下之刖者, 多矣. 子奚哭之悲也?」 和曰:「吾非悲刖也. 悲夫寶玉 而題之以石; 貞士而名之以誑. 此吾所以悲也.」 王乃使玉人理其璞, 而得寶焉. 遂名曰和氏之璧』이라 하였다. (본《新序》109章 참조)

【隨侯之珠】 隨侯(隨나라의 제후)가 부상당한 大蛇를 구원해 주고, 그 보답으로 받은 구슬.《淮南子》說山訓에『得隨侯之珠, 不若得事之所由』라 하였고, 그 註에『隨侯, 漢中國姬姓諸侯也. 隨侯見大蛇傷斷, 以藥傅而塗之. 後蛇於夜中, 銜大珠以報之, 因曰隨侯之寶』라 하였다.《搜神記》에도 자세한 내용이 실려 있다. 한편 이 隨나라의 명칭은 뒤에 隨國公 楊堅이『隋』나라를 세우면서『隨』 자가『안정감 없이 이리저리 따르다』는 어감을 가지고 있다고 꺼려 하여『辶』을 빼고 국호로 삼아 오늘 날의『隋』자가 생겨나게 된 것이다.

【臣不知也】〈四庫全書〉本에는『臣』자가 실려 있지 않다.

【昭奚恤】 人名.《戰國策》등 참고.

【此欲觀吾國之得失而圖之】〈四庫全書〉本에『此欲觀吾國得失而圖之』로 되어 있다.

【在於賢臣】〈四庫全書〉本에『在賢臣』으로 실려 있다.

【非國所寶之重者】〈四庫全書〉本에『非寶重者』로 실려 있다.

【太宗子敖】 人名. 太宗은 관직인 듯하다.

【葉公子高】 人名. 葉公은 葉 땅의 封侯.

【司馬子反】 人名. 司馬는 군사를 책임지고 있는 관직. 이상에서 司馬子反은 楚 共王 16년(B.C. 575)에 죽었고, 令尹 子西는 惠王 50년(B.C. 439)에 죽었다. 그리고 昭奚恤은 宣王(재위 B.C. 369~340) 때의 人物로 시간적으로 맞지 않다.

【倉廩】곳집. 곡식이나 수레 따위를 갈무리하는 창고.
【珪璧】둘 다 구슬·옥을 말하며, 다른 나라에 사신으로 갈 때 신표로 주는
물건. 즉 使臣의 임무를 맡는다는 뜻.
【治亂之遺風】楚 莊王(재위 23년, B.C. 613~591) 때에 霸者가 되었던 이야깃
거리가 楚나라에 전해져서 긍지와 자부심을 갖도록 하는 일.
【詩云】《詩經》大雅 文王篇의 구절. 文王은 周 文王, 즉 西伯(姬昌)을 말한다.

참고 및 관련 자료

1.《後漢書》李膺傳 注

新序曰: 秦欲伐楚, 使使者往觀楚之寶器. 楚王聞之, 召昭奚恤問焉. 對曰:「此欲觀吾
國之得失而圖之, 寶器在於賢臣.」遂使恤應之. 乃爲東面之壇一, 爲南面之壇四, 爲西
面之壇一. 秦使者至, 恤曰:「君, 客也, 請就上位東面, 子西南面, 太宰子方次之,
葉公子高次之, 司馬子反次之.」恤自居西面之壇, 稱曰:「客觀楚國之寶器. 所寶者,
賢臣也. 理百姓, 實倉廩, 使人各得其所, 子西在此. 奉珪璋, 使諸侯, 解忿悁之難,
交兩國之懽, 使無兵革之憂, 太宰子方在此. 守封壇, 謹境界, 不侵鄰國, 鄰亦不侵,
葉公子高在此. 理師旅, 正兵戎, 以當强敵, 提枹鼓以動百萬之衆, 使皆赴湯火, 蹈白刃,
出萬死不顧, 司馬子反在此. 若懷霸王之餘義, 獵理亂之遺風, 昭奚恤在此. 惟大國
所觀.」秦使者瞿然無以對, 恤遂攝衣而去. 使反, 言秦君曰:「楚多賢臣, 未可謀也.」

2. 기타 참고자료

《資治通鑑》周顯王 14年·《渚宮舊事》·《群書治要》

016(1-16) 晉平公欲伐齊
동등한 외교를 위하여

진晉 평공平公이 제齊나라를 치려고, 범소范昭로 하여금 직접 가서 살펴보고 오도록 하였다. 제나라 경공景公은 이 범소를 맞이하여 잔치를 베풀었다. 술기운이 오르자 범소가 이런 요구를 하였다.

"원컨대 임금께서 마시는 잔으로 축수를 올리고 싶습니다."

그러자 경공이 할 수 없이 허락하였다.

"과인의 잔에 술을 가득 채워 저 손님께 드려라."

범소가 그 잔으로 축수를 하고 나서 그 술을 다 마시자, 안자晏子가 나섰다.

"그 잔을 치우고 다른 잔으로 하십시오. 술잔은 얼마든지 갖추어져 있습니다."

이 말에 범소는 기분이 언짢아 거짓으로 취한 체하면서 불쾌한 표정으로 일어나 춤을 추었다. 그리고 태사太師에게 이렇게 말하였다.

"나를 위해 성주成周의 음악을 연주해 주시겠습니까? 내 그대의 음악에 맞추어 춤을 추겠습니다."

그러자 태사가 이렇게 거절하였다.

"눈이 어두운 저는 그 음악을 익히지 못하였습니다."

이에 범소가 급히 나가 버리자, 놀란 경공이 안자에게 물었다.

"진나라는 대국大國입니다. 사람을 보내어 우리나라의 정치를 보고자 하는데, 지금 그대가 대국의 사신을 노하게 하였으니 장차 어찌하면 좋겠습니까?"

그러자 안자가 이렇게 대답하였다.

"무릇 범소의 사람됨을 보건대, 비루하거나 예를 모르는 무식한 인물이 아닙니다. 그의 의도는 우리나라의 군신君臣을 시험해 보고자 하는 데에 있었습니다. 그래서 제가 그를 끊어 버린 것입니다."

이에 경공이 다시 태사에게 물었다.

"그대는 어찌하여 성주의 음악을 연주해 주지 않았습니까?"

그러자 태사 또한 이렇게 대답하였다.

"무릇 성주의 음악은 천자天子의 음악입니다. 만약 이를 연주하게 되면, 이는 그를 받들어 모신 제후 임금이 춤을 추어야 하는 것입니다. 지금 범소는 신하의 신분입니다. 그런데 천자의 음악으로 춤을 추고자 하니, 그 까닭으로 연주를 하지 않은 것입니다."

범소는 귀국하여, 평공에게 이렇게 보고하였다.

"제나라는 칠 수가 없습니다. 제가 그 임금을 시험하고자 하였더니 안자가 이를 알아차렸고, 그 예禮를 범하고자 하였더니 태사가 이를 알아차리더이다."

중니仲尼가 이 이야기를 듣고 이렇게 평하였다.

"무릇 음식상 앞을 떠나지 않은 채 천리 밖의 일을 알도다!"

이는 안자를 두고 한 말이니 가히 절충折衝이라 이를 만하고, 태사 역시 그에 포함된다고 할 수 있다.

晉平公欲伐齊, 使范昭往觀焉.

景公賜之酒, 酣, 范昭曰:「願請君之樽酌.」

公曰:「酌寡人之樽, 進之於客.」

范昭已飲, 晏子曰:「徹樽, 更之! 樽觶具矣.」

范昭佯醉, 不悅而起舞, 謂太師曰:「能爲我調成周之樂乎? 吾爲子舞之.」

太師曰:「冥臣不習.」

范昭趨而出.

景公謂晏子曰:「晉, 大國也. 使人來, 將觀吾政也. 今子怒大國之使者, 將奈何?」

晏子曰:「夫范昭之爲人, 非陋而不識禮也, 且欲試吾君臣, 故絶之也.」

景公謂太師曰:「子何以不爲客調成周之樂乎?」

太師對曰:「夫成周之樂, 天子之樂也. 若調之, 必人主舞之. 今范昭, 人臣也. 而欲舞天子之樂, 臣故不爲也.」

范昭歸, 以告平公曰:「齊未可伐也. 臣欲試其君, 而晏子識之; 臣欲犯其禮, 而太師知之.」

仲尼聞之曰:「夫不出於樽俎之間, 而知千里之外.」其晏子之謂也.

可謂折衝矣, 而太師其與焉.

【晉 平公】春秋時代 晉나라 君主. 재위 26년(B.C. 557~532). 이름은 彪.

【范昭】晉나라 平公의 臣下.

【齊 景公】春秋時代 齊나라 君主. 재위 58년(B.C. 547~490). 이름은 杵臼. 晏子의 보필을 받았던 君主.

【樽酌】中國의 酒法은 자신의 잔에 술을 받아 이를 들고 축수한다.

【晏子】晏平仲. 이름은 嬰. 검약하고 키가 작았으며 많은 고사를 남겼다. 《史記》 管晏列傳 및 《晏子春秋》·《孔子家語》·《說苑》 등을 참조할 것.

【太師】궁중의 음악을 맡은 樂師. 三公의 지위 중에 최고의 관직. 대체로 음악을 맡은 자는 장님이었다.

【成周】원래는 地名. 지금의 洛陽 동북. 周公 旦이 봉을 받아 成周라 하였으며, 그 遺風으로 天子의 지위와 같이 여겨졌다.

【仲尼】孔子. 丘.

【樽俎之間】원뜻은 술잔과 제수품을 차려 놓은 상. 여기서는 직접 현장에 나가지 않고도 일을 처리함을 뜻한다.

【折衝】적을 꺾어 버림.

【仲尼聞之~太師其與焉】다른 역주본에는 이 문장의 끝까지를 공자의 말로 보고 있다.

참고 및 관련 자료

1.《晏子春秋》卷五 內篇 雜上

晉平公欲伐齊, 使范昭往觀焉. 景公觴之. 飲酒酣. 范昭起曰:「請君之棄樽.」公曰:「酌寡人之樽. 進之于客.」范昭已飲. 晏子曰:「徹樽! 更之.」樽觶具矣. 范昭佯醉, 不說而起舞, 謂太師曰:「能爲我調成周之樂乎? 吾爲子舞之.」太師曰:「冥臣不習.」范昭趨而出. 景公謂晏子曰:「晉大國也. 使人來將觀吾政. 今子怒大國之使者, 將奈何?」晏子曰:「夫范昭之爲人也. 非陋而不知禮也. 且欲試吾君臣. 故絶之也.」景公謂太師曰:「子何以不爲客調成周之樂乎?」太師對曰:「夫成周之樂, 天子之樂也. 調之, 必人主舞之. 今范昭人臣, 欲舞天子之樂, 臣故不爲也.」范昭歸, 以報平公曰:「齊未可伐也. 臣欲試其君, 而晏子識之. 臣欲犯其樂, 而太師知之.」于是輟伐齊謀. 仲尼聞之曰:「善哉! 不出尊俎之間, 而折衝于千里之外, 晏子之謂也. 而太師其與焉.」

2.《韓詩外傳》卷八

晉平公使范昭觀齊國之政, 景公錫之宴. 晏子在前, 范昭趨曰:「願君之倅樽以爲壽.」景公顧左右曰:「酌寡人樽, 獻之客.」晏子對曰:「徹去樽.」范昭不悅, 起舞, 顧太師曰:「子爲我奏成周之樂, 願舞.」太師對曰:「盲臣不習.」范昭起, 出門. 景公謂晏子曰:「夫晉, 天下之大國也. 使范昭來觀齊國之政, 今子怒大國之使者, 將奈何?」晏子曰:「范昭之爲人也, 非陋而不知禮也. 是欲試吾君, 嬰故不從.」於是景公召太師而問之, 曰:「范昭使子奏成周之樂, 何故不調?」對如晏子. 於是范昭歸, 報平公曰:「齊未可幷也. 吾試其君, 晏子知之; 吾犯其樂, 太師知之.」孔子聞之, 曰:「善乎! 晏子不出俎豆之間, 折衝千里.」詩曰:『實右序有周, 薄言震之. 莫不震疊.』

3.《孔子集語》論人篇

晉平公使范昭觀齊國之政, 景公錫之宴, 晏子在前, 范昭趨曰:「願君之倅樽以爲壽.」
景公顧左右曰:「酌寡人樽, 獻之客.」范昭飲, 晏子對曰:「徹去樽.」范昭不悅, 起舞,
顧太師曰:「子爲我奏成周之樂, 願舞.」太師對曰:「盲臣不習.」范昭起, 出門. 景公謂
晏子曰:「夫晉, 天下之大國也, 使范昭來觀齊國之政, 今子怒大國之使者, 將奈何?」
晏子曰:「范昭之爲人也, 非陋而不知禮也, 是欲試吾君, 嬰故不從.」於是景公召
太師而問之曰:「范昭使子奏成周之樂, 何故不調?」對如晏子. 於是范昭歸, 報平公
曰:「齊未可幷也. 吾試其君, 晏子知之; 吾犯其樂, 太師知之.」孔子聞之, 曰:「善乎!
晏子不出俎豆之間, 折衝千里.」

4. 기타 참고자료

《文選》〈甘泉賦〉注, 〈七命〉注, 〈吳都賦〉注·《後漢書》〈馬融傳〉注

017(1-17) 晉平公浮西河
발도 날개도 없는 구슬

진晉 평공平公이 서하西河에서 뱃놀이를 하다가 강 중간에 이르자 이렇게 탄식하였다.

"아! 어떻게 하면 어진 선비를 얻어 이러한 즐거움을 함께 누릴 수 있을까?"

이 말을 들은 뱃사공 고상固桑이 이렇게 나섰다.

"임금의 말씀은 잘못되셨습니다. 무릇 칼의 명산지는 월越 땅이고, 구슬의 명산지는 강한江漢이며, 옥은 곤산昆山에서 납니다. 이 세 가지 보물은 모두가 발도 없는데도 이곳까지 와 있습니다. 지금 임금께서 진실로 선비를 좋아하시기만 한다면 어진 선비들이 찾아올 것입니다."

이에 평공이 물었다.

"고상固桑, 이리 오시오! 나의 문하에 식객食客이 3천여 인이나 되어 아침거리가 부족하면 시중에 나가 그날 저녁 세금을 미리 거두어 먹여 주고, 저녁거리가 모자라면 이튿날 아침 세금을 미리 거두어 먹여 주고 있소. 이렇게까지 하고 있는데, 그래도 내가 선비를 좋아하지 않는다고 할 수 있겠소?"

그러자 고상이 이렇게 대답하였다.

"지금 여기 홍곡鴻鵠같이 큰 새가 있다고 합시다. 그 무거운 몸이 높이 날아 하늘을 찌르고 있지만, 그가 믿는 것은 바로 육핵六翮뿐입니다. 무릇 배 아래 잔털 하나, 등에 붙은 깃 하나를 더 보태거나 없앤다고 해서 높거나 낮게 나는 데 무슨 역할이 되겠습니까? 임금께서 먹여 주고 있는 그 식객들이 모두 육핵의 역할을 하는지, 아니면 배 아래나 등 위의 잔털에 불과한지 저는 잘 모르겠습니다."

이 말에 평공은 묵묵히 아무런 대답을 하지 못하였다.

晉平公浮西河, 中流而歎, 曰:「嗟乎! 安得賢士與共此樂者?」

船人固桑進對曰:「君言過矣. 夫劍産於越, 珠産於江漢, 玉産於昆山. 此三寶者, 皆無足而至. 今君苟好士, 則賢士至矣.」

平公曰:「固桑, 來. 吾門下食客者三千餘人, 朝食不足, 暮收市租; 暮食不足, 朝收市租. 吾尚可謂不好士乎?」

固桑對曰:「今夫鴻鵠高飛沖天, 然其所恃者六翮耳. 夫腹下之毳, 背上之毛, 增去一把, 飛不爲高下. 不知君之食客, 六翮邪? 將腹背之毳也?」

平公黙黙而不應焉.

【晉 平公】春秋時代 晉나라 君主. 재위 26년(B.C. 557~490). 이름은 彪.
【西河】黃河. 晉나라 영토 내의 黃河가 서쪽에 해당하므로 이렇게 일컫은 것이다.
【固桑】晉 平公의 臣下로 사공이었던 듯. 다른 기록에는 『盍胥』로 되어 있다.
【越】나라 이름. 지금의 浙江省 杭州 이남 지역을 차지하고 있었다. 勾踐 때에 부강하였다.
【江漢】長江과 漢水. 즉 지금의 四川 지역.
【昆山】崑崙山. 《千字文》에 『玉出崑岡』이라 하였다.
【食客】春秋戰國時代 身分制度의 변화로 능력 있는 公子·諸侯 등에게 빌붙어 얻어먹다가 유사시에 주인을 위해 나서는 인물들. 특히 戰國四公子(孟嘗君·信陵君·平原君·春申君)는 3천 식객을 거느렸던 것으로 널리 알려져 있다.
【鴻鵠】고니, 백조. 덩치가 큰 새를 지칭할 때 거론된다.
【六翮】날개를 저을 수 있는 여섯 곳의 힘줄, 근육살, 羽莖.

1.《韓詩外傳》卷六

晉平公游於河而樂, 曰:「安得賢士, 與之樂此也?」船人盍胥跪而對曰:「主君亦不好士耳! 夫珠出於江海, 玉出於崑山, 無足而至者, 猶主君之好也. 士有足而不至者, 蓋主君無好士之意耳. 無患乎無士也.」平公曰:「吾食客門左千人, 門右千人; 朝食不足, 夕收市賦; 暮食不足, 朝收市賦. 吾可謂不好士乎?」盍胥對曰:「夫鴻鵠一舉千里, 所恃者, 六翮爾; 背上之毛, 腹下之毳, 益一把, 飛不爲加高; 損一把, 飛不爲加下. 今君之食客, 門左門右各千人, 亦有六翮在其中矣? 將皆背上之毛, 腹下之毳耶?」詩曰:『謀夫孔多, 是用不就.』

2.《說苑》尊賢篇

趙簡子游於河而樂之, 歎曰:「安得賢士而與處焉!」舟人古乘跪而對曰:「夫珠玉無足, 去此數千里而所以能來者, 人好之也; 今士有足而不來者, 此是吾君不好之乎!」趙簡子曰:「吾門左右客千人, 朝食不足, 暮收市征, 暮食不足, 朝收市征, 吾尙可謂不好士乎?」舟人古乘對曰:「鴻鵠高飛遠翔, 其所恃者六翮也, 背上之毛, 腹下之毳, 無尺寸之數, 去之滿把, 飛不能爲之益卑; 益之滿把, 飛不能爲之益高. 不知門下左右客千人者, 有六翮之用乎? 將盡毛毳也.」

3.《藝文類聚》(90)

晉平公游於河而樂, 曰:「安得賢士, 與之樂此也!」舡人盍胥跪而對曰:「夫珠出於江海, 玉出於崑山, 無足而至者, 猶主君之好也. 士有足而不至者, 蓋主君無好士之意耳, 無患乎無士乎?」平公曰:「吾食客門左千人, 門右千人; 朝食不足, 夕收市賦; 暮食不足, 朝收市賦. 吾可謂不好士乎?」對曰:「夫鴻鵠一舉千里, 所恃者, 六翮爾; 背上之毛, 腹下之毳, 益一把, 飛不爲加高, 損一把, 飛不爲加下. 今君之食客, 門左門右各千人, 亦有六翮在其中矣, 將皆背上之毛, 腹下之毳耶!」

4. 기타 참고자료

《文選》〈鸚鵡賦〉注,〈答魏子悌詩〉注,〈古詩十九首〉注,〈論盛孝章書〉注,〈與楊德祖書〉注,〈陶徵士誄〉注・《太平御覽》(475)・《北堂書鈔》(34)

018(1-18) 楚威王問於宋玉曰
따라 부르기 어려운 노래

초楚 위왕威王이 송옥宋玉에게 물었다.

"선생께서는 무슨 소홀한 행동이라도 있는 것입니까? 어찌하여 선비들과 백성들이 선생을 칭찬하는 소리를 조금도 들을 수 없음이 이렇듯 심합니까?"

송옥은 이렇게 대답하였다.

"맞습니다. 그럴 만한 이유가 있습니다. 원컨대 대왕께서는 저의 죄를 너그럽게 보아 주시고, 저로 하여금 설명의 말을 끝낼 수 있도록 해 주십시오. 어떤 객으로서 이 영郢의 거리에서 노래를 부르는 자가 있었습니다. 그가 처음 노래를 부를 때에는 하리파인下里巴人의 곡을 불렀지요. 그러자 나라 안에 그 노래를 따라 부르는 자가 수천 명이나 되었습니다. 그가 다시 양릉채미가陽陵採薇歌를 부르자, 그나마 나라 안에 이에 화창和唱할 수 있는 자가 수백 명은 되었습니다. 다시 양춘백설가陽春白雪歌를 부르자, 이를 따라 부를 수 있는 자가 수십 명에 불과하였습니다. 그런데 상조商調를 끌어들여 각조角調에 맞춘 다음 복잡하게 치조徵調로 흘려 나가자, 나라 안에 이를 따라 부를 수 있는 자가 불과 몇 사람뿐이었습니다. 이는 곡조가 높을수록 그 화창하는 자가 적다는 뜻입니다. 따라서 새 중에는 봉鳳이라는 것이 있고, 물고기 중에는 고래鯨라는 것이 있는 것입니다. 봉새는 구천 리를 치고 올라 뜬구름을 끊고 창공을 진 채 멀고 아득한 하늘 끝을 날 수 있습니다. 그러니 무릇 더러운 진흙 밭에 뒹구는 저 메추라기鷃 따위와 어찌 능히 더불어 천지의 높음을 판단해 보자고 하겠습니까? 또 고래는 아침에 곤륜崑崙의 빈터를 출발하여 갈석산碣石山에 그 등줄기를 드러내고, 저녁이면 맹제孟諸에서 잡니다. 그러니 어찌 한 자쯤 되는 웅덩이에 노니는 저 도롱뇽이나 작은 물고기와 더불어 강해江海의 큼을 헤아리고자 하겠습니까? 따라서 새에는 봉새가 있고, 물고기에는 고래만 있는 것이 아닙니다. 바로 선비에게 있어서도 같은 이치입니다. 무릇 성인聖人의 훌륭한 뜻과 기이한 행동에는 초연히 홀로 처하는 바가 있으니, 세속의 백성들이 제가 하는 일을 어찌 알기나 하겠습니까?"

楚威王問於宋玉曰:「先生其有遺行邪? 何士民衆庶不譽之甚也?」

宋玉對曰:「唯, 然, 有之. 願大王寬其罪, 使得畢其辭. 客有歌於郢中者, 其始曰下里巴人, 國中屬而和者數千人; 其爲陽陵採薇, 國中屬而和者數百人; 其爲陽春白雪, 國中屬而和者數十人而已也; 引商刻角, 雜以流徵, 國中屬而和者不過數人. 是其曲彌高者, 其和彌寡. 故鳥有鳳而魚有鯤. 鳳鳥上擊于九千里, 絶浮雲, 負蒼天, 翺翔乎窈冥之上, 夫糞田之鷄, 豈能與之斷天地之高哉! 鯤魚朝發崑崙之墟, 暴鰭於碣石, 暮宿於孟諸. 夫尺澤之鯢, 豈能與之量江海之大哉? 故非獨鳥有鳳而魚有鯤也, 士亦有之. 夫聖人之瑰意奇行, 超然獨處; 世俗之民, 又安知臣之所爲哉!」

【楚 威王】 戰國時代 楚나라 君主. 재위 11년(B.C. 339~329). 이름은 熊商.
【宋玉】 문학가, 정치가. 戰國時代 楚나라 鄢 땅 출신. 屈原의 弟子이며,《楚辭》의 作家로도 알려져 있다.

【遺行】 遺漏한 행동, 즉 잘 빠뜨리고 소홀한 행동을 말한다.

【郢】 楚나라의 首都. 지금의 湖北省 江陵縣 근처.

【下里巴人】 下里는 시골이라는 뜻. 巴人은 巴蜀의 야만인. 따라서 下里巴人은 시골 야만인이 부르는 하찮은 음악을 뜻함.

【陽陵採薇歌】 古代의 陽陵에서 고사리를 뜯으며 부르던 노래.

【陽春白雪歌】 역시 古代의 노랫가락. 갑작스런 늙음을 한탄한 노래인 듯하다.

【商調】 中國 古代의 五音. 즉 宮·商·角·徵·羽의 하나. 그 아래도 같다.

【崑崙】 산 이름. 여기서는 고래가 서쪽 아득한 崑崙山 너머 바다에서 떠난다는 뜻.

【碣石山】 渤海灣 연안에 있는 산. 서쪽의 崑崙山에 상대하여 동쪽의 산으로 내세운 것.

【孟諸】 지금의 河南省에 있었다고 전해지는 古代의 큰 못.

참고 및 관련 자료

1. 《文選》 卷45 宋玉 〈對楚王問〉

楚威王問於宋玉曰:「先生其有遺行與? 何士民衆庶不譽之甚也?」宋玉對曰:「唯, 然, 有之. 願大王寬其罪, 使得畢其辭, 客有歌於郢中者, 其始曰〈下里巴人〉, 國中屬 而和者數千人, 其爲〈陽阿〉,〈薤露〉, 國中屬而和者數百人, 其爲〈陽春白雪〉, 國中 屬而和者, 不過數十人, 引商刻羽, 雜以流徵, 國中屬而和者, 不過數人而已. 是其曲 彌高, 其和彌寡. 故鳥有鳳而魚有鯤, 鳳皇上擊于九千里, 絕雲霓, 負蒼天, 翱翔乎 杳冥之上, 夫蕃籬之鷃, 豈能與之料天地之高哉! 鯤魚朝發崑崙之墟, 暴鬐於碣石, 暮宿於孟諸. 夫尺澤之鯢, 豈能與之量江海之大哉? 故非獨鳥有鳳而魚有鯤也, 士亦 有之. 夫聖人瑰意琦行, 超然獨處; 世俗之民, 又安知臣之所爲哉!」

2. 기타 참고자료

《太平御覽》(527)에 인용된 《襄陽耆舊傳》

019(1-19) 晉平公閒居
다섯 가지 맹인

진晉 평공平公이 한가로이 있을 때, 사광師曠이 곁에 모시고 앉아 있었다. 평공이 물었다.

"그대는 태어나면서부터 눈동자가 없었으니 심하도다. 그대의 어두움墨墨이여!"

사광이 대답하였다.

"천하에 다섯 종류의 어두움이 있는데, 저는 그 중 한 가지에도 해당되지 않습니다."

그러자 평공이 의아해하며 물었다.

"무슨 뜻입니까?"

사광은 이렇게 설명하였다.

"여러 신하들 사이에 뇌물이 횡행하여 이것으로 명예를 취하고, 백성들은 수탈을 당하면서도 이를 호소할 곳이 없을 때, 임금 된 자가 이를 모르고 있다면 이것이 첫 번째 어두움입니다.

다음으로 충성스러운 신하를 등용시키지 아니하고, 쓰인 신하는 불충不忠하며, 낮은 재주를 높은 곳에 처하게 하고, 불초한 자를 어진 이가 앉아야 할 자리에 임하게 하면서도, 임금 된 자로서 이를 모르고 있는 것, 이것이 두 번째 어두움입니다.

그리고 간신姦臣들이 사기를 치며 나라의 창고가 텅 비어 있는데도,

작은 재주로 그 악을 은폐하여 어진 이는 쫓겨나고 간사한 자가 현달하는 사실을 임금 된 자가 모르고 있을 때, 이것이 세 번째 어두움입니다.

또 나라는 가난하고 백성은 지쳐 있으며, 상하가 서로 화친하지 못한데도 재물과 전쟁을 좋아하며, 자기 하고 싶은 바에 싫증을 느끼지 아니하고, 아첨하는 자들이 임금 곁에 휩싸고 있는데도 임금이 이를 모르고 있다면, 이것이 네 번째 어두움입니다.

끝으로 지극한 도가 밝혀지지 아니하고, 법령이 제대로 실행되지 못하며, 관리들이 부정을 저질러 백성들이 불안에 떨고 있는데도 임금 된 자가 깨닫지 못한다면, 이는 다섯 번째 어두움입니다.

나라에 이런 다섯 가지 어두움이 있으면서도 위태롭지 않은 경우는 이제껏 없었습니다. 나의 어두움, 즉 장님인 상태는 아주 작은 어두움일 뿐이니 이 나라에 무슨 해로움이 되겠습니까?"

晉平公閒居, 師曠侍坐.

平公曰:「子生無目眹, 甚矣. 子之瞑瞑也!」

師曠對曰:「天下有五瞑瞑, 而臣不得與一焉.」

平公曰:「何謂也?」

師曠曰:「群臣行賂, 以采名譽, 百姓侵冤, 無所告訴, 而君不悟, 此一瞑瞑也. 忠臣不用, 用臣不忠, 下才處高, 不肖臨賢, 而君不悟, 此二瞑瞑也. 奸臣欺詐, 空虛府庫, 以其少才, 覆塞其惡, 賢人逐, 奸邪貴, 而君不悟, 此三瞑瞑也. 國貧民罷, 上下不和, 而好財用兵, 嗜欲無厭, 諂諛之人, 容容在旁, 而君不寤, 此四瞑瞑也. 至道不明, 法令不行, 吏民不正, 百姓不安, 而君不悟, 此五瞑瞑也. 國有五瞑瞑而不危者, 未之有也. 臣之瞑瞑, 小瞑瞑耳. 何害乎國家哉?」

【晉 平公】이름은 彪. 春秋時代 晉나라 군주. 재위 26년(B.C. 557~532).

【師曠】平公의 賢臣. 음악을 담당하였으며 장님이었다.

【無目眹】눈동자가 없는 것, 즉 장님임을 말한다.

【墨墨】캄캄하여 아무것도 보이지 않음을 뜻한다. 역시 장님임을 말한다.

참고 및 관련 자료

※ 본 장의 내용은 다른 곳에 인용되거나 轉載된 것이 없어 그 來源을 알 수 없다.

020(1-20) 趙文子問於叔向曰
가죽을 한없이 당기면

조문자趙文子가 숙향叔向에게 물었다.

"진晉나라의 여섯 장군 중에 누가 가장 먼저 망할 것 같습니까?"

숙향은 이렇게 대답하였다.

"중항씨中行氏가 가장 먼저 망할 것입니다."

"무슨 연유로 가장 먼저 망하리라 보십니까?"

문자의 되물음에 숙향은 이렇게 설명하였다.

"중항씨는 정치를 함에 있어서 가혹한 것을 마치 잘 살펴 주는 것처럼 여기고, 속임수를 밝은 것처럼 여기며, 각박하게 구는 것을 충성으로 여기고, 계략이 많은 것을 일 잘하는 것으로 착각하며, 부세賦稅를 잘 긁어모으는 것을 훌륭한 일인 양 여기고 있습니다. 이는 비유컨대 가죽을 잡아 늘리는 것과 같습니다. 당기면 커지기야 하겠지만 끝내 찢어지는 길밖에 없습니다. 그래서 응당 가장 먼저 망하고 말 것입니다."

趙文子問於叔向曰:「晉六將軍, 孰先亡乎?」

對曰:「其中行氏乎!」

文子曰:「何故先亡?」

對曰:「中行氏之爲政也, 以苛爲察, 以欺爲明, 以刻爲忠, 以計多爲善, 以聚斂爲良, 譬之其猶鞹革者也, 大則大矣, 裂之道也, 當先亡.」

【趙文子】春秋 후기 晉나라 六卿의 하나. 文子는 諡號. 뒤에 戰國時代 趙나라의 先代.

【叔向】趙文子의 大臣.

【六將軍】晉나라 후기 六卿으로 세력을 떨쳤던 智氏[知氏]·趙氏·韓氏·魏氏· 范氏·中行氏를 말한다. 처음 지씨가 가장 강성하여 범씨와 중항씨를 멸한 후 거만히 굴다가 한, 위, 조의 연합으로 멸망을 당하였다. 그 뒤 한, 위, 조가 晉나라를 三分하여 戰國時代를 맞이하게 된다.

【中行氏】荀林甫의 후손으로서 그가 中行將을 지내어 관직이 姓氏가 되었다.

【韓革】"가죽을 늘려 잡아당기다"의 뜻. 혹은 '모피에서 털을 제거하는 작업'이라 고도 한다.

참고 및 관련 자료

1. 《淮南子》道應訓

昔趙文子問於叔向曰:「晉六將軍, 其孰先亡乎?」對曰:「中行, 知氏.」文子曰: 「何乎?」對曰:「其爲政也, 以苛爲察; 以切爲明; 以刻下爲忠; 以計多爲功. 譬之猶 廓革者也. 廓之, 大則大矣, 裂之道也.」

2. 《文子》上禮

故爲政以苛爲察; 以切爲明; 以刻下爲忠; 以計多爲功. 如此者, 譬猶廣革者也. 大敗 大裂之道也.

021(1-21) 楚莊王旣討陳靈公之賊
천한 여인

初楚 장왕莊王이 이미 진陳 영공靈公의 난을 토벌해 주고는 하징서夏徵舒
까지 살해하여 버렸다. 그리고 그 일로 하희夏姬를 얻게 되자 장왕은
대단히 기뻐하며 장차 그 여자를 가까이하려 하였다. 그러자 신공申公
무신巫臣이 이렇게 간諫하였다.

"이 여자는 진陳나라를 혼란에 빠뜨렸고, 여러 신하들을 어그러뜨린
인물입니다. 이렇듯 천한 여자를 가까이해서는 안 됩니다."

장왕은 그의 말을 따라 그 여자를 멀리하고 말았다. 그러자 영윤令尹
이 이 여자를 취하고자 하였다. 신공
무신은 다시 영윤에게 간諫하였다. 영
윤도 그의 말대로 그 여자를 포기할
수밖에 없었다. 그 뒤 양윤襄尹이 이
여자를 취하게 되었다.

진나라 夏姬《列女傳》 삽화

그런데 공왕恭王에 이르러 진晉나라
와 언릉鄢陵에서 싸움을 벌여 초나라 군
대가 패하고, 양윤은 그만 그 싸움에서
전사하고 말았다. 그리고 그 시신까지
도 찾아오지 못한 상태였다. 여러 차례
진나라에 그 시신이라도 돌려 달라고
요구하였지만, 진나라에서는 이를 허락
하지 않고 있었다.

드디어 하희가 나서서 시신을 돌려 달라고 요구할 참이었다. 초나라에서는 바야흐로 하희를 직접 진나라에 보내려고 하였다. 이때 신공무신은 마침 제齊나라에 사신으로 가게 되어 있었다. 그는 몰래 하희와 밀약을 해놓고 하희가 초나라를 나서자, 그만 자신의 제나라 사신 임무를 포기하고 하희를 데리고 도중에서 진나라로 함께 도망쳐 버렸다. 이에 초나라 영윤은 그 신공 무신의 가족을 모두 축출시키려고 임금에게 이렇게 말하였다.

"신공무신은 선왕先王으로 하여금 하희를 가까이하지 말도록 간언해 놓고는, 지금 자신에게 주어진 제나라 사신의 명령을 어기고 도중에서 하희와 함께 진나라로 도망쳤으니, 이는 선왕을 속인 행위입니다. 청컨대 그 가족을 축출하도록 해 주십시오."

그러나 임금은 이렇게 말하는 것이었다.

"신공무신은 선왕을 위해서는 그 모책이 충성스러웠으나, 스스로를 위한 모책에는 불충하였습니다. 이는 선왕에게는 후하게 해 주었고, 자신에게는 박약하게 한 셈입니다. 그것이 선왕에게 무슨 죄가 되겠습니까?"

결국 그들을 축출하지 않았다.

楚莊王旣討陳靈公之賊, 殺夏徵舒, 得夏姬而悅之. 將近之. 申公巫臣諫曰:「此女亂陳國, 敗其群臣, 孼女不可近也.」 莊王從之.

令尹又欲取, 申公巫臣諫, 令尹從之.

後襄尹取之. 至恭王, 與晉戰於鄢陵, 楚兵敗, 襄尹死, 其屍不反, 數求晉, 不與. 夏姬請如晉求屍, 楚方遣之. 申公巫臣將使齊, 私說夏姬, 與謀. 及夏姬行, 而申公巫臣廢使命, 道亡, 隨夏姬之晉.

令尹將徙其族, 言之於王曰:「申公巫臣諫先善王以無近夏姬,
今身廢使命, 與夏姬逃之晉, 是欺先王也, 請徙其族.」

王曰:「申公巫臣爲先王謀則忠, 自爲謀則不忠, 是厚於先王
而自薄也, 何罪於先王?」

遂不徙.

【楚 莊王】春秋時代 楚의 君主로 春秋五霸의 하나. 재위 23년(B.C. 613~591).

【陳 靈公】春秋時代 陳의 君主. 이름은 平國. 재위 15년(B.C. 613~599).

【討靈公之賊】夏徵舒가 亂을 일으켜 陳 靈公을 살해하자, 이를 막아 주고 수습한
일을 말한다.

【夏徵舒】陳나라 大夫로 陳 靈公을 죽였다. 뒤에 楚나라의 莊王에게 죽음을
당하였다.

【夏姬】夏徵舒의 어머니이며, 陳나라 大夫인 御叔의 아내. 원래 鄭나라 穆公의
딸로 당시 국제관계에 큰 분란을 일으킨 여인.《列女傳》에는『三爲皇后, 七爲
夫人, 公侯爭之, 莫不迷惑失意』라 하였고,《左傳》에는『殺御叔, 弑靈侯, 戮夏南,
出孔儀, 喪陳國』이라 하였다.

【申公 巫臣】楚나라 申邑의 公.

【嬖女】『卑賤得寵之女』라 한다. 즉 "천하면서 사랑만 얻는 여자"라는 뜻.

【令尹】楚나라의 최고 官職. 相國.

【襄尹】楚나라 連尹을의 尹(장관)인 襄老를 말한다. 晉나라와 싸운 邲의 싸움
에서 戰死하였다.《春秋左傳》成公 2年條 참조.

【恭王】楚나라 莊王의 아들. 이름은 審. 재위 31년(B.C. 590~560). 共王으로도
표기한다.

【鄢陵】지금의 河南省 許昌縣 지역.

【徙】옮김, 즉 축출하여 다른 곳에 살게 함을 뜻한다.

【先王】先代의 임금. 恭王의 아버지인 楚 莊王.

1.《左傳》成公 2年 傳

楚之討陳夏氏也, 莊王欲納夏姬. 申公巫臣曰:「不可.君召諸侯, 以討罪也; 今納夏姬, 貪其色也. 貪色爲淫.淫爲大罰. 周書曰:『明德愼罰』, 文王所以造周也. 明德, 務崇之之謂也; 愼罰, 務去之之謂也. 若興諸侯, 以取大罰, 非愼之也.君其圖之!」王乃止. 子反欲取之, 巫臣曰:「是不祥人也. 是天子蠻, 殺御叔, 殺靈侯, 戮夏南, 出孔, 儀, 喪陳國, 何不祥如是? 人生實難, 其有不獲死乎! 天下多美婦人, 何必是?」子反乃止. 王以予連尹襄老. 襄老死於邲, 不獲其尸. 其子黑要烝焉. 巫臣使道焉, 曰:「歸, 吾聘女.」又使自鄭召之, 曰:「尸可得也, 必來逆之.」姬以告王. 王問諸屈巫. 對曰:「其信.知罃之父, 成公之嬖也, 而中行伯之季弟也, 新佐中軍, 而善鄭皇戌, 甚愛此子. 其必因鄭而歸王子與襄老之尸以求之. 鄭人懼於邲之役, 而欲求媚於晉, 其必許之.」王遣夏姬歸. 將行, 謂送者曰:「不得尸, 吾不反矣.」巫臣聘諸鄭, 鄭伯許之. 及共王卽位, 將爲陽橋之役, 使屈巫聘於齊, 且告師期. 巫臣盡室以行. 申叔跪從其父, 將適郢, 遇之, 曰:「異哉!夫子有三軍之懼, 而又有桑中之喜, 宜將竊妻以逃者也.」及鄭, 使介反幣, 而以夏姬行. 將奔齊.齊師新敗, 曰:「吾不處不勝之國.」遂奔晉, 而因郤至, 以臣於晉. 晉人使爲邢大夫. 子反請以重幣錮之. 王曰:「止! 其自爲謀也則過矣, 其爲吾先君謀也則忠. 忠, 社稷之固也, 所蓋多矣. 且彼若能利國家, 雖重幣, 晉將可乎? 若無益於晉, 晉將棄之, 何勞錮焉?」

2.《列女傳》卷七「陳女夏姬」

陳女夏姬者, 陳大夫夏徵舒之母, 御叔之妻也. 其狀美好無比, 內挾伎術, 蓋老而復壯者. 三爲王后, 七爲夫人, 公侯爭之, 莫不迷惑失意. 夏姬之子徵舒爲大夫. 公孫寧・儀行父與陳靈公皆通於夏姬. 或衣其衣, 或裦其幡, 以戲於朝. 泄冶見之謂曰:「君有不善, 予宜掩之, 今自子率君而爲之, 不待幽閒於朝廷以戲士民, 其謂爾何?」二人以告靈公, 靈公曰:「衆人知之吾不善, 無害. 泄冶知之, 寡人恥焉」乃使人徵賊泄冶而殺之. 靈公與二子飮於夏氏, 召徵舒也. 公戲二子曰:「徵舒似汝!」二子亦曰:「不若其似公也!」徵舒疾此言, 靈公罷酒出, 徵舒伏弩廐門, 射殺靈公. 公孫寧・儀行父皆奔楚, 靈公太子午奔晉. 其明年, 楚莊王舉兵誅徵舒, 定陳國, 立午, 是爲成公. 莊王見夏姬美好, 將納之, 申公巫臣諫曰:「不可, 王討罪也而納夏姬, 是貪色也. 貪色爲淫, 淫爲大罰, 願王圖之.」王從之, 使壞後垣而出之. 將軍子反見美, 又欲取之.

巫臣諫曰:「是不祥人也! 殺御叔, 弒靈公, 戮夏南, 出孔儀, 喪陳國, 天下多美婦人, 何必取是?」子反乃止. 莊王以夏姬與連尹襄老, 襄老死於邲, 亡其尸, 其子黑要又通於夏姬. 巫臣見夏姬謂曰:「子歸. 我將聘汝.」及恭王卽位, 巫臣聘於齊, 盡與其室俱至鄭, 使人召夏姬曰:「尸可得也.」夏姬從之. 巫臣使介歸幣於楚, 而與夏姬奔晉. 大夫子反怨之, 遂與子重滅巫臣之族, 而分其室. 詩云:「乃如之人兮,懷昏姻也, 大無信也, 不知命也.」言變色殞命也. 頌曰:「夏姬好美, 滅國破陳. 走二大夫, 殺子之身. 殆誤楚莊, 敗亂巫臣. 子反悔懼, 申公族分.」

3. 기타 참고자료

《群書治要》卷二

卷二

잡사雜事(二)

(022~043)

〈孔子杏壇禮樂圖〉 민간 판화(朝鮮時代)

어진 이를 임용하라

옛날 당唐·우虞시절에는 아홉 명의 어진 신하를 숭상하여 거용하였다. 그들을 각자의 위치에 펴놓자 온 천하가 평강을 얻었으며, 멀리 변방 밖의 나라 조차 빈객賓客으로 찾아왔고 인麟과 봉鳳도 교외에 출현하였다.

周 文王

또 상탕商湯은 이윤伊尹을 등용하였고, 문왕文王과 무왕武王은 태공太公과 굉요閎夭를 거용하였으며, 성왕成王은 주공周公과 소공召公을 임용하였다. 그러자 천하가 크게 다스려져서 월상씨越裳氏가 몇 단계의 통역을 거쳐 찾아왔고 상서로운 징조가 함께 내려 천여 년이나 안녕을 얻게 되었다.

이러한 것은 모두가 어진 이를 임용하였기 때문에 나타난 공이다.

이처럼 어진 신하가 없었다면 비록 오제五帝나 삼왕三王이라 할지라도 혼자서는 세상을 흥하게 할 수 없었을 것이다.

姜太公(呂尙, 子牙)

伊尹《三才圖會》

昔者, 唐虞崇擧九賢, 布之於位, 而海內大康, 要荒來賓, 麟鳳在郊.

商湯用伊尹, 而文武用太公·閎夭, 成王任周召, 而海內大治.

越裳重譯, 祥瑞並降, 遂安千載. 皆由任賢之功也.

無賢臣, 雖五帝三王, 不能以興.

【唐】 堯임금 때의 國號. 陶唐氏 시대. 흔히 唐堯라 부른다.

【虞】 舜임금 때의 國號. 虞舜이라 부른다.

【九賢】 堯임금 때에 舜(司徒)·契(司馬)·禹(司空)·后稷(田疇)·夔(樂正)·
倕(工師)·伯夷(秩京)·皋陶(大理)·益(驅禽) 등의 臣下를 말한다.

【要荒】 要服과 荒服을 말한다. 《尙書》 禹貢에 의하면 고대 王畿 밖으로 매 5백
리씩을 五服으로 나누었다. 즉 侯服, 甸服, 綏服, 要服, 荒服이다. 이 중에 요복과
황복은 아주 먼 지역을 말한다.

【麟·鳳】 둘 모두 태평성세에만 나타난다는 짐승과 새.

【商湯】 商나라를 세운 成湯. 湯은 契의 후손으로 姓氏는 子, 이름은 履, 혹은
天乙. 위치는 지금의 陝西省 商縣. 혹은 河南省 亳縣이라 한다.

【伊尹】 成湯을 도와 天下를 평안히 한 名相이며, 이름은 摯. 有莘氏의 들에서
농사를 짓다가 湯에게 발탁되었다. 一說에는 桀王의 요리사였다고도 한다.

【文武】 周나라를 일으킨 文王(姬昌)과 그 아들 武王(姬發)을 말한다.

【太公】 高公亶父(太公)가 기다리던 人物, 즉 太公望·呂尙·姜子牙. 뒤에 齊나라에 封을 받아 齊나라의 始祖가 되었다. 姜太公.

【閎夭】 人名. 文王四友의 하나. 文王이 紂王에 의해 羑里에 갇히자 閎夭가 미녀와 명마를 구해 바쳐 풀려나게 하였다 한다.

【成王】 武王의 아들로 뒤를 이어 王이 되어 周公 旦의 보필을 받았다. 이름은 誦.

【周公】 文王의 아들이며 武王의 동생. 成王의 叔父. 姬旦, 儒家의 聖人으로 추앙받으며 魯나라에 봉해졌다. 成王을 보필하였다.

【召公】 역시 文王의 아들이며 武王의 동생이다. 이름은 奭. 燕나라에 봉해졌다. 邵公으로도 쓴다.

【越裳氏】 古代 南蠻의 씨족. 지금의 越南 근처라 한다. 《漢書》南蠻傳에 『交阯之南有越裳國, 周公攝, 越裳以三象重譯而獻白雉』라 하였다.

周 武王

【五帝】 《史記》五帝本紀 및 《大戴禮記》에는 黃帝(軒轅氏, 有熊氏)·顓頊(高陽氏)·帝嚳(高辛氏)·帝堯(陶唐氏)·帝舜(有虞氏)을 들고 있으며, 《禮記》月令篇에는 太皡(伏犧氏)·炎帝(神農氏)·黃帝(軒轅氏)·少皡(金天氏)·顓頊(高陽氏)를 들고 있다.

【三王】 夏·商·周 三代의 開國君主를 가리킨다. 즉 夏禹·商湯·周文王.

참고 및 관련 자료

※ 다른 記錄에 동일한 내용의 轉載를 찾을 수 없다.

023(2-2) 齊桓公得管仲
인재를 등용하지 않아 망한 나라

제齊 환공桓公은 관중管仲을 얻어 제후諸侯를 제패하는 영광을 얻을 수 있었으나, 그러한 관중을 잃자 위란危亂의 모욕을 당하고 말았다. 또 우虞나라는 백리해百里奚를 등용하지 않아 망하였으나, 진秦나라 목공繆公은 이 백리해를 등용하여 패자霸者가 되었다.

齊 桓公

그런가 하면 초楚나라는 오자서伍子胥를 등용하지 않아 나라가 깨뜨려지는 곤액困厄을 당하였으나, 오吳나라의 합려闔廬는 그 오자서를 등용하여 패자가 되었다. 그리고 부차夫差는 오자서伍子胥를 등용하지 않은 것은 아니지만 그를 죽여 버림으로써 끝내 나라를 망치고 말았다. 또 연燕나라 소왕昭王은 악의樂毅를 등용하여 연약하던 연나라의 병력을 강화하여 강한 제齊나라에 대한 원한을 보복, 70성을 쳐부술 수 있었다.

그러나 뒤를 이은 혜왕惠王이 그 악의를 내쫓고 대신 기겁騎劫을 그 자리에 앉힘으로써 군대는 곧바로 패하고 70개의 성城도 잃고

吳王 夫差

管夷吾(管仲) 《三才圖會》

말았다. 이는 아버지가 등용하였던 자를 아들이 배척함으로써 어떤 일이 생기는가를 보여 주는 예이다. 따라서 합려는 오자서伍子胥를 임용하여 흥하였으나, 그 손자인 부차는 이를 죽여 망하였고, 소왕이 악의樂毅를 거용하여 승리하였으나, 그 아들 혜왕惠王은 이를 축출함으로써 망한 것이다. 이러한 일들은 너무나 적적연的的然하여 마치 흑과 백의 구분과 같다.

齊桓公得管仲, 有霸諸侯之榮; 失管仲, 而有危亂之辱. 虞不用百里奚而亡, 秦繆公用之而霸; 楚不用伍子胥而破, 吳闔廬用之而霸; 夫差非徒不用子胥也, 又殺之, 而國卒以亡. 燕昭王用樂毅, 推弱燕之兵, 破彊齊之讎, 屠七十城; 而惠王廢樂毅, 更代以騎劫, 兵立破, 亡七十城. 此父用之, 子不用, 其事可見也. 故闔廬用子胥以興, 夫差殺之而以亡; 昭王用樂毅以勝, 惠王逐之而敗, 此的的然若白黑.

【齊 桓公】이름은 小白. 春秋五霸의 首長. 재위 43년(B.C. 685~643).《史記》
齊太公世家 등 참조.

【管仲】원래 小白의 형인 王子 糾를 모시다가 다시 小白(桓公)을 모셔 齊나라를
부흥시킨 人物. 후에『管鮑之交』의 故事를 낳았다.《史記》管晏列傳 참조.

【危亂之辱】桓公은 管仲이 죽은 후 管仲의 당부를 무시하고 易牙·竪刁·開方
등을 등용하였고, 정치에 태만하여 자신이 죽은 후 公子의 亂이 일어났다.
그리고 68일 동안 장례도 거행되지 못하였다.

【虞】春秋時代의 小國. 뒤에 晉나라에게 멸망하였다. 百里奚라는 뛰어난 人物을
놓쳤다. 故城은 지금의 山西省 平陸縣 근처.

【百里奚】五羖大夫, 五羊大夫로 널리 알려진 人物. 虞나라 출신으로 虞나라가 晉나라
에게 망하자, 流離 끝에 秦나라 繆公에게 검은 양 다섯 마리 값에 팔려갔다. 秦나라
繆公을 도와 그를 霸者로 만들었다.《千字文》의『假道滅虢』의 故事를 남겼다.

【秦 繆公】春秋時代 秦나라 君主로 春秋五霸의 하나.《史記》秦世家 참조.
이름은 任好. 由余·百里奚·蹇叔·丕豹·公孫支 등을 등용하여 패업을 이루
었다. 재위 39년(B.C. 659~621).

【伍子胥】원래 楚나라 출신으로 平王의 핍박을 받아 吳나라로 도망, 吳나라를
부강하게 하였다. 뒤에 夫差에게 미움을 받아 죽었다.《史記》伍子胥列傳 참조.

【闔廬】闔閭로도 쓰며, 春秋 말기 吳나라의 君主. 이름은 光. 재위 19년(B.C.
514~496).

【夫差】闔廬의 孫子. 吳나라 마지막 君主. 伍子胥를 죽인 후 국력이 약해져서
越王 勾踐에게 망하였다. 재위 23년(B.C. 495~473).

【燕 昭王】戰國時代 燕나라 君主. 이름은 平. 재위 33년(B.C. 311~279).

【樂毅】昭王 때의 上將軍. 昌國君에 봉해졌다.《史記》樂毅田單列傳 및
《戰國策》燕策 등 참조. 제나라를 쳐서 70여 성을 함락하였다.

【惠王】燕 惠王. 昭王의 아들. 재위 7년(B.C. 278~272).

【騎劫】燕 惠王 때의 上將軍. 惠王이 田單의 反間計에 속아 樂毅를 내쫓고 騎劫을
대신 上將軍으로 삼았다가 齊나라에게 패하였다.《史記》樂毅田單列傳 참조.

참고 및 관련 자료

※ 동일한 기록은 없으나 같은 주제의 내용이《韓詩外傳》卷五에 실려 있다.

024(2-3) 秦不用叔孫通
남이 버린 인재

진秦나라는 숙손통叔孫通을, 그리고 항왕項王은 진평陳平과 한신韓信을 등용하지 않았기 때문에 모두 망하고 말았지만, 한漢나라는 오히려 이들을 등용하여 크게 흥성할 수 있었으니, 이것은 먼 이야기가 아니다. 무릇 어진 이를 놓치면 그 화가 저와 같고, 어진 이를 등용하면 그 복이 이와 같다.

그러니 임금 된 자가 어진 이를 구하여 자신의 보필로 삼지 않는

韓信 淸 上官周 《晚笑堂話傳》

자가 없건만 그런데도 나라가 어지러워져 망하였다면 그때는 어진 이라고 알려진 그 인물이 사실은 어진 이가 아니었다는 말이 된다.

혹자는 어진 이를 시켜 일을 하도록 하면서도 불초한 자와 더불어 의논케 하고, 지혜로운 이에게 일을 도모하게 해놓고도 어리석은 이와 모책을 의논토록 한다.

그때 불초한 자는 어진 이를 질투하고 어리석은 자는 지혜로운 자를 시기한다. 그렇게 되면 어진 이도 가려져 드러

나지 못하게 되어 천 년을 두고 서로 화합하지 못하고 만다. 혹은 불초한 임금이 어진 이를 등용해놓고도 오래 가지 못하며, 오래 간다 하여도 끝까지 가지 못하는 경우가 있다.

또 불초한 임금이 아버지 때의 훌륭하였던 충신을 제거하는 경우도 있으니 이로 인한 화禍와 패난敗難은 일일이 다 기록할 수조차 없다. 그러나 중요한 것은 임금 자신은 비록 총명하지 못할지라도 여러 사람의 의견을 잘 듣고 행하면 참언이나 비방이 횡행하지 못할 것이니, 이것이 바로 총명한 것이다.

項羽 清 金古良《無雙譜》

秦不用叔孫通, 項王不用陳平·韓信, 而皆滅, 漢用之而大興,
此未遠也. 夫失賢者, 其禍如彼; 用賢者, 其福如此. 人君莫不求
賢以自輔, 然而國以亂亡者, 所謂賢者不賢也. 或使賢者爲之,
與不肖者議之; 使智者圖之, 與愚者謀之; 不肖嫉賢, 愚者嫉智,
是賢者之所以隔蔽也, 所以千載不合者也. 或不肖用賢而不能
久也, 或久而不能終也; 或不肖子廢賢父之忠臣, 其禍敗難一二
錄也, 然其要在於己不明而聽衆口, 譖愬不行, 斯爲明也.

【叔孫通】처음에 秦나라를 섬겼으나 뒤에 漢나라에 투항하여 博士가 되었다.
諡號는 稷嗣君. 漢나라의 朝廟典禮를 제정하여 국가의 틀을 바로잡았다.
《漢書》叔孫通傳 참조.

【項王】項羽를 가리킨다. 이름은 籍. 秦나라 때 下相人. 숙부인 項梁과 거사하여
西楚霸王으로 자칭. 지나치게 자신의 능력을 믿어 많은 참모를 잃고 垓下에서
劉邦에게 패하였다. 《史記》項羽本紀 참조.

【陳平】처음에는 項羽를 섬겼으나 뒤에 劉邦에게로 갔다. 字는 孺子이며, 陽武人
으로 黃老術을 익혔다. 曲逆侯에 봉해졌으며, 惠帝와 孝文帝 때에 丞相을 지냈다.
《史記》陳丞相世家 및 《漢書》陳平傳 참조.

【韓信】漢나라 淮陰人. 처음 項梁을 도와 거병하였으나, 뒤에 劉邦에게 옮겨
天下통일을 이루었다. 《史記》淮陰侯列傳 및 《漢書》韓信列傳 참조.

【譖愬】《論語》顔淵篇에 『浸潤之譖, 膚受之愬, 不行焉. 可謂明也而矣』라
하였다.

참고 및 관련 자료

※ 동일한 내용이 轉載된 기록은 없으나, 같은 주제의 글이 《荀子》君道篇·
《韓非子》孤憤·人主篇에 실려 있다.

025(2-4) 魏龐恭與太子質於邯鄲
삼인성호

위魏**나라**의 방공龐恭이 태자와 함께 한단邯鄲에 인질로 가면서 위왕魏王에게 이렇게 말하였다.

"지금 어떤 한 사람이 와서 거리에 호랑이가 나타났다면, 임금께서는 믿겠습니까?"

그러자 위왕이 말하였다.

"믿지 않겠지요."

방공이 다시 물었다.

"만일 두 사람이 그렇게 말한다면 믿겠습니까?"

임금은 이렇게 말하였다.

"나 같으면 의심해 보겠습니다."

방공이 다시 이렇게 물었다.

"세 사람이 똑같이 말한다면 왕께서는 믿겠습니까?"

임금은 그제야 이렇게 말하였다.

"나 같으면 믿겠습니다."

방공은 이렇게 말하였다.

"무릇 시내에 호랑이가 나타나지 않은 것이 분명한데도 세 사람이 똑같이 말한다면 호랑이가 나타난 것이 되고 맙니다. 지금 한단은 우리 위魏나라로부터 그 멀기가 우리 시내보다 더 합니다. 그런데 나를 두고 이러니저러니 떠드는 사람은 세 사람이 넘습니다. 원컨대 왕께서는 잘 살펴 주시기 바랍니다."

위왕이 허락하였다.

"나도 알고 있소이다."

마침내 방공이 한단으로부터 돌아오자 참훼하는 말들이 함께 쏟아져 들어왔다. 이 때문에 그는 더 이상 왕을 만나볼 수 없게 되었다.

魏龐恭與太子質於邯鄲, 謂魏王曰:「今一人來言市中有虎, 王信之乎?」

王曰:「否.」

曰:「二人言, 王信之乎?」

曰:「寡人疑矣.」

曰:「三人言, 王信之乎?」

曰:「寡人信之矣.」

龐恭曰:「夫市之無虎明矣, 三人言而成虎. 今邯鄲去魏遠於市, 議臣者過三人, 願王察之也.」

魏王曰:「寡人知之矣.」

及龐恭自邯鄲反, 讒口果至, 遂不得見.

【龐恭】魏나라 大夫.

【邯鄲】戰國時代 趙나라의 首都. 지금의 河北省 邯鄲市 근처이다.

1. 본장은『三人成虎』로 널리 알려진 고사이다. 이 이야기는 다음 장의『曾參殺人』과 같은 뜻이며,《戰國策》秦策,《史記》甘茂列傳 등에는『曾參殺人』의 이야기로도 실려 있다. 같은 뜻으로는『중구삭금(衆口鑠金)』이라고도 한다. 한편〈四庫〉本은 본장과 다음 장(026)이 서로 연결되어 있다.

2.《韓非子》內儲說上

龐恭與太子質於邯鄲, 謂魏王曰:「今一人言市有虎, 王信之乎?」曰:「不信.」「二人言市有虎, 王信之乎?」曰:「不信.」「三人言市有虎, 王信之乎?」王曰:「寡人信之.」龐恭曰:「夫市之無虎也明矣. 然而三人言而成虎. 今邯鄲之去魏也遠於市. 議臣者過於三人. 願王察之.」龐恭從邯鄲反, 竟不得見.

3.《戰國策》魏策(二)

龐葱與太子質於邯鄲, 謂魏王曰:「今一人言市有虎, 王信之乎?」王曰:「否.」「二人言市有虎, 王信之乎?」王曰:「寡人疑之矣.」「三人言市有虎, 王信之乎?」王曰:「寡人信之矣.」龐葱曰:「夫市之無虎明矣, 然而三人言而成虎. 今邯鄲去大梁也遠於市, 而議臣者過於三人矣. 願王察之矣.」王曰:「寡人自爲知.」於是辭行, 而讒言先至. 後太子罷質, 果不得見.

4. 기타 참고자료

《事類賦注》(20)・《太平御覽》(191・829・981)

026(2-5) 甘茂下蔡人也
증삼살인

감무甘茂는 하채下蔡 땅 출신이다. 서쪽으로 진秦나라에 들어가 자주 공을 세워 무왕武王 때에 이르러서는 좌승상左丞相이 되었다. 그때 저리 자樗里子는 우승상右丞相이 되었다. 저리자와 공손자公孫子는 둘 다 진秦

曾子(曾参)

나라의 여러 공자公子 중의 한 사람이었으며, 그들의 외가外家 또한 서로 같은 한韓나라였다. 그런데도 진나라에서는 자주 한나라를 공격하였다. 이때 진秦나라 무왕武王이 감무에게 물었다.

"나는 용거容車를 타고 주실周室로 가되 한韓나라의 의양宜陽을 통과하고 싶습니다."

그리고는 감무로 하여금 한나라의 의양 땅을 빼앗게 하여 주실周室에 이르는 길을 통하게 하고자 하였다.

그러자 감무가 이렇게 제의하였다.

"그렇다면 위魏나라와 맹약을 맺어 함께 한나라를 치겠습니다."

그리고는 상수向壽를 보좌로 삼아 길을 떠났다. 감무가 위나라에 맹약을 요구하자 위나라에서도 이를 허락하였고, 감무는 돌아오는 길에 식양息壤 땅에 이르게 되었다. 그때 감무가 상수에게 이렇게 말하였다. "너는 돌아가 임금께 고하여라. 위나라가 나의 요구를 허락하였다고. 그러나 절대 한나라를 치지는 말라고 하라."

상수가 돌아와 임금에게 그 말을 고하자 임금이 친히 식양 땅까지 나와 감무를 맞이하면서 그 연유를 물었다. 그러자 감무가 이렇게 설명하였다.

"의양은 큰 현縣입니다. 이름만 현이지 사실은 군郡입니다. 지금 임금께서는 험하기가 두 배나 되는 길로 1천 리나 되는 먼 곳을 공략하려 하시니, 이는 매우 어려운 일입니다.

옛날 증삼曾參이 살던 곳에 증삼과 이름이 똑같은 정鄭나라 사람이 있었는데, 그가 살인사건을 저질렀습니다. 어떤 사람이 이를 잘못 알고 증삼의 어머니에게 달려가 고하였지요.

'증삼이 사람을 죽였습니다!'

그러나 그 어머니는 베틀에 앉은 채 태연자약하였습니다. 잠시 후 또 다른 한 사람이 달려와 똑같이 고하였습니다.

그러나 그 어머니는 여전히 '내 아들은 사람을 죽일 인물이 아니다'라고 하였습니다.

그리고 얼마 후 또 한 사람이 와서 똑같이 일러 주자, 그의 어머니는 베틀의 북을 내던지고 내려와 담장을 넘어 달려나갔다고 합니다.

무릇 증삼처럼 어진 이에 대한 어머니의 믿음조차 세 사람이 똑같은 말을 하자 두려워하였습니다. 지금 저의 어짊은 증삼만 못하고, 임금께서 저를 믿는 것 또한 증삼의 어머니가 증삼을 믿는 것만 못합니다. 저를 의심하는 자들이 특별히 세 사람뿐인 것도 아닙니다. 저는 지금 대왕께서 그 베틀의 북을 내던질까 두렵습니다.

또 위魏나라의 문후文侯가 악양樂羊을 시켜 중산中山을 치도록 하여 3년 만에 이를 함락하였습니다. 악양은 개선하면서 스스로 자신의 공을 떠벌여댔지요.

그때 문후가 악양에게 그를 비방하였던 글 한 궤짝을 열어 보여 주었습니다. 악양이 이를 보고 재배再拜하고 머리를 조아리며 '이는 모두 저의 공이 아닙니다. 임금의 힘입니다' 하고 엎드려 버렸습니다.

지금 저는 기려지신羈旅之臣입니다. 저리자와 공손자는 한나라 힘을 끼고 논의를 펼 것이며, 임금께서는 이들의 말을 믿으실 것입니다. 그렇게 되면 임금께서는 위나라를 속이는 꼴이 되고 저는 저대로 한나라의 원한만 사게 됩니다."

그러자 무왕이 맹세하였다.

"나는 그들의 말을 듣지 않을 것이다."

그리고는 의양을 공격하도록 하였다.

그러나 다섯 달이 지나도록 의양은 함락되지 않았다. 그러자 과연 저리자와 공손자가 앞을 다투어 임금에게 감무를 비방하였다. 무왕은 감무를 소환하고 군대도 거두어들일 생각이었다.

그때 감무가 옛날 맹세를 떠올렸다.

"식양 땅이 바로 저기 있습니다."

그러자 임금은 이렇게 말하였다.

"알고 있소."

그리고는 모든 병력을 모아 감무로 하여금 총공세를 펴도록 하여 드디어 의양을 함락시키고 말았다.

그러나 무왕이 죽고 소왕昭王이 즉위하자 저리자와 공손자가 다시 감무를 참훼하기 시작하였고, 마침내 감무도 죄를 얻어 제齊나라로 도망가고 말았다. 그러니 지극히 명석한 군주가 아니라면 그 누가 능히 참소의 말에 초연할 수 있겠는가?

甘茂, 下蔡人也. 西入秦, 數有功, 至武王以爲左丞相, 樗里子 爲右丞相. 樗里子及公孫子, 皆秦諸公子也, 其外家韓也.

數攻韓, 秦武王謂甘茂曰:「寡人欲容車至周室者, 其道乎韓之宜陽.」

欲使甘茂伐韓取宜陽, 以通道至周室.

甘茂曰:「請約魏與伐韓.」

令向壽輔行. 甘茂既約, 魏許, 甘茂還至息壤, 謂向壽曰:「子歸, 言之王, 魏聽臣矣, 然願王勿伐也.」

向壽歸以告王, 王迎甘茂於息壤, 問其故.

對曰:「宜陽, 大縣也. 名爲縣, 其實郡也. 今王倍數險, 行千里攻之, 難. 昔者, 曾參之處, 鄭人有與曾參同名姓者殺人, 人告其母曰:『曾參殺人.』其母織自若也. 頃然一人又來告之, 其母曰:『吾子不殺人.』有頃, 一人又來告, 其母投杼下機, 踰牆而走. 夫以曾參之賢, 與其母信之也, 然三人疑之, 其母懼焉. 今臣之賢也不若曾參; 王之信臣也, 又不如曾參之母之信曾參也. 疑臣者非特三人也, 臣恐大王投杼也. 魏文侯令樂羊將而攻中山, 三年而拔之, 樂羊反而語功, 文侯示之謗書一篋. 樂羊再拜稽首曰:『此非臣之功也, 主君之力也.』今臣羈旅也, 樗里子·公孫子二人挾韓而議, 王必信之, 是王欺魏而臣受韓之怨也.」

王曰:「寡人不聽也.」

使伐宜陽, 五月而宜陽未拔. 樗里子·公孫子果爭之, 武王召甘茂, 欲罷兵.

甘茂曰:「息壤在彼.」

王曰:「有之.」

因悉起兵, 使甘茂將擊之, 遂拔宜陽. 及武王薨, 昭王立, 樗里子·公孫子讒之, 甘茂遇罪, 卒奔齊.

故非至明, 其孰能毋用讒乎?

【甘茂】 戰國時代 楚나라 출신으로 秦나라 武王을 섬겼던 人物.《史記》甘茂
列傳에『甘茂, 下蔡人也. 事下蔡史擧先生, 學百家之術. ……武王立, ……以甘茂
爲左丞相, 以樗里子爲右丞相……』이라 하였다.

【下蔡】 地名. 원래 楚나라 땅.《史記》索隱에『地理志: 下蔡縣屬汝南也』라
하였다. 지금의 安徽省 壽縣 근처.

【武王】 秦 武王. 戰國時代 秦나라 君主. 재위 4년(B.C. 310~307).

【左丞相】 丞相은 秦나라에서 두었던 관직으로 相國에 해당하는 높은 직위이다.

【樗里子】 樗里疾을 가리킨다. 秦惠王의 이복동생. 滑稽多智하여 당시 秦나라
사람들이『智囊』으로 불렀다.《史記》樗里子甘茂列傳 참조.

【公孫子】 이름은 奭으로 策士였다.《戰國策》秦策에는 公孫衍으로 실려 있다.

【韓】 三晉의 하나. 戰國七雄의 하나. 처음 都邑地는 平陽[지금의 山西省 臨汾縣],
뒤에 新鄭(지금의 河南省 新鄭縣)으로 옮겼다.

【容車】 휘장이나 발을 내려뜨려 얼굴을 보이지 않게 하는 수레.《釋名》釋車에
『容車, 婦人所載小車也, 所以隱蔽其形容也』라 하였다.

【周室】 周나라 궁궐. 戰國時代의 周나라는 명의상 天子國일 뿐 실질적인 통제력
이 없었다.

【宜陽】 地名. 지금의 河南省 洛陽縣 서남쪽.

【魏】 三晉의 하나로 戰國七雄에 들었다. 首都는 大梁. 그 때문에 梁나라로도
불리었다.

【向壽】 人名.《史記》正義에『餉受二音, 人姓名』이라 하였다. 甘茂의 隨從官.

【息壤】 地名. 秦나라의 邑 이름. 원래는 中山國의 都城이었다.

【縣】 古代 郡縣制度에서 郡보다 작은 구역.

【郡】 윗글로 보아 郡은 縣보다 큰 행정구역.

【曾參】 曾子. 孔子의 弟子로 孝行에 이름났던 人物.

【鄭】 나라 이름. 지금의 河南省 중부지역에 있었다. 뒤에 韓나라에게 망하였다.

【魏 文侯】 戰國 초기 魏나라의 영명한 君主. 재위 50년(B.C. 445~396).

【樂羊】 魏나라 文侯 때의 將軍.《戰國策》魏策·中山策 등 참조.

【中山】 戰國時代 동북 중앙에 있던 小國. 白狄이 세운 나라.《戰國策》中山策 참조.

【羈旅之臣】 그 나라 출신이 아니면서 벼슬하는 사람. 말을 매어 놓고 나그네처럼
벼슬한다는 뜻.

【昭王】 이름은 稷, 秦 武王의 異母弟, 이복동생. 재위 56년(B.C. 306~251).

【齊】戰國七雄의 하나. 春秋時代의 齊나라는 姜太公(呂尙)이 始祖이며, 戰國
時代는 田敬仲完이 易姓革命으로 왕통이 바뀌었다. 首都는 臨淄.《史記》齊太公
世家 및 田敬仲完世家 참조.

참고 및 관련 자료

1.《呂氏春秋》樂成

魏攻中山, 樂羊將, 已得中山, 還反報文侯, 有貴功之色. 文侯知之, 命主書曰:「羣臣
賓客所獻書者, 操以進之.」主書擧兩篋以進. 令將軍視之, 書盡難攻中山之事也. 將軍
還走, 北面再拜曰:「中山之擧, 非臣之力, 君之功也.」當此時也, 論士殆之日幾矣.
中山之不取也, 奚宜二篋哉? 一寸而亡矣. 文侯賢主也, 而猶若此, 又況於中主邪?

2.《戰國策》秦策(二)

秦武王謂甘茂曰:「寡人欲車通三川, 以闚周室, 而寡人死不朽乎?」甘茂對曰:「請
之魏, 約伐韓.」王令向壽輔行. 甘茂至魏, 謂向壽:「子歸告王曰:『魏聽臣矣, 然願王
勿攻也.』事成, 盡以爲子功.」向壽歸以告王, 王迎甘茂於息壤. 甘茂至, 王問其故.
對曰:「宜陽, 大縣也, 上黨・南陽積之久矣, 名爲縣, 其實郡也. 今王倍數險, 行千
里而攻之, 難矣. 臣聞張儀西幷巴・蜀之地, 北取西河之外, 南取上庸, 天下不以爲
多張儀而賢先王. 魏文侯令樂羊將, 攻中山, 三年而拔之, 樂羊反而語功, 文侯示之
謗書一篋, 樂羊再拜稽首曰:『此非臣之功, 主君之力也.』今臣羈旅之臣也, 樗里疾・
公孫奭二人者, 挾韓而議, 王必聽之, 是王欺魏, 而臣受公仲侈之怨也. 昔者, 曾子
處費, 費人有與曾子同名族者而殺人, 人告曾子母曰:『曾參殺人.』曾子之母曰:
『吾子不殺人.』織自若. 有頃焉, 人又曰:『曾參殺人.』其母尙織自若也. 頃之,
一人又告之曰:『曾參殺人.』其母懼, 投杼踰牆而走. 夫以曾參之賢, 與母之信也,
而三人疑之, 則慈母不能信也. 今臣之賢不及曾子, 而王之信臣又未若曾子之母也,
疑臣者不適三人, 臣恐王爲臣之投杼也.」王曰:「寡人不聽也, 請與子盟.」於是與
之盟於息壤. 果攻宜陽, 五月而不能拔也. 樗里疾・公孫衍二人在, 爭之王, 王將聽之,
召甘茂而告之. 甘茂對曰:「息壤在彼.」王曰:「有之.」因悉起兵, 復使甘茂攻之,
遂拔宜陽.

3.《說苑》復恩篇

魏文侯攻中山, 樂羊將, 已得中山, 還反報文侯, 有喜功之色, 文侯命主書曰:「群臣

賓客所獻書操以進.」主書者擧兩篋以進, 令將軍視之, 盡難攻中山之事也, 將軍還走北面而再拜曰:「中山之擧也, 非臣之力, 君之功也..」

4.《淮南子》人間訓

魏將樂羊攻中山, 其子執在城中. 城中縣其子以示樂羊, 樂羊曰:「君臣之義, 不得以子爲私.」攻之愈急, 中山因烹其子, 而遺之鼎羹與其首., 樂羊循而泣之, 曰:「是吾子已.」爲使者跪而啜三杯, 使者歸報. 中山曰:「是仗約死節者也. 不可忍也.」遂降之. 爲魏文候大開地有功. 自此之後, 日以不信. 此所謂有功而見疑者也.

5.《史記》甘茂傳

甘茂者, 下蔡人也. 事下蔡・史擧先生, 學百家之術. 因張儀・樗里子而求見秦惠王. 王見而說之, 使將, 而佐魏章略定漢中地. 惠王卒, 武王立. 張儀・魏章去, 東之魏. 蜀侯煇・相壯反, 秦使甘茂定蜀. 還, 而以甘茂爲左丞相, 以樗里子爲右丞相. 秦武王三年, 謂甘茂:「寡人欲容車通三川, 以窺周室, 而寡人死不朽矣.」甘茂曰:「請之魏, 約以伐韓, 而令向壽輔行.」甘茂至, 謂向壽曰:「子歸, 言之於王曰:『魏聽臣矣, 然願王勿伐』. 事成, 盡以爲子功.」向壽歸, 以告王, 王迎甘茂於息壤. 甘茂至, 王問其故. 對曰:「宜陽, 大縣也, 上黨・南陽積之久矣. 名曰縣, 其實郡也. 今王倍數險, 行千里攻之, 難. 昔曾參之處費, 魯人有與曾參同姓名者殺人, 人告其母曰:『曾參殺人』, 其母織自若也. 頃之, 一人又告之曰:『曾參殺人』, 其母尙織自若也. 頃又一人告之曰:『曾參殺人』, 其母投杼下機, 踰牆而走. 夫以曾參之賢與其母信之也, 三人疑之, 其母懼焉. 今臣之賢不若曾參, 王之信臣又不如曾參之母信曾參也, 疑臣者非特三人, 臣恐大王之投杼也. 始張儀西并巴蜀之地, 北開西河之外, 南取上庸, 天下不以多張子而以賢先王. 魏文侯令樂羊將而攻中山, 三年而拔之. 樂羊返而論功, 文侯示之謗書一篋. 樂羊再拜稽首曰:『此非臣之功也, 主君之力也.』今臣, 羈旅之臣. 樗里子・公孫奭二人者挾韓而議之, 王必聽之, 是王欺魏王而臣受公仲侈之怨也.」王曰:「寡人不聽也, 請與子盟.」卒使丞相甘茂將兵伐宜陽. 五月而不拔, 樗里子・公孫奭果爭之. 武王召甘茂, 欲罷兵. 甘茂曰:「息壤在彼.」王曰:「有之.」因大悉起兵, 使甘茂擊之. 斬首六萬, 遂拔宜陽. 韓襄王使公仲侈入謝, 與秦平.

6.《西京雜記》卷六

昔魯有兩曾參, 趙有兩毛遂. 南曾參殺人見捕, 人以告北曾參母. 野人毛遂墜井而死, 客以告平原君, 平原君曰:「嗟乎, 天喪予矣!」旣而知野人毛遂, 非平原君客也.

027(2-6) 楚王問群臣曰
호가호위

초왕楚王이 여러 신하들에게 이렇게 물었다.

"나는 북방北方의 여러 나라들이 우리 소해휼昭奚恤을 대단히 두려운 존재로 여긴다고 들었습니다. 진정 그럴 만한 이유가 있습니까?"

그러자 강을江乙이 대답하였다.

"호랑이는 여러 짐승을 구하여 잡아먹습니다. 그러던 중 여우 한 마리를 잡았지요. 그런데 잡힌 여우가 이렇게 말하는 것입니다. '그대는 감히 나를 잡아먹을 수 없다. 하느님이 나로 하여금 백수百獸의 우두머리가 되게 하셨다. 지금 그대가 나를 잡아먹는다면 이는 하느님의 명령을 거역하는 것이다. 나를 믿지 못하겠거든 내가 그대 앞에 나서서 걸을 테니 그대는 내 뒤를 따르라. 그러면 그대는 온갖 짐승 중에 나를 보고 도망가지 아니하는 자가 없음을 보게 될 것이다'라고요. 호랑이가 그렇다고 여겨 그 뒤를 따라 걸었더니, 온갖 짐승들이 이를 보고 모두 달아나는 것이었습니다. 호랑이는 그 짐승들이 자신을 보고 도망가는 것인 줄 모르고 여우가 무서워 도망가는 줄로 여겼던 것입니다.

지금 임금께서는 영토가 사방 5천 리요, 무장한 병사가 1백만입니다. 그런데 이들에 대한 전권을 모두 소해휼에게 맡겨 두고 있습니다. 따라서 북쪽 나라들은 소해휼을 두려워하는 것이 아니고 사실은 대왕의 군사를 두려워하고 있는 것입니다. 이는 곧 온갖 짐승이 두려워하는 것이 바로 호랑이인 이치와 같습니다."

그러므로 남의 신하이면서도 남에게 두렵게 비치는 것은 바로 임금의 위세를 대신 드러내는 것이다. 이로써 임금이 써 주지 않으면 그 위엄은 사라지고 마는 법이다.

楚王問羣臣曰:「吾聞北方畏昭奚恤, 亦誠何如?」

江乙答曰:「虎求百獸食之, 得一狐. 狐曰:『子毋敢食我也, 天帝令我長百獸, 今子食我, 是逆帝命也. 以我爲不信, 吾爲子先行, 子隨我後, 觀百獸見我無不走.』虎以爲然, 後而行, 獸見之皆走, 虎不知獸畏己而走也, 以爲畏狐也. 今王地方五千里, 帶甲百萬, 而專任之於昭奚恤也, 北方非畏昭奚恤也, 其實畏王之甲兵也, 猶百獸之畏虎.」

故人臣而見畏者, 是見君之威也. 君不用則威亡矣.

【楚王】《戰國策》楚策에는 荊 宣王으로 되어 있다. 荊은 楚의 별칭. 楚 宣王의 이름은 良夫. 楚 懷王의 祖父. 재위 30년(B.C. 369~340).

【北方】戰國七雄 중에 楚나라가 가장 남쪽에 있었다. 따라서 나머지 북쪽에 위치한 여섯 나라, 즉 秦·齊·燕·韓·魏·趙.

【昭奚恤】人名. 戰國時代 楚나라 장수. 昭獻.《史記》에는 昭魚로 되어 있다. 당시 相國을 겸하였다.

【江乙】人名. 원래 魏나라 사람으로 楚나라 客卿.《戰國策》에는『江一』로 되어 있다.

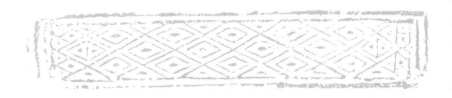

1. 《戰國策》 楚策(一)

荊宣王問群臣曰:「吾聞北方之畏昭奚恤也, 果誠何如?」群臣莫對. 江一對曰:「虎求百獸而食之, 得狐. 狐曰:『子無敢食我也. 天帝使我長百獸, 今子食我, 是逆天帝命也. 子以我爲不信, 吾爲子先行, 子隨我後, 觀百獸之見我而敢不走乎?』虎以爲然, 故遂與之行. 獸見之皆走. 虎不知獸畏己而走也, 以爲畏狐也. 今王之地方五千里, 帶甲百萬, 而專屬之昭奚恤; 故北方之畏奚恤也, 其實畏王之甲兵也, 猶百獸之畏虎也.」

2. 《尹文子》佚文(《太平御覽》494에 인용된 것)

虎求百獸食之, 得狐. 狐曰:「子無食我也. 天帝令我長百獸, 今子食我, 是逆天帝命也. 子以我言不信, 吾爲子先行, 子隨我後, 觀百獸之見我不走乎?」虎以爲然, 故遂與行. 獸見之皆走. 虎不知獸之畏己而走, 以爲畏狐也.

3. 기타 참고자료

《春秋後語》(《太平御覽》909에 인용된 것)

028(2-7) 魯君使宓子賤爲單父宰
마음대로 정치를 펴도록

노魯나라 임금이 복자천宓子賤을 선보單父 땅의 수령으로 삼았다. 자천이 임지로 떠나기 위해 인사를 드리면서 임금에게 특별히 글씨 잘 쓰는 사람 두 명을 함께 가도록 해달라고 청하였다. 그들로 하여금 헌서憲書와 교품敎品을 잘 베껴 이를 풍속 교화에 이용하고자 하였다. 이에 임금이 허락하였다. 그가 선보 땅에 이르자 이들로 하여금 베끼도록 하면서 자신은 그 옆에 있다가 그들의 팔꿈치를 잡아당기는 것이었다. 그렇게 하여 글씨가 제대로 쓰이지 못하면 화를 냈고, 글씨 쓰는 자가 다시 잘 쓰려고 하면 또 잡아당기곤 하는 것이었다.

글씨 쓰는 자는 대단히 곤혹스러워 그만 사직하고 되돌아가 버렸다. 그리고 돌아가 노나라 임금에게 그 사실을 고하였다. 그러자 임금이 이렇게 말하였다.

"자천은 내가 그를 못살게 굴어 그로 하여금 훌륭한 정치를 마음껏 펴 보지 못하게 할까 봐 괴로워하는구나."

이어서 유사有司에게 명하여 선보 땅에서는 세금을 제멋대로 거두거나 군대를 징발하는 일이 없도록 하였다. 마침내 선보 땅은 크게 다스려졌다. 이에 대해 공자孔子는 이렇게 말하였다.

"군자로다! 자천이여. 노나라에 군자가 없었다면 어찌 이런 일을 성취시켰겠는가?"

이는 그 덕을 아름답게 여긴 것이다.

魯君使宓子賤爲單父宰, 子賤辭去, 因請借善書者二人, 使書
憲書敎品, 魯君予之. 至單父, 使書, 子賤從旁引其肘, 書醜,
則怒之; 欲好書, 則又引之. 書者患之, 請辭而去. 歸以告魯君.

魯君曰:「子賤苦吾擾之. 使不得施其善政也.」

乃命有司, 無得擅徵發單父, 單父之化大治.

故孔子曰:「君子哉! 子賤, 魯無君子者, 斯安取斯?」美其德也.

【魯】周公 旦이 封을 받은 나라이며 孔子가 태어난 나라.
【宓子賤】春秋時代 魯나라 사람으로 孔子의 弟子. 이름은 不齊.《論語》公冶長篇
의 註에『子賤, 孔子弟子. 姓宓, 名不齊』라 하였다.
【單父】魯나라 邑. 지금의 山東省 單縣 남쪽이다. '선보'로 읽으며 '선부'로도
읽는다.
【憲書】법령 문서. 혹은 曆書·달력이라고도 한다.
【敎品】告諭·敎諭 등 공문의 글.
【苦吾擾之】임금의 지나친 간섭으로 인해 맡은 지역을 제대로 다스릴 수 없음을
풍자하여 일으킨 행동임을 알았다는 뜻이다.
【孔子曰】《論語》公冶長篇에『子謂子賤, 君子哉, 若人, 魯無君子者, 斯焉取斯』
라고 하였고, 注에『子賤, 蓋能尊賢取友, 以成其德者, 故夫子既歎其賢, 而又言若
魯無君子, 則此人何所取以成此德乎? 因以見魯之多賢也』라 하였다.

참고 및 관련 자료

1.《呂氏春秋》具備篇

宓子賤治亶父, 恐魯君之聽讒人, 而令己不得行其術也. 將辭而行, 請近吏二人於魯君,
與之俱至於亶父. 邑吏皆朝, 宓子賤令吏二人書. 吏方將書, 宓子賤從旁時掣搖其肘.
吏書之不善, 則宓子賤爲之怒. 吏甚患之, 辭而請歸. 宓子賤曰:「子之書甚不善,
子勉歸矣.」二吏歸報於君, 曰:「宓子不可爲書.」君曰:「何故?」吏對曰:「宓子使
臣書, 而時掣搖臣之肘, 書惡而有甚怒, 吏皆笑宓子, 此臣所以辭而去也.」魯君太息而

歎曰：「宓子以此諫寡人之不肖也. 寡人之亂子, 而令宓子不得行其術, 必數有之矣. 微二人, 寡人幾過.」遂發所愛, 而令之亶父, 告宓子, 曰：「自今以來, 亶父非寡人之有也, 子之有也. 有便於亶父者, 子決爲之矣. 五歲而言其要.」宓子敬諾, 乃得行其術於亶父.

2. 《孔子家語》屈節解

孔子弟子有宓子賤者, 仕於魯, 爲單父宰, 恐魯君聽讒言, 使己不得行其政, 於是辭行, 故請君之近史二人與之俱至官, 宓子戒其邑吏, 令二史書, 方書輒掣其肘, 書不善則從而怒之. 二史患之, 辭請歸魯, 宓子曰：「子之書甚不善, 子勉而歸矣.」二史歸報於君曰：「宓子使臣書而掣肘, 書惡而又怒臣, 邑吏皆笑之, 此臣所以去之而來也.」魯君以問孔子, 子曰：「宓不齊, 君子也. 其才任霸王之佐, 屈節治單父, 將以自試也. 意者, 以此爲諫乎?」公寤, 太息而歎曰：「此寡人之不肖, 寡人亂宓子之政, 而責其善者非矣. 微二史, 寡人無以知其過; 微夫子, 寡人無以自寤.」遽發所愛之使告宓子曰：「自今已往, 單父非吾有也, 從子之制, 有便於民者, 子決爲之, 五年一言其要.」宓子敬奉詔, 遂得行其政, 於是單父治焉.

029(2-8) 楚人有獻魚楚王者
다 먹을 수 없는 물고기

초楚**나라**의 어떤 사람이 초楚나라 임금에게 물고기를 바치면서 이렇게 말하였다.

"오늘 고기잡이를 하여 얻은 것은 먹자니 다 먹을 수가 없고, 팔자니 팔리지도 않으며, 버리자니 또한 아까워서 가져다 바치는 것입니다."

이를 들은 좌우의 신하들이 소리쳤다.

"비루하도다! 그 말투여."

그러나 초왕이 이렇게 말하였다.

"그대들은 이 어부가 어진 사람인 줄 모르는군요. 무릇 곡식 창고에 곡식이 남아돌면 그 나라 백성은 주리게 되고, 후궁에 유녀幽女가 들끓게 되면 하층 백성 중에 광부曠夫가 많이 생겨나는 법이오. 넘쳐 쓰지 않는 물건들을 모아들여 나라의 창고에만 자꾸 쌓아두려 한다면 그 나라 안에는 빈곤한 백성이 저절로 많아지게 되오. 그렇게 되면 그 모두가 임금 된 자의 도리를 잃게 되는 것이오. 그러므로 부엌에 살찐 물고기가 넘쳐나고, 마구간에 살찐 말이 넘쳐나게 하는 임금, 이는 바로 나라를 망치는 임금이 할 짓이오. 우리 부고府庫가 가득 차 있다는 소리를 내가 들은 지 꽤 오래 되었지만 아직도 이를 풀어 베푸는 일을 실행하지 못하고 있는데, 어부가 이를 알고 비유로써 과인을 깨우쳐 준 것이오. 지금 즉시 이를 실행하겠소."

그리고는 사관을 보내어 홀아비와 과부를 구휼救恤하고 고아들과 의지할 곳 없는 이들이 생계를 유지하도록 하였다. 이어서 창고의 식량과 화폐와 옷감을 내어 풍족치 못한 이들을 돕고, 후궁에 있으면서 직책이 없는 자들은 모두 내보내어 홀아비의 아내가 되도록 하였다.

그러자 초나라 백성들은 크게 기뻐하였고, 이웃나라 사람들조차 귀속해왔다. 따라서 어부가 물고기 한 마리를 바침으로써 초나라가 이를 바탕으로 옳게 변하였으니, 가히 어질고 지혜롭다 할 수 있을 것이다.

楚人有獻魚楚王者, 曰:「今日漁獲, 食之不盡, 賣之不售, 棄之又惜, 故來獻也.」

左右曰:「鄙哉! 辭也.」

楚王曰:「子不知, 漁者仁人也. 蓋聞囷倉粟有餘者, 國有餓民; 後宮多幽女者, 下民多曠夫; 餘衍之蓄, 聚於府庫者, 境內多貧困之民; 皆失君人之道. 故廚有肥魚, 廐有肥馬, 民有餓色. 是以亡國之君, 藏於府庫, 寡人聞之久矣, 未能行也. 漁者知之, 其以比喻寡人也, 且今行之.」

於是乃遣使恤鰥寡而存孤獨, 出倉粟, 發幣帛而振不足, 罷去後宮不御者, 出以妻鰥夫. 楚民欣欣大悅, 鄰國歸之.

故漁者壹獻餘魚, 而楚國賴之, 可謂仁智矣.

【獲】〈四部叢刊〉본에는 『穫』으로 되어 있다.

【售】팔다. 즉 남에게 팔려 가다의 뜻.

【囷】圓形의 곡식 창고를 말한다.

【幽女】後宮의 궁녀. 幽禁之女의 뜻이다.

【曠夫】아내를 얻지 못한 남자를 말한다. 노총각·홀아비.

【鰥】 喪妻하여 홀로 된 남자. "물고기처럼 눈을 감지 못하고 잔다"는 뜻이라 한다.
【寡】 과부. 지아비를 잃고 홀로 된 여자를 말한다.
【救恤】 구제하여 도와 줌.
【孤】 부모 없이 홀로 된 아이. 고아.
【獨】 늙어 자식이 없는 사람을 말한다.

참고 및 관련 자료

1. 《說苑》貴德篇

孔子之楚, 有漁者獻魚甚强, 孔子不受, 獻魚者曰:「天暑市遠, 賣之不售, 思欲棄之, 不若獻之君子.」孔子再拜受, 使弟子掃除將祭之. 弟子曰:「夫人將棄之, 今吾子將祭之, 何也?」孔子曰:「吾聞之, 務施而不腐餘財者, 聖人也, 今受聖人之賜, 可無祭乎?」

2. 《孔子家語》致思篇

孔子之楚, 而有漁者而獻魚焉, 孔子不受. 漁者曰:「天暑市遠, 無所鬻也, 思慮棄之糞壤, 不如獻之君子, 故敢以進焉.」於是夫子再拜受之, 使弟子掃地, 將以享祭. 門人曰:「彼將棄之, 而夫子以祭之, 何也?」孔子曰:「吾聞諸, 惜其腐餒, 而欲以務施者, 仁人之偶也, 惡有受仁人之饋, 而無祭者乎?」

030(2-9) 昔者鄒忌以鼓琴見齊宣王
거문고 연주는 정치와 같다

옛날에 추기鄒忌가 거문고 타는 일로 제齊 선왕宣王을 만났다. 선왕은 그를 대단히 칭찬하였다. 이에 추기가 이렇게 말하였다.

"무릇 거문고를 연주하는 것은 정치를 베푸는 것과 똑같습니다."

그리고는 임금을 위하여 거문고 연주 원리가 정치의 모습과 같은 이유와 패왕霸王의 도리를 설명해 주었다. 이에 선왕이 매우 즐거워하면서 그와 더불어 사흘간이나 담론을 나누어 본 끝에 드디어 그를 재상으로 삼았다. 제齊나라에는 직하선생稷下先生들이라 하여 정치를 토론하기 좋아하는 이들이 있었다. 이들은 추기가 제나라의 재상이 되자 직하선생의 대표격인 순우곤淳于髡 이하 72명이 모두 이 추기를 가벼이 여기고 있었다. 그래서 어떻게 해서라도 추기를 사직시켜야 한다고 입방아를 찧어댔으나, 그들의 의견이 먹혀들지 않았다. 이에 서로 직접 가서 추기를 만나보기로 하였다.

순우곤 무리들의 태도는 대단히 거만하였고, 추기의 예禮는 대단히 겸손하였다. 먼저 순우곤의 무리들이 물었다.

"호백구狐白裘 같은 좋은 외투에 낡아빠진 양피羊皮로 이를 깁는다면 어떻겠습니까?"

이에 추기가 이렇게 대답하였다.

"공경하여 대답하겠습니다. 청컨대 감히 불초한 것으로써 어진 이에게

顔子(顔回)《三才圖會》

잡스럽게 섞이지 않도록 해야겠지요."

다시 순우곤이 물었다.

"방은 구석이 모가 나 있는데 둥그런 항아리를 들여 놓는다면 어떻겠소?"

"공경히 대답하겠습니다. 청컨대 사람들에게 문 안 출입을 삼가도록 하고 감히 손님이 머물지 않도록 해야겠지요."

순우곤 등이 다시 물었다.

"세 사람이 한 마리의 양을 치면서도 양은 양대로 굶주리고 사람은 사람대로 쉬지 못한다면 어떻게 생각하오?"

그러자 추기는 다시 이렇게 응대하였다.

"공경히 대답하겠습니다. 관리와 인원을 줄여 백성을 괴롭히는 일이 없도록 해야겠지요."

순우곤 등이 세 번이나 물었지만 추기는 세 번 모두 알아듣고 이처럼 응향應響하자, 결국 순우곤의 무리들은 굴복하고 떠나 버렸다. 이때는 오히려 추기의 태도가 당당하였고 순우곤 무리의 예는 비굴하였다. 따라서 간장干將과 막야莫邪 같은 좋은 칼을 숭상하는 까닭은 그 날이 잘 드는 것을 귀히 여김이요, 기기騏驥와 같은 명마를 귀히 여기는 것은 그 말이 멀리 잘 달리기 때문이다.

무릇 모든 일이 반드시 긴 세월을 거치고 오랜 시간이 지나야만

된다면 아주 미세한 털이라도 긴 세월을 두고 돌을 자른다면 그 돌을 끊어낼 수 있을 것이요, 우둔한 말馬일지라도 긴 시간만 준다면 얼마든지 멀리까지 갈 수 있는 것이다. 이러한 까닭으로 총명과 민첩이란 곧 사람의 훌륭한 재주 중의 하나이다.

자공子貢은 이렇게 말하였다.

"안회顔回는 하나를 들으면 열을 안다."

이는 민첩함을 칭찬한 말이다.

昔者, 鄒忌以鼓琴見齊宣王, 宣王善之.

鄒忌曰:「夫琴所以象政也.」

遂爲王言琴之象政狀及霸王之事. 宣王大悅, 與語三日, 遂拜以爲相. 齊有稷下先生, 喜議政事, 鄒忌旣爲齊相, 稷下先生淳于髡之屬七十二人, 皆輕忌, 以謂設以辭鄒忌, 不能及, 乃相與俱往見鄒忌. 淳于髡之徒禮倨, 鄒忌之禮卑.

淳于髡等曰:「狐白之裘, 補之以弊羊皮, 何如?」

鄒忌曰:「敬諾, 請不敢雜賢以不肖.」

淳于髡曰:「方內而員釭, 如何?」

鄒忌曰:「敬諾, 請謹門內, 不敢留賓客.」

淳于髡等曰:「三人共牧一羊, 羊不得食, 人亦不得息, 何如?」

鄒忌曰:「敬諾, 滅吏省員, 使無擾民也.」

淳于髡等三稱, 鄒忌三知之如應響. 淳于髡等辭屈而去. 鄒忌之禮倨, 淳于髡等之禮卑. 故所以尚干將莫邪者, 貴其立斷也; 所以貴騏驥者, 爲其立至也; 必且歷日曠久乎, 絲氂猶能挈石, 駑馬亦能致遠. 是以聰明捷敏, 人之美材也.

子貢曰:「回也, 聞一以知十.」 美敏捷也.

【鄒忌】戰國時代 齊나라의 학자이며, 『齊國三騶』의 하나로 成侯에 봉해졌다. 《史記》에는 騶忌로 실려 있다. 《史記》·《戰國策》 등 참조.

【齊 宣王】戰國時代 齊나라의 君主로 이름은 辟强. 齊나라 威王의 아들. 재위 19년(B.C. 319~301). 《史記》에는 威王(B.C. 356~320) 때의 일로 실려 있다.

【霸王】霸道政治와 王道政治, 즉 帝王의 일.

【稷下先生】원래 稷下는 地名으로 齊나라 首都인 臨淄의 북쪽에 있던 마을. 당시 학자들이 이곳에 모여 담론을 벌인 데서 학자집단을 뜻하는 말로 널리 쓰였다. 劉向의 《別錄》에 『齊爲稷門, 城門也, 談說之士期會於其下』라 하였고, 《史記》 孟子荀卿列傳 索隱에 『稷下, 齊之城門也, 或云稷下, 山名. 謂齊之學士 集於稷門之下』라 하였다.

【淳于髡】齊나라의 贅胥로 博聞强記하고 滑稽多辯하였다. 《史記》 滑稽列傳 및 《戰國策》 齊策 등 참조.

【狐白裘】여우의 겨드랑이 털[혹은 가죽]로 만든 최고급 외투를 말한다.

【應響】메아리처럼 즉시 반응을 일으켜 민첩하게 응대함을 말한다.

【干將·莫邪】天下의 명검. 원래는 人名. 《吳越春秋》에 『干將, 吳人. 莫邪, 干將 之妻也. 干將作劍, 莫邪斷髮剪爪, 投於爐中, 金鐵乃濡, 遂以成劍. 陽曰干將, 陰曰 莫邪』라 하였다.

【騏驥】千里馬, 혹 周 穆王이 타고 다니던 八駿馬들이라고도 한다. 《莊子》 秋水篇 에 『騏驥驊騮, 一日而馳千里』라 하였다.

【子貢】春秋時代 衛나라 사람으로 姓은 端木이며, 이름은 賜. 孔子의 弟子로 언변이 있어 衛나라·魯나라의 宰相을 지내기도 하였다.

【回】字는 子淵으로 顔回를 가리킨다. 春秋時代 魯나라 사람. 孔子의 弟子이다.

【子貢曰】《論語》 公冶長篇에 실려 있는 구절. "子謂子貢曰:「女與回也, 孰愈?」 對曰:「賜也, 何敢望回? 回也, 聞一以知十; 賜也. 聞一以知二.」子曰:「弗如也. 吾與女, 弗如也.」"라 하였다.

1. 《史記》 孟子荀卿列傳

齊有三騶子. 其前騶忌, 以鼓琴干威王, 因及國政, 封爲成侯而受相印, 先孟子.

2. 《史記》 田敬仲完世家

騶忌子以鼓琴見威王, 威王說而舍之右室. 須臾, 王鼓琴, 騶忌子推戶入曰:「善哉
鼓琴!」王勃然不說, 去琴按劍曰:「夫子見容未察, 何以知其善也?」騶忌子曰:「夫大
弦濁以春溫者, 君也; 小弦廉折以清者, 相也; 攫之深, 醳之愉者, 政令也; 鈞諧以鳴,
大小相益, 回邪而不相害者, 四時也. 吾是以知其善也.」王曰:「善語音.」騶忌子曰:
「何獨語音, 夫治國家而弭人民皆在其中.」王又勃然不說曰:「若夫語五音之紀, 信未
有如夫子者也. 若夫治國家而弭人民, 又何爲乎絲桐之間?」騶忌子曰:「夫大弦濁
以春溫者, 君也; 小弦廉折以清者, 相也; 攫之深而舍之愉者, 政令也; 鈞諧以鳴,
大小相益, 回邪而不相害者, 四時也. 夫復而不亂者, 所以治昌也; 連而徑者, 所以存
亡也: 故曰琴音調而天下治. 夫治國家而弭人民者, 無若乎五音者.」王曰:「善.」
騶忌子見三月而受相印. 淳于髡見之曰:「善說哉! 髡有愚志, 願陳諸前」騶忌子曰:
「謹受敎.」淳于髡曰:「得全全昌, 失全全亡.」騶忌子曰:「謹受令, 請謹毋離前.」
淳于髡曰:「狶膏棘軸, 所以爲滑也, 然而不能運方穿.」騶忌子曰:「謹受令, 請謹事
左右.」淳于髡曰:「弓膠昔幹, 所以爲合也, 然而不能傅合疏罅.」騶忌子曰:「謹受令,
請謹自附於萬民.」淳于髡曰:「狐裘雖敝, 不可補以黃狗之皮.」騶忌子曰:「謹受令,
請謹擇君子, 毋雜小人其間.」淳于髡曰:「大車不較, 不能載其常任; 琴瑟不較, 不能
成其五音.」騶忌子曰:「謹受令, 請謹脩法律而督姦吏.」淳于髡說畢, 趨出, 至門,
而面其僕曰:「是人者, 吾語之微言五, 其應我若響之應聲, 是人必封不久矣.」居朞年,
封以下邳, 號曰成侯.

3. 기타 참고자료

《太平御覽》(423)(《說苑》에서 引用하였다고 하였으나 今本에는 없음)

031(2-10) 昔者燕相得罪於君
선비는 길러보았자

옛날 연燕나라의 재상이 임금에게 죄를 짓고 장차 망명할 준비를 서두르며 우선 문하門下의 대부大夫들을 불러 놓고 이렇게 물었다.

"나를 위해 함께 망명할 자가 있는가?"

세 번이나 같은 질문을 던졌지만 대부들은 누구 하나 따르겠다고 나서는 자가 없었다. 이에 재상은 실망하여 이렇게 탄식하였다.

"아! 역시 선비란 자들은 먹여서 길러 주어 봤자로군!"

그러자 대부 하나가 앞으로 나서며 이렇게 대꾸하였다.

"역시 귀하는 능히 선비를 길러 줄 능력이 없는 분이로군요. 어찌 선비를 봉양하기에 부족한 이들이라고 하십니까? 흉년과 굶주리는 해에 선비들은 쌀 등겨조차도 실컷 먹지 못하고 있었을 때, 귀하의 개나 말은 귀한 곡식을 먹이로 먹고도 남음이 있었고, 매서운 바람이 부는 추운 겨울에 우리 선비들은 홑옷조차 제대로 입지 못하여 사체四體도 가리지 못하고 있을 때, 귀하의 놀이터인 대臺나 조망루眺望樓에는 온갖 휘장을 비단으로 만들어 이것이 바람에 나부껴 닳아가고 있습니다. 재물이라고 하는 것은 군주 된 이가 가벼이 여겨야 할 것이고, 죽음 즉 목숨이라고 하는 것은 우리 선비들이 중한 데 쓰겠다고 벼르는 바의 것입니다. 그런데 귀하께서 그렇게 가벼이 여겨야 할 재물을 아까워하여 선비들에게 베풀지 않은 터에, 이제 와서 선비가 중히 여기는 목숨을 요구하시니 그 어찌 어려운 일이 아니겠습니까?"

재상은 마침내 이를 부끄럽게 여기고 도망간 후 다시는 감히 나타나지 못하였다.

昔者, 燕相得罪於君, 將出亡, 召門下諸大夫曰:「有能從我出者乎?」

三問, 諸大夫莫對.

燕相曰:「嘻! 亦有士之不足養也.」

大夫有進者曰:「亦有君之不能養士, 安有士之不足養者? 凶年饑歲, 士糟粕不厭, 而君之犬馬, 有餘穀粟; 隆冬烈寒, 士短褐不完, 四體不蔽, 而君之臺觀, 帷慊錦繡, 隨風飄飄而弊. 財者, 君之所輕; 死者, 士之所重也. 君不能施君之所輕, 而求得士之所重, 不亦難乎?」

燕相遂慚, 遁逃不復敢見.

【燕】戰國七雄 가운데 가장 동북쪽에 위치하였던 나라. 始祖는 召公(姬奭). 중심지는 薊(지금의 北京) 근처였다.

【糟粕】원래 등겨나 혹은 술지게미. 즉 먹을 것이 없을 때를 비유한다.

【臺觀】놀이터의 樓臺, 眺望臺.

1.《戰國策》齊策(四)

管燕得罪齊王, 謂其左右曰:「子孰而與我赴諸侯乎?」左右嘿然莫對. 管燕連然流涕曰:「悲夫! 士何其易得而難用也?」田需對曰:「士三食不得饜, 而君鵝鶩有餘食; 下宮糅羅紈, 曳綺縠, 而士不得以爲緣. 且財者君之所輕, 死者士之所重, 君不肯以所輕與士, 而責士以所重事君, 非士易得而難用也.」

2.《韓詩外傳》卷七

宋燕相齊, 見逐罷歸之舍. 召門尉陳饒等二十六人曰:「諸大夫有能與我赴諸侯者乎?」陳饒等皆伏而不對. 宋燕曰:「悲乎哉! 何士大夫易得而難用也?」饒曰:「君弗能用也. 則有不平之心, 是失之己而責諸人也.」宋燕曰:「夫失諸己而責諸人者何?」陳饒曰:「三斗之稷, 不足於士, 而君鴈鶩有餘粟, 是君之一過也. 果園梨栗, 後宮婦人以相提攜, 士曾不得一嘗, 是君之二過也. 綾紈綺縠, 靡麗於堂, 從風而弊, 士曾不得以爲緣, 是君之三過也. 且夫財者, 君之所輕也; 死者, 士之所重也. 君不能行君之所輕, 而欲使士致其所重, 猶譬鉛刀畜之, 而干將用之, 不亦難乎?」宋燕面有慙色, 逡巡避席曰:「是燕之過也.」詩曰:『或以其酒, 不以其漿.』

3.《說苑》尊賢篇

宗衛相齊, 遇逐罷歸舍, 召門尉田饒等二十有七人而問焉, 曰:「士大夫誰能與我赴諸侯者乎?」田饒等皆伏而不對. 宗衛曰:「何士大夫之易得而難用也!」饒對曰:「非士大夫之難用也, 是君不能用也.」宗衛曰:「不能用士大夫何若?」田饒對曰:「廚中有臭肉, 則門下無死士. 今夫三升之稷不足於士; 而君鴈鶩有餘粟. 紈素綺繡靡麗, 堂楯從風雨弊, 而士曾不得以緣衣; 果園梨栗, 後宮婦人攎而相摘, 而士曾不得一嘗, 且夫財者, 君之所輕也; 死者士之所重也, 君不能用所輕之財, 而欲使士致所重之死, 豈不難乎哉?」於是宗衛面有慙色, 逡巡避席而謝曰:「此衛之過也.」

4. 기타 참고자료

《藝文類聚》(91)·《意林》(1)·《文選》〈別賦〉注, 〈廣絶交論〉注, 〈苦熱行〉注·《太平御覽》(719)·《群書治要》

032(2-11) 晉文公出獵
화났을 때는 형벌을 내리지 않는다

진晉 문공文公이 사냥을 나섰다. 그런데 앞에서 수레를 몰아 길을 인도하는 자가 이렇게 알려 왔다.

"앞에 큰 뱀이 있습니다. 그 크기가 제방만한데 길을 막고 있어 어쩔 수 없습니다."

이에 문공이 이렇게 풀이하였다.

"과인이 듣기로, 제후가 악몽惡夢을 꾸면 덕을 잘 닦아야 하고, 대부大夫가 악몽을 꾸면 자기 맡은 관직을 잘 닦아야 하며, 선비가 악몽을 꾸면 자기 자신을 잘 닦아야 한다고 하였다. 그렇게 하면 화禍가 다가오지 않는다는 것이다. 지금 과인에게 잘못이 있어 하늘이 이를 경계하도록 보여 준 것이다. 수레를 돌려 되돌아가자."

그러자 그 앞서 수레를 몰던 자가 이렇게 말하였다.

"제가 듣기로는 '기쁜 일이 있을 땐 상賞을 내리지 않는 법이며, 화가 나 있을 때에는 형벌을 내리지 않는 법'이라고 하였습니다. 지금 화냐 복이냐가 이미 눈앞에 나타났습니다. 변화시킬 수가 없습니다. 어찌 그 뱀을 몰아내어 계속 가지 않으십니까?"

그러나 문공은 이렇게 대답하였다.

"그렇지 않다. 무릇 귀신은 바른 도道를 이길 수 없고, 요망스러움도 덕을 이기지는 못한다. 화나 복은 그것이 드러나기 전에 변화시켜야 한다."

그리하여 수레를 돌려 돌아와서 사흘을 재계齋戒하고 사당에 나아가 이렇게 빌었다.

"제가 제사를 지내면서 적은 희생물에 살찌지 않은 것을 바쳤으며 제물도 후하게 차리지 못하였습니다. 이것이 첫 번째 죄입니다. 제가 새와 짐승 사냥을 좋아하여 그 횟수를 절제하지 못하였으니, 이것이 두 번째 죄입니다. 그 다음 제가 세금을 가혹하게 거두고 형벌을 엄하게 하였습니다. 이것이 세 번째 죄입니다. 청컨대 이제부터는 관시關市에 세금을 징수하지 않고, 연못과 교량에도 부렴賦斂을 가하지 않으며 죄인을 사면할 것이며, 구전舊田은 세금을 반으로 줄이고 신전新田은 아예 세금을 부과하지 않겠습니다."

이러한 법령이 시행되고 닷새도 지나지 않았을 때였다. 그 뱀을 지키던 관리가 꿈을 꾸었는데 꿈속에서 하느님이 뱀을 죽이면서 이렇게 일렀다.

"너는 어찌하여 훌륭한 임금의 앞길을 가로막느냐? 너의 죄는 마땅히 죽음에 해당한다."

지키던 관리가 잠에서 깨어나 뱀을 보았더니 과연 그 뱀에서 썩은 내가 나는 것이었다. 이 사실을 문공에게 아뢰자 문공이 이렇게 말하였다.

"그렇다. 과연 귀신도 도를 이기지 못하고, 요망스러움도 덕을 이기지 못하는 것이다. 그러니 어찌 잘 궁리해 보지도 않고 하늘에만 맡긴다고 할 수 있겠는가? 마땅히 덕으로써 이에 응할 따름이다."

晉文公出獵, 前驅曰:「前有大蛇, 高如隄殥, 阻道竟之.」

文公曰:「寡人聞之: 諸侯夢惡則修德, 大夫夢惡則修官, 士夢惡則修身, 如是而禍不至矣. 今寡人有過, 天以戒寡人. 還車而反.」

前驅曰:「臣聞之: 喜者無賞, 怒者無刑. 今禍福已在前矣, 不可變, 何不遂驅之?」

文公曰:「不然, 夫神不勝道, 而妖亦不勝德. 禍福未發, 猶可化也」

還車反, 宿齋三日, 請於廟曰:「孤少犧不肥, 幣不厚, 罪一也; 孤好弋獵, 無度數, 罪二也; 孤多賦斂, 重刑罰, 罪三也. 請自今以來者, 關市無征, 澤梁無賦斂, 赦罪人, 舊田半稅, 新田不稅.」

行此令未半旬, 守蛇吏夢天帝殺蛇, 曰:「何故當聖君道爲? 而罪當死.」

發夢視蛇, 臭腐矣.

謁之, 文公曰:「然, 夫神果不勝道, 而妖亦不勝德, 奈何其無究理而任天也? 應之以德而已.」

【晉文公】春秋五霸의 하나. 이름은 重耳. 재위 9년(B.C. 636~628).《史記》晉世家 참조.

【關市】關은 외국과의 무역. 국경 무역. 市는 상업 이윤.

【新田】새로 개간한 농토.

【而罪當死】여기서의『而』는 인칭대명사로 '너'. 若·爾·汝 등과 같다.

참고 및 관련 자료

1.《新書》(賈誼) 卷六 春秋

晉文公出畋, 前驅還白:「前有大蛇, 高若堤, 橫道而處.」文公曰:「還車而歸.」其御曰:「臣聞祥則迎之, 見妖則凌之. 今前有妖, 請以從吾者攻之.」文公曰:「不可! 吾聞之曰, 天子夢惡則脩道, 諸侯夢惡則脩政, 大夫夢惡則脩官, 庶人夢惡則脩身, 若是則禍不至. 今我有失行而天招以夭, 我若攻之, 是逆天命也.」乃歸齋宿而請於廟曰:「孤實不佞, 不能尊道, 吾罪一; 執政不賢, 左右不良, 吾罪二; 飭政不謹, 民人不信, 吾罪三; 本務不脩, 以咎百姓, 吾罪四; 齊肅不莊, 粢盛不潔, 吾罪五; 請興賢遂能而章德, 行善以道百姓, 毋復前過.」乃退而脩政, 居三日, 而夢天誅大蛇曰:「爾何敢當明君之路?」文公覺, 使人視之, 蛇已魚爛矣. 文公大說, 信其道而行之不解, 遂至於伯. 故曰見妖而迎以德, 妖反爲福也.

033(2-12) 梁君出獵
놓친 사냥감

양梁나라 임금이 사냥을 나가 흰기러기가 무리지어 있는 것을 보고서 수레에서 내려 활을 잡아당겨 막 쏘려던 참이었다.

그때 길을 가던 자가 이를 알지 못하고 기러기 떼를 향해 다가가고 있었다. 이에 임금이 그 사람에게 멈추라고 하였다. 그러나 그 사람은 이를 알아차리지 못한 채 계속 다가가는 것이었다. 기러기 떼는 그만 놀라 날아올랐다. 이에 화가 난 임금이 그 행인에게 화살을 겨누어 쏘려고 하였다. 그때 임금의 마부인 공손습公孫襲이 수레에서 내려 화살을 매만지며 소리쳤다.

"임금, 중지하십시오!"

임금이 분연忿然히 작색作色하여 화를 내며 물었다.

"공손습! 너는 임금을 편들지 않고 오히려 다른 사람을 편들려 하다니 이 무슨 짓인가?"

그러자 공손습이 이렇게 대답하였다.

"옛날 제齊 경공景公 때의 일입니다. 큰 가뭄이 3년 동안 계속되어 점을 쳐 보았더니, '반드시 사람으로서 제사를 지내야 비가 오리라' 하는 점괘가 나왔습니다. 이에 경공이 당堂에서 내려와 머리를 조아리며 이렇게 말하였지요. '무릇 내가 비가 오기를 갈구하는 것은 나의 백성을 위해서이다. 지금 반드시 사람을 희생으로 바쳐야만 비가 온다면 내가 스스로 그 일에 몸을 바치리라.' 이 말이 미처 끝나기도 전에 하늘은 사방 천리에 큰비를 내려 주었다는 것입니다. 무슨 연유이겠습니까?

하늘에 덕을 보여 주어 그 혜택이 백성에게 내리도록 하였기 때문입니다. 그런데 지금 임금께서는 그까짓 흰기러기 떼를 빌미로 사람을 쏘아 죽이려 하시니, 저의 눈에는 임금이 못된 호랑이나 이리와 다를 바 없는 존재로 보일 뿐입니다."

이 말에 임금이 그의 손을 잡고 수레에 올라 궁궐로 돌아온 다음 사당의 문으로 들어서면서 만세萬歲를 외쳤다. 그리고는 이렇게 말하였다.

"행운이로다! 오늘 사냥이여. 오늘 사냥에서 남들은 모두 금수禽獸를 잡았지만, 나는 좋은 말言을 얻어 돌아왔도다."

梁君出獵, 見白雁羣, 梁君下車, 彀弓欲射之. 道有行者, 梁君謂行者止, 行者不止, 白雁羣駭. 梁君怒, 欲射行者.

其御公孫襲下車撫矢曰:「君止!」

梁君忿然作色而怒曰:「襲不與其君, 而顧與他人, 何也?」

公孫襲對曰:「昔齊景公之時, 天大旱三年, 卜之曰:『必以人祠, 乃雨.』景公下堂頓首曰:『凡吾所以求雨者, 爲吾民也. 今必使吾以人祠乃且雨, 寡人將自當之.』言未卒而天大雨方千里者, 何也? 爲有德於天而惠於民也. 今主君以白雁之故而欲射人, 襲謂主君無異於虎狼.」

梁君援其手, 與上車, 歸入廟門, 呼萬歲, 曰:「幸哉! 今日也. 他人獵皆得禽獸, 吾獵得善言而歸.」

【梁君】梁나라 임금을 말한다. 梁나라는 魏나라의 별칭. 首都가 大梁이었기 때문에 흔히 梁나라로도 부른다. 그러나 구체적으로 어느 임금인지는 알 수 없다.

【公孫襲】수레 모는 車夫. 人名. 梁君의 臣下.

【齊景公】春秋時代 齊나라 君主. 이름은 杵臼. 靈公의 아들이며, 莊公의 이복동생. 晏子를 등용시켜 善政을 폈다. 재위 58년(B.C. 547~490).

【無異於虎狼】'그 이유로 자신이 활을 잡고 임금을 쏘려 하였다'는 뜻.

참고 및 관련 자료

1.《列女傳》辯通篇「齊傷槐女」

昔者, 宋景公之時, 大旱, 三年不雨, 召太卜而卜之, 曰:「當以人祀之.」景公乃降堂, 北面稽首曰:「吾所以請雨者, 乃爲吾民也. 今必當以人祀, 寡人請自當之.」言未卒, 天大雨, 方千里. 所以然者, 何也? 以能順天慈民也.

2.《藝文類聚》卷66(《莊子》에서 인용했다고 했으나 금본《莊子》에는 없음)

莊君曰: 梁君出獵, 見白鴈群, 下彀弓欲射之. 道有行者, 梁君謂行者止, 行者不止, 白鴈羣駭. 梁君怒, 欲射行者. 其御公孫龍止之. 梁君怒曰:「龍不與其君, 而顧他人.」對曰:「昔宋景公時, 大旱, 卜之;『必以人祠, 乃雨.』景公下堂頓首曰:『吾所以求雨, 爲民也, 今必使吾以人祠乃雨, 將自當之.』言未卒, 而天大雨, 何也? 爲有德於天而惠於民也. 君以白鴈故而欲射殺人, 主君譬人無異於豺狼也.」梁君乃與龍上車歸, 呼萬歲, 曰:「樂哉! 人獵, 皆得禽獸, 吾獵得善言而歸.」

3. 기타 참고자료

《困學紀聞》10(《莊子》引用, 역시 今本《莊子》에는 없음)
《太平御覽》390(《說苑》에서 인용했다함)

034(2-13) 武王勝殷
나라를 망친 요망

무왕武王이 은殷을 이긴 다음 두 명의 포로에게 물었다.

"너희 나라의 요망妖亡은 무엇이냐?"

그러자 한 포로가 이렇게 대답하였다.

"우리나라에는 나라를 망하게 하는 요망이 있었습니다. 낮에 별이 보이고 하늘에서 피를 비 쏟아 붓듯 하는 변고의 징조가 있었는데, 이것이 바로 우리나라의 요망이었습니다."

그러자 다른 포로가 이를 고쳐서 말하였다.

"그것이 요망이기는 합니다. 그러나 그것은 중대한 것이 아닙니다. 우리나라의 요망 중에 큰 것이란 바로 아들이 아버지의 말을 듣지 않는 것, 아우가 형의 말을 듣지 않는 것, 임금이 내린 명령이 실행되지 않는 것, 이것이 바로 큰 요망이었습니다."

武王勝殷, 得二虜而問焉.

曰:「而國有妖乎?」

一虜答曰:「吾國有妖, 晝見星而雨血, 此吾國之妖也.」

一虜答曰:「此則妖也. 雖然, 非其大者也. 吾國之妖, 其大者, 子不聽父, 弟不聽兄, 君令不行, 此妖之大者也.」

주문왕과 주무왕《三才圖會》

【武王】周 武王. 文王[昌]의 아들로 이름은 發. 殷을 멸하였다.

【殷】商나라 후반기의 별칭. 盤庚 때에 殷으로 都邑을 옮김. 지금의 河南省 偃師縣 근처.

【而】인칭대명사 '너'. 『汝·爾·若』와 같음.

【妖】나라가 망할 때 미리 나타나는 징조·원인 등을 가리킨다.

【天雨血】〈四庫全書〉本에는 『天』자가 없으며,《呂氏春秋》에는 『天』자가 실려 있다.

> ### 참고 및 관련 자료

1.《呂氏春秋》愼大篇

武王勝殷, 得二虜而問焉. 曰:「若國有妖乎?」一虜對曰:「吾國有妖. 晝見星而天雨血, 此吾國之妖也.」一虜對曰:「此則妖也. 雖然, 非其大者也. 吾國之妖, 甚大者, 子不聽父, 弟不聽兄, 君令不行. 此妖之大者也.」武王避席再拜之. 此非貴虜也, 貴其言也. 故易曰:『愬愬履虎尾, 終吉.』

035(2-14) 晉文公出田逐獸
늪에 빠진 임금

진晉 문공文公이 사냥을 나가 짐승을 좇다가 그만 지나쳐 큰 늪에
빠지고 말았다. 어떻게 빠져나가야 할지 걱정을 하고 있을 때 마침
어부 하나가 못 가운데에 있는 것을 보게 되었다. 문공이 어부에게
물었다.

"나는 너의 임금이다. 길을 어떻게 빠져나가야 하는가? 일러 주면
내가 장차 너에게 후사厚賜하리라."

이 말에 어부가 이렇게 말하는 것이었다.

"제가 임금께 드릴 게 있습니다."

이에 문공이 이렇게 말하였다.

"이 늪을 빠져나간 다음 받으리라."

마침내 그 늪에서 빠져 나오자 문공이 물었다.

"그래, 그대가 나에게 가르쳐 주고자 하였던 것이 무엇인가? 내
지금 받으리라."

그러자 어부는 이렇게 말하였다.

"홍곡鴻鵠 같은 큰 새는 넓은 하해河海를 의지해서 보호를 받습니다.
그것이 싫다고 작은 연못으로 옮긴다면 반드시 환증丸繒에 걸려들 우려
가 있습니다. 또 자라黿, 악어鼉 같은 것은 깊은 연못에 의하여 보호를
받습니다. 그곳이 싫다고 얕은 물가로 나왔다가는 반드시 그물이나
낚시, 작살에 잡힐 염려가 있습니다. 그런데 지금 임금께서는 짐승을
몰다가 이곳까지 들어오셨으니, 어찌 이렇듯 멀리까지 오셨습니까?"

문공이 감탄하였다.

"훌륭하도다!"

그리고는 시종관에게 그 어부의 이름을 기록하게 하였다. 그러자 어부가 말하였다.

"임금께서 제 이름은 알아서 무엇 하시려고요? 임금께서는 그저 천지天地를 존경하여 모시고, 사직社稷을 공경하며, 사방 이웃 나라와 국교를 정비하여 탈 없이 하고, 만민을 자애롭게 대하며, 부렴賦斂을 줄이고, 조세租稅를 가벼이 한다면 저 역시 이미 그 은택을 받은 것이 됩니다.

그러나 임금께서 사직을 공경치 아니하고, 국방도 튼튼히 하지 않으며, 밖으로는 다른 제후들에게 예禮를 잃고, 안으로는 백성의 마음을 거슬러 온 나라 사람들이 유랑하여 떠돌게 한다면, 어부인 제가 비록 훌륭한 예물을 받는다 할지라도 어찌 길이 복을 누릴 수 있겠습니까?"

그리고는 선물을 사양하고 받지 않으면서 이렇게 말하였다.

"임금께서는 어서 궁궐로 돌아가 맡은 임무나 다하십시오. 나 역시 어서 고기 잡는 곳으로 돌아가봐야겠습니다."

晉文公出田逐獸, 碭入大澤, 迷不知所出.

其中有漁者, 文公謂曰:「我, 若君也, 道安從出? 我且厚賜若.」

漁者曰:「臣願有獻.」

公曰:「出澤而受之.」

於是遂出澤.

公令曰:「子之所欲以教寡人者, 何等也? 願受之.」

漁者曰:「鴻鵠保河海之中, 厭而欲移徙之小澤, 則必有丸繒之憂; 黿鼉保深淵, 厭而出之淺渚, 則必有羅網釣射之憂. 今君逐獸, 碭入至此, 何行之太遠也?」

文公曰:「善哉!」

謂從者記漁者名.

漁者曰:「君何以名爲? 君尊天事地, 敬社稷, 固四國, 慈愛萬民, 薄賦斂, 輕租稅者, 臣亦與焉. 君不敬社稷, 不固四國, 外失禮於諸侯, 內逆民心, 一國流亡, 漁者雖得厚賜, 不能保也.」

遂辭不受.

曰:「君亟歸國, 臣亦反吾漁所.」

【晉 文公】 春秋五霸의 하나. 晉나라의 영명한 君主. 재위 9년(B.C. 636~628). 《史記》 晉世家 참조.

【碭入大澤】 여기서의 『碭』은 지나치다, 넘치다의 뜻.

【我若君也~我且厚賜若】 두 곳의 『若』자는 모두 人稱代名詞로서 '너'라는 뜻으로 汝·而·爾 등과 같다.

【丸繒】 〈四庫全書〉本에는 『九繒』으로 실려 있다. 孫詒讓의 《禮札迻》 卷八에 『案九繒, 義不可通. 當爲丸繒, 丸九形近而誤. 繒與矰古通字, 丸謂彈, 繒謂繳矢也』라 하였다. 즉 丸은 탄환, 繒은 '줄이 달린 새 잡는 낚시'를 말한다.

> 참고 및 관련 자료

※ 出處나 來源을 알 수 없음

036(2-15) 晉文公逐麋而失之
사슴이 어디로 갔소

진晉 문공文公이 사슴을 쫓다가 그만 놓쳐 버리자 지나가던 농부인 노고老古라는 이에게 물었다.

"내가 쫓던 사슴이 어디로 갔소?"

그러자 노고가 발로 가리키면서 말하였다.

"이쪽으로 갔습니다!"

문공이 불쾌히 여겨 물었다.

"과인이 그대에게 묻고 있는데 그대는 발을 들어 가리키는 것은 어찌된 일이오?"

노고는 옷을 툭툭 털고 일어서며 이렇게 말하였다.

"내 임금 된 자가 이와 같으리라고는 한 번도 생각지 못하였소. 호표虎豹가 잘 살다가 너무 심심하다고 여겨 사람 근처로 오니까 그놈이 잡히고 마는 것입니다. 또 어별魚鼈이 잘 살다가 물이 너무 깊다고 얕은 곳으로 나오니까 잡히고 마는 것입니다. 마찬가지로 제후諸侯가 제자리를 지키면 될 것을 사람들이 너무 들끓는다고 염증을 느끼고 멀리까지 놀러 나오니, 그 때문에 나라를 망치게 되는 것입니다. 《시詩》에 이르기를 '까치가 지어 놓은 둥지, 비둘기가 차지하네'라 하였으니, 그대가 방탕하게 굴며 돌아가지 않는다면 다른 사람이 장차 그대의 임금 자리를 차지할 것입니다."

이 말에 문공은 두려워졌다.

돌아오는 길에 난무자欒武子를 만났다. 난무자가 물었다.

"사냥의 성과가 좋았습니까? 대단히 즐거운 얼굴빛이시군요."

문공은 이렇게 설명하였다.

"과인은 사슴을 좇다가 놓쳤지만 좋은 말言을 얻었습니다. 그 때문에 즐거워하는 것입니다."

그러자 난무자가 다시 물었다.

"그럼 그 사람은 지금 어디에 있습니까?"

문공이 대답하였다.

"함께 모시고 오지는 않았습니다!"

이에 난무자가 말하였다.

"윗자리에 거하면서 아랫사람을 불쌍히 여기지 않는 것, 이것은 교만입니다. 또 법령은 느슨히 해놓고, 죄지은 자를 죽이는 일에는 서두르는 것, 이것은 포악입니다. 그리고 남의 좋은 말을 듣고 그 말을 해 준 자에 대해서는 아랑곳하지 않는 것, 이것은 도둑질입니다."

문공이 말하였다.

"그렇군요."

그리고는 다시 가서 노고를 수레에 태워 함께 돌아왔다.

晉文公逐麋而失之, 問農夫老古曰:「吾綜何在?」

老古以足指曰:「如是往.」

公曰:「寡人問子, 以足指, 何也?」

老古振衣而起曰:「一不意人君如此也, 虎豹之居也, 厭閑而近人, 故得; 魚鼈之居也, 厭深而之淺, 故得; 諸侯厭衆而亡其國. 詩云:『維鵲有巢, 維鳩居之.』君放不歸, 人將君之.」

於是文公恐, 歸遇欒武子.

欒武子曰:「獵得獸乎? 而有悅色.」

文公曰:「寡人逐麋而失之, 得善言, 故有悅色.」

欒武子曰:「其人安在乎?」

曰:「吾未與來也.」

欒武子曰:「居上位而不恤其下, 驕也; 緩令急誅, 暴也; 取人之言而棄其身, 盜也.」

文公曰:「善.」

還載老古, 與俱歸.

【晉 文公】春秋時代 晉나라의 君主. 春秋五霸의 하나.

【麋】사슴의 일종. 훌륭한 사냥감으로 흔히 거론되었다.

【老古】농부 이름. 혹은 매우 늙은 사람이라는 뜻.

【寡人問子, 以足指】《諸子治要》,《太平御覽》(390·833)에는 『子』자가 첨가되어 있다.

【諸侯厭衆而亡其國】《太平御覽》(390)에는 『諸侯之居也, 厭衆而遠遊, 故亡其國』으로 되어 있다.

【詩云】《詩經》 召南 鵲巢篇의 구절.

【欒武子】晉 文公의 公族으로 이름은 欒書, 諡號는 武子이다.

> 참고 및 관련 자료

1. 出處나 來源을 알 수 없음

2. 기타 참고자료

《群書治要》(42)·《太平御覽》(39, 832, 906. 390, 833)

037(2-16) 扁鵲見齊桓侯
편작의 정치관

편작扁鵲이 제齊나라의 환후桓侯를 보자 멈추어 선 채로 잠시 후 이렇게 말하였다.

"임금께서는 병이 주리腠理에 있군요. 지금 치료하지 않는다면 장차 깊어질까 염려됩니다."

그러자 환후가 이렇게 대꾸하였다.

"과인은 아무 병이 없습니다."

이윽고 편작이 나가자 환후가 이렇게 말하였다.

"의사란 자들은 이익만 좋아하나 봐. 아무런 병도 없는 자를 치료하여 그것을 자신의 공으로 여기려 드네."

그리고 열흘이 지나자 편작이 다시 환후를 만나보고 이렇게 말하였다.

"병이 이미 피부 속으로 파고들었습니다. 지금 치료하지 않는다면 장차 더욱 깊이 들어갈 것입니다."

그러나 환후는 이에 아랑곳하지 않았다. 편작이 나가자 환후는 몹시 불쾌하게 생각하였다. 열흘이 지나자 편작이 다시 뵙고 이렇게 말하였다.

"임금의 병은 장위腸胃에 이르렀습니다. 지금 치료하지 않는다면 더 깊이 들어갈 것입니다."

역시 환후는 응하지 않았고 그가 나가자 더욱 불쾌하게 생각하였다. 그리고 또다시 열흘이 지나자 편작이 환후를 만나러 왔다. 그는 환후를 멀리서 바라보고는 그만 놀라서 도망치는 것이었다. 환후가 사람을 시켜 그에게 가서 물었다. 그러자 편작이 이렇게 설명하였다.

"병이 주리에 있을 때라면 그저 찜질이나 지지기만 하여도 낫게 할 수 있었습니다. 또 피부 속에 있을 때라면 침만 놓아도 고칠 수 있었지요. 그리고 위나 장에까지 가 있다면 그나마 큰 약제藥劑로 미칠 수 있었습니다. 그렇지만 골수骨髓에까지 번졌을 때는 사명司命이라도 어찌할 수가 없게 됩니다. 지금 임금의 병은 골수에까지 번졌습니다. 그래서 더 이상 아무런 청을 드리지 못하는 것입니다."

그로부터 닷새가 지나자 과연 환후의 몸은 아파오기 시작하였다. 그래서 사람을 시켜 편작을 찾았지만 편작은 이미 진秦나라로 도망가고 없었다. 환후는 끝내 죽고 말았다.

그래서 훌륭한 의사의 질병 치료란 가장 얕은 주리에 있을 때 이를 공략하는 것이다. 이는 곧 병이 작을 때 다스려야 한다는 뜻이다. 무릇 일의 화복禍福이란 역시 주리에 있을 때 바로잡아야 한다. 그 때문에 성인聖人은 일찍부터 그 일을 판별하여 다스리는 것이다.

扁鵲見齊桓侯, 立有間, 扁鵲曰:「君有疾在腠理, 不治, 將恐深.」

桓侯曰:「寡人無疾.」

扁鵲出, 桓侯曰:「醫之好利也, 欲治不疾以爲功.」

居十日, 扁鵲復見, 曰:「君之疾在肌膚, 不治將深.」

桓侯不應. 扁鵲出, 桓侯不悅.

居十日, 扁鵲復見, 曰:「君之疾在腸胃, 不治將深.」

桓侯不應. 扁鵲出, 桓侯不又悅.

居十日, 扁鵲復見, 望桓侯而還走.

桓侯使人問之, 扁鵲曰:「疾在腠理, 湯熨之所及也; 在肌膚, 鍼石之所及也; 在胃腸, 大劑之所及也; 在骨髓, 司命之所無奈何也; 今在骨髓, 臣是以無請也.」

居五日, 桓侯體痛, 使人索扁鵲, 扁鵲已逃之秦矣. 桓侯遂死.

故良醫之治疾也, 攻之於腠理. 此事皆治之於小者也.
夫事之禍福. 亦有腠理之地, 故聖人蚤從事矣.

【扁鵲】 원래 扁鵲은 黃帝 때의 名醫였다. 그 뒤 戰國時代 秦越人이라는 사람이
의술에 뛰어나 扁鵲이라 불렸다. 秦越人은 戰國時代 鄭邑 사람으로 長桑君에게
비방을 배워 진맥을 통해 오장의 병을 알아내는 등 天下 名醫로 알려졌다.
그 집이 濟州 盧縣이어서 盧醫로도 불렸다. 뒤에 秦나라의 太醫令인 李醯의
질투를 입어 죽임을 당하였다. 《史記》 扁鵲倉公列傳 참조.
【齊 桓侯】 戰國時代의 桓公(재위 18년, B.C. 374~357). 田和의 아들이며 威王
(재위 B.C. 356~320)의 아버지. 春秋時代의 齊桓公(B.C. 685~643)이 아니다.
그러나 盧文弨의 《拾補》에는 『此同史記, 孫云: 文選養生論注引新序作晉桓侯.
韓非喩老篇又作蔡桓侯. 故李善云: 此桓侯竟不知何國也』라 하였다.
【腠理】 피부의 겉, 살결. 쉽게 고칠 수 있는 부위.
【腸胃】 창자와 위.
【大劑】《韓非子》 喩老에는 『火劑』로,《史記》에는 『酒醪』로 되어 있다. 이에
대해 王先愼의 《韓非子集解》에는 『火齊治胃腸病, 倉公傳: 齊郎中令循不得
後溲三日, 飮以失齊湯而疾愈. 又齊王太后病, 難於大小溲溺, 飮火齊湯而病已.
新序作大劑者, 齊, 劑古通, 大乃火字之誤, 當依此訂正』이라 하였고,《史記會注
考證》에는 『韓非, 新序, 酒醪做火劑』라 하였다.
【司命】 원래 별 이름. '生死를 主宰하며 輔昊行化하고, 誅惡護善하는 신'이라
한다.

1.《韓非子》喩老篇

扁鵲見蔡桓公, 立有間. 扁鵲曰:「君有疾在腠理, 不治將恐深.」桓侯曰:「寡人無疾.」
扁鵲出. 桓侯曰:「醫之好治不病以爲功.」居十日, 扁鵲復見曰:「君之病在肌膚,
不治將益深.」桓侯又不應. 扁鵲出. 桓侯又不悅. 居十日, 扁鵲復見曰:「君之病在腸胃,
不治將益深.」桓侯不應. 扁鵲出. 桓侯又不悅. 居十日, 扁鵲望桓侯而還走, 桓侯故
使人問之. 扁鵲曰:「疾在腠理, 湯熨之所及也; 在肌膚, 鍼石之所及也; 在腸胃,
火齊之所及也; 在骨髓, 司命之所屬, 無奈何也. 今在骨髓, 臣是以無請也.」居五日,
桓侯體痛, 使人索扁鵲, 已逃秦矣. 桓侯遂死. 故良醫之治病也, 攻之於腠理. 此皆爭
之於小者也. 夫事之禍福亦有腠理之地, 故曰聖人蚤從事焉.

2.《史記》扁鵲倉公傳

扁鵲過齊, 齊桓侯客之. 入朝見, 曰:「君有疾在腠理, 不治將深.」桓侯曰:「寡人無疾.」
扁鵲出, 桓侯謂左右曰:「醫之好利也, 欲以不疾者爲功.」後五日, 扁鵲復見, 曰:
「君有疾在血脈, 不治恐深.」桓侯曰:「寡人無疾.」扁鵲出, 桓侯不悅. 後五日, 扁鵲
復見, 曰:「君有疾在腸胃間, 不治將深.」桓侯不應. 扁鵲出, 桓侯不悅. 後五日,
扁鵲復見, 望見桓侯而退走. 桓侯使人問其故. 扁鵲曰:「疾之居腠理也, 湯熨之所及也;
在血脈, 鍼石之所及也, 其在腸胃, 酒醪之所及也; 其在骨髓, 雖司命無奈之何. 今在
骨髓, 臣是以無請也.」後五日, 桓侯體病, 使人召扁鵲, 扁鵲已逃去. 桓侯遂死.
使聖人預知微, 能使良醫得蚤從事, 則疾可已, 身可活也. 人之所病, 病疾多; 而醫之
所病, 病道少. 故病有六不治: 驕恣不論於理, 一不治也; 輕身重財, 二不治也; 衣食
不能適, 三不治也; 陰陽幷, 藏氣不定, 四不治也; 形羸不能服藥, 五不治也; 信巫不
信醫, 六不治也. 有此一者, 則重難治也.

3. 기타 참고자료

《文選》養生論 注

038(2-17) 莊辛諫楚襄王曰
토끼를 보고 사냥개를 찾으면

장신莊辛이 초楚 양왕襄王에게 이렇게 충간하였다.

"임금께서는 왼쪽엔 주후州侯를 오른쪽에는 하후夏侯를 두고 있으며, 신안군新安君과 수릉군壽陵君을 따라 함께 수레를 타고 다니면서 온갖 음란한 짓과 사치는 다 부리고 있습니다. 그러면서도 나라 일은 잊고 있으니, 이 영郢 땅이 위험합니다."

이 말에 임금이 불쾌히 여기며 이렇게 핀잔하였다.

"선생은 늙어서 혼미해진 것이 아닙니까? 망령되게 우리 초나라의 요얼妖孽이 되고자 하십니까?"

그러나 장신은 다시 이렇게 덧붙이는 것이었다.

"신臣은 감히 초나라를 어지럽히는 요얼의 말을 하는 것이 아니라 진실로 사실을 보았기 때문입니다. 임금께서 끝내 이 네 사람을 측근으로 가까이 하신다면 이 초나라는 틀림없이 망하고 맙니다. 저는 조趙나라로 가서 머물면서 한번 지켜보겠습니다."

그로부터 불과 열 달이 채 가기도 전에 초나라는 과연 무산巫山·강한江漢·언鄢·영郢 땅을 잃고 말았다. 그제야 임금은 조나라에 사람을 보내어 장신을 모셔오도록 하였다. 장신이 도착하자 임금이 입을 열었다.

"아! 선생께서 와 주셨군요. 과인이 선생의 말은 듣지 않았다가 결국 이 지경에 이르렀습니다. 그러니 지금 어찌하면 좋겠습니까?"

그러자 장신이 이렇게 다짐하며 일러 주었다.

"임금께서 저의 말을 들으시면 되지만 만약 듣지 않으시면 장차 더욱 심각해질 것입니다. 보통 사람들은 이렇게 말하지요.

'양을 잃고도 진실로 우리를 고친다면 그나마 늦다고 할 수 없고, 토끼를 보고 사냥개를 부른다면 이 역시 늦다고는 할 수 없다'라구요. 탕湯임금과 무왕武王은 1백 리밖에 안 되는 땅이었지만 왕王이 되었고, 걸桀이나 주紂는 천하를 가졌으면서도 그 온 천하를 잃고 말았습니다. 지금 초나라가 비록 작다고는 하나 절장보단絶長補短하면 천리 단위로는 셀 수 있겠지요. 어찌 1백 리 단위밖에 안 되겠습니까? 또 왕께서는 마음 놓고 날아다니는 잠자리를 보지 못하셨습니까? 그놈은 여섯 개의 다리에 네 개의 날개로 천지간을 날아다니며 모기 따위의 벌레를 잡아 먹고 때로는 감로甘露를 마시지요. 그리고 스스로는 아무런 근심이 없지요. 사람들과 아무런 다툴 것도 없다고 여기기 때문이지요. 그러나 오척동자五尺童子가 긴 장대 끝에 아교를 칠하고 다시 네 길이나 되는 높은 언덕에 올라 작은 벌레를 미끼로 그를 잡으려 하는 것은 알지 못하고 있습니다. 잠자리는 오히려 작은 예이지요.

무릇 참새를 볼까요? 그 놈은 머리를 숙여 흰 곡식을 쪼기도 하고, 높고 무성한 숲 속에 살면서 그 날개를 퍼득거리며 그 몸체를 마음대로 튕기면서 스스로 근심이 없지요. 사람들과 다툴 일도 없다고 여기기 때문이지요. 그러나 공자公子·왕손王孫이 왼쪽에 탄궁彈弓을 잡고 오른 쪽에는 탄환彈丸을 끼고 자세를 바로잡고는 참새를 향해 연달아 세 번이나 쏠 준비를 하고 있는 것은 알지 못하고 있습니다. 그 때문에 낮에는 무성한 숲 속에서 놀지만 밤만 되면 근심 속에 쓴맛을 보아야 하는 것입니다. 이 참새의 일은 그래도 작은 일이지요.

이번에는 홍곡鴻鵠을 볼까요? 신나게 강한江漢을 노닐다가 큰 호소湖沼에 머물러 쉬면서 고개 숙여 언어鰋魚나 잉어鯉魚를 쪼아 먹고, 고개를 들어서는 능형陵衡이라는 물풀을 씹으며, 자신의 육핵六翮을 다듬고 청풍을 가로질러 높은 날개를 표요飄搖하며 일거에 천리를 날아갑니다. 그러면서 자신은 아무런 근심도 없고 인간과도 무엇 하나 다툴 일이 없다고 여기고 있지요.

그러나 사냥꾼이 자신이 감추어 두었던 좋은 활을 골라 이를 꺼내어 목에 걸치고 나서서 줄 달린 화살로 백 길이나 되는 높은 언덕에 올라 이를 늘여뜨려 놓고 물리기를 기다리는 것을 알지 못하고 있습니다. 그 작고 가는 실은 간들간들 흔들리며 맑은 바람을 끊고 있지만 여기에 걸리기만 하면 그 큰 고니는 그만 죽고 마는 것입니다. 그래서 아침에는 걱정 없이 강하江河에 놀고 있지만, 저녁때가 되면 큰 솥에 들어가 삶기고 마는 것입니다.

이 홍곡의 일도 별것 아닌 일에 불과하지요.

채후蔡侯의 고사를 볼까요? 그는 남쪽으로 고릉高陵에 놀고, 북쪽은 무산巫山을 거쳐 마음껏 사슴이나 노루를 좇으며 즐기고 있었습니다. 게다가 좋은 활을 잡아당긴 채 수행하는 사람을 두고 각 계절마다 달리 나타나는 새들을 잡고 노느라 고채高蔡의 원유苑囿에 묻혀 있었지요. 그의 넘치는 즐거움은 끝이 없어 나라의 일이란 아예 염두에도 없지요. 그러나 그는 자발子發이 선왕宣王의 명령을 받고 회수淮水를 가로막고 무산巫山을 막고는 경자庚子년에 임금을 뵈온 다음, 붉은 줄로 이를 잡아 선왕 앞에 갖다 바치는 일이 자신 앞에 기다리고 있는 사실은 몰랐지요. 그러나 채후의 이러한 일도 오히려 별것 아닌 예에 불과합니다.

지금 임금의 일을 보십시오. 드디어 왼쪽에는 주후州侯, 오른쪽에는 하후夏侯, 그리고 신안군新安君과 수릉군壽陵君을 두고 이들과 함께 음행과 사치를 누리며 쾌락과 오락에 젖은 채 마음껏 저 운몽택雲夢澤까지 내닫고 있습니다. 그러면서 천하와 국가의 일에 대해서는 까맣게 잊고 있습니다.

그러나 모르고 있지요. 양후穰侯가 지금 한창 진秦나라 임금과 일을 꾸미고 있는 것을. 그들은 민액黽厄의 안을 가로막고 이를 민새黽塞 밖으로 던져 대왕을 사로잡으려 하고 있습니다."

여기까지 듣자 양왕襄王은 크게 놀라 그 모습이 파랗게 질린 채 말하였다. "삼가 귀하의 명령대로 하겠습니다."

그리고는 장신을 성릉군成陵君에 봉하고 그와 함께 계책을 논의하여 마침내 회북淮北의 열두 제후를 정복하였다.

莊辛諫楚襄王曰:「君王左州侯, 右夏侯, 從新安君與壽陵君同軒, 淫衍侈靡而忘國政, 郢其危矣.」

王曰:「先生老悖歟? 將爲楚國妖歟?」

莊辛對曰:「臣非敢爲楚妖, 誠見之也. 君王卒近此四子者, 則楚必亡矣. 辛請留於趙以觀之.」

於是不出十月, 王果亡巫山江漢鄢郢之地. 於是王乃使召莊辛, 至於趙.

辛至, 王曰:「嘻! 先生來邪! 寡人以不用先生言, 至於此, 爲之奈何?」

莊辛曰:「君王用辛言則可; 不用辛言又將甚乎此. 庶人有稱曰:『亡羊而固牢, 未爲遲; 見兔而呼狗, 未爲晚.』湯武以百里王, 桀紂以天下亡, 今楚雖小, 絶長繼短, 以千里數, 豈特百里哉? 且君王獨不見夫青蛉乎? 六足四翼, 蜚翔乎天地之間, 求蚊虻而食之, 時甘露而飮之, 自以爲無患, 與民無爭也. 不知五尺之童子, 膠絲竿, 加之乎四仞之上, 而下爲螻蛾食已. 青蛉, 猶其小者也. 夫爵偶啄白粒, 仰棲茂樹, 鼓其翼, 奮其身, 自以爲無患, 與民無爭也. 不知公子王孫, 左把彈, 右攝丸, 定操持, 審參連, 故晝遊乎茂樹, 夕和乎酸醎. 爵, 猶其小者也. 鴻鵠嬉遊乎江漢, 息留乎大沼, 偶啄鱣鯉, 仰奮陵衡, 脩其六翮, 而陵清風, 飄搖高翔, 一擧千里, 自以爲無患, 與民無爭也. 不知弋者選其弓弩, 脩其防翳, 加繒繳其頸, 投乎百仞之上, 引纖繳, 揚微波, 折清風

而殞. 故朝遊乎江河, 而暮調乎鼎俎. 鴻鵠, 猶其小者也. 蔡侯之事故是也. 蔡侯南遊乎高陵, 北徑乎巫山, 逐麋麕麞鹿, 彏谿子, 隨時鳥, 嬉遊乎高蔡之囿, 溢滿無涯, 不以國家爲事. 不知子發受令宣王, 厄以淮水, 塡以巫山, 庚子之朝, 纓以朱絲, 臣而奏之乎宣王也. 蔡侯之事, 猶其小者也. 今君王之事, 遂以左州侯, 右夏侯, 從新安君與壽陵君, 淫衍侈靡, 康樂遊娛, 馳騁乎雲夢之中, 不以天下與國家爲事. 不知穰侯方與秦王謀, 寘之以黽厄, 而投之乎黽塞之外.」

襄王大懼, 形體掉栗, 曰:「謹受令.」

乃封莊辛爲成陵君, 而用計焉. 與擧淮北之地十二諸侯.

【莊辛】 楚나라 대신. 楚 莊王의 後代. 그 때문에 莊을 姓氏로 하였다.

【楚 襄王】 戰國時代 楚 頃襄王을 말한다. 재위 36년(B.C. 298~263).

【州侯】 楚 襄王의 寵臣. 州邑(지금의 湖北省 監利縣)에 봉해졌던 人物. 姓名은 未詳.

【夏侯】 역시 楚 襄王의 寵臣. 夏邑(지금의 湖北省 武漢市)에 봉해졌던 人物. 姓名은 未詳.

【新安君】 楚 襄王의 寵臣. 新安에 봉해졌던 人物. 《戰國策》에는 鄢陵君으로 되어 있다.

【壽陵君】 楚 襄王의 寵臣. 壽陵(지금의 安徽省 壽縣)에 봉해졌던 人物.

【郢】 楚나라의 首都. 지금의 湖北省 江陵縣 근처.

【巫山】 楚나라의 地名. 四川省에 있다.

【江漢】 長江과 漢水로 秦나라와 접경 쪽을 말한다.

【鄢】 지금의 湖北省 宜城縣. 《戰國策》에는 『莊辛去之趙, 留五月, 秦果擧鄢, 郢, 巫, 上蔡, 陳之也』라 하여, 秦나라의 침입을 받은 것으로 되어 있다.

【見兎而呼狗】 《戰國策》에 『見兎而顧犬未爲晚也, 亡羊而補牢未爲遲也』로 되어 있다.

【絶長繼短】截長補短과 같아. '남는 것을 잘라 모자란 곳에 이어 보탬'을 말한다.

【青蛉】蜻蛉과 같다. 잠자리. 蜻蜓으로도 쓴다.

【爵】雀의 假借字. 黃雀.

【參連】五射 중의 하나라 한다. 前放一矢하고 後放三矢하여, 연속으로 쏘는 것이라 한다.

【鰋魚】물고기의 일종. 메기의 일조이라고도 한다.

【陵衡】菱蘅, 물풀을 가리킨다.

【六翮】날개를 움직이는 여섯 개의 힘줄. 근육.

【麃搖】疊韻連綿語. 麃는 飄의 借音. 퍼득거림, 펄럭임.

【蔡侯】高蔡의 君主. 蔡나라가 아닌 듯하다. 《戰國策》에는 『蔡聖侯』로 되어 있다.

【高陵】地名.《戰國策》에는 高陂・北陵으로 되어 있다.

【彉谿子】彉은 '활을 잡아당기다'의 뜻. 谿子는 좋은 활의 일종이라 한다.

【子發】楚나라 대장군.

【宣王】楚나라 君主. 재위 30년(B.C. 369~340).

【庚子之朝】"庚子年에 조정으로 가다"라고 보았으나 확실치 않다.

【雲夢澤】地名.

【穰侯】秦나라 宰相. 穰邑에 봉해져서 穰侯라 칭하였다. 魏 秦나라 昭王의 어머니인 宣太后의 아우. 원래 楚나라 출신. 《史記》穰侯列傳 참조.

【秦王】秦 昭王. 재위 56년(B.C. 306~251).

【黽厄】古地名. 黽阨, 혹은 黽塞로도 쓴다. 지금의 河南省 信陽縣 동쪽의 平靖關.

【寘】盧文弨의 《新序拾補》에 『寘作寘, 塡同, 訛作寘』이라 하였다. 또 이 구절은 《戰國策》에 『穰侯受命於秦王, 塡黽塞之內, 而投己乎黽塞之外』로 되어 있다.

【成陵君】莊辛이 받은 封號.《戰國策》에는 陽陵君으로 되어 있다.

【淮北】淮水의 북쪽. 淮水는 河南省 桐柏山에서 발원하여 江蘇, 安徽를 거쳐 바다로 흘러드는 강.

1. 《戰國策》 楚策(四)

莊辛謂楚襄王曰:「君王左州侯, 右夏侯, 輦從鄢陵君與壽陵君, 專淫逸侈靡, 不顧國政, 郢都必危矣.」襄王曰:「先生老悖乎? 將以爲楚國祅祥乎?」莊辛曰:「臣誠見其必然者也, 非敢以爲國祅祥也. 君王卒幸四子者不衰, 楚國必亡矣. 臣請辟於趙, 淹留以觀之.」莊辛去, 之趙, 留五月, 秦果舉鄢·郢·巫·上蔡·陳之地, 襄王流揜於城陽. 於是使人發騶, 徵莊辛於趙. 莊辛曰:「諾.」莊辛至, 襄王曰:「寡人不能用先生之言, 今事至於此, 爲之奈何?」莊辛對曰:「臣聞鄙語曰:『見兔而顧犬, 未爲晚也; 亡羊而補牢, 未爲遲也.』臣聞昔湯·武以百里昌, 桀·紂以天下亡. 今楚國雖小, 絶長續短, 猶以數千里, 豈特百里哉? 王獨不見夫蜻蛉乎? 六足四翼, 飛翔乎天地之間, 俛啄蚊虻而食之, 仰承甘露而飲之, 自以爲無患, 與人無爭也. 不知夫五尺童子, 方將調鉛膠絲, 加己乎四仞之上, 而下爲螻蟻食也. 蜻蛉其小者也, 黃雀因是以. 俯噣白粒, 仰棲茂樹, 鼓翅奮翼, 自以爲無患, 與人無爭也. 不知夫公子王孫, 左挾彈, 右攝丸, 將加己乎十仞之上, 以其類爲招. 晝游乎茂樹, 夕調乎酸醎, 倐忽之間, 墜於公子之手. 夫雀其小者也, 黃鵠因是以. 游於江海, 淹乎大沼, 俯噣鱓鯉, 仰嚙陵衡, 奮其六翮, 而凌淸風, 飄搖乎高翔, 自以爲無患, 與人無爭也. 不知夫射者, 方將脩其碆盧, 治其繒繳, 將加己乎百仞之上. 彼礛磻, 引微繳, 折淸風而抎矣. 故晝游乎江河, 夕調乎鼎鼐. 夫黃鵠其小者也, 蔡聖侯之事因是以. 南游乎高陂, 北陵乎巫山, 飲茹谿流, 食湘波之魚, 左抱幼妾, 右擁嬖女, 與之馳騁乎高蔡之中, 而不以國家爲事. 不知夫子發方受命乎宣王, 繫己以朱絲而見之也. 蔡聖侯之事其小者也, 君王之事因是以. 左州侯, 右夏侯, 輦從鄢陵君與壽陵君, 飯封祿之粟, 而戴方府之金, 與之馳騁乎雲夢之中, 而不以天下國家爲事. 不知夫穰侯方受命乎秦王, 填黽塞之內, 而投己乎黽塞之外.」襄王聞之, 顏色變作, 身體戰慄. 於是乃以執珪而授之爲陽陵君, 與淮北之地也.

039(2-18) 魏文侯出遊
뒤집어 입은 털옷

위魏 문후文侯가 밖에 나갔다가 털외투를 뒤집어 입고 꼴을 짊어지고 가는 사람을 보았다. 이에 문후가 의아히 여겨 물었다.

"어째서 털외투를 뒤집어 입고 꼴을 지고 가는가?"

그의 대답은 이러하였다.

"털이 닳아질까봐 아까워서 그렇습니다."

그러자 문후가 이렇게 되물었다.

"너는 그 속이 다 닳는 것은 모르는구나. 가죽이 다 닳아서 그 털이 붙어 있을 데가 없게 되면 어찌하겠는가?"

이듬해 동양東陽이란 지역에서 거두어들인 전포錢布를 헤아려 보았더니 열 배나 증가해 있었다. 그러자 대부들이 모두 그 성과를 축하하였다. 그러나 문후는 달랐다. 그래서 이렇게 말하였다.

"이는 축하할 일이 아니다. 비유컨대 무릇 길가에서 만난 그 사람이 털옷을 뒤집어 입은 것과 다를 바 없다. 그 털을 아까워할 줄만 알았지 속부터 다 닳아 없어지면 그 털이 의지할 곳이 없어지는 것을 모르는 것과 같다. 지금 우리의 농토가 더 넓어진 것도 아니고 백성의 숫자가 증가한 것도 아닌데, 돈이 열 배나 더 걷혔다면 이는 틀림없이 사대부士大夫들이 백성을 쥐어짰기 때문이리라. 내가 듣기로 아랫사람이 안녕을 얻지 못하면 윗사람은 그 자리를 누릴 수 없다고 하였다. 그러니 어찌 이것이 나를 축하할 일이겠는가?"

魏文侯出遊, 見路人反裘而負芻.

文侯曰:「胡爲反裘而負芻?」

對曰:「臣愛其毛.」

文侯曰:「若不知其裏盡, 而毛無所恃邪?」

明年, 東陽上計, 錢布十倍, 大夫畢賀.

文侯曰:「此非所以賀我也. 譬無異夫路人反裘而負芻也, 將愛其毛, 不知其裏盡, 毛無所恃也. 今吾田不加廣, 士民不加衆, 而錢十倍, 必取之士大夫也. 吾聞之: 下不安者, 上不可居也, 此非所以賀我也.」

【魏 文侯】戰國時代 魏나라 君主. 이름은 斯, 혹은 都.

【其裏盡】가죽의 속까지 다 닳으면 털이 붙어 있을 수 없다는 뜻.

【東陽】地名. 지금의 河北省 太行山 동쪽지역.

【錢布】세금으로 거둔 돈과 옷감.

【此非所以賀我也】俗本에는『非』字가 빠져 있다. 〈四庫全書〉本에는『非』자가 실려 있다. 盧文弨의《拾補》에는『非, 俗本脫』이라 하였다. 그러나 의문문이나 반어법 문장으로 보면『非』자가 없어도 가능하다.

참고 및 관련 자료

※ 본 장은 출처나 내원을 찾을 수 없음.

040(2-19) 楚莊王問於孫叔敖曰
국시

초楚 장왕莊王이 손숙오孫叔敖에게 물었다.

"과인은 아직 어떻게 하는 것이 나라를 위해 바르게 하는 국시國是인지를 모르겠습니다."

그러자 손숙오가 이렇게 대답하였다.

"나라에 옳다고 하는 것이 곧 많은 사람들이 그르다고 싫어하는 바일 수도 있습니다. 저는 이러한 경우 임금께서 능히 이를 결정하지 못하실까 두렵습니다."

그러자 임금이 이렇게 불평하였다.

"결정을 내리지 못하는 것이 어찌 임금인 나에게만 책임이 있겠습니까? 신하에게도 역시 책임이 있지 않겠습니까?"

그러자 손숙오가 이렇게 설명하였다.

손숙오의 어머니 《列女傳》 삽화

"나라에 임금 된 자가 선비들에게 오만하게 굴면서 '선비들은 내가 없으면 부귀를 말미암을 바가 없지'라고 하고, 선비는 선비대로 임금의 존재를 무시하면서 거만하게 '나라가 우리 같은 선비의 힘을 빌리지 않으면 편안하고 부강할 수가 없지'라고 한다면, 임금 된 자는 나라를 잃으면서도 그 이유를 깨닫지 못할 것이고, 선비는 혹 기한飢寒에 떨면서도 벼슬길로 나갈 수 없게 됩니다.

임금과 신하가 화합하지 못하면 국시國是는 결정될 수 없습니다. 하夏의 걸桀이나 은殷의 주紂는 국시를 정하지 못하고 그저 자기의 취사取捨에 합당하게 해 주면 그것이 시是요, 자신의 취사에 합당하지 않은 것은 비非라 하였습니다. 이러한 까닭으로 망하는 순간에까지 이르러서도 그 이유를 알지 못하였던 것입니다."

이에 장왕이 이렇게 감탄하였다.

"좋습니다! 원컨대 상국相國께서 여러 제후諸侯, 그리고 사대부士大夫들과 함께 국시를 정해 주기 바랍니다. 과인이 어찌 감히 나라와 사민士民들에게 속이거나 거만하게 하겠습니까?"

楚莊王問於孫叔敖曰:「寡人未得所以爲國是也.」

孫叔敖曰:「國之有是, 衆非之所惡也. 臣恐王之不能定也.」

王曰:「不定, 獨在君乎? 亦在臣乎?」

孫叔敖曰:「國君驕士, 曰:『士非我無逌富貴.』士驕君, 曰:『國非士無逌安强.』人君或至失國而不悟, 士或至饑寒而不進. 君臣不合, 國是無逌定矣. 夏桀殷紂, 不定國是, 而以合其取舍者爲是, 以爲不合其取舍者爲非, 故致亡而不知.」

莊王曰:「善哉! 願相國與諸侯士大夫共定國是, 寡人豈敢以褊國驕士民哉?」

【楚 莊王】春秋時代 楚나라의 君主. 春秋五霸의 하나. 재위 23년(B.C. 613~591).

【孫叔敖】楚 莊王 때의 相國, 令尹. 『陰德陽報』의 故事를 남긴 人物.

【國是】나라에서 옳다고 정하여 지향하는 목표, 덕목.

【迪】『由』와 같다. 盧文弨의 《拾補》에 『迪賜, 義當與由同』이라 하였다.

【夏桀】夏나라의 末王. 폭군으로 알려졌다. 成湯에게 망하였다.

【殷紂】殷[商]나라의 末王. 周나라 武王에게 망하였다.

【相國】宰相, 令尹. 여기서는 孫叔敖를 가리킨다.

【徧】'속이다'의 뜻. 騙과 같다.

참고 및 관련 자료

1. 《後漢書》桓譚傳

昔楚莊日問孫叔敖曰:「寡人未得所以爲國是也.」叔敖曰:「國之有是, 衆所惡也, 恐王不能定也.」王曰:「不定獨在君, 亦在臣乎?」對曰:「君驕士, 曰士非我無從富貴; 士驕君, 曰君非士無從安存. 人君或至失國而不悟, 士或至飢寒而不進. 君臣不合, 則國是無從定矣.」莊王曰:「善. 願相國與諸大夫共定國是也.」

2. 기타 참고자료

《渚宮舊事》卷一

041(2-20) 楚莊王蒞政三年
일명경인

初楚 장왕莊王이 정치를 시작한 지 3년이 지나도록 나라를 다스리지 않고 후궁에서 궁녀들과 놀기만 하였다. 그래서 사직社稷은 위태롭게 되고 국가는 장차 망해감에 이르자 사경士慶이 임금의 좌우 신하들에게 이렇게 물었다.

"임금이 즉위한 지 3년이 지나도록 정치도 돌보지 않고 후궁에만 처박혀 쾌락에 빠져 있습니다. 사직은 위태롭고 나라가 망할 지경인데 그대들은 어찌 들어가 간諫하지 않고 있습니까?"

그러자 좌우 신하들이 말하였다.

"그러면 그대가 들어가 간하지 그러십니까?"

이에 사경이 임금에게 가서 두 번 절하고 앞으로 나서며 물었다.

"후궁에 큰 새 한 마리가 있었는데 이 새가 남산南山의 양지쪽에 날아와 머물면서 3년 동안 날지도 않고 울지도 않으나 그 까닭이 무엇인지 헤아려보지도 않으시니 무슨 연유입니까?"

이 말에 임금이 이렇게 대답하였다.

"그대는 물러가십시오. 과인이 이미 알고 있습니다."

이에 사경은 다시 이렇게 요구하였다.

"저는 이제 말을 계속해도 죽고 말을 하지 않아도 죽습니다. 원컨대 아신다고 하셨으니, 그 설명이나 듣고 싶습니다."

그러자 임금이 이렇게 설명하였다.

"이 새가 날지 않고 있는 것은 그 깃털과 날개를 키우고 있는 중이기 때문이며, 울지 않고 있는 것은 여러 신하들에게 잘못된 행위가 없나를 살펴보기 위함이요. 그 때문에 비록 날지 않고 있으나 한 번 날았다 하면 반드시 하늘을 찌를 것이요, 또 울지 않고 있으나 한번 울었다 하면 반드시 모든 사람을 놀라게 할 것입니다."

그러자 사경이 머리를 조아리며 이렇게 말하였다.

"듣고 싶은 바를 다 들었습니다."

임금은 사경의 질문을 대단히 즐겁게 여기고 그에게 예를 표한 다음 영윤令尹으로 삼고 재상의 직인을 주었다. 이에 사경도 기뻐서 문을 나선 다음 좌우를 둘러보고 웃으면서 이렇게 말하였다.

"내가 임금을 임금 되게 하였다."

그러자 중서자中庶子가 이 소식을 듣고 임금에게 달려가 울면서 이렇게 아뢰었다.

"저는 임금의 의관衣冠을 관리하면서 대왕을 가까이 모신 지가 13년 이나 흘렀습니다. 대왕께 어려움이 있을 때면 임금 앞에 나서서 화살이 되어 주었고, 임금의 뒤에 서면 바람막이 방패가 되었었습니다. 그런데 임금께서는 사경에게는 재상의 직인을 내리시면서 제게는 아무 것도 하사해 주지 않으시니 장차 어서 죽어 버리는 편이 낫겠습니다."

이 말에 임금이 이렇게 타일렀다.

"과인이 진흙 속에 빠져 있을 때, 그대가 과인에게 해준 말이란 안으로 국가의 큰일에 미치지 못하였고, 밖으로 제후에게 미치지 못하는 그런 단순한 충고에 불과하였습니다. 그대의 말대로라면 부자는 될 수 있을지언정 귀하게는 될 수 없습니다."

그리고는 초나라의 보물과 구슬을 꺼내어 그에게 주면서 이렇게 말하였다.

"충성과 믿음이라는 것이 선비의 행동이라면, 시의에 적절한 말이란 곧 선비의 길이요. 길을 잘 닦아 놓지 않으면 선비는 걸어다닐 수가 없는 것이오."

楚莊王蒞政三年, 不治, 而好隱戲. 社稷危, 國將亡.

士慶問左右羣臣曰:「王蒞政三年, 不治, 而好隱戲, 社稷危, 國將亡. 胡不入諫?」

左右曰:「子其入矣.」

士慶入, 再拜而進曰:「隱有大鳥, 來止南山之陽, 三年不蜚不鳴, 不審其故何也?」

王曰:「子其去矣, 寡人知之矣.」

士慶曰:「臣言亦死, 不言亦死, 願聞其說.」

王曰:「此鳥不蜚, 以長羽翼; 不鳴, 以觀羣臣之應, 是鳥雖不蜚, 蜚必沖天; 雖不鳴, 鳴必驚人.」

士慶稽首曰:「所願聞己.」

王大悅士慶之問, 而拜之以爲令尹, 授之相印.

士慶喜, 出門, 顧左右笑曰:「吾王, 成王也.」

中庶子聞之, 跪而泣曰:「臣尚衣冠, 御郎十三年矣, 前爲豪矢, 而後爲藩蔽. 王賜士慶相印而不賜臣, 臣死將有日矣.」

王曰:「寡人居泥塗中, 子所與寡人言者, 內不及國家, 外不及諸侯. 如子者, 可富而不可貴也.」

於是乃出其國寶璧玉以賜之.

曰:「忠信者, 士之行也; 言語者, 士之道路也. 道路不修治, 士無所行矣.」

【楚 莊王】春秋時代 楚나라 君主. 春秋五霸의 하나.

【蒞政】蒞는 涖와 같다. 그 자리에 나감, 涖臨. 즉 정치를 시작함을 말한다.

【隱戲】여기서는 은밀한 후궁. 혹은 은밀한 놀이로도 볼 수 있다.

【士慶】楚 莊王의 臣下. 이 楚 莊王의 『三年不飛, 三年不鳴』의 故事는 기록마다
　약간씩 다르다. 盧文弨의 《拾補》에 『史記楚世家作伍擧, 呂氏重言篇作成公
　賈父, 不甚同, 史記滑稽傳又以爲淳于髡說齊王語』라 하였다.

【令尹】楚나라의 최고 官職.

【中庶子】官名. 太子官屬으로 文翰을 관장하는 직책.

【尚衣冠】원래는 官名. 御服을 관리하는 임무를 맡았다.

【居泥塗中】곤궁에 처해 있을 때, 혹은 놀이에 탐닉하고 있을 때를 가리킨다.

참고 및 관련 자료

1.《呂氏春秋》重言扁

荊莊王立三年, 不聽而好讔. 成公賈入諫. 王曰:「不穀禁諫者, 今子諫, 何故?」對曰:
「臣非敢諫也, 願與君王讔也.」王曰:「胡不設不穀矣?」對曰:「有鳥止於南方之阜,
三年不動不飛不鳴, 是何鳥也?」王射之, 曰:「有鳥止於南方之阜, 其三年不動,
將以定志意也; 其不飛, 將以長羽翼也; 其不鳴, 將以覽民則也. 是鳥雖無飛,
飛將沖天, 雖無鳴, 鳴將駭人. 賈出矣, 不穀知之矣.」明日朝, 所進者五人, 所退者十人. 羣臣大說,
荊國之衆相賀也.

2.《說苑》正諫篇

楚莊王立爲君, 三年不聽朝, 乃令於國曰:「寡人惡爲人臣而遽諫其君者, 今寡人有
國家, 立社稷, 有諫則死無赦.」蘇從曰:「處君之高爵, 食君之厚祿, 愛其死而不諫其君,
則非忠臣也.」乃入諫. 莊王立鼓鐘之間, 左伏楊姬, 右擁越姬, 左稠袳, 右朝服,
曰:「吾鼓鐘之不暇, 何諫之聽!」蘇從曰:「臣聞之, 好道者多資, 好樂者多迷, 好道者
多糧, 好樂者多亡; 荊國亡無日矣, 死臣敢以告王.」王曰善. 左執蘇從手, 右抽陰刀,
刎鐘鼓之懸, 明日援蘇從爲相.

3.《史記》楚世家

莊王卽位三年, 不出號令, 日夜爲樂, 令國中曰:「有敢諫者死無赦!」伍擧入諫. 莊王
左抱鄭姬, 右抱越女, 坐鐘鼓之間. 伍擧曰:「願有進.」隱曰:「有鳥在於阜, 三年不蜚
不鳴, 是何鳥也?」莊王曰:「三年不蜚, 蜚將沖天; 三年不鳴, 鳴將驚人. 擧退矣,
吾知之矣.」居數月, 淫益甚. 大夫蘇從乃入諫. 王曰:「若不聞令乎?」對曰:「殺身以

明君, 臣之願也.」於是乃罷淫樂, 聽政, 所誅者數百人, 所進者數百人, 任伍舉·
蘇從以政, 國人大說. 是歲滅庸. 六年, 伐宋, 獲五百乘.

4. 《史記》滑稽列傳

淳于髡者, 齊之贅婿也. 長不滿七尺, 滑稽多辯, 數使諸侯, 未嘗屈辱. 齊威王之時喜隱,
好爲淫樂長夜之飲, 沈湎不治, 委政卿大夫. 百官荒亂, 諸侯並侵, 國且危亡, 在於旦暮,
左右莫敢諫. 淳于髡說之以隱曰:「國中有大鳥, 止王之庭, 三年不蜚又不鳴, 王知此
鳥何也?」王曰:「此鳥不飛則已, 一飛沖天;不鳴則已, 一鳴驚人.」於是乃朝諸縣令
長七十二人, 賞一人, 誅一人, 奮兵而出. 諸侯振驚, 皆還齊侵地. 威行三十六年.
語在田完世家中.

5. 《吳越春秋》卷三

伍舉, 以直諫事楚莊王, 王卽位, 三年不聽國政, 沉湎於酒, 淫於聲色, 左手擁秦姬,
右手抱越女, 身坐鐘鼓之間, 而令曰:「有敢諫者, 死.」於是伍舉進諫曰:「有一大鳥,
集楚國之庭, 三年不飛, 亦不鳴, 此何鳥也?」於是莊王曰:「此鳥, 不飛, 飛則態天;
不鳴, 鳴則驚人」伍舉曰:「不飛不鳴, 將爲射者所圖, 絃矢卒發, 豈得沖天而驚人乎?」
於是莊王棄其秦姬越女, 罷鐘鼓之樂, 用孫叔敖任以國政, 遂霸天下, 威伏諸侯.

6. 《十八史略》卷一

至莊王, 卽位三年不出令. 日夜爲樂, 令國中:「敢諫者死」伍舉曰:「有鳥在阜, 三年
不蜚不鳴, 是何鳥也?」王曰:「三年不飛, 飛將衝天. 三年不鳴, 鳴將驚人」蘇從亦入諫,
王乃左執從手, 右抽刀, 以斷鐘鼓之懸. 明日聽政, 任伍舉蘇從, 國人大悅, 又得孫叔
敖爲相, 遂霸諸侯.

7. 《韓非子》喩老篇

楚莊王莅政三年, 無令發, 無政爲也. 右司馬御座, 而與王隱曰:「有鳥止南方之阜,
三年不翅, 不飛不鳴, 嘿然無聲, 此爲何名?」王曰:「三年不翅, 將以長羽翼; 不飛不鳴,
將以觀民則. 雖無飛, 飛必沖天; 雖無鳴, 鳴必驚人. 子釋之, 不穀知之矣.」處半年,
乃自聽政. 所廢者十, 所起者九. 誅大臣五, 舉處士六. 而邦大治.

8. 기타 참고자료

《渚宮舊事》卷一

042(2-21) 靖郭君欲城薛
바다의 큰 물고기

정곽군靖郭君이 설薛 땅에 성을 쌓으려 하자 많은 식객들이 반대하고 나섰다. 이에 정곽군이 알자謁者에게 그 일로 자신을 만나려는 자는 누구든 들여보내지 말도록 명령하였다. 이때 어떤 제齊나라 사람이 달려와서 알자에게 이렇게 말하였다.

"저는 원컨대 한 마디만 하겠습니다. 만약 한 마디 이상이 되면 저를 삶아 죽여도 좋다고 하더라고 전해 주십시오."

알자가 그를 정곽군에게 안내하자 그는 대뜸 이렇게 말하는 것이었다.

"바다의 큰 물고기!"

그리고는 되돌아 뛰어나가는 것이었다. 그러자 정곽군이 불렀다.

"잠깐! 청컨대 들어오시오!"

이에 그는 이렇게 대답하였다.

"안 됩니다. 저는 감히 죽음을 놀이로 여길 수는 없습니다."

정곽군이 말하였다.

"아! 나는 그 뜻을 모르겠소. 다시 한 번 설명해 주시오."

그제야 그는 이렇게 설명하는 것이었다.

"귀하께서는 바다 속의 큰 물고기에 대해 들어 보신 적이 없으십니까? 그물로도 그의 길을 막을 수 없고 낚싯줄로도 그를 끌어당길 수 없는 큰 고기입니다. 그러나 그 물고기가 지나쳐서 물을 잃고 뭍으로 나오게 되면 땅강아지나 개미처럼 작은 것조차 마음 놓고 덤벼들 수가 있습니다.

무릇 제齊나라는 당신에게 있어서 물과 같습니다. 그런데 귀하께서 이미 제나라라는 물이 있으면 되었지, 다시 또 설薛 땅에서 무엇을 꾸미려 하십니까? 귀하에게 제나라가 없다면 설 땅에 성을 쌓은들 장차 아무런 이익 될 게 없습니다."

정곽군이 이 말에 대단히 기뻐하며 설 땅 백성들을 풀어 주어 성 쌓는 일을 그만두도록 하였다.

靖郭君欲城薛, 而客多以諫, 君告謁者, 無爲客通事.

於是有一齊人曰:「臣願一言, 過一言, 臣請烹.」

謁者贊客. 客曰:「海大魚!」

因反走.

靖郭君曰:「請少進.」

客曰:「否. 臣不敢以死戲.」

靖郭君曰:「嘻! 寡人毋得已, 試復道之.」

客曰:「君獨不聞海大魚乎? 網弗能止, 繳不能牽, 碭而失水, 陸居則螻蟻得意焉. 且夫齊, 亦君之水也, 君已有齊, 奚以薛爲? 君若無齊, 城薛, 猶且無益也.」

靖郭君大悅, 罷民, 弗城薛也.

【靖郭君】戰國時代 齊 威王(재위 37년, B.C. 356~320)의 아들이며, 이름은 田嬰. 유명한 孟嘗君(田文)의 아버지. 20여 년간 齊나라 宰相을 지냈고, 薛 땅에 봉해져서 薛公이라고도 부른다.
【薛】지금의 山東省 滕縣 남쪽.
【謁者】주인을 위해 손님을 안내하고 말을 전하는 임무를 맡은 자.
【贊】안내하다, 인도하다의 뜻.

【碭而失水】 碭은 '지나치다, 제멋대로 굴다'의 뜻. 《戰國策》에는 『湯而失水』로 되어 있다.

참고 및 관련 자료

1. 《韓非子》 說林下

靖郭君將城薛, 客多以諫者. 靖郭君謂謁者曰:「毋爲客通.」齊人有請見者曰:「臣請三言而已. 過三言, 臣請烹.」靖郭君因見之. 客趨進曰:「海大魚.」因反走. 靖郭君曰:「請聞其說.」客曰:「臣不敢以死爲戲.」靖郭君曰:「願爲寡人言之.」答曰:「君聞大魚乎? 網不能止, 繳不能絓也, 蕩而失水, 螻蟻得意焉. 今夫齊亦君之海也. 君長有齊, 奚以薛爲君? 失齊, 雖隆薛城至於天, 猶無益也.」靖郭君曰:「善.」乃輟, 不城薛.

2. 《戰國策》 齊策(一)

靖郭君將城薛, 客多以諫. 靖郭君謂謁者:「无爲客通.」齊人有請者曰:「臣請三言而已矣! 益一言, 臣請烹.」靖郭君因見之. 客趨而進曰:「海大魚.」因反走. 君曰:「客有於此.」客曰:「鄙臣不敢以死爲戲.」君曰:「亡, 更言之.」對曰:「君不聞大魚乎? 網不能止, 鉤不能牽, 蕩而失水, 則螻蟻得意焉. 今夫齊, 亦君之水也. 君長有齊陰, 奚以薛爲? 夫齊, 雖隆薛之城到於天, 猶之無益也.」君曰:「善.」乃輟城薛.

3. 《淮南子》 人間訓

靖郭君將城薛, 賓客多止之, 弗聽. 靖郭君謂謁者曰:「無爲賓通言.」齊人有請見者曰:「臣請道三言而已, 過三言請烹.」靖郭君聞而見之. 賓趨而進, 再拜而興, 因稱曰:「海大魚.」則反走. 靖郭君止之曰:「願聞其說.」賓曰:「臣不敢以死爲熙.」靖郭君曰:「先生不遠道而至此, 爲寡人稱之.」賓曰:「海大魚. 網弗能止也, 鉤弗能牽也. 蕩而失水, 則螻螘皆得志焉. 今夫齊, 君之淵也. 君失齊, 則薛能自存乎?」靖郭君曰:「善.」乃止不城薛. 此所謂虧於耳, 忤於心, 而得事實者也. 夫以無城薛止城薛, 其於以行說, 乃不若海大魚.

4. 《莊子》 庚桑楚

夫函車之獸, 介而離山, 則不免於罔罟之患; 呑舟之魚, 碭而失水, 則蟻能苦之. 故鳥獸不厭高, 魚鼈不厭深. 夫全其形生之人, 藏其身也, 不厭深眇而已矣.

043(2-22) 齊有婦人極醜無雙
왕후가 된 추녀

　제齊**나라**에 한 부인婦人이 있었는데, 지극히 못생겨 어디 비할
데가 없었다. 그녀를 '무염녀無鹽女'라 불렀으며 그 생김을 뜯어보면
절구통 같은 머리에 눈은 움푹 패었고 덩치와 골절이 매우 컸다. 게다가
들창코에 남자처럼 성대聲帶도 튀어나왔고 목덜미는 살이 찐 데다가
머리털은 숱이 적었다. 그런가 하면 허리는 꺾이고 가슴은 튀어나왔
으며 피부는 검은 옻칠을 해놓은 것 같았다.

　나이가 서른이 되도록 받아 줄 만한 곳이 없어 시집을 보내려고
떠들고 다녔지만 팔리지 않았다. 그래서 할 수 없이 버림받은 채로
떠돌아도 누구하나 들여 주는 이가 없었다. 이에 그녀는 허름한 단갈短褐
이지만 깨끗이 털어 입고 스스로 선왕
宣王을 찾아가서 뵙기를 청하였다. 그래서
먼저 알자謁者에게 일렀다.

제나라 종리춘 《열녀전》 삽화

"나는 제나라의 전혀 팔리지 않는 여인
입니다. 우리 임금이 성덕聖德이 있으시
다는 소문을 듣고 이렇게 찾아뵈었으니,
후궁에서 청소하는 일에라도 충원시켜
주셨으면 하고 바랍니다. 머리를 조아려
사마司馬문 밖에서 기다릴 터이니, 오직
대왕께서 다행스럽게 허락해 주셨으면
한다고 전해 주십시오."

알자가 그 말대로 임금에게 전하러 갔을 때, 임금은 마침 점대漸臺에서 한창 술잔치에 흥을 내고 있었다. 그곳에 참여하였던 좌우 신하들은 알자의 말을 듣고는 누구 하나 입을 가리고 크게 비웃지 않는 자가 없었다. 그러면서 그들은 이렇게 비아냥거렸다.

"이 여자는 천하에 낯 두꺼운 여자입니다."

이에 우선 선왕이 그 여자를 직접 불러 만나보고는 이렇게 물었다.

"지난날 선왕先王께서 이미 나를 위해 비필妃匹을 지어 주셨습니다. 그래서 모두가 그에 맞는 자리가 차 있어 더 이상 받을 수가 없습니다. 과인은 오늘 정鄭나라와 위衛나라의 음악을 듣고 함께 흥얼거리며 감상感傷에 젖었고, 초楚나라의 유풍遺風에 격양激揚함을 느꼈습니다. 지금 부인께서는 시골 포의布衣의 남정네들에게도 용납되지 않으면서 도리어 만승萬乘의 임금인 나에게 오겠다니, 무슨 뛰어난 능력이라도 있습니까?"

이 질문에 무염녀가 대답하였다.

"저에게는 아무것도 능한 게 없습니다. 오직 대왕의 아름다운 인의仁義를 사모하였을 뿐입니다."

그러나 임금은 이렇게 말하였다.

"비록 그렇다 하더라도 무언가 즐겁게 해줄 만한 게 있을 터인데."

그제야 무염녀가 한참을 망설이다가 입을 열었다.

"생각건대 일찍이 은신술隱身術을 좋아하였던 적이 있습니다."

임금이 제의하였다.

"은신술은 나도 매우 해보고 싶던 것이었습니다. 어디 시험 삼아 한번 해 보일 수 있겠습니까?"

왕의 이 말이 미처 끝나기도 전에 갑자기 그녀가 사라지고 말았다. 임금은 크게 놀라 즉시 은신술에 관한 책을 펴서 읽어 보았다. 그리고 물러나서 생각해 보았지만 역시 명확하지가 않았다.

이튿날 다시 무염녀를 불러 물어보았다. 그랬더니 무염녀가 이번에는 은신술로는 더 이상 대답도 아니 하고 대신 눈을 부릅뜨고 이빨을 꽉 문 채 손을 들고 팔꿈치를 치면서 이렇게 네 번을 외치는 것이었다.

"위태롭도다! 위태롭도다!"

선왕이 청하였다.

"원컨대 무슨 뜻인지 설명을 듣고 싶습니다!"

그러자 그녀는 이렇게 설명하였다.

"지금 대왕께서 군림하고 있는 이 나라는 서쪽으로는 진秦나라의 근심이 가로놓여 있고, 남쪽으로는 강한 초楚나라의 원한이 버티고 있습니다. 밖으로 이런 세 나라의 우환이 있으면서도 안으로 간신배들만 모여 있어 백성들이 임금 가까이 오기를 거부하고 있습니다.

게다가 나이 이미 40이 넘었는데도 장남을 태자로 세우지도 않고 있습니다. 임금께서는 여러 아들들에게는 힘쓰지 아니하고, 여자들에게만 힘을 쏟고 계십니다. 좋아하는 것은 높여 주면서 정말 믿어야 할 것은 홀대하시니, 이러나가 하루아침에 산이 무너지듯 임금이 서거하시면 사직이 불안정해질 것입니다. 이것이 첫 번째 위태로움입니다.

다음으로 점대漸臺라는 누각은 다섯 겹이나 되면서 온갖 황금백옥과 낭간으로 만든 용소龍疏가 줄줄 넘쳐나도록 치장되었고, 비취주기翡翠珠璣가 막락莫落하게 장식되어 있습니다. 이를 위해 만민의 피로는 극에 달하였습니다. 이것이 두 번째의 위태로움입니다.

또 어진 이들은 산속에 숨어 나타나려 들지 않고 아첨하는 무리들만 임금의 좌우에 강하게 버티고 있습니다. 조정에는 사악함과 위선이 세워져 있고, 간언을 해야 할 임무를 가진 자들은 오히려 임금 가까이 통하여 접근할 수 없도록 막고 있으니, 이것이 세 번째 위태로움입니다. 끝으로 술과 음식에 파묻혀 헤어나지 못하고 밤을 아침까지 이어 여자 악대樂隊와 배우들은 제멋대로 아무 곳에서나 큰 소리로 떠들고 다닐 수 있도록 되어 있습니다. 그런데도 밖으로는 다른 제후들과의 관계를 잘 닦지 못하고, 안으로는 국가의 치요治要를 바로잡지 못하고 있으니, 이것이 네 번째 위태로움입니다. 그래서 '위태롭도다! 위태롭도다!' 하고 외친 것입니다."

이 말에 선왕이 입을 다물고 아무 말도 못하면서 정말 자신이 황천黃泉에라도 들어가고 싶은 심정이었다. 그러다가 갑자기 고개를 들어 위연히 한탄하였다.

"슬프도다! 무염군無鹽君의 한 마디여. 내 지금 처음으로 과인의 위태로움을 듣게 되었도다. 과인의 위태로움이 하마터면 이 나라를 보전할 수 없을 수도 있었으리라."

이에 점대 짓는 일을 그치게 하고, 여자 악대를 해체하였으며, 아첨하는 무리들을 물리쳤다. 그리고 꾸밈에만 열중하던 일들도 모두 그만두고 병마兵馬를 선발하고 부고府庫를 실實하게 하며, 사방의 공문公門을 열어 직언直言의 말을 곧바로 받아들이되 그것이 측루側陋에까지 미치도록 하였다. 또 길일吉日을 택하여 태자를 세우고 자모慈母에게도 자주 찾아가며 후궁의 여자들도 풀어 돌아가도록 하였다. 그리고는 무염군을 왕후王后로 삼았다. 이렇게 하여 나라가 크게 안녕을 얻었으니, 이는 모두 추녀醜女의 힘이었다.

齊有婦人, 極醜無雙, 號曰『無鹽女』. 其爲人也, 白頭深目, 長壯大節, 昂鼻結喉, 肥項少髮, 折腰出胸, 皮膚若漆. 行年三十, 無所容入, 衒嫁不售, 流棄莫執. 於是乃拂拭短褐, 自詣宣王, 願一見.

謂謁者曰:「妾, 齊之不售女也, 聞君王之聖德, 願備後宮之掃除, 頓首司馬門外, 唯王幸許之.」

謁者以聞, 宣王方置酒於漸臺, 左右聞之, 莫不掩口而大笑.

曰:「此天下强顔女子也.」

於是宣王乃召見之, 謂曰:「昔先王爲寡人取妃匹, 皆已備有列位矣. 寡人今日聽鄭衛之聲嘔吟感傷, 揚激楚之遺風. 今夫人不容鄕里, 布衣而欲干萬乘之主, 亦有奇能乎?」

無鹽女對曰:「無有. 直竊慕大王之美義耳.」

王曰,「雖然, 何喜?」

良久曰:「竊嘗喜隱.」

王曰:「隱, 固寡人之所願也. 試一行之.」

言未卒, 忽然不見矣.

宣王大驚, 立發隱書而讀之, 退而惟之, 又不能得.

明日, 復更召而問之, 又不以隱對, 但揚目銜齒, 舉手拊肘曰:「殆哉! 殆哉!」

如此者四.

宣王曰:「願遂聞命.」

無鹽女曰:「今大王之君國也, 西有衡秦之患, 南有強楚之讎, 外有三國之難, 內聚姦臣, 眾人不附. 春秋四十, 壯男不立, 不務眾子, 而務眾歸, 尊所好而忽所恃, 一旦山陵崩弛, 社稷不定, 此一殆也. 漸臺五重, 黃金白玉, 琅玕龍疏, 翡翠珠璣, 莫落連飾, 萬民罷極, 此二殆也. 賢者伏匿於山林, 諂諛強於左右, 邪偽立於本朝, 諫者不得通入, 此三殆也. 酒漿流湎, 以夜續朝, 女樂俳優, 從橫大笑, 外不修諸侯之禮, 內不秉國家之治, 此四殆也. 故曰:『殆哉! 殆哉!』」

於是宣王掩然無聲, 意入黃泉, 忽然而昂, 喟然而嘆曰:「痛乎! 無鹽君之言, 吾今乃一聞寡人之殆, 寡人之殆幾不全.」

於是立停漸臺, 罷女樂, 退諂諛, 去彫琢, 選兵馬, 實府庫, 四闢公門, 招進直言, 延及側陋, 擇吉日. 立太子, 進慈母, 顯隱女, 拜無鹽君爲王后, 而國大安者, 醜女之力也.

【無鹽女】무염 땅의 여자라는 뜻. 이름은 鍾離春. 齊 宣王의 王后가 되었다. 無鹽은 지금의 山東省 東平縣 동쪽.

【齊 宣王】戰國時代 齊나라의 君主. 재위 19년(B.C. 319~301).

【司馬】兵部, 즉 임금을 호위하고 국방의 책임을 맡은 관직.

【漸臺】누대 이름.

【鄭衛之聲】원래 鄭·衛는 春秋時代 두 나라 이름으로 그곳의 音樂이 지극히 淫亂하였다고 한다.

【龍疏】龍은 槳과 같음. 疏는 창. 龍疏는 창살을 말한다.

【莫落】疊韻連綿語, 흐드러지게 많이 장식된 모양.

【側陋】《尙書》堯典에 『明明揚側陋』라는 말이 있고, 그 疏에 『明白擧明德之人 於僻隱鄙陋之處』라 하여 미천한 사람을 가리킨다. 즉 德이 있으면 곧 천거할 것이며, 貴賤은 따지지 않는다는 뜻.

참고 및 관련 자료

1. 《列女傳》辯通篇「齊鍾離春」

鍾離春者, 齊無鹽邑之女, 宣王之正后也. 其爲人極醜無雙, 臼頭深目, 長壯大節, 卬鼻結喉, 肥項少髮, 折腰出胸, 皮膚若漆. 行年四十, 無所容入, 衒嫁不讎, 流棄莫執, 於是乃拂拭短褐, 自詣宣王. 謂謁者曰:「妾, 齊之不讎女也. 聞君王之聖德, 願備後宮之埽除, 頓首司馬門外, 唯王幸許之.」謁者以聞, 宣王方置酒於漸臺, 左右聞之, 莫不掩口大笑曰:「此天下强顔女子也! 豈不異哉?」於是宣王乃召見之, 謂曰:「昔者, 先王爲寡人娶妃匹, 皆已備有列位矣. 今夫人不容於鄉里布衣, 而欲干萬乘之主, 亦有何奇能哉?」種離春對曰:「無有. 特竊慕大王之美義耳!」王曰:「雖然, 何善?」良久, 曰:「竊嘗善隱.」宣王曰:「隱, 固寡人之所願也, 試一行之」言未卒, 忽然不見. 宣王大驚, 立發《隱書》而讀之, 退而推之, 又未能得, 明日又更召而問之. 不以隱對, 但揚目銜齒, 擧手拊膝曰:「殆哉! 殆哉!」如此者四. 宣王曰:「願遂聞命.」種離春對曰:「今大王之君國也, 西有衡秦之患, 南有强楚之讎, 外有二國之難, 内聚姦臣, 衆人不附;春秋四十, 壯男不立, 不務衆子, 而務衆婦, 尊所好, 忽所恃;一旦山陵崩弛, 社稷不定;此一殆也. 漸臺五重, 黃金白玉, 琅玕籠疏, 翡翠珠璣, 幕絡連飾, 萬民罷極;此二殆也. 賢者匿於山林, 諂諛强於左右, 邪僞立於本朝, 諫者不得通入;此三殆也. 飲酒沈湎,

以夜繼晝, 女樂俳優, 縱橫大笑, 外不脩諸侯之禮, 內不秉國家之治; 此四殆也. 故曰: 『殆哉! 殆哉!』」於是宣王喟然而嘆曰:「痛乎無鹽君之言, 乃今一聞!」於是拆漸臺, 罷女樂, 退諂諛, 去雕琢, 選兵馬, 實府庫, 四辟公門, 招進直言, 延及側陋. 卜擇吉日, 立太子, 進慈母, 拜無鹽君爲后. 而齊國大安者, 醜女之力也. 君子謂:「鍾離春正而有辭.」詩云:「旣見君子, 我心則喜.」此之謂也. 頌曰:「無鹽之女, 干說齊宣. 分別四殆, 稱國亂煩. 宣王從之, 四辟公門. 遂立太子, 拜無鹽君.」

2. 기타 참고자료

《群書治要》

卷三

잡사雜事（三）

（044～049）

〈大禹像〉山東 嘉祥縣 武梁祠(東漢 畫像石)

044(3-1) 梁惠王謂孟子曰
색을 좋아하는 임금

양梁 혜왕惠王이 맹자孟子에게 이렇게 말하였다.

"과인寡人에게는 병이 있습니다. 바로 색色을 좋아하는 것이지요."

그러자 맹자가 이렇게 말하였다.

"임금께서 진실로 색을 좋아하신다면 그것이 어찌 왕도정치王道政治에 방해가 되겠습니까?"

임금이 다시 물었다.

"색을 좋아하면서도 왕도정치를 펼 수 있다는 게 무슨 뜻입니까?"

맹자는 이렇게 설명하였다.

孟子

"대왕大王께서 색을 좋아하심이 문제라면 《시詩》에 '고공단보古公亶父께서 어느 날 아침, 여기저기 말을 몰아 찾아다니다, 서쪽 물가를 따라 내려와 기산岐山 아래에 이르러서는 강녀姜女와 함께 살림을 차렸네'라 하였습니다. 그 태왕께서는 자신의 비妃를 사랑하셔서 어디를 가나 함께 하였지요. 그때에는 안으로는 시집을 못 가 원망하는 여자가 없었고, 밖으로는 장가 못 간 광부曠夫가 없었습니다.

오나라를 세운 〈泰伯〉《三才圖會》

　만약 임금께서 색을 좋아하신다면 백성들도 똑같이 짝을 찾도록
해 주시면 되지요. 그렇게 되면 백성들은 오히려 임금께서 색을 좋아
하지 않으시면 어쩌나 하고 두려워할 것입니다."
　이에 임금이 또 다른 질문을 하였다.
　"과인에게는 또 다른 병이 있습니다. 바로 용맹을 좋아하는 것입니다."
　그러자 맹자가 다시 이렇게 말하였다.
　"임금께서 용맹을 좋아하시는 것이 어찌 왕도정치를 펴는 데 방해가
되겠습니까?"
　이에 임금이 물었다.
　"무슨 뜻입니까? 용맹을 좋아하면서도 왕도정치를 펼 수 있다니요?"
　맹자가 설명하였다.
　"《시詩》에 '왕께서 이에 크게 화를 내시고, 그 군사들을 다듬으신
다음, 밀국密國의 군대를 막아 주시니, 이리하여 주周나라 복은 더욱
커져서, 천하가 모두 그를 따르네'라 하였습니다. 이는 바로 문왕文王의
용맹을 말합니다. 즉 문왕이 한 번 노하자 천하의 백성이 편안함을
얻었다는 뜻입니다. 지금 임금께서 역시 한 번 노하여 천하의 백성을
편안하게 해 주신다면 백성들은 오직 임금께서 용맹을 좋아하지 않으
시면 어쩌나 하고 걱정할 것입니다."

梁惠王謂孟子曰:「寡人有疾, 寡人好色.」

孟子曰:「王誠好色, 於王何有?」

王曰:「若之何? 好色可以王?」

孟子曰:「大王好色. 詩曰:『古公亶父, 來朝走馬, 率西水滸, 至於岐下. 爰及姜女, 聿來胥宇.』大王愛厥妃, 出入必與之偕. 當是時, 內無怨女, 外無曠夫. 王若好色, 與百姓同之, 民唯恐王之不好色也.」

王曰:「寡人有疾, 寡人好勇.」

孟子曰:「王若好勇, 於王何有?」

王曰:「若之何? 好勇可以王?」

孟子曰:「詩曰:『王赫斯怒, 爰整其旅, 以按徂旅, 以篤周祜, 以對于天下.』此文王之勇也. 文王一怒, 而安天下之民. 今王亦一怒, 而安天下之民, 民唯恐王之不好勇也.」

【梁 惠王】戰國時代 魏나라의 君主. 재위 35년(B.C. 369~335). 武侯의 아들로 畢罃. 처음에 武侯를 이어 侯라 칭하였으나, 趙나라와 함께 韓나라를 공격하다가 齊나라에게 패하였다. 그리고 계속해서 秦나라의 공격을 받아 나라가 기울자 首都를 安邑에서 大梁으로 옮기면서 스스로 梁王으로 칭하였다. 그는 그곳에 옮긴 후 中興을 꾀하여 스스로를 낮추고 어진 이를 초빙하였다. 그래서 그후 魏를 흔히 梁이라고도 칭하게 된 것이다.《孟子集註》梁惠王章句에『梁惠王, 魏侯罃也. 都大梁, 僭稱王, 諡曰惠』라 하였다.

【孟子】戰國時代 鄒 땅 출신으로 이름은 軻, 字는 子輿. 子思의 문하에서 배운 후 萬章 등과 孔子의 儒道를 넓혔다.《孟子》七篇이 전하며 亞聖이라 불린다.《史記》孟荀列傳 참조.

【於王何有】孟子에 있어서의『王』이란 王道政治, 즉 仁義道德을 중심으로 하는 정치를 말하며 霸道政治의 대립 개념이다.『何有』는『何難之有』의 준말로 보고 있다.

【大王】古公亶甫(古公亶父). 周文王의 조부이다. 大는 太와 같다.

【詩曰】《詩經》大雅 綿의 일부. 한편 『相宇』는 『胥宇』로 되어 있다. 雙聲轉注의 용법이다.

【古公亶父】周나라 季歷의 아버지. 즉 泰伯·虞仲·季歷 삼형제 중에 季歷의 아들인 昌[뒤에 文王이 됨]에게 왕권을 넘겨주려는 생각을 가졌었던 人物. 처음 瀚에 살다가 狄人의 침입을 받자 岐山 아래로 옮겨갔다. 그로부터 周라 칭하였으며, 季歷 文王(昌), 武王(發)에 이르러 殷을 멸하고 천하를 얻게 되자 古公亶父를 높여 太王·大王·太公으로 추존하였다.

【岐山】지금의 陝西省 岐山縣 근처의 산.

【姜女】古公亶父의 妃. 즉 太姜을 말한다. 《史記》 周本紀 참조.

【妃】즉 姜妃, 太姜.

【曠夫】나이가 찼으나 아내를 얻지 못한 사내를 말한다.

【勇】여기서 『勇』이란 일종의 의협심, 즉 '고통 받는 나라나 백성을 위해 무력을 행사하겠다'는 용기를 말한다.

【詩曰】《詩經》大雅 皇矣의 일부. 내용은 密徂國 사람들이 周나라 명령을 듣지 않고 阮이라는 나라를 공격하자, 文王이 그 무도함을 쳐서 천하를 안정시켰다는 줄거리. 앞에 引用된 시의 바로 앞부분은 『密人不恭, 敢距大邦, 侵阮徂共』이다. 한편 원문은 『以篤于周祜』에서 『于』자가 빠져 있다.

【文王】西伯昌. 古公亶父의 孫子이며, 季歷의 아들. 즉 武王의 父.

참고 및 관련 자료

1. 《孟子》梁惠王(下)

王曰:「寡人有疾, 寡人好色.」對曰:「昔者, 大王好色, 愛厥妃. 詩云:『古公亶甫, 來朝走馬, 率西水滸, 至于岐下. 爰及姜女, 聿來胥宇.』當是時也, 內無怨女, 外無曠夫. 王如好色, 與百姓同之, 於王何有?」

2. 《孟子》梁惠王(下)

王曰:「大哉! 言矣! 寡人有疾, 寡人好勇.」對曰:「王請無好小勇. 夫撫劍疾視, 曰:『彼惡敢當我哉?』此匹夫之勇, 敵一人者也. 王請大之! 詩云:『王赫斯怒, 爰整其旅. 以遏徂莒, 以篤周祜, 以對于天下.』此文王之勇也. 文王一怒而安天下之民.

書曰:『天降下民, 作之君, 作之師, 惟曰其助上帝, 寵之四方, 有罪無罪惟我在. 天下曷敢有越厥志?』一人衡行於天下, 武王恥之. 此武王之勇也. 而武王亦一怒而安天下之民. 今王亦一怒而安天下之民, 民惟恐王之不好勇也.」

3.《史記》魏世家

惠王數被於軍旅, 卑禮厚幣以招賢者. 鄒衍・淳于髡・孟軻皆至梁. 梁惠王曰:「寡人不佞, 兵三折於外, 太子虜, 上將死, 國以空虛, 以羞先君宗廟社稷, 寡人甚醜之, 叟不遠千里, 辱幸至獘邑之廷, 將何以利吾國?」孟軻曰:「君不可以言利若是. 夫君欲利則大夫欲利, 大夫欲利則庶人欲利, 上下爭利, 國則危矣. 爲人君, 仁義而已矣, 何以利爲?」

4.《史記》周本紀

慶節卒, 子皇僕立. 皇僕卒, 子差弗立. 差弗卒, 子毀隃立. 毀隃卒, 子公非立. 公非卒, 子高圉立. 高圉卒, 子亞圉立. 亞圉卒, 子公叔祖類立. 公叔祖類卒, 子古公亶父立. 古公亶父復脩后稷・公劉之業, 積德行義, 國人皆戴之. 薰育戎狄攻之, 欲得財物, 予之. 已復攻, 欲得地與民. 民皆怒, 欲戰. 古公曰:「有民立君, 將以利之. 今戎狄所爲攻戰, 以吾地與民. 民之在我, 與其在彼, 何異? 民欲以我故戰, 殺人父子而君之, 予不忍爲.」乃與私屬遂去豳, 度漆・沮, 踰梁山, 止於岐下. 豳人舉國扶老攜弱, 盡復歸古公於岐下. 及他旁國聞古公仁, 亦多歸之. 於是古公乃貶戎狄之俗, 而營築城郭室屋, 而邑別居之. 作五官有司. 民皆歌樂之, 頌其德.

045(3-2) 孫卿與臨武君
진정한 병법

손경孫卿과 임무군臨武君이 조趙 효성왕孝成王 앞에서 병법兵法에 대하여 토론을 벌였다. 먼저 효성왕이 물었다.

"병법의 요체는 무엇입니까?"

임무군이 나서서 먼저 설명하였다.

"위로는 천시天時를 얻고 아래로는 지리地利를 얻어서 뒤에 일어났으면서도 먼저 일을 성취하는 것, 이것이 병법의 중요한 기술입니다."

그러자 손경이 이와는 반대의 의견을 폈다.

"그렇지 않습니다. 제가 듣기로는 옛날의 도道를 보건대 무릇 전쟁에 있어서의 용병술用兵術이란 백성들의 마음을 하나로 통일시키는 데에 있습니다. 이를테면 활과 화살이 조화를 이루지 못한다면 비록 후예后羿같은 명사수라도 과녁을 적중시킬 수 없고, 육마六馬가 서로 조화를 이루지 못한다면 조보造父같이 말 잘 다루는 자가 나타난다 하여도 멀리까지 몰고 갈 수가 없습니다. 마찬가지로 선비와 백성이 임금에게 친부親附해 오지 않는다면 아무리 탕湯이나 무왕武王 같은 임금이 나타난다 할지라도 승리할 수가 없습니다. 따라서 용병을 잘하는 이는 백성들이 잘 따르도록 하는 데에 힘쓸 뿐입니다."

순자(荀況, 孫卿)

그러자 이번에는 임무군이 의견을 달리하고 나섰다.

"그렇지 않습니다. 무릇 병법에 있어서 귀한 바는 세리勢利이며, 높이 인정받는 바는 변사變詐와 공탈攻奪입니다. 이를 잘 활용하는 자는 그 기술이 가려져서 갑작스럽게 나와도 그것이 어디서 나오는지 모르도록 해야 합니다. 손자孫子와 오기吳起가 바로 이런 용병술을 써서 천하에 그를 대적할 자가 없었던 것입니다. 이렇게 본다면 어찌 반드시 백성이 잘 따라 주기만을 기대해서야 되겠습니까?"

손경이 다시 반박하고 나섰다.

"그렇지 않습니다. 내가 말한 것은 왕도정치를 펴는 자의 용병술이요, 임금 된 자가 해야 할 일이라는 뜻입니다. 그런데 귀하가 말한 것은 승세쟁리乘勢爭利요, 가장 높이 여기는 것은 곧 변사공탈變詐攻奪입니다. 어진 사람의 병법이란 사기詐欺의 방법을 써서는 안 된다는 것입니다. 사기로써 할 수 있는 자는 태만怠慢한 자요, 낙단落單한 자입니다. 군신君臣 상하上下 사이에 서로 흩어져 그 덕을 베풀 수 없는 지경에 이른 경우입니다. 만약 걸桀이 걸桀을 속인다면 이는 오히려 다행스러운 일이지만 걸桀이 요堯를 속인다면 이는 달걀로 바위를 치는 것 같고, 맨손가락으로 끓는 물을 휘젓는 것과 같으며, 깃털 옷을 입고 불길을 밟고 지나는 것과 같아서 들어가면 곧 타 없어질 뿐입니다.

그러니 어찌 어진 이에게 그러한 속임수를 쓸 수가 있겠습니까? 따라서 어진 이의 병법이란 이를 쓰면 마치 막야莫邪라는 명검의 날카로운 칼날 같아 어린아이가 사용해도 무엇이든지 자를 수 있으며 날카롭기는 그 막야의 칼끝 같아서 이에 닿기만 해도 무너지고 마는 것입니다. 따라서 그런 병법만이 둥근 산처럼 든든하며 네모진 바위처럼 안전한 것입니다. 만약 반석처럼 든든히 서 있다면 이에게 덤빈 자는 농종隴種하여 물러설 수밖에 없습니다. 그러니 어찌 속임수를 쓰겠습니까? 그러므로 어진 이의 병법이란 삼군三軍이 힘을 합하고 상하가 한 마음이 되며, 신하는 임금의 고통을 헤아려 주고 아랫사람은 윗사람의 마음을 이해하며, 아들이 어버이 섬기듯, 아우가 형 섬기듯, 또 수족手足이

머리와 눈을 보호하고 가슴과 배를 방어하듯 해야 하는 것입니다.

속임수로써 남을 공격한다는 것은 먼저 놀라게 하고 뒤에 그를 치는 것과 같습니다. 그러니 어찌 속임수를 쓸 수 있겠습니까? 더구나 난폭한 임금이라면 누가 그에게 가까이하려 들겠습니까? 그에게 가까이 가야 할 사람은 반드시 그의 백성이어야 합니다. 그런데 그 백성들이란 그 임금을 친하게 여기되 기쁨을 가지고 부모 대하듯 하며 그를 사랑하되 향기로운 풀이나 난초처럼 여겨야 함에도, 그 윗사람인 임금을 보면 오히려 이런 백성들을 작경灼黥에 처할 죄인이나 된 것처럼 여기거나, 또는 원수처럼 여긴다면 인지상정人之常情으로 보아 비록 걸桀이나 도척盜跖같은 자라도 어찌 자기가 미워하는 사람을 위해 자기가 좋아하는 사람을 대신 쳐 줄 수 있겠습니까? 이는 곧 그 손자를 시켜 스스로 그 부모를 해치라고 시키는 것과 같아집니다. 《시詩》에 '무왕께서 깃발을 나부끼면서 손에는 도끼를 굳게 잡고서 타오르는 불꽃같은 위엄을 보이시니, 아무도 감히 막지 못하네'라 하셨으니, 바로 이를 두고 한 말입니다."

여기까지 들은 효성왕과 임무군은 이렇게 말하였다.

"훌륭합니다. 그렇다면 청컨대 왕자王者의 병법은 어떤지 묻습니다."

그러자 손경은 이렇게 설명하였다.

"병졸을 인솔함이란 본사本事가 아닌 말사末事에 불과합니다. 신은 청컨대 여러 왕들의 일로써 임금 된 자가 본받아야 할 경우로 설명드리겠습니다."

孫卿與臨武君議兵於趙孝成王前.

王曰:「請問兵要?」

臨武君對曰:「上得天時, 下得地利, 後之發, 先之至, 此用兵之要術也.」

孫卿曰:「不然. 臣之所聞, 古之道, 凡戰, 用兵之術, 在於一民,

弓矢不調, 羿不能以中; 六馬不和, 造父不能以御遠; 士民不親附, 湯武不能以勝. 故善用兵, 務在於善附民而已.」

臨武君曰:「不然. 夫兵之所貴者, 勢利也; 所上者, 變詐攻奪也. 善用之者, 奄忽焉莫知所從出, 孫吳用之, 無敵於天下. 由此觀之, 豈必待附民哉?」

孫卿曰:「不然. 臣之所言者, 王者之兵, 君人之事也. 君之所言者, 勢利也; 所上者, 變詐攻奪也. 仁人之兵, 不可詐也. 彼可詐者, 怠慢者也, 落單者也. 君臣上下之間, 渙然有離德者也. 若以桀詐桀, 猶有幸焉, 若以桀詐堯, 譬之若以卵投石, 若以指撓沸, 若羽蹈烈火, 入則焦沒耳, 夫又何可詐也? 故仁人之兵, 鋌則若莫邪之利刃, 嬰之者斷, 銳則若莫邪之利鋒, 當之者潰, 圓居而方止, 若盤石然, 觸之者隴種而退耳. 夫又何可詐也? 故仁人之兵, 或將三軍同力, 上下一心, 臣之於君也, 下之於上也, 若子之事父也, 若弟之事兄也, 若手足之扞頭目而覆胸腹也. 詐而襲之, 與先驚而後擊之一也, 夫又何可詐也? 且夫暴亂之君, 將誰與至哉? 彼其所與至者, 必其民也. 民之親我, 驩然如父母, 好我芳如椒蘭, 反顧其上, 如灼黥, 如仇讐. 人之情, 雖桀跖豈有肯爲其所惡, 而賊其所好者哉? 是猶使人之孫子, 自賊其父母也. 詩曰:『武王載旆, 有虔秉鉞, 如火烈烈, 則莫我敢曷.』此之謂也.」

孝成王・臨武君曰:「善. 請問王者之兵.」

孫卿曰:「將率者, 末事也. 臣請列王者之事君人之法.」

【孫卿】 荀子. 漢 宣帝 劉詢의 詢자를 諱하여 孫卿으로 불렀다. 荀卿의 이름은 況이며 戰國時代 趙나라 출신으로 性惡說을 주장하였으며,《荀子》20卷을 남겼다.《史記》孟荀列傳 참조.

【臨武君】 楚나라 將帥. 이름은 알 수 없다.《戰國策》楚策에『天下合從, 趙使魏加見楚春申君曰:「君有將乎?」春申君曰:「有矣, 僕欲將臨武君.」魏加曰…… 今臨武君嘗爲秦孼, 不可以爲距秦之將』이라 하였다.

【趙 孝成王】 戰國時代 趙나라의 君主. 晉나라 大夫인 趙夙의 후예로 趙 簡子의 十世孫, 惠文王의 아들. 재위 21년(B.C. 265~245).

【地利】 지형, 지세의 유리함.《孟子》에『天時不如地利, 地利不如人和』라 하였다.

【羿】 有窮后羿를 가리키며, 활을 잘 쏘기로 유명하였다.『嫦娥奔月』의 故事를 남겼다.

【不能以中】《荀子》에는『不能以中微』로 되어 있다.

【造父】 趙父. 말을 잘 다루어 周 穆王에게 사랑을 받은 人物. 穆王(穆天子)이 八駿馬를 타고 西王母를 만나러 갈 때, 이 造父가 말을 몰았다고 한다. 그 공으로 趙城에 봉해져서 趙氏의 始祖가 되었다.

【湯】 商나라의 始祖. 聖君.

【武王】 周나라의 王 姬發을 가리킨다. 殷의 紂를 멸하였다.

【勢利】 乘勢爭利. 세력을 몰아 승리를 취함.

【變詐】 변화와 속임수.

【攻奪】 공격하여 빼앗음.

【孫子】 春秋 末期 吳王 闔閭를 도왔던 孫武. 兵法家.《孫子》라는 兵法書를 남겼다.《史記》孫子吳起列傳 참조.

【吳起】 戰國時代 魏武侯를 도왔던 兵法家.《吳子》라는 병법서를 남겼다.

【落單】《荀子》에는『路亶』으로 되어 있다. 路는 露·潞 등과 같은 자. '피로하다'의 뜻. 亶은 癉과 같으며, 病困의 뜻.《說文解字》에『癉, 勞病也』라 하였고, 王先謙의《荀子集解》에는『路, 暴露也. 亶讀爲袒, 露袒謂上下不相覆蓋, 新序作落單, 郝懿行曰: '路亶, 新序作落單, 蓋離落單薄之意, 楊注非.' 王念孫曰: '路單, 猶羸憊也. 上不恤民則民皆羸憊, 故下句云君臣上下之間, 渙然有離德也.'』라 하였다.

【桀】 夏나라의 末王. 商湯에게 망하였다.

【堯】 古代의 聖君으로 唐의 始祖였다.

【莫邪】 古代의 名劍. 030(2-9)의 註 참조.

【隴種】 잃어버리고 실패한 모습. 용기를 잃은 모습. 疊韻連綿語.《荀子》에는『隴種東籠』으로 두 개의 첩어구가 겹침.『옹』의 운으로 문자의 의미보다 음운으로 연결된 連綿語.《荀子集解》의 설명은 잘못된 것이다.

【灼黥】 죄인에게 내리는 형벌로 灼은 炮烙之刑, 黥은 入墨之刑.

【盜跖】春秋時代 魯나라 사람으로 天下의 포악한 도적이었다.《莊子》盜跖篇 참조.

【詩曰】《詩經》商頌 長發의 구절. 여기서의 武王은 姬發(周武王)을 가리키는 것이 아니고 武威에 뛰어난 임금을 말한다.

【請問王者之兵～君人之法】이 26字는 잘못 삽입된 것으로 보인다. 盧元駿은 『二十六字, 疑後有脫文, 因與前後無關, 故刪去』라 하였다. 한편《荀子》議兵篇에 보면 다음 문단의 시작이며 文字도 出入이 심하다. 이에 刪去하지 않고 그대로 살려 번역한다. (참고란을 볼 것)

참고 및 관련 자료

1.《荀子》議兵篇

臨武君與孫卿子議兵於趙孝成王前. 王曰:「請問兵要.」臨武君對曰:「上得天時, 下得地利, 觀敵之變動, 後之發, 先之至, 此用兵之要術也.」孫卿子曰:「不然. 臣所聞古之道, 凡用兵攻戰之本在乎一民. 弓矢不調, 則羿不能以中微; 六馬不和, 則造父不能以致遠; 士民不親附, 則湯武不能以必勝也. 故善附民者, 是乃善用兵者也. 故兵要在乎善附民而已.」臨武君曰:「不然. 兵之所貴者, 執利也; 所行者, 變詐也. 善用兵者, 感忽悠闇, 莫知其所從出. 孫吳用之, 無敵於天下, 豈必待附民哉?」孫卿子曰:「不然. 臣之所道, 仁人之兵, 王者之志也. 君之所貴, 權謀執利也, 所行, 攻奪變詐也, 諸侯之事也. 仁人之兵, 不可詐也. 彼可詐者, 怠慢者也, 路亶者也, 君臣上下之間滑然有離德者也. 故以桀詐桀, 猶巧拙有幸焉; 以桀詐堯, 譬之若以卵投石, 以指撓沸, 若赴水火, 入焉焦沒耳. 故仁人上下, 百將一心, 三軍同力, 臣之於君也, 下之於上也, 若子之事父, 弟之事兄, 若手臂之捍頭目而覆胸腹也. 詐而襲之, 與先驚而後擊之一也. 且仁人之用十里之國, 則將有百里之聽; 用百里之國, 則將有千里之聽; 用千里之國, 則將有四海之聽; 必將聰明警戒, 和傳而一. 故, 仁人之兵, 聚則成卒, 散則成列, 延則若莫邪之長刃, 嬰之者斷; 兌則若莫邪之利鋒, 當之者潰; 圜居而方止, 則若盤石然, 觸之者角摧, 案鹿埵隴種東籠而退耳. 且夫暴國之君, 將誰與至哉? 彼其所與至者, 必其民也. 而民之親我歡若父母, 其好我芬若椒蘭; 彼反顧其上, 則若灼黥, 若仇讎. 人之情, 雖桀跖, 豈又肯爲其所惡賊其所好者哉? 是猶使人之子孫自賊其父母也, 彼必將來告之, 夫又何可詐也? 故, 仁人用, 國日明, 諸侯先順者安, 後順者危, 慮敵之者削, 反之者亡. 詩曰:『武王載發, 有虔秉鉞, 如火烈烈, 則莫我敢遏』. 此之謂也.」孝成王・臨武君曰:

「善. 請問王者之兵, 設何道何行而可?」孫卿子曰:「凡在大王, 將率末事也. 臣請遂道王者諸侯强弱存亡之效, 安危之埶. 君賢者; 其國治; 君不能者, 其國亂. 隆禮貴義者, 其國治; 簡禮賤義者, 其國亂. 治者强, 亂者弱, 是强弱之本也. 上足卬則下可用也; 上不足卬則下不可用也. 下可用則强, 下不可用則弱, 是强弱之常也. 隆禮效功, 上也; 重祿貴節, 次也; 上功賤節, 下也, 是强弱之凡也. 好士者强, 不好士者弱; 愛民者强, 不愛民者弱; 政令信者强, 政令不信者弱; 民齊者强, 不齊者弱; 賞重者强, 賞輕者弱; 刑威者强, 刑侮者弱; 械用兵革攻完便利者强, 械用兵革窳楛不便利者弱; 重用兵者强, 輕用兵者弱; 權出一者强, 權出二者弱, 是强弱之常也.」

2. 《說苑》指武篇

春秋記國家存亡, 以察來世, 雖有廣土衆民, 堅甲利兵, 盛猛之將, 士卒不親附, 不可以戰勝取功. 晉侯獲於韓; 楚子玉得臣敗於城濮; 蔡不待敵而衆潰. 故語曰:「文王不能使不附之民; 先軫不能戰不教之卒; 造父王良不能以弊車不作之馬, 趨疾而致遠; 羿逄蒙不能以枉矢弱弓, 射遠中微; 故强弱成敗之要, 在乎附士卒, 教習之而已.」

3. 《韓詩外傳》卷三

孫卿與臨武君議兵於趙孝成王之前. 王曰:「敢問兵之要?」臨武君曰:「夫兵之要, 上得天時, 下得地利, 後之發, 先之至, 此兵之要也.」孫卿曰:「不然. 夫兵之要, 在附親士民而已. 六馬不和, 造父不能以致遠; 弓矢不調, 羿不能以中微; 士民不親附, 湯武不能以戰勝. 由此觀之, 要在於府親士民而已矣.」臨武君曰:「不然. 夫兵之用, 變故也; 其所貴, 謀詐. 善用之者, 猶脫兔莫知其出. 孫吳用之, 無敵於天下. 由此觀之, 豈待親士民而後可哉?」孫卿曰:「不然. 君之所道者, 諸侯之兵, 謀臣之事也. 臣之所道者, 仁人之兵, 聖王之事也. 彼可詐者, 必怠慢者也, 君臣上下之際, 突然有離德者也. 夫以跖而詐桀, 猶有工拙焉. 以桀而詐堯, 如以指撓沸, 以卵投石, 抱羽毛而赴烈火, 入則燋也, 夫何可詐也! 且夫暴國將孰與至哉? 彼其與至者, 必欺其民, 民之親我也, 芬若椒蘭, 歡如父子, 彼顧其上, 如憯毒蜂蠆之人, 雖桀跖豈肯爲其所至惡, 賊其所愛哉? 是猶使人之子孫, 自賊其父母也. 彼則先覺其有失, 何可詐哉! 且仁人之兵, 聚則成卒, 散則成列. 延居則若莫邪之長刃, 嬰之者斷; 銳居則若莫邪之利鋒, 當之者潰; 圓居則若丘山之不可移也; 方居則若磐石之不可拔也. 觸之, 摧角折節而退爾, 夫何可詐? 詩曰:『武王載斾, 有虔秉鉞; 如火烈烈, 則莫我敢曷.』此謂湯武之兵也.」孝成王避席仰首曰:「寡人雖不敏, 請依先生之兵也.」

046(3-3) 昔者秦魏爲與國
뛰어난 언변

옛날 진秦나라와 위魏나라는 서로 동맹국 관계를 맺고 있었다. 그런데 제齊나라와 초楚나라가 맹약盟約을 맺고 위魏나라를 공격하려 하였다. 이를 안 위나라에서는 진秦나라에 사람을 보내어 구원을 요청하였다. 얼마나 많은 사람들을 진나라로 자주 보냈던지 그 사신들의 관冠과 수레 덮개가 서로 보일 정도였지만 진나라에서는 구원병을 출발시키지 않는 것이었다. 위魏나라에 당저唐且란 사람이 있었는데 나이가 이미 아흔이 넘었다. 그가 위나라 임금을 찾아와 이렇게 아뢰었다.

"늙은 제가 서쪽 진나라로 가서 달래 보겠습니다. 그래서 진나라 구원병이 저보다 빨리 우리 위나라에 도착하도록 하겠습니다. 좋습니까?"

그러자 임금은 당연히 좋다고 하였고, 즉시 수레를 준비하여 그를 보냈다. 당저가 진나라 임금을 만나자 진나라 임금이 먼저 이렇게 말하였다.

"어르신네까지 힘들게 먼 길을 오시는 것을 보니 고통스럽기는 한가 봅니다. 위나라가 구원병을 보내 달라고 자주 사람을 보냈기 때문에 저도 위나라가 얼마나 급한지 잘 알고 있습니다."

이에 당저가 이렇게 대답하였다.

"무릇 대왕께서는 우리 위나라가 얼마나 급한지 알고 계시다는데 구원병이 우리나라에 아직 도달하지 않은 것을 보면 이는 대왕의 참모들이 실책失筴을 범하고 있는 모양입니다. 무릇 위나라는 일개 만승지국

萬乘之國입니다. 스스로 동쪽의 번방藩邦이라 낮추어 칭하면서 귀국으로부터 관대冠帶를 받고 춘추春秋에 제사를 위한 공물貢物을 바치고 있습니다. 이렇게 귀국 진나라는 강한 나라이기 때문에 족히 동맹을 맺을 만한 상대로 여겨 왔기 때문입니다. 그런데 지금 제齊나라와 초楚나라의 군사가 이미 우리 위나라의 교외에까지 진격해 와 있습니다. 이제는 대왕께서 우리 위나라를 구하려 해도 늦었습니다. 우리 위나라가 더 이상 견디지 못하게 되면 땅을 떼어 제·초에게 주어 버릴 것입니다. 그때는 대왕이 비록 구하고 싶어도 어찌 시간이 미치겠습니까? 이는 곧 귀국이 일개 만승지국인 위나라를 잃고 두 개의 적인 제·초를 강하게 키워 주는 것이 됩니다. 생각건대 대왕의 참모들이 뭔가 정책을 잘못 짜고 있는 것으로 보입니다."

이에 진나라 임금은 두려움에 떨면서 깨닫고는 급히 군대를 풀어 위나라에 구원병을 보내도록 하였다. 제·초 두 나라는 이 소식을 듣고 군대를 끌고 퇴각해 버렸다. 이리하여 위나라는 다시 안녕을 얻게 되었다. 당저의 한 마디에 강한 진나라의 모책謀筴이 결정났고, 위나라의 근심이 해소되었으며, 제·초의 군대를 흩어 버리고 일거一擧에 절충소난折衝消難하였으니, 언변의 공력功力이 이와 같은 것이다.

공자孔子는 이렇게 말하였다.

"언어는 재아宰我, 자공子貢이로다."

그리고 그 때문에 《시詩》에는 다시 이렇게 하였던 것이다.

"언사言辭와 정령政令이 화순하면 백성은 서로가 융합하리. 언사와 정령이 화락하면 백성의 생활은 즐거우리."

당저의 언변이 뛰어나 위나라는 그 힘을 입어 안전을 얻었으니, 그러한 까닭으로 언변을 높이 사지 않을 수 없는 것이다.

昔者, 秦魏爲與國, 齊楚約而欲攻魏, 魏使人求救於秦, 冠蓋相望, 秦救不出.

魏人有唐且者, 年九十餘, 謂魏王曰:「老臣請西說秦, 令兵先臣出, 可乎?」

魏王曰:「敬諾.」

遂約車而遣之.

且見秦王, 秦王曰:「丈人罔然乃遠至此, 甚苦矣. 魏來求救數矣, 寡人知魏之急矣.」

唐且答曰:「大王已知魏之急而救不至, 是大王籌筴之臣失之也. 且夫魏一萬乘之國也. 稱東藩, 受冠帶, 祠春秋者, 爲秦之强, 足以爲與也. 今齊楚之兵已在魏郊矣, 大王之救不至, 魏急則且割地而約齊楚, 王雖欲救之, 豈有及哉? 是亡一萬乘之魏, 而强二敵之齊楚也. 竊以爲大王籌筴之臣失之矣.」

秦王懼然而悟. 遽發兵救之, 馳騖而往. 齊楚聞之, 引兵而去, 魏氏復故. 唐且一說, 定彊秦之筴, 解魏國之患, 散齊楚之兵, 一擧而折衝消難, 辭之功也.

孔子曰:「言語宰我, 子貢.」

故詩曰:『辭之集矣, 民之洽矣. 辭之懌矣, 民之莫矣.』唐且有辭, 魏國賴之, 故不可以已.

【與國】 서로 우호관계, 동맹관계를 맺음을 뜻한다.

【冠蓋相望】 사신의 행렬이 끝없이 이어짐을 말한다. 위급함, 수레의 덮개가 서로 보일 정도로 사신을 연달아 보냄을 뜻한다.

【唐且】 魏나라 臣下.《史記》에는 唐雎로 실려 있으며 원음대로 '당차'로도 읽는다.

【魏王】 魏의 安釐王. 재위 34년(B.C. 276~243).

【秦王】 秦 昭王. 재위 56년(B.C. 306~251).

【罔然】《戰國策》에는『芒然』으로 되어 있다. '피곤한 모습'을 뜻한다고 한다. 〈郭希汾〉本에는『芒然, 罷倦貌』라 되어 있다.

【籌筴之臣】王을 위해 計策과 謀意를 해주는 參謀를 말한다.『筴』은『策』의 異體字이다.

【稱東藩】스스로를 낮추어 칭한 말.《戰國策》魏策 蘇子爲趙合從에『今乃有意 西面而事秦, 稱東藩, 築帝宮, 受冠帶, 祠春秋……』라 하였다.

【折衝消難】적을 제압하고 재난을 해소시킴.

【孔子曰】《論語》先進篇의 구절. 즉 孔門四德의 하나.『德行: 顔淵·閔子騫· 冉伯牛·仲弓, 言語: 宰我·子貢, 政事: 冉有·季路, 文學: 子游·子夏』라 하였다.

【詩曰】《詩經》大雅 板의 구절. 原文『集』은『輯』으로 되어 있다.

참고 및 관련 자료

1.《戰國策》魏策(四)

秦·魏爲與國. 齊·楚約而欲攻魏, 魏使人求救於秦, 冠蓋相望, 秦救不出. 魏人有唐 且者, 年九十餘, 謂魏王曰:「老臣請出西說秦, 令兵先臣出可乎?」魏王曰:「敬諾.」 遂約車而遣之. 唐且見秦王, 秦王曰:「丈人芒然乃遠至此, 甚苦矣. 魏來求救數矣, 寡人知魏之急矣.」唐且對曰:「大王已知魏之急而救不至者, 是大王籌筴之臣無任矣. 且夫魏一萬乘之國, 稱東藩, 受冠帶, 祠春秋者, 以爲秦之强足以爲與也. 今齊·楚之 兵已在魏郊矣, 大王之救不至, 魏急則且割地而約齊·楚, 王雖欲救之, 豈有及哉? 是亡一萬乘之魏, 而强二敵之齊·楚也. 竊以爲大王籌筴之臣無任矣.」秦王芙然愁悟, 遽發兵, 日夜赴魏. 齊·楚聞之, 乃引兵而去. 魏氏復全, 唐且之說也.

2.《史記》魏世家

齊·楚相約而攻魏, 魏使人求救於秦, 冠蓋相望也, 而秦救不至. 魏人有唐雎者, 年九十 餘矣, 謂魏王曰:「老臣請西說秦王, 令兵先臣出.」魏王再拜, 遂約車而遣之. 唐雎到, 入見秦王. 秦王曰:「丈人芒然乃遠至此, 甚苦矣! 夫魏之來求救數矣, 寡人知其急已.」 唐雎對曰:「大王已知魏之急而救不發者, 臣竊以爲用策之臣無任矣. 夫魏, 一萬乘之 國也, 然所以西面而事秦, 稱東藩, 受冠帶, 祠春秋者, 以秦之彊足以爲與也. 今齊· 楚之兵已合於魏郊矣, 而秦救不發, 亦將賴其未急也. 使之大急, 彼且割地而約從, 王尙何救焉? 必待其急而救之, 是失一東藩之魏而彊二敵之齊·楚, 則王何利焉?」 於是秦昭王遽爲發兵救魏. 魏氏復定.

047(3-4) 燕易王時
죽은 말의 骨

연燕 이왕易王 때에 나라에 큰 난리가 일어나자, 제齊나라 민왕閔王이 이 틈을 노려 군대를 몰고 연나라로 쳐들어 왔다. 그들은 연나라를 도륙내고 나라의 보물을 모두 거두어 싣고 돌아가 버렸다. 이왕이 죽고 연나라는 다시 복구되어 태자太子가 임금으로 즉위하였다. 그가 바로 연燕 소왕昭王이다. 소왕은 현명한 군주였다. 즉위하자 곧 몸을 낮추고 후한 예물로 어진 이를 초빙하였다. 그리고 곽외郭隗에게 이렇게 자문을 구하였다.

"제齊나라는 과인의 나라에 난이 일어난 틈을 타서 우리를 습격하였습니다. 나는 우리 연나라가 작고 힘이 없어 이를 보복할 수 없음을 잘 알고 있습니다. 어진 이를 얻어 함께 나라를 강하게 하여 선왕先王의 치욕을 씻는 일이 나의 소원입니다. 선생께서 보시기에 누가 과연 이 나라를 함께 이끌 수 있겠습니까?"

이에 곽외가 말하였다.

"저는 이런 이야기를 들었습니다. 옛날 어떤 임금이 천금千金을 들여 천리마를 하나 구하려고 하였지만 3년이 지나도록 찾지 못하였습니다. 그때 연인涓人 하나가 임금에게 '청컨대 제가 구해오겠습니다'라고 나서는 것이었습니다. 임금이 이를 보내자 그는 석 달 만에 천리마를 찾아내었습니다. 그런데 이미 죽은 말인데도 그 骨를 5백 금이나 주고 사가지고 와서는 임금에게 보고하는 것이었습니다.

이에 임금이 매우 화를 내며 '내가 구하고자 하는 것은 살아 있는 말입니다. 어디에 쓰겠다고 죽은 말을 5백 금이나 던져주고 이를 사왔습니까?'라고 하였습니다.

그러자 그 연인涓人이 '죽은 말도 5백 금이나 주고 사왔는데, 하물며 살아 있는 말이야 오죽하겠습니까? 천하 사람들은 반드시 임금께서 능히 말을 사실 줄 아는 분이라 여겨 지금 즉시 말을 끌고 올 것입니다'라고 하였습니다. 과연 미처 1년이 가기도 전에 천리마를 두 마리나 구할 수 있었습니다.

임금께서 지금 진실로 선비를 초치招致하고 싶으시다면 청컨대 우선 저 곽외부터 시작하십시오. 저 같은 자도 일을 맡는 것을 보게 되면, 하물며 저보다 어진 자들이야 어떻게 생각하겠습니까? 이것이 어찌 천리마 얻는 것보다 힘든 일이겠습니까?"

이에 소왕이 곽외를 위해 궁실을 지어 주고 그를 스승으로 모셨다. 이러한 소문이 퍼지자 과연 악의樂毅가 위魏나라로부터, 추연鄒衍이 제齊나라로부터, 그리고 극신劇辛이 조趙나라로부터 오는 등, 선비들이 다투어 연나라로 몰려들었다. 소왕은 조사문고吊死問孤하여 백성과 더불어 감고甘苦를 함께 하였다. 그렇게 하기를 28년, 드디어 연나라는 은부殷富해졌고 사졸士卒들은 전쟁에 두려움을 잊고 자신 있게 나라를 위해 죽을 각오를 갖게 되었다. 드디어 악의를 상장군上將軍으로 삼아 진秦·초楚·삼진三晉과 연합하여 제齊나라를 치게 되었다. 그리고 악의樂毅의 책략은 어진 이를 얻었기 때문이었다.

燕易王時, 國大亂, 齊閔王興師伐燕, 屠燕國, 載其寶器而歸. 易王死, 及燕國復, 太子立爲燕王, 是爲燕昭王. 昭王賢, 卽位, 卑身厚幣, 以招賢者.

謂郭隗曰:「齊因孤國之亂, 而襲破燕. 孤極知燕小力少, 不足以報, 然得賢士與共國, 以雪先王之醜, 孤之願也. 先生視可者, 得身事之」

隗曰:「臣聞古人之君, 有以千金求千里馬者, 三年不能得, 涓人言於君曰:『請求之.』君遣之, 三月得千里馬. 馬已死, 買其骨五百金, 反以報君. 君大怒曰:『所求者生馬, 安用死馬, 捐五百金?』涓人對曰:『死馬且市之五百金, 況生馬乎? 天下必以王爲能市馬, 馬今至矣.』於是不朞年, 千里馬至者二. 今王誠欲必致士, 請從隗始. 隗且見事, 況賢於隗者乎? 豈遠千里哉?」

於是昭王爲隗築宮而師之. 樂毅自魏往, 鄒衍自齊往, 劇辛自趙往, 士爭走燕. 燕王吊死問孤, 與百姓同甘苦, 二十八年, 燕國殷富, 士卒樂軼輕戰. 於是遂以樂毅爲上將軍, 與秦楚三晉合謀以伐齊. 樂毅之筞, 得賢之功也.

【燕】周나라 초기 召公 奭이 封을 받았던 나라. 지금의 北京 근처를 중심으로 발전하였으며, 戰國時代에 七雄에 들었다. 首都는 薊, 즉 지금의 北京 근처. 그 때문에 北京을 燕京이라고도 부른다.

【易王】재위 12년(B.C. 332~321).

【孤國之亂】易王의 뒤를 이은 燕王 噲가 재위 7년 만에 蘇代의 농간에 말려들어 王位를 재상인 子之에게 넘겨주어 나라에 대란이 일어났다. 噲는 易王의 아들로 재위는 9년(B.C. 320~312)이나 諡號가 없다. 《戰國策》 燕策 및 《史記》 燕世家 참조.

【齊 閔王】戰國時代 齊나라의 君主. 《史記》에는 愍王으로 실려 있다. 재위 17년 (B.C. 300~284).

【燕 昭王】戰國時代 燕나라의 君主. 이름은 平. 원래는 燕王 噲의 아들. 재위 33년(B.C. 311~279).

【郭隗】人名. 燕나라 사람으로 燕 昭王의 謀臣. 《史記》·《戰國策》 참조.

【孤】왕이 父王이 없을 때 자신을 낮추어 부르는 말. 《老子》 42章에 『唯孤·寡·不穀, 而王公以爲稱』라 하였다.

【先王】여기서는 易王과 燕王 噲. 즉 先代의 임금.

【涓人】임금의 좌우에 掃除를 맡은 臣下. 내시, 宦官.

【招致】초빙하여 이르게 함. 부름, 모심의 뜻.

【樂毅】魏將 樂羊의 후예. 燕 昭王의 將帥가 되어 齊나라를 쳐서 70여 성을 빼앗았다. 그 공으로 昌國君에 봉해졌으나, 그 뒤 田單의 반간계로 騎劫이 將軍이 되자 趙로 도망, 望諸君에 봉해졌다. 《史記》樂毅 田單列傳 및 《戰國策》 燕策 등 참조. 다음 장 참조.

【鄒衍】齊나라 臨淄人. 燕 昭王이 그를 위해 궁궐을 짓고 스승으로 모셨다. 뒤에 燕 惠王이 남의 참소를 듣고 그를 가두자 여름에 서리를 내리게 하여 그 冤을 표시하였으며, 陰陽家로 널리 알려졌다. 《史記》孟荀列傳 및 《戰國策》· 《說苑》 등 참조.

【劇辛】趙나라 출신으로 燕에 이르러 昭王을 도왔다.

【吊死問孤】죽거나 병든 이, 외로운 이, 고아를 찾아 조문하거나 방문함을 뜻한다.

【殷富】殷盛富裕. 부강해짐.

【上將軍】직위. 군사 책임자. 將軍의 우두머리.

【三晉】春秋 말기 晉나라가 韓·魏·趙로 나뉘어 戰國時代가 되자 이 세 나라를 묶어 흔히 三晉이라 불렀다.

> ### 참고 및 관련 자료

1. 《戰國策》 燕策(一)

燕昭王收破燕後卽位, 卑身厚幣, 以招賢者, 欲將以報讐. 故往見郭隗先生曰:「齊因孤國之亂, 而襲破燕. 孤極知燕小力少, 不足以報. 然得賢士與共國, 以雪先王之恥, 孤之願也. 敢問以國報讐者奈何?」郭未先生對曰:「帝者與師處, 王者與友處, 霸者與臣處, 亡國與役處. 詘指而事之, 北面而受學, 則百己者至; 先趨而後息, 先問而後嘿, 則十己者至; 人趨己趨, 則若己者至; 馮几據杖, 眄視指使, 則廝役之人至; 若恣睢奮擊, 呴籍叱咄, 則徒隷之人至矣. 此古服道致士之法也. 王誠博選國中之賢者, 而朝其門下, 天下聞王朝其賢臣, 天下之士必趨於燕矣.」昭王曰:「寡人將誰朝而可?」郭隗先生曰:「臣聞古之君人, 有以千金求千里馬者, 三年不能得. 涓人言於君曰:『請求之.』君遣之. 三月得千里馬, 馬已死, 買其首五百金, 反以報君. 君大怒曰:『所求者生馬, 安事死馬而捐五百金?』涓人對曰:『死馬且買之五百金, 況生馬乎? 天下必以王爲能市馬, 馬今至矣.』於是不能期年, 千里之馬至者三. 今王誠欲致士,

先從隗始; 隗且見事, 況賢於隗者乎? 豈遠千里哉?」於是昭王爲隗築宮而師之.
樂毅自魏往, 鄒衍自齊往, 劇辛自趙往, 士爭湊燕. 燕王弔死問生, 與百姓同其甘苦.
二十八年, 燕國殷富, 士卒樂佚輕戰. 於是遂以樂毅爲上將軍, 與秦・楚・三晉合謀
以伐齊. 齊兵敗, 閔王出走於外. 燕兵獨追, 北入至臨淄, 盡取齊寶, 燒其宮室宗廟.
齊城之不下者, 唯獨莒・卽墨.

2.《史記》燕世家

燕昭王於破燕之後卽位, 卑身厚幣, 以招賢者. 謂郭隗曰:「齊因孤之國亂而襲破燕,
孤極知燕小力少, 不足以報. 然誠得賢士以共國, 以雪先王之恥, 孤之願也. 先生視
可者, 得身事之.」郭隗曰:「王必欲致士, 先從隗始. 況賢於隗者, 豈遠千里哉!」
於是昭王爲隗改築宮而師事之. 樂毅自魏往, 鄒衍自齊往, 劇辛自趙往, 士爭趨燕.
燕王弔死問孤, 與百姓同甘苦. 二十八年, 燕國殷富, 士卒樂軼輕戰, 於是遂以樂毅
爲上將軍, 與秦・楚・三晉合謀以伐齊. 齊兵敗.

3.《史記》樂毅列傳

燕昭王怨齊, 未嘗一日而忘報齊也. 燕國小, 辟遠, 力不能制, 於是屈身下士, 先禮郭隗,
以招賢者.

4.《稱》

帝者臣, 名臣, 其實師也; 王者臣, 名臣, 其實友也; 霸者臣, 名臣也, 其實臣, 名臣也,
其實庸也. 亡者臣, 名臣也, 其實虜也. (漢墓에서 出土된 帛書 중의 古佚書)

5.《說苑》君道篇

燕昭王問於郭隗曰:「寡人之狹人寡, 齊人削取八城, 匈奴驅馳樓煩之下, 以孤之不肖,
得承宗廟恐危社稷, 存之有道乎?」郭隗曰:「有, 然恐王之不能用也.」昭王避席請
聞之, 郭隗曰:「帝者之臣, 其名, 臣也, 其實, 師也; 王者之臣, 其名, 臣也, 其實,
友也; 霸者之臣, 其名, 臣也, 其實, 賓也; 危國之臣, 其名, 臣也, 其實, 虜也.
今王將東面, 目指氣使以求臣, 則廝役之材至矣; 南面聽朝, 不失揖讓之禮以求臣,
則人臣之材至矣; 西面等禮相亢, 下之以色, 不乘勢以求臣, 則朋友之材至矣; 北面
拘指, 逡巡以退以求臣, 則師傅之材至矣. 如此則上可以王, 下可以霸, 唯王擇焉.」
燕王曰:「寡人願學而無師.」郭隗曰:「王誠欲興道, 隗請爲天下之士開路.」於是燕王
常置郭隗上坐南面, 居三年, 蘇子聞之, 從周歸燕; 鄒衍聞之, 從齊歸燕; 樂毅聞之,
從趙歸燕; 屈景聞之, 從楚歸燕. 四子畢至, 果以弱燕幷彊齊; 夫燕齊非均權敵戰之
國也, 所以然者, 四子之力也. 詩曰:『濟濟多士, 文王以寧.』此之謂也.

6. 기타 참고자료

《大戴禮記》 保傅·《新書》(賈誼) 胎敎

048(3-5) 樂毅爲昭王謀
군자는 절교에 악담을 하지 않는다

악의樂毅가 연燕 소왕昭王을 위해 일을 도모하면서 반드시 다른 제후국의 도움을 기다려야 제齊나라를 칠 수 있다고 하였다. 이에 악의를 다른 나라에 사신으로 보내어 드디어 네 나라의 군대가 연합하여 제나라를 쳐서 크게 무찔러 버렸다.

제나라 민왕閔王은 도망하여 겨우 그 몸만 빠져나가서 거莒 땅에 숨었다. 악의는 이를 뒤쫓아 결국 70여 성城을 도륙屠戮하였다. 제나라 수도인 임치臨淄조차 모두 항복하고 오직 거莒와 즉묵卽墨 두 곳만이 항복하지 않은 상태에 이르렀다. 이에 연나라는 옛날 제나라에게 빼앗겼던 보물들을 모두 찾아 귀국하여 이왕易王 때의 치욕을 갚을 수 있게 되었다. 악의는 다른 제후들의 군대에 고마움을 표하고 돌려보낸 다음, 단독으로 거와 즉묵을 포위하였다. 이때 전단田單이 즉묵의 영令이었는데 악의가 용병에 뛰어나서 그를 속일 수 없음을 걱정하고 있었다. 그를 제거하고자 하나 소왕昭王 역시 현명하여 악의에 대한 어떤 비방도 듣지 않고 있는 상황이었다.

때마침 소왕이 죽고 혜왕惠王이 즉위하자 전단은 기회를 놓치지 않고 사람을 시켜 악의에 대한 참언讒言이 혜왕의 귀에 들어가도록 공작을 꾸몄다. 과연 혜왕은 기겁騎劫이란 자를 등용하여 악의의 임무를 대신하게 하였다. 그러자 악의는 그만 연나라를 버리고 조趙나라로 가서 돌아오지 않게 되었다.

연나라의 기겁이 장군이 되자 전단은 크게 기뻐하며 사술詐術을 써서 연나라 군대를 크게 쳐부수고 기겁까지 죽인 다음 잃었던 70여 개 성을 수복하게 되었다. 이때에 제나라는 민왕閔王이 죽고 나자 전단은 거 땅에서 태자를 찾아 왕으로 세우니 이가 곧 제齊나라 양왕襄王이다. 연나라 혜왕은 크게 낙심하여 악의를 갈아치우는 바람에 이러한 화를 자초하게 된 것을 후회하였다. 그래서 혜왕은 곧 사람을 시켜 악의에게 이런 편지를 전하도록 하였다.

"과인이 똑똑치 못하여 그대의 뜻을 받들어 따르지 못하였습니다. 그 까닭으로 그대는 이 나라를 버리고 떠나 버렸습니다. 과인이 불초한 것은 분명합니다. 감히 과인이 바라는 뜻을 그대에게 전달하였으나 귀하가 들어주시지 않아서 사신을 보내어 과인의 어리석은 뜻을 전하오니 귀하가 진실로 깨우쳐 주시기를 바랍니다.

속담에 '덕 있는 사람은 남을 쉽게 거절하지 않으며, 지혜로운 자는 남을 쉽게 원망하지 않는다'라고 하였습니다. 그대와 선왕先王과의 관계는 온 세상이 밝히 아는 바입니다.

과인에게 잘못이 있으면 그대가 덮어 주기를 바랐습니다. 그러나 어찌 알았으리오? 그대는 과인의 잘못을 들추어내면서 버리기까지 하였습니다. 또 바라기는 과인에게 과실이 있으면 그대가 가르쳐 주고 깨우쳐 줄 줄 알았는데, 생각지도 않게 그것이 과인의 죄라고 떠들고 다니시는군요. 과인의 죄는 백성들이 모르고 있었습니다. 그대가 원망을 드러내어 과인을 버리지 않았더라도 과인에게 죄가 있는 것은 틀림없습니다. 그러나 그대 역시 충후忠厚를 다하지 아니하였음을 나는 원망스럽게 생각합니다.

속담에 '후덕한 사람은 남을 버리면서까지 자신의 이익을 구하지 아니하며, 인자한 사람은 자기 몸을 위험하게 하면서까지 명예를 추구하지는 않는다'라고 하였습니다. 따라서 남의 잘못을 덮어 주는 것은 후덕한 사람의 행동이요, 남의 과실을 구제해 주는 것은 어진 사람의 도리입니다. 세상에서 과인의 잘못을 덮어 주고 과인의 과실을 구제해

줄 만한 사람이 그대 아니면 그 누구에게 희망을 걸겠습니까? 지금 그대는 나의 선왕先王에게 존경을 받는 혜택을 입었었는데 나를 가볍게 버려 이를 즐거움으로 삼고 계신다면 나의 죄를 덮어 주리라는 기대는 더 이상 그대에게 바랄 수 없게 됩니다. 또 세상에는 후厚함과 박薄함이 있음으로 해서 그에 따라 베푸는 것이 다를 수밖에 없고, 행동에 득실得失이 있음으로 해서 그 근심은 같을 수밖에 없습니다. 지금 과인이 불초不肖의 죄를 지었음을 자임自任합니다.

그러나 그대 역시 후덕을 잃었다는 누명累名을 벗을 수는 없습니다. 그대의 선택도 결코 옳은 것은 아니었습니다. 나라에 강역疆域이 있는 것은 마치 집에 담장과 울타리가 있는 것과 같습니다. 그래서 서로 아끼고 잘못을 덮어 주어야 하는 것입니다. 집안에서 서로 능히 화합하지 못하고 이웃집에 가서 자기 집안 험담을 늘어놓는다는 것은 좋은 계책이라 볼 수 없습니다. 장군께서는 아직 원망과 미움까지 나타내 보이지는 않았으나 과인을 버린 것은 분명하고, 일찍이 과인을 위해 후모厚謀를 다하지도 않았습니다.

과인이 비록 불초하다고는 하나 은주殷紂같이 포악하지는 않습니다. 마찬가지로 그대가 비록 뜻을 얻지 못하였다고는 하나 상용商容이나 기자箕子만큼 억울하지는 않을 것입니다.

그런데도 과인의 진정眞情을 받아 주지 않고 원망의 말을 밖으로 나타내고 있으니, 두렵건대 과인을 원망하는 장군의 언행이 장군의 높은 뜻을 훼상하고 행실을 천박하게 하지 않을까 걱정하는 것입니다. 그렇지 않다면 그대의 고상함을 이루고 그대의 옳음을 밝히는 데 힘쓰십시오. 그렇게만 된다면 과인은 비록 악명이 높아간다고 해도 견디기 어렵지 않을 것입니다. 본래 그대가 과인의 박덕함을 떠들고 다닌다고 해서 그대가 후덕함을 얻는 것도 아니요, 과인의 잘못을 드러내어 밝힌다 해도 그대가 영광을 얻는 것은 아닙니다. 이는 오히려 하나의 행동으로 두 가지를 잃는 일일 뿐입니다.

의로운 자는 남을 해치면서까지 스스로의 이익을 구하지 않는다고 하였는데, 하물며 남을 해치기 위하여 자신까지 손해 보는 일을 하겠습니까? 원컨대 그대는 과인의 불초함을 들추어내는 데 힘을 허비할 것이 아니라 옛일의 아름다움을 진작시키는 일에 힘쓰시기를 바랍니다.

옛날 유하계柳下季는 노魯나라를 다스리면서 세 번씩이나 면직을 당하였지만 노나라를 떠나지 않았습니다. 어떤 이가 '어찌하여 외국으로 가버리지 않느냐?'라고 묻자 유하계는 '만약 나의 의견이 다른 사람과 이견을 좁히지 못한다면 외국으로 간들 어찌 면직을 당하지 않으리오? 그곳에 가서도 똑같이 쫓겨날 것이다. 그럴 바에야 조국에 있는 편이 낫지 않겠는가?'라 하였다 합니다.

이처럼 유하계는 면직당하였다는 이유로 스스로를 나쁜 길로 얽어매지 않았습니다. 그 때문에 스스로 이루었던 업적이 이제껏 사람들에게 잊혀지지 않고 있는 것입니다. 또 이로 인해 스스로만 옳다고 하면서 외국으로 떠나 버리는 행동은 하지 않았기 때문에 원근 각지 누구도 그를 비난하지 않는 것입니다.

과인의 잘못을 우리나라 백성들은 모르고 있었습니다. 그런데 지금 과인에 대한 이러쿵저러쿵 하는 소리가 온 천하에 두루 퍼져 있습니다. 속담에 '어진 사람은 남과의 절교를 가볍게 여기지 않으며, 지혜로운 자는 자기의 공에 대해 오만하게 굴지 않는다'라고 하였습니다. 공을 오만하게 여기고 자기보다 큰 자를 버리는 것은 바로 원수가 되겠다는 뜻이요, 절교를 가벼이 여기고 이익을 좇아 후한 척하는 것은 원한을 사겠다는 행동입니다. 원수가 되어 서로를 버리고, 원한을 사서 서로 얽히면서 그 뜻은 원대한 곳에 둔다고 하는 한 나는 그대에게는 더 이상 바랄 것이 없습니다. 그러나 지금 나에게 죄가 없다면 그대가 어찌 나를 원망하겠습니까? 원컨대 그대는 분함을 버리시고 노기를 푸십시오. 그리고 선왕의 뜻에 따라 다시금 나를 가르쳐 주십시오. 과인은 그대가 이러한 생각을 가진 것이 아닌가 여깁니다. '나는 임금께서 이런 과오에 빠진 것을 내심 즐거워하였습니다. 선왕의 은덕을 돌아보지 않은 채 임금의 죄악을 밝히는 데만 힘썼습니다.' 그리하여 과인으로 하여금 다시 처음의 그 충정으로 가지 못하게 하고 물러서서도 그 잘못을 고칠 기회를 주지 않는 것입니다. 이는 모두 그대가 만들어 놓은 일입니다. 오직 그대는 잘 헤아려 주십시오. 이상이 과인의 뜻입니다. 공경으로써 과인의 말을 마칩니다."

이런 편지를 받은 악의는 사람을 시켜 연왕에게 이렇게 편지를 올려 보고하였다.

"저는 불초하여 왕명王命을 잘 받들지도 못하였고, 좌우 신하의 마음을 잘 이끌지도 못하였습니다. 그 때문에 부월斧鉞의 죄를 쓰고 선왕先王의 명철을 훼상毁傷하고 족하足下의 의를 그르칠까 두려워 할 수 없이 스스로 도망치고 말았습니다. 이처럼 불초한 죄를 지은 까닭에 감히 드릴 말씀도 사실 없습니다. 그런데 지금 대왕께서 저의 죄를 따지시니 두렵건대 좌우에서 임금을 모시는 자들이 선왕께서 신을 아껴 주신 이치를 살피지 못하고, 신이 선왕을 섬긴 마음을 임금께 아뢰지 않아서 생긴 일이 아닌가 합니다.

그래서 감히 글로써 대답하지 않을 수 없습니다. 제가 듣건대 현성賢聖한 임금이란 사사로이 친함에 따라 녹祿을 베푸는 것이 아니라 공이 많은 자에게 이를 주며, 자기의 애정에 따라 관직을 주는 것이 아니라 오직 능력이 있느냐 없느냐에 따라 결정한다고 하였습니다. 그래서 '능력을 살펴 관직을 안배하는 임금은 성공하는 임금이요, 행동을 논해 보고 교분을 맺는 선비는 이름을 세우는 선비이다'라고 하였습니다. 제가 배운 바로 선왕의 행동하심을 보니 고세高世한 군주의 마음이 있으셨습니다. 그 때문에 저는 위왕魏王의 사신으로 부절符節을 빌려 연燕나라에 와서 선왕께서 신을 살펴보시게 할 기회를 얻었던 것입니다. 그때 선왕께서는 과분하게도 저를 여러 빈객 중에서 발탁하셔서 군신群臣의 윗자리에 놓으시면서 부형父兄과는 의논도 아니 한 채 아경亞卿을 삼아 주셨습니다.

저는 스스로 명령과 가르침을 잘 따르기만 하면 아무런 죄 없이 일을 할 수 있으리라 여겼습니다. 그래서 명령을 받으면 그 어느 것도 사양함이 없이 해냈습니다. 선왕께서는 제게 이렇게 명하셨지요. '나는 제齊나라에 깊은 원한을 가지고 있다. 우리의 약함을 헤아리지 않고 그 제나라와 한번 일을 벌여 보고 싶다.' 그래서 제가 이렇게 대답하였지요. '무릇 제나라는 패왕霸王의 여업餘業과 전승戰勝의 유사遺事가 남아 있습니다. 그 때문에 병혁兵革에 숙달이 되어 있고 전공戰攻에 익숙해져 있습니다. 따라서 왕께서 만약 이를 공격하려 하신다면 반드시 천하의 다른 나라와 함께 도모하셔야 합니다. 여기에는 조趙나라와 결합하는 것이 최우선입니다. 게다가 회북淮北과 송지宋地는 초楚와 위魏가 같이 노리고 있는 땅입니다. 조나라가 만약 우리와 손잡기를 허락한다면 그 뒤를 이어 초와 위를 끌어들여 힘을 하나로 모으는 것입니다. 이렇게 하여 네 나라가 제나라를 공격한다면 틀림없이 크게 쳐부술 수 있습니다.' 그러자 선왕께서는 '좋다!'라고 하셨습니다. 그리하여 저는 명령을 받고 부절符節을 갖추어 남쪽으로 조나라로 내려가서 일을 성사시키고 돌아와 아뢴 다음, 드디어 군대를 일으켜 제나라 공격에 나섰습니다.

하늘의 정도正道와 선왕의 신령스러움에 힘입어 하북河北의 각지는 모두가 선왕의 거사를 따라 나섰습니다. 제수濟水에 집결한 군사들은 명령을 받들고 승리를 구가하였습니다. 날래고 뛰어난 병졸들이 항오行伍를 지어 제나라로 몰려가자 제왕齊王은 거莒로 도망하여 겨우 제 몸만 액厄을 면하는 정도였지요.

그래서 그들의 주옥화보珠玉貨寶와 거갑진기車甲珍器를 모두 다 연나라로 거두어들여 대려大呂는 원영궁元英宮에 진열하고, 옛날 구정九鼎은 역실궁歷室宮으로 되돌아왔으며, 제나라의 보기寶器는 영대궁寧臺宮에, 그리고 계구薊丘의 식물은 제나라 문수汶水 가에서 가져온 대나무로 바꾸어 심을 수 있었던 것입니다. 오백五伯 이래로 공과 업적이 선왕과 같이 성대함에 미친 자가 없었습니다.

그래서 선왕께서는 크게 만족하셨고, 게다가 신이 선왕의 명령은 조금도 저버리지 않았다고 여기시어 제게 땅을 떼어 봉해 주셨던 것이며 그 땅은 어지간한 제후국과 비길 만하였습니다. 제가 듣건대 어진 임금은 공을 세운 다음 이를 쉽게 무너뜨리지 않아야 《춘추春秋》에 그 이름이 오르는 것이요, 선각先覺의 선비는 이름을 이룬 후에도 이를 쉽게 망가뜨리지 않아야 후세에 그 이름을 불러 준다고 하였습니다. 선왕 같은 분은 보원설추報怨雪醜하시고 만승의 제나라를 쳐부순 후, 그 나라가 8백 년 동안 모았던 보물을 다 거두어들이시고도 돌아가실 때에는 후사後嗣에게 의법義法을 지키고 집정임사執政任事에 법령을 준수하며, 서얼庶孼을 바르게 하여 어리고 천한 자에게도 잘 베풀도록 조詔를 남기셨으니, 모두가 다 후세에 교훈이 될 만한 것입니다. 또 신이 듣건대 시작을 잘한다고 해서 반드시 좋은 성공을 거두는 것은 아니며, 처음이 좋다고 반드시 끝도 잘 마무리 되는 것은 아니라고 하였습니다.

그래서 옛날 오자서伍子胥의 의견을 합려闔閭는 잘 들었기 때문에 오吳나라는 멀리 초楚나라 수도 영郢까지 발자취를 남길 수 있었으나, 부차夫差는 이 오자서를 밉게 보아 이를 가죽 부대인 치이鴟夷에 담아 강에다 던져 버렸습니다. 따라서 부차는 선현의 말대로 하면 공을 세울 수 있다는 것을 헤아리지 못한 채 오자서를 강에 던져 죽였기 때문에 나라가 망하였는데도 그를 죽여 후회할 줄 몰랐고, 오자서는 오자서대로 합려와 부차가 도량이 같지 않다는 것을 미리 감지하지 못하였기 때문에 강에 빠져 죽으면서도 자신의 불찰을 인정하려 들지 않았던 것입니다. 무릇 지금 저는 제 몸도 보전하고 공적功績도 간직하면서 선왕의 자취를 밝히는 것이 상책이라고 여기고 있습니다. 휴욕虧辱의 비방을 피하기 위해 선왕의 영명함을 손상시키는 것, 이것이 바로 제가 가장 두려워하는 것입니다.

헤아릴 수 없는 죄에 임하여 이로써 다행히 이로움으로 삼고, 감히 나서지 않는 행동을 의로 삼고자 합니다. 제가 듣기로 '군자는 그 사귐을 끊을 때 험담을 늘어놓지 않으며, 임금을 떠나게 되는 신하 역시 못된 말을 하지 않는다'라고 하였습니다. 제가 비록 불초하나 자주 군자들에게 가르침을 받은 바 있사옵니다. 걱정스러운 것은 임금께서 신하들의 친한 교분의 말만 듣고 멀리 살피지 못하는 경우가 있지 않을까 하는 것입니다. 그래서 감히 글로 올려 사의를 표하는 바입니다."

伍子胥 《삼재도회》

樂毅爲昭王謀, 必待諸侯兵, 齊乃可伐也. 於是乃使樂毅使諸侯, 遂合連四國之兵以伐齊, 大破之. 閔王亡逃, 僅以身脫, 匿莒, 樂毅追之, 遂屠七十餘城, 臨淄盡降, 唯莒·卽墨未下, 盡復收燕寶器而歸, 復易王之辱. 樂毅謝罷諸侯之兵, 而獨圍莒·卽墨, 時田單爲卽墨令, 患樂毅善用兵, 田單不能詐也, 欲去之, 昭王又賢, 不肯聽讒. 會昭王死, 惠王立, 田單使人讒之惠王, 惠王使騎劫代樂毅, 樂毅去之趙不歸. 燕騎劫旣爲將軍, 田單大喜, 設詐大破燕軍. 殺騎劫, 盡復收七十餘城. 是時, 齊閔王已死, 田單得太子於莒, 立爲齊襄王. 而燕惠王大慚, 自悔易樂毅, 以致此禍.

惠王乃使人遺樂毅書曰:「寡人不佞, 不能奉順君志, 故君捐國而去, 寡人不肖明矣. 敢謁其願望而君弗肯聽也, 故使使者陳愚志, 君誠諭之. 語曰:『仁不輕絶, 智不輕怨.』君於先王, 世之所明知也, 寡人望有非, 則君覆蓋之, 不虞君明棄之也; 望有過, 則君敎誨之, 不虞君明罪之也. 寡人之罪, 百姓弗聞, 君微出,

明怨以棄寡人, 寡人必有罪矣, 然恐君之未盡厚矣. 語曰:『厚者不捐人以自益, 仁者不危軀以要名.』故覆人之邪者, 厚之行也; 救人之過者, 仁之道也. 世有覆寡人之邪, 救寡人之過, 非君惡所望之? 今君厚受德於先王之成尊, 輕棄寡人以快心, 則覆邪救過, 難得於君矣. 且世有厚薄, 故施異; 行有得失, 故患同. 今寡人任不肖之罪, 而君有失厚之累, 於爲君擇無所取. 國有封疆, 猶家之有垣牆, 所以合好覆惡也. 室不能相和, 出訟鄰家, 未爲通計也. 怨惡未見而明棄之, 未爲盡厚也. 寡人雖不肖, 未如殷紂之亂也; 君雖未得志, 未如商容箕子之累也. 然不內盡寡人, 明怨於外, 恐其適足以傷高義而薄於行也. 非然, 苟可以成君之高, 明君之義, 寡人雖惡名, 不難受也. 本以爲明寡人之薄, 而君不得厚; 揚寡人之毀, 而君不得榮, 是一舉而兩失也. 義者不毀人以自益, 況傷人以自捐乎? 願君無以寡人之不肖, 累往事之美. 昔者, 柳下季爲理於魯, 三絀而不去, 或曰:『可以去矣.』柳下季曰:『苟與人異, 惡往而不絀乎? 猶且絀也, 寧故國耳.』柳下季不以絀自累, 故自前業不忘, 不以去爲心, 故遠近無議. 寡人之罪, 國人不知, 而議寡人者天下, 諺曰:『仁不輕絶, 知不簡功.』簡功棄大者, 仇也; 輕絶厚利者, 怨也. 仇而棄之, 怨而累之, 宜在遠者, 不望之乎君. 今寡人無罪, 君豈怨之乎? 願君捐忿和怨, 追順先王, 以復教寡人. 寡人意君之曰:『余將快心以成而過, 不顧先王以明而惡.』使寡人進不得循初, 退不得變過, 此君所制, 唯君圖之. 此寡人之愚志, 敬以書謁之.」

樂毅使人獻書燕王, 曰:「臣不肖, 不能奉承王命, 以順左右之心, 恐抵斧鉞之罪, 以傷先王之明, 有害足下之義, 故遁逃自負, 以不

肖之罪, 而不敢有辭說. 今王數之以罪, 恐侍御者不察先王之所以畜臣之理, 不白乎臣之所以事先王之心, 故不敢不以書對. 臣聞: 賢聖之君, 不以祿私親, 功多者授之; 不以官隨愛, 能當者處之. 故曰:『察能而授官者, 成功之君也; 論行而結交者, 立名之士也.』臣以所學, 觀先王舉措, 有高世主之心, 故假節於魏, 以身得察於燕. 先王過舉, 擢之賓客之中, 立之群臣之上, 不謀父兄, 以爲亞卿, 臣自以爲奉令承教, 可幸無罪, 故受命而不辭. 先王命臣曰:『我有積怨, 深怒於齊, 不量輕弱, 欲以齊爲事.』臣對曰:『夫齊者, 霸王之餘業, 戰勝之遺事, 閑於兵革, 習於戰攻. 王若欲攻之, 必與天下圖之. 圖之莫若徑結趙, 且淮北宋地, 楚魏之願也. 趙若許, 約楚魏盡力, 四國攻之, 齊可大破也.』王曰: 『善!』臣乃受命具符節南使趙, 顧反, 起兵攻齊. 以天之道, 先王之靈, 河北之地, 隨先王而舉之, 濟上之兵, 受命而勝之, 輕卒銳兵, 長驅至齊, 齊王遁逃走莒, 僅以身免, 珠玉貨寶, 車甲珍器, 皆收入燕, 大呂陳於元英, 故鼎反於歷室, 齊器設於寧臺, 薊丘之植, 植於汶篁. 五伯以來, 功業之盛, 未有及先王者也. 先王以爲快其志, 以臣不損令, 故裂地而封臣, 使比小國諸侯. 臣聞: 賢聖之君, 功立不廢, 故著於春秋; 蚤知之士, 名成而不毀, 故稱於後世. 若先王之報怨雪醜, 夷萬乘之齊, 收八百年之積, 及其棄群臣之日, 餘令詔後嗣之義法, 執政任事, 循法令, 順庶孽, 施及萌隸, 皆可以教後世. 臣聞善作者不必善成, 善始者不必善終. 昔伍子胥說聽於闔閭, 吳爲遠迹至郢, 夫差不是也, 賜之鴟夷, 沉之江, 故夫差不計先論之可以立功也, 沉子胥而不悔; 子胥不蚤見王之不同量也, 故入江而不化. 夫免身而全功, 以明先王

之迹, 臣之上計也; 離虧辱之誹, 墮先王之明, 臣之大恐也. 臨不測之罪, 以幸爲利, 義之所不敢出也. 臣聞『君子絶交無惡言. 去臣無惡聲.』臣雖不肖, 數奉敎於君子, 臣恐侍御者親交之說, 不察疏遠之行, 故敢以書謝.」

【樂毅】人名. 魏나라 장수 樂羊의 후손이며, 燕 昭王 때 昌國君에 봉해졌다가 趙나라로 도망하여 望諸君이 되었다.《史記》樂毅田單列傳 및《戰國策》燕策 참조. 앞 장 참조.

【燕 昭王】戰國時代 燕나라 군주. 재위 33년(B.C. 311~279).

【合連四國之兵】趙·楚·韓·魏를 가리킨다.《史記》樂毅列傳에『樂毅於是疊護趙·楚·韓·魏·燕之兵, 以伐齊』라 하였다.

【齊 閔王】戰國時代 齊나라 君主. 재위 17년(B.C. 300~284). 愍王, 湣王으로도 쓴다.

【莒】지금의 山東省에 있던 小國. 齊나라 영토의 邑. 지금의 山東省 莒縣.

【臨淄】齊나라의 首都. 지금의 山東省 淄博市 臨淄鎭.

【卽墨】齊나라의 邑名.

【易王】燕 昭王의 아버지. 噲에게 나라를 물려주었다가 나라를 궁지에 빠뜨린 임금. 재위 12년(B.C. 332~321).

【田單】齊나라 출신으로 莒에서 反間計를 써서 樂毅를 몰아내고 대신 騎劫을 세우게 한 다음,『火牛攻法』으로 燕나라에게 빼앗겼던 70여 성을 되찾았다. 安平君에 봉하여졌다.《史記》樂毅田單列傳 참조.

【惠王】燕나라의 君主. 昭王의 아들. 재위 7년(B.C. 278~272).

【騎劫】燕나라의 將軍. 樂毅를 대신하여 將軍이 되었으나 田單에게 패하였다.

【襄王】閔公의 아들. 재위 19년(B.C. 283~265).

【殷紂】殷[商]의 마지막 임금. 폭군. 周 武王에게 망하였다.

【商容】紂王 때의 大夫. 紂에게 諫言을 하다가 귀양 감.

【箕子】紂王의 숙부. 이름은 胥餘. 太師로 子爵에 봉해져서 箕 땅을 받았으며, 紂王에게 諫言을 하다가 듣지 않자 被髮佯狂하여 떠났다.

【柳下季】春秋時代 魯나라 사람. 이름은 展禽, 혹은 獲. 柳下라는 곳에 살아 柳下季라 부르며 諡號는 惠. 그래서 柳下惠라고도 부른다. 《論語》微子篇에 『柳下惠爲士師, 三黜, 人曰: '子未可以去乎?' 曰: '直道而事人, 焉往而不三黜? 枉道而事人, 何必去父母之邦?'』이라 하였다.

【斧鉞】古代의 刑具. 큰 죄를 상징하는 말로 쓰인다.

【足下】상대를 높이 부르는 말. 晉 文公이 介子推가 타 죽은 나무로 신을 만들어 신고 그를 잊지 못하여 『足下』라 부른 데서 유래하였다 한다.

【假節於魏】樂毅는 먼저 魏나라를 섬겼으나 燕 昭王이 賢士를 우대한다는 소문을 듣고 魏 昭王(재위 19년, B.C. 295~277)의 符節을 가지고 燕나라에 와서는 돌아 가지 않고 발탁되었다.

【先王】燕 昭王을 지칭한다.

【父兄】나라의 元老, 重臣.

【亞卿】卿벼슬 중의 正卿 다음.

【霸王之餘業】春秋時代 齊 桓公의 霸業으로 강국이 되어 그 업적이 남아 있다는 뜻.

【大呂】齊나라의 大鍾, 古代 국가의 중요한 器物로 여겼다.

【元英宮】燕나라 宮殿 이름.

【九鼎】古代의 큰 솥. 종주국을 상징한다.

【歷室宮】燕나라의 宮闕. 《史記》에는 磨室宮으로 실려 있으며, 《括地志》에 『燕元英, 歷室二宮, 在幽州薊縣兩里寧臺之下』라 하였다.

【寧臺宮】燕나라 宮闕, 혹은 樓臺 이름.

【薊丘】燕의 首都. 지금의 北京. 德勝門 서북의 土城關이라 하였다.

【汶水】齊나라 경내를 흐르는 강물.

【五伯】春秋五霸를 가리킨다. 齊 桓公·宋 襄公·晉 文公·楚 莊王·秦 穆公 혹은 宋 襄公 대신 越王 勾踐을 넣기도 한다.

【棄群臣之日】군신을 버리는 날, 즉 왕이 죽는다는 뜻.

【伍子胥】楚나라 출신으로 闔閭와 吳王 夫差를 도와 공을 세웠으나 죽음을 당하였다. 《史記》伍子胥列傳 참조.

【闔閭】吳나라의 君主. 재위 19년(B.C. 514~496).

【夫差】吳나라의 마지막 임금. 闔閭의 孫子. 越王 勾踐에게 망하였다. 재위 23년 (B.C. 495~473).

【鴟夷】夫差는 伍子胥를 죽여 그 머리를 東門에 건 후, 그 몸뚱이만 가죽 부대에 싸서 강에 던져 버렸다. 鴟夷는 가죽 부대를 뜻한다.

【君子絶交】《戰國策》에는 『君子交絶, 不出惡聲; 忠臣之去也, 不潔其名』이라 하였다.

> 참고 및 관련 자료

1. 《史記》 燕世家

昭王三十三年卒, 子惠王立. 惠王爲太子時, 與樂毅有隙, 及卽位, 疑毅, 使騎劫伐將. 樂毅亡走趙. 齊田單以卽墨擊敗燕軍, 騎却死, 燕兵引歸, 齊悉復得其故城. 湣王死于莒, 乃立其子爲襄王.

2. 《史記》 樂毅列傳

燕惠王後悔使騎劫代樂毅, 以故破軍亡將失齊; 又怨樂毅之降趙, 恐趙用樂毅而乘燕之弊以伐燕. 燕惠王乃使人讓樂毅, 且謝之曰:「先王擧國而委將軍, 將軍爲燕破齊, 報先王之讎, 天下莫不震動, 寡人豈敢一日而忘將軍之功哉! 會先王弃羣臣, 寡人新卽位, 左右誤寡人. 寡人之使騎劫代將軍, 爲將軍久暴露於外, 故召將軍且休, 計事. 將軍過聽, 以與寡人有隙, 遂捐燕歸趙. 將軍自爲計則可矣, 而亦何以報先王之所以遇將軍之意乎?」樂毅報遺燕惠王書曰:「臣不佞, 不能奉承王命, 以順左右之心, 恐傷先王之明, 有害足下之義, 故遁逃走趙. 今足下使人數之以罪, 臣恐侍御者不察先王之所以畜幸臣之理, 又不白臣之所以事先王之心, 故敢以書對. 臣聞賢聖之君不以祿私親, 其功多者賞之, 其能當者處之. 故察能而授官者, 成功之君也; 論行而結交者, 立名之士也. 臣竊觀先王之擧也, 見有高世主之心, 故假節於魏, 以身得察於燕. 先王過擧, 廁之賓客之中, 立之羣臣之上, 不謀父兄, 以爲亞卿. 臣竊不自知, 自以爲奉令承敎, 可幸無罪, 故受令而不辭. 先王命之曰:『我有積怨深怒於齊, 不量輕弱, 而欲以齊爲事.』臣曰:『夫齊, 霸國之餘業而最勝之遺事也. 練於兵甲, 習於戰攻. 王若欲伐之, 必與天下圖之. 與天下圖之, 莫若結於趙. 且又淮北宋地, 楚魏之所欲也, 趙若許而約四國攻之, 齊可大破也.』先王以爲然, 具符節南使臣於趙. 顧反命, 起兵擊齊. 以天之道, 先王之靈, 河北之地隨先王而擧之濟上. 濟上之軍受命擊齊, 大敗齊人. 輕卒銳兵, 長驅至國. 齊王遁而走莒, 僅以身免; 珠玉財寶車甲珍器盡收入于燕. 齊器設於寧臺, 大呂陳於元英, 故鼎反乎曆室, 薊丘之植植於汶篁, 自五伯已來, 功未有及先王者也.

先王以爲慊於志, 故裂地而封之, 使得比小國諸侯. 臣竊不自知, 自以爲奉命承敎, 可幸無罪, 是以受命不辭. 臣聞賢聖之君, 功立而不廢, 故著於春秋; 蚤知之士, 名成而不毀, 故稱於後世. 若先王之報怨雪恥, 夷萬乘之彊國, 收八百歲之蓄積, 及至弃羣臣之日, 餘敎未衰, 執政任事之臣, 脩法令, 愼庶孽, 施及乎萌隷, 皆可以敎後世. 臣聞之, 善作者不必善成, 善始者不必善終. 昔伍子胥說聽於闔閭, 而吳王遠迹至郢; 夫差弗是也, 賜之鴟夷而浮之江. 吳王不寤先論之据以立功, 故沈子胥而不悔; 子胥不蚤見主之不同量, 是以至於入江而不化. 夫免身立功, 以明先王之迹, 臣之上計也. 離毀辱之誹謗, 墮先王之名, 臣之所大恐也. 臨不測之罪, 以幸爲利, 義之所不敢出也. 臣聞古之君子, 交絶不出惡聲; 忠臣去國, 不絜其名. 臣雖不佞, 數奉敎於君子矣. 恐侍御者之親左右之說, 不察疏遠之行, 故敢獻書以聞, 唯君王之留意焉.」於是燕王復以樂毅子樂閒爲昌國君; 而樂毅往來復通燕, 燕趙以爲客卿. 樂毅卒於趙.

3.《戰國策》燕策(二)

昌國君樂毅爲燕昭王合五國之兵而攻齊, 下七十餘城, 盡郡縣之以屬燕. 三城未下, 而燕昭王死. 惠王卽位, 用齊人反閒, 疑樂毅, 而使騎劫代之將. 樂毅奔趙, 趙封以爲望諸君. 齊田單欺詐騎劫, 卒敗燕軍, 復收七十城以復齊. 燕王悔, 懼趙用樂毅承燕之弊以伐燕. 燕王乃使人讓樂毅, 且謝之曰:「先王擧國而委將軍, 將軍爲燕破齊, 報先王之讐, 天下莫不振動, 寡人豈敢一日而忘將軍之功哉? 會先王棄羣臣, 寡人新卽位, 左右誤寡人. 寡人之使騎劫代將軍者, 爲將軍久暴露於外, 故召將軍且休計事. 將軍過聽, 以與寡人有郄, 遂捐燕而歸趙. 將軍自爲計則可矣, 而亦何以報先王之所以遇將軍之意乎?」望諸君乃使人獻書報燕王曰:「臣不佞, 不能奉承先王之敎, 以順左右之心, 恐抵斧質之罪, 以傷先王之明, 而又害於足下之義, 故遁逃奔趙. 自負以不肖之罪, 故不敢爲辭說. 今王使使者數之罪, 臣恐侍御者之不察先王之所以畜幸臣之理, 而又不白於臣之所以事先王之心, 故敢以書對. 臣聞賢聖之君, 不以祿私其親, 功多者授之; 不以官隨其愛, 能當之者處之. 故察能而授官者, 成功之君也; 論行而結交者, 立名之士也. 臣以所學者觀之, 先王之擧錯, 有高世之心, 故假節於魏王, 而以身得察於燕. 先王過擧, 擢之乎賓客之中, 而立之乎群臣之上, 不謀於父兄, 而使臣爲亞卿. 臣自以爲奉令承敎, 可以幸無罪矣, 故受命而不辭. 先王命之曰:『我有積怨深怒於齊, 不量輕弱, 而欲以齊爲事.』臣對曰:『夫齊霸國之餘敎也, 而驟勝之遺事也, 閑於兵甲, 習於戰攻. 王若欲攻之, 則必擧天下而圖之. 擧天下而圖之, 莫徑於結趙矣. 且又淮北·宋地, 楚·魏之所同願也. 趙若許, 約楚·魏, 宋盡力, 四國攻之, 齊可大破也.』先王曰:『善.』臣乃口受令, 具符節, 南使臣於趙. 顧反命, 起兵隨而

攻齊. 以天之道, 先王之靈, 河北之地, 隨先王舉而有之於濟上. 濟上之軍, 奉令擊齊,
大勝之. 輕卒銳兵, 長驅至國. 齊王逃遁走莒, 僅以身免. 珠玉財寶, 車甲珍器, 盡收
入燕. 大呂陳於元英, 故鼎反於曆室, 齊器設於寧臺. 薊丘之植, 植於汶皇. 自五伯以來,
功未有及先王者也. 先王以爲愜其志, 以臣爲不頓命, 故裂地而封之, 使之得比乎小
國諸侯. 臣不佞, 自以爲奉令承教, 可以幸無罪矣, 故受命而弗辭. 臣聞: 賢明之君,
功立而不廢, 故著於春秋; 蚤知之士, 名成而不毁, 故稱於後世. 若先王之報怨雪恥,
夷萬乘之强國, 收八百歲之蓄積, 及至棄群臣之日, 餘令詔後嗣之遺義, 執政任事之臣,
所以能循法令, 順庶孽者, 施及萌隸, 皆可以教於後世. 臣聞: 善作者, 不必善成;
善始者, 不必善終. 昔者, 五子胥說聽乎闔閭, 故吳王遠迹至於郢. 夫差弗是也, 賜之
鴟夷而浮之江. 故吳王夫差不悟先論之可以立功, 故沉子胥而不悔. 子胥不蚤見主
之不同量, 故入江而不改. 夫免身全功, 以明先王之迹者, 臣之上計也. 離毁辱之非,
墮先王之名者, 臣之所大恐也. 臨不測之罪, 以幸爲利者, 義之所不敢出也. 臣聞:
古之君子, 交絶不出惡聲; 忠臣之去也, 不潔其名. 臣雖不佞, 數奉教於君子矣. 恐侍
御者之親左右之說, 而不察疏遠之行也. 故敢以書報, 唯君之留意焉.」

4.《戰國策》燕策(三)

燕王喜使栗腹以百金爲趙孝成王壽, 酒三日, 反報曰:「趙民其壯者皆死於長平, 其孤
未壯, 可伐也.」王乃召昌國君樂間而問曰:「何如?」對曰:「趙, 四達之國也, 其民皆
習於兵, 不可與戰.」王曰:「吾以倍攻之, 可乎?」曰:「不可.」曰:「以三, 可乎?」
曰:「不可.」王大怒. 左右皆以爲趙可伐, 遽起六十萬以攻趙. 令栗腹以四十萬攻鄗,
使慶秦以二十萬攻代. 趙使廉頗以八萬遇栗腹於鄗, 使樂乘以五萬遇慶秦於代. 燕人
大敗. 樂間入趙. 燕王以書且謝焉, 曰:「寡人不佞, 不能奉順君意, 故君捐國而去,
則寡人之不肖明矣. 敢端其願, 而君不肯聽, 故使使者陳愚意, 君試論之. 語曰:『仁不
輕絶, 智不輕怨.』君之於先工也, 世之所明知也. 寡人望有非則君掩蓋之, 不虞君之
明罪之也; 望有過則君教誨之, 不虞君之明罪之也. 且寡人之罪, 國人莫不知, 天下
莫不聞, 君微出明怨以棄寡人, 寡人必有罪矣. 雖然, 恐君之未盡厚也. 諺曰:『厚者
不毁人以自益也, 仁者不危人以要名.』以故掩人之邪者, 厚人之行也; 救人之過者,
仁者之道也. 世有掩寡人之邪, 救寡人之過, 非君心所望之? 今君厚受位於先王以成尊,
輕棄寡人以快心, 則掩邪救過, 難得於君矣. 且世有薄於故厚施, 行有失而故惠用.
今使寡人任不肖之罪, 而君有失厚之累, 於爲君擇也, 無所取之. 國之有封疆, 猶家
之有垣牆, 所以合好掩惡也. 室不能相和, 出語鄰家, 未爲通計也. 怨惡未見而明棄之,
未盡厚也. 寡人雖不肖乎, 未如殷紂之亂也; 君雖不得意乎, 未如商容・箕子之累也.

然則不內蓋寡人, 而明怨於外, 恐其適足以傷於高而薄於行也, 非然也? 苟可以明君之義, 成君之高, 雖任惡名, 不難受也. 本欲以爲明寡人之薄, 而君不得厚; 揚寡人之辱, 而君不得榮, 此一舉而兩失也. 義者, 不虧人以自益, 況傷人以自損乎? 願君無以寡人不肖, 累往事之美. 昔者, 柳下惠吏於魯, 三黜而不去. 或謂之曰:『可以去.』柳下惠曰:『苟與人之異, 惡往而不黜乎? 猶且黜乎, 寧於故國爾.』柳下惠不以三黜自累, 故前業不忘; 不以去爲心, 故遠近無議. 今寡人之罪, 國人未知, 而議寡人者遍天下. 語曰:『論不脩心, 議不累物, 仁不輕絕, 智不簡功.』棄大功者, 輟也; 輕絕厚利者, 怨也. 輟而棄之, 怨而累之, 宜在遠者, 不望之乎君也. 今以寡人無罪, 君豈怨之乎? 願君捐怨, 追惟先王, 復以教寡人! 意君曰:『余且慝心以成而過, 不顧先王以明而惡.』使寡人進不得脩功, 退不得改過, 君之所揣(或作梭)也, 唯君圖之! 此寡人之愚意也. 敬以書謁之.」樂間・樂(或衍樂)乘怨不用其計, 二人卒留趙, 不報.

049(3-6) 齊人鄒陽客游於梁
여자란 미추에 관계없이

제齊나라 사람으로 추양鄒陽이란 자가 양梁나라에 빈객賓客으로 와 있었다. 어떤 사람이 효왕孝王에게 추양을 참언讒言하자 효왕이 노하여 추양을 묶어다가 장차 죽여 버리고자 하였다. 그러자 추양이 빈객의 몸으로 왔다가 참언을 입어 억울함에 빠지자 옥중에서 글을 올렸는데, 그 내용은 다음과 같다.

"제가 듣기로 충성스러운 신하는 보답을 받지 못하는 경우가 없고, 믿음을 가진 자는 더 이상 의심을 받지 않는다 하였습니다. 저는 항상 그렇다고 여겼으나 사실 한갓 헛된 말일 뿐입니다.

옛날 형가荊軻는 연燕 태자太子 단丹의 의義를 사모하여 일을 벌이다가 백홍白虹이 해를 관통하자 태자는 그 일의 실패를 두려워하였습니다.

또 위선생衛先生이 진秦나라를 위해 장평長平의 계략을 꾸미자 태백성太白星이 묘성昴星을 삼기는 것을 본 소왕昭王이 이 위선생이란 자를 의심하였습니다. 무릇 정성精誠은 천지를 감동시키지만 진실로 두 사람은 깨닫지 못하였으니, 어찌 안타까운 일이 아니겠습니까? 지금 저는 진충갈성盡忠竭誠하여 저의 의義를 다해 지혜를 바치고자 하였으나 임금의 좌우가 명석하지 못한데도 끝내 임금께서는 그들의 말을 듣고 계시니, 세상이 다 이 일을 의심하고 있는 것입니다. 이는 형가나 위선생 같은 이가 다시 태어난다고 해도 역시 연나라 태자 단이나 진나라 소왕이 깨닫지 못하는 것과 같은 경우일 것입니다.

원컨대 대왕께서는 깊이 헤아려 주십시오. 또 옛날 옥인이 보물을 바쳤는데도 초왕楚王은 오히려 벌을 내렸고, 이사李斯는 충성을 다 하였는데도 호해胡亥는 그를 극형에 처하였습니다. 그러한 경우가 있음으로 해서 기자箕子는 거짓으로 미친 체하였고 접여接輿는 세상을 피해 살았습니다. 모두가 이런 변고를 만날까 두려워서였지요. 원컨대 대왕께서는 그 옥인과 이사의 뜻을 헤아려 보시기 바랍니다. 그런 후에 다시 초왕과 호해

荊軻

가 남의 말을 잘못 들어 일어난 일을 살펴 주십시오. 그리하여 저로 하여금 기자나 접여처럼 탄식하는 자가 되지 않도록 해 주십시오.

저는 비간比干의 심장은 도려내어지고 오자서伍子胥는 죽어서 치이鴟夷라는 가죽 부대에 담겨졌다는 이야기를 듣고 처음에는 믿지 않았으나 지금은 알 것 같습니다. 원컨대 대왕은 잘 살펴 가련히 여겨 주십시오.

속담에 『백발이 되어도 늘 새로운 느낌의 친구가 있고, 길가다 만나도 그 수레 덮개를 기울여 놓고 수레를 세운 채 시간 가는 줄 모를 정도로 오래된 친구인 것 같은 경우가 있다』라고 하였습니다. 어찌하여 그럴 수 있겠습니까? 바로 서로 알아주느냐 그렇지 않으냐 하는 데에서 비롯됩니다.

옛날 번오기樊於期는 진秦나라를 도망쳐 나와 연燕나라로 가서 형가를 믿고 자기 목을 잘라 그 머리를 연나라 태자 단에게 바치도록 하였습니다. 또 왕사王奢라는 자는 제齊나라를 떠나 위魏나라로 가서는 제나라가 쳐들어오자 싸움터의 성 위에 올라 스스로 목을 쳐서 제나라를 퇴각시키고

위나라를 구하였습니다. 왕사와 번오기는 자기 고국인 제나라·진나라에 대해 전에 없던 새로운 싫증이 난 것이라거나, 전혀 관계없던 연나라나 위나라에 대해 무슨 연고가 있어 혜택을 받았기 때문도 아닙니다. 그런데도 두 나라를 떠나 다른 나라의 두 임금을 위해 죽을 수 있었던 것은 서로의 행동이 뜻에 맞았고, 그 의로움을 사모하는 마음이 끝이 없었기 때문이었습니다. 그래서 소진蘇秦은 천하에 신용을 잃고도 연燕 나라를 위해 미생尾生같은 믿음을 지켰고, 백규白圭는 전쟁에서 여섯 성城을 잃고도 다시 위魏나라로 가서 중산中山을 빼앗아 주었던 것입니다.

어찌하여 그렇게 했겠습니까? 그것은 진실로 서로가 속뜻을 알고 믿었기 때문입니다. 즉 소진이 연나라 재상이 되자 많은 연나라 신하들 이 연왕에게 그를 비방하였습니다. 그러나 연왕은 칼을 만지며 그 비방하는 자를 물리치고 도리어 소진에게 훌륭한 식사로 대접하여 결제駃騠를 선물해주었습니다. 또 백규가 중산을 빼앗아 위나라에 바치 자 중산 사람들이 위魏나라 문후文侯에게 그에 대한 악담을 늘어놓자 문후는 도리어 백규에게 야광지벽夜光之璧을 선물하였습니다.

왜 그랬겠습니까? 두 임금과 두 신하는 심장과 간을 도려낸다 해도 서로 믿었으니, 그 어찌 떠도는 말을 믿고 생각을 바꾸려 하였겠습니까? 그래서 '여자란 예쁘건 밉건 관계없이 궁궐에 발탁되어 들어가게 되면 질투를 받는 법이며, 선비는 어질고 불초함에 관계없이 조정에 들어가 벼슬을 하게 되면 시기를 받게 되는 법'입니다.

옛날 사마희司馬喜는 송宋나라에서 다리가 잘리는 형벌을 받았지만 세 번이나 중산中山의 재상이 되었고, 범저范雎는 위魏나라에서 갈비뼈가 부러지고 이빨이 부러지는 고통을 당하였지만 끝내 진秦나라에 가서 응후應侯라는 봉호封號까지 받았습니다. 이 두 사람은 모두가 반드시 그렇게 되리라는 계획을 믿었고, 붕당朋黨의 사사로움을 버렸으며, 사람과 사귀어도 고독한 믿음을 지니고 있었던 자들입니다. 그 때문에 스스로 다른 이들로부터 질투의 대상에서 벗어나지 못한 것입니다. 그래서 신도적申徒狄은 스스로 물에 빠져 죽었고, 서연徐衍 역시 돌을 짊어지고 바다에 빠져 스스로 목숨을 끊고 말았습니다. 이는 세상에 용납되지 않아도, 의를 구차하게 취하지 않으면서 아부와 작당이 들끓는 조정에 있는 임금의 마음을 고쳐 보려 한 것입니다.

따라서 백리해百里奚는 길가에서 구걸을 하던 자였지만 진秦나라 목공繆公은 그에게 정치를 맡겼고, 영척甯戚은 수레 아래에서 소꼴을 먹이는 천한 자였지만 제齊 환공桓公이 그에게 나라 일을 맡겼던 것입니다. 어찌 이 두 사람이 스스

墨子(墨翟) 夢谷 姚谷良(그림)

로 조정에 들어가 벼슬을 해 보겠다고 임금의 좌우에게 자기 자랑을 늘어놓은 후에야 두 임금이 알고 임용한 자들이겠습니까? 마음에 감동되고 행동에 투합이 있어 그 굳기가 교칠膠漆같게 되면 형제 사이라도 그런 사이를 떨어지라고 못할 터인데 어찌 남의 말에 혹함이 있겠습니까? 그래서 '치우친 소문만 듣게 되면 간악함이 생기고, 독단적으로만 임용하면 난亂이 생기게 되는 것'이라고 하였습니다. 옛날 노魯나라에서는 계손季孫의 말을 믿고 공자孔子를 축출하였으며, 송宋나라는 자염子冉의 말을 믿고 묵적墨翟을 내쫓으려 하였습니다.

무릇 공자와 묵자 같은 뛰어난 변론으로도 스스로를 벗어나게 하지는 못하였으니, 이는 무슨 이유에서였겠습니까? '여러 사람의 입이 모이면 쇠도 녹이고 훼방이 모이면 골육 사이도 이간이 가는' 때문이겠지요.

그 때문에 진秦나라는 융戎 땅 출신인 유여由余를 등용하여 중국中國을 제패할 수 있었고, 제齊나라는 월越나라 출신 자장子臧을 등용시키자 그가 위왕威王과 선왕宣王을 강하게 만들어 주었습니다. 그렇게 보면 이 두 나라가 어찌 세속世俗에 얽매이고 편견과 아첨하는 말에 묶였던

나라라 하겠습니까? 이들은 공정하게 듣고 의견이 같았기 때문에 당세에 이름을 남긴 것입니다. 따라서 의기가 투합하면 호월胡越도 형제가 될 수 있는 것이니, 바로 유여와 자장이 이런 경우요, 투합하지 못하면 골육骨肉도 원수가 될 수 있으니 단주丹朱와 상象, 그리고 관숙管叔과 채숙蔡叔이 그런 경우입니다.

지금 왕께서 만약 제齊나라와 진秦나라 임금 같은 명철함을 발휘하시고, 송宋나라와 노魯나라 임금 같은 일을 뒤로 미루시면 오백五伯도 왕만큼 될 수 없고 삼왕三王 정도도 쉽게 견줄 수 있게 될 것입니다.

그래서 어진 임금은 깊이 깨달아, 자지子之 같은 인물은 근처에 오지 못하게 하고, 전상田常 같은 거짓 현인을 상대하기를 즐겨하지 않습니다. 도리어 비간比干의 후예를 봉해 주고 임신부의 무덤을 잘 만들어 주는 일에 힘쓰지요. 그 때문에 그 공과 업적이 천하를 덮고 있는 것입니다. 이는 무슨 연유이겠습니까? 선을 행하면서도 싫증을 내지 않았기 때문입니다.

무릇 진晉 문공文公은 그 원수를 가까이함으로 해서 다른 제후를 제패할 수 있었고, 제齊 환공桓公은 그 원수를 등용시켜 천하를 바로잡았습니다. 그 이유가 무엇이겠습니까? 바로 자애와 인자가 은근하여 진실함을 마음에 더하고 남의 헛된 말에 마음을 내주지 않았기 때문입니다. 이어서 진秦나라는 상앙商鞅의 법을 써서 동쪽으로 한韓나라와 위魏나라를 약화시키고 천하의 강국으로 섰지만, 마침내 상앙을 거열형車裂刑에 처하고 말았습니다. 또 월越나라는 대부大夫 문종文種의 계책을 써서 그 강한 오吳나라를 사로잡아 중국을 제패하였지만 끝내 그를 죽이고 말았습니다. 그래서 손숙오孫叔敖는 세 번이나 재상 자리에서 쫓겨나면서도 후회를 하지 않았고, 오릉於陵의 중자仲子는 삼공三公의 자리를 사양하고 남의 정원에 물이나 주는 일로 살았습니다.

그러니 임금께서 지금 진실로 능히 교만한 마음을 버리고 남의 의견에 보답하는 마음을 가지며, 흉금을 털어놓고 속에 든 뜻을 보여 주며, 간담이 떨어지도록 덕후德厚를 베풀어 마침내 그들과 함께 궁리하되 선비의 요구를 변질시키지 마십시오. 그렇게만 되면 걸桀 같은 폭군도 자기 개로 하여금 요堯임금을 보고 짖게 시킬 수 있고, 도척盜跖 같은 악인도 그 손님을 시켜 허유許由 같은 이를 찔러 죽이게 할 수 있는데 하물며 만승萬乘의 권세에 성왕聖王이라는 자질까지 가탁假托하였다면 무슨 일이든 이루지 못하겠습니까? 그런즉, 형가荊軻가 진시황秦始皇 암살에 실패함으로 해서 칠족七族이 몰살당하고, 요리要離가 경기慶忌를 죽이기 위해 먼저 자기 처자식을 불에 타죽게 한 일이 어찌 족히 대왕을 위해 가치가

진시황의 〈焚書坑儒〉 명각본 《帝鑑圖說》

있겠습니까? 명월지주明月之珠나 야광지벽夜光之璧을 사람 다니는 길가에 몰래 던져 놓아 보십시오. 사람들은 누구 하나 칼을 어루만지며 서로 경계하지 않는 이가 없을 것입니다. 이는 무슨 이유입니까? 아무런 까닭 없이 그 귀한 보물이 자기 앞에 놓여 있기 때문입니다.

또 가지와 뿌리가 뒤엉킨 반목근저蟠木根柢와 꾸불꾸불하게 뻗어 올라 옹이진 윤균이기輪囷離奇가 만승萬乘의 값에 해당하는 그릇이 되는 것은 그 둘레를 조각하여 장식을 만들기 때문입니다. 따라서 이유 없이 자기 앞에 비록 수후지주隨侯之珠나 야광지벽夜光之璧이 있다 해도 이는 다만 원한만 맺게 될 뿐, 덕을 볼 수 없습니다.

그러므로 어떤 사람이 남보다 먼저 나무 그늘에 쉴 수 있게 된다면 고목후주枯木朽株라도 그 나무의 공을 잊을 수 없을 것입니다.

지금 천하의 포의布衣로 궁거窮居하는 선비들로 하여금 그 스스로는 빈궁하게 살게 하면서 비록 요堯·순舜 같은 태평시대를 만들어 주고,

이윤伊尹이나 관중管仲 같은 달변가를 재상으로 등용해 쓰는 훌륭한 시대인데 근본적으로 근저根柢만한 가치도 없으면서 온 정성을 다해 충忠과 신信을 바쳐 임금의 정치를 돕겠다고 나서는 자가 있다면, 임금께서는 보물을 앞에 두고 칼을 만지며 경계를 취하는 그런 행동을 보이실 것입니다. 그렇게 되면 그 포의의 선비들이 고목후주枯木朽株 같은 자질을 발휘할 수 없게 되겠지요.

이러한 까닭으로 성왕聖王은 제세어속制世御俗하되 홀로 도균지상陶鈞之上에서 교화하듯 하며, 능히 비란지언卑亂之言에 얽매이지 않고 중다지구衆多之口에 현혹되지 않는 법입니다. 그래서 진秦나라 시황제始皇帝는 중서자中庶子 몽염蒙恬을 신임하여 형가荊軻의 말을 믿었다가 비수匕首가 발각되어 겨우 살아나는 위험을 당하였습니다. 그러나 주周 문왕文王은 경수涇水·위수渭水가로 사냥을 나갔다가 여상呂尙을 만나 수레에 같이 태우고 돌아옴으로써 천하의 왕자王者가 되었습니다. 이처럼 진秦나라 왕은 좌우를 믿다가 시해를 당할 뻔 하였고, 주나라 왕은 까마귀 모이듯 사람이 모여 왕자가 되었습니다. 무슨 까닭이겠습니까? 이는 문왕이 능히 자기를 얽매는 말言을 뛰어넘어 역외域外의 의견까지 내달아가서 들으며, 독특하게 밝고 넓은 도를 볼 수 있었기 때문입니다.

지금 임금께서 아첨하는 말들 속에 파묻혀 장막 안에서의 속박에 이끌려 다니신다면 이는 얽매일 수 없는 선비들을 마치 소와 천리마를 한우리에 처하도록 하는 것과 같습니다. 그 때문에 포초鮑焦 같은 선비가 세상에 분을 품고 부귀의 즐거움에 머물지 않겠다고 한 것입니다. 제가 듣건대 '훌륭한 관복을 입고 조회에 나가는 자는 사사로운 이익을 위해 의義를 더럽히지 않으며, 자기 이름을 잘 닦는 자는 이익을 위해 그 행동에 훼상毀傷이 가는 일을 하지 않는다'라고 하였습니다. 그래서 동네 이름이 '승모勝母'라고 해서 증자曾子는 그 땅에 들어가지 않았으며, 읍邑의 이름이 '조가朝歌'라고 해서 묵자墨子는 수레를 되돌려 버렸습니다. 지금 천하의 훌륭하고 고귀한 의견을 가진 선비들로 하여금 위중威重한 권세에 농락籠絡당하게 하고, 세력 높은 귀함에 협박당하게 하여, 돌아서 그 행동을 더럽힌 채 아첨하는 선비를 섬기게 하면서 좌우에 친한 자들만 골라 쓰도록 한다면 선비는 비록 굴 속, 바위 아래 엎드려 죽는 것을 바랄 뿐 어찌 감히 자기 충성을 다해 대왕의 궁궐 아래로 달려올 자가 있겠습니까?"

이렇게 글을 써서 효왕孝王에게 올리자 왕은 즉시 그를 풀어내어 상객上客으로 삼았다.

齊人鄒陽客游於梁, 人或讒之於孝王, 孝王怒, 繫而將欲殺之. 鄒陽客游, 見讒自冤, 乃從獄中上書.

其辭曰:「臣聞忠無不報, 信不見疑. 臣常以爲然, 徒虛言爾. 昔者, 荊軻慕燕丹之義, 白虹貫日, 太子畏之; 衛先生爲秦畫長平之計, 太白蝕昴, 昭王疑之. 夫精變天地, 而信不諭兩主, 豈不哀哉? 今臣盡忠竭誠, 畢義願知, 左右不明, 卒從吏訊, 爲世所疑, 是使荊軻·衛先生復起, 而燕秦不悟也, 願大王熟察之. 昔者, 玉人獻寶, 楚王誅之; 李斯竭忠, 胡亥極刑. 是以箕子狂佯, 接輿避世, 恐遭此變也. 願大王熟察玉人·李斯之意, 而後楚王·胡亥之聽, 無使臣爲箕子·接輿所歎. 臣聞: 比干剖心, 子胥鴟夷, 臣始不信, 乃今知之. 願大王熟察之, 少加憐焉. 諺曰:『有白頭如新, 傾蓋如故.』何則? 知與不知也. 昔者, 樊於期逃秦之燕, 籍荊軻首以奉丹之事; 王奢去齊之魏, 臨城自剄, 以卻齊而存魏. 王奢·樊於期, 非新於齊秦, 而故於燕魏也, 所以去二國, 死兩君者, 行合於志, 而慕義無窮也. 是以蘇秦不信於天下, 爲燕尾生; 白圭戰亡六城, 爲魏取中山. 何則? 誠有以相知也. 蘇秦相燕, 燕人惡之於燕王, 燕王按劍而怒, 食之以駃騠; 白圭顯於

中山, 中山人惡之於魏文侯, 文侯投以夜光之璧. 何則? 兩主二臣,
剖心析肝相信, 豈移於浮辭哉! 故『女無美惡, 入宮見妬; 士無賢
不肖, 入朝見嫉.』昔司馬喜臏於宋, 卒相中山; 范雎拉脇折齒
於魏, 卒爲應侯. 此二人者, 皆信必然之畫, 捐朋黨之私, 挾孤獨
之交, 故不能自免於嫉妬之人也. 是以申徒狄蹈流之河, 徐衍
負石入海, 不容於世, 義不苟取, 比周於朝, 以移主上之心. 故百
里奚乞食於道路, 繆公委之以政, 甯戚飯牛車下, 而桓公任之
以國. 此二人者, 豈藉宦於朝, 假譽於左右, 然後二主用之哉?
感於心, 合於行, 堅於膠漆, 昆弟不能離, 豈惑於衆口哉? 故『偏聽
生姦, 獨任成亂.』昔魯聽季孫之說逐孔子, 宋信子冉之計逐墨翟.
夫以孔墨之辯, 而不能自免. 何則? 衆口鑠金, 積毀銷骨. 是以
秦用由余而霸中國 齊用越人子臧而强威宣. 此二國豈拘於俗,
牽於世, 繫奇偏之辭哉? 公聽共觀, 垂名當世. 故意合, 則胡越爲
兄弟, 由余・子臧是也; 不合, 則骨肉爲仇讐, 朱象・管蔡是也.
今人主如能用齊秦之明, 後宋魯之聽, 則五伯不足侔, 三王易
爲比也. 是以聖王覺悟, 捐子之心, 能不說於田常之賢, 封比干
之後, 脩孕婦之墓, 故功業覆於天下. 何則? 欲善無厭也. 夫晉
文公親其讐, 而强霸諸侯; 齊桓公用其仇, 而一匡天下. 何則?
慈仁殷勤, 誠加於心, 不可以虛辭借也. 至夫秦用商鞅之法, 東弱
韓魏, 立强天下, 而卒車裂商君; 越用大夫種之謀, 擒勁吳, 霸
中國, 卒誅其身. 是以孫叔敖三去相而不悔; 於陵仲子辭三公,
爲人灌園. 今世主誠能去驕傲之心, 懷可報之意, 披心腹, 見情素,
墮肝膽, 施德厚, 終與之窮通, 無變於士, 則桀之狗, 可使吠堯;
跖之客, 可使刺由, 況因萬乘之權, 假聖王之資乎? 然則荊軻之

沉七族, 要離燔妻子, 豈足爲大王道哉? 明月之珠, 夜光之璧,
以闇投人於道路, 衆無不按劍相眄者, 何則? 無因至前也. 蟠木
根柢, 輪囷離奇, 而爲萬乘器者, 以左右先爲之容也. 故無因而
至前, 雖出隨侯之珠, 夜光之璧, 祗足以結怨而不見德. 故有人
先游, 則以枯木朽株, 樹功而不忘. 今使天下布衣窮居之士, 雖蒙
堯舜之術, 挾伊管之辯, 素無根柢之容, 而欲竭精神, 開忠信,
輔人主之治, 則人主必襲按劍相眄之迹矣. 是使布衣不得當枯
木朽株之資也. 是以聖王制世御俗, 獨化於陶鈞之上, 能不牽
乎卑亂之言, 不惑乎衆多之口, 故秦皇帝任中庶子蒙恬之言,
以信荊軻之說, 故匕首竊發. 周文王校獵涇渭, 載呂尚而歸, 以王
天下. 秦信左右而弒, 周用烏集而王. 何則? 以其能越攣拘之語,
馳域外之議, 獨觀於昭曠之道也. 今人主沉於諂諛之辭, 牽於
帷墻之制, 使不羈之士, 與牛驥同皁, 此鮑焦之所以忿於世, 而不
留於富貴之樂也. 臣聞『盛飾以朝者, 不以私行義; 砥礪名號者,
不以利傷行.』故里名勝母, 而曾子不入; 邑號朝歌, 墨子回車.
今使天下寥廓之士, 籠於威重之權, 脅於勢位之貴, 回面汙行,
以事諂諛之人, 求親近於左右, 則士有伏死崛穴巖藪之中耳,
安有盡精神而趨闕下者哉?」

　書奏孝王, 孝王立出之, 卒爲上客.

【鄒陽】漢나라 때의 齊 땅 출신으로, 지략이 뛰어났고 세속에 얽매이지 않은 人物로 알려졌다.《史記》·《漢書》의 鄒陽傳 참조.

【梁】원래 戰國時代 大梁 근처. 漢나라 때 이곳에 文帝의 둘째아들을 봉하였다.

【孝王】梁 孝王. 漢나라 文帝[劉恒]의 둘째아들. 처음 代王에 책봉되었다가 淮陽으로 옮겼으며, 다시 梁으로 옮겼다.

【讒言】鄒陽이 처음 嚴忌·枚乘 등과 吳王 濞를 섬겼으나, 뒤에 濞가 다른 뜻을 가지고 있는 것을 알고 上書하여 諫하였으나, 듣지 않자 이를 모두 버리고 梁으로 갔다. 그러나 그곳에서 羊勝에게 讒言을 입자 본장의 내용을 글로 올려 上客이 되었다.

【荊軻】원래는 戰國 말기의 齊나라 사람으로 字는 公叔, 뒤에 衛나라로 옮겼다가 다시 燕나라로 가서 太子 丹에게 발탁되었다. 그는 秦始皇을 협박하여 잃었던 땅을 되찾는 임무를 띠고 秦나라에 들어갔다가 죽임을 당하였다.《史記》刺客列傳·燕召公世家 및《戰國策》燕策 참조.

【太子 丹】燕의 마지막 임금인 喜의 太子. 秦나라에 인질로 가 있다가 秦王[始皇]이 천하통일을 꿈꾸는 것을 알고 도망하여 荊軻를 시켜 그를 죽이도록 하였으나, 실패하여 지금의 太子河까지 쫓겨 죽임을 당하였다.《史記》燕世家, 刺客列傳, 《戰國策》燕策 참조.

【白虹貫日】如淳은『白虹兵象, 日爲君. 列士傳: 荊軻發後, 太子自相氣, 見虹貫日不徹. 曰: ‘吾事不成矣.’ 後聞軻死, 事不立, 曰: ‘吾知其然也.’』라 하였다.

【衛先生】秦나라 사람으로 長平 싸움의 계책을 세운 人物로만 알려져 있다.

【長平】戰國時代 趙나라의 邑. 지금의 山西省 高平縣 王報村. 秦 昭王 四十七年 (B.C. 260) 秦나라의 將軍 白起가 趙나라를 쳐부수고 항복한 군사 40만을 생매장하였다. 戰國時代의 가장 큰 전쟁이었다.

【太白星】별 이름. 西方, 즉 秦나라 分野를 관장하였다.

【昂星】趙나라 分野에 해당하는 별.

【昭王】秦 昭王. 昭襄王이라고도 하며, 이름은 稷. 재위 56년(B.C. 295~251). 魏冉·范雎 등을 宰相으로 삼고 白起를 將軍으로 삼아 遠交近攻策을 폈다.

【兩主】太子 丹과 秦 昭王을 가리킨다.

【玉人獻寶】卞和의 和氏之璧의 사건을 말한다.《韓非子》卞和篇 및《新序》109(5-32) 참조.

【李斯】秦나라의 上蔡人. 韓非와 함께 荀卿을 따라 學問을 배웠으며, 秦 始皇帝에게 크게 쓰여 丞相이 되었으나, 始皇帝가 죽자, 그는 趙高의 협박에 눌려 太子 扶蘇를 죽이고 胡亥가 二世로 오르는 데 일조를 하였다. 뒤에 趙高의 미움을 받아 咸陽에서 腰斬을 당하였다. 小篆으로 문자를 통일한 인물로 널리 알려져 있다. 《史記》李斯列傳 참조.

【胡亥】秦始皇의 막내아들. 趙高가 扶蘇를 죽게 하고, 王으로 세웠다. 뒷날 趙高에게 협박당하여 자결하였다.

【箕子】殷나라 紂王 때의 忠臣.

【接輿】楚나라 사람으로 陸通이라고도 한다. 昭王 때에 나라가 어지러워지자 머리를 풀어헤치고 미친 이 흉내를 내어서 楚狂이라 불렸다. 孔子와 같은 시대의 人物. 《論語》微子篇에 『楚狂接輿歌而過孔子. 曰: ‘鳳兮鳳兮, 何德之衰? 往者不可諫, 來者猶可追, 已而已而, 今之從政者殆而.’ 孔子下, 欲與之言, 趨而辟之, 不得與之言』이라 하였다.

【比干】殷나라 紂의 숙부. 諫言을 듣지 않자 떠나 버렸으며, 뒤에 紂에게 잡혀 심장을 도려내는 極刑을 당하였다.

【伍子胥】楚나라 출신으로 吳나라를 도와 功을 세웠으나, 夫差에게 죽임을 당하였다.

【子胥鴟夷】《國語》吳語에 『子胥將死曰: ‘縣吾目於東門, 以見越之入, 吳之亡也.’ 王慍曰: ‘孤不使大夫得有見也.’ 乃使取申胥之尸, 盛以鴟鵜, 而投之於江』이라 하였고, 《史記》註에는 『言子胥怨恨, 故雖投江而神不化, 猶爲波濤之神也』라 하였다.

【白頭如新, 傾蓋如故】『白頭如新』은 服虔은 『人不相知, 交至白頭, 猶如新也』라 하였고, 『傾蓋如故』는 《孔叢子》·《說苑》·《韓詩外傳》등에 실려 있는 공자와 子華子의 사귐을 말한다. 《孔叢子》에 『孔子與程子, 相過於途, 傾蓋而語』라 하였고, 《志林》에는 『傾蓋者, 道行相過, 軒車對語, 兩蓋相坋, 小欹之, 故傾也』라 하였다. 즉 길을 가다 반가운 사람을 만나 서로 그 수레를 맞대 놓고 시간 가는 줄 모르고 담론함을 말한다. 그 외에 《說苑》尊賢篇에 『孔子之郯, 遭程子於塗, 傾蓋而語終日』이 있고, 《韓詩外傳》(卷二), 《孔子家語》致思篇·《子華子》등에도 같은 내용이 실려 있다. 한편 〈四部叢刊〉본에는 『白頭而新, 傾蓋而故』로 되어 있다.

【樊於期】戰國時代의 秦나라 將帥로 燕나라 太子 丹에게 도망오자 太子 丹이 이를 대우해 주었으며, 뒤에 太子 丹이 荊軻를 시켜 秦始皇을 죽이려 할 때, 秦王에게 접근하기 위해 스스로 자신의 목을 잘라 바쳤다. 《史記》·《戰國策》 참조.

【王奢】《漢書》 音義에 『王奢, 齊人也. 亡至魏, 其後齊伐魏, 奢登城謂齊將曰: ‘今君之來, 不過以奢之故也. 夫義不苟生以爲魏累.’ 遂自剄也』라 하였다.

【蘇秦】戰國時代 洛陽人. 季子. 鬼谷子를 섬겨 縱橫術을 익혀 山東 六國을 연합시켰다. 戰國時代 최고의 유세가. 《史記》 蘇秦列傳 및 《戰國策》 참조.

【尾生】옛날 燕나라 사람으로 여자와 다리 밑에서 만나기로 하였다가 물이 불어 오르자 다리 기둥을 잡고 기다리다가 물에 잠겨 죽었다. 《莊子》 및 《史記》 蘇秦傳 참조.

【白圭】戰國時代 魏나라 사람. 張晏은 『白圭爲中山時, 亡六城, 亡入魏, 文侯厚過之, 還拔中山』이라 하였다.

【中山】戰國時代 小國. 《戰國策》 中山策 참조.

【駃騠】《漢書》 音義에 『駃騠, 駿馬也. 生七日而超其母, 敬重蘇秦, 雖有讒謗, 而更膳以珍奇之味』라 하였다.

【魏 文侯】戰國時代 魏나라의 영명한 君主. 재위 50년(B.C. 445～396). 中山 사람들이 白圭를 악담하였지만 魏나라 文侯는 오히려 그를 우대하였다.

【夜光之璧】玉 이름. 밤에 빛을 발하는 옥.

【司馬喜】戰國時代 中山에서 세 번이나 宰相을 지냈다.

【范雎】戰國時代 魏나라 사람. 처음에는 魏를 섬겼으나 핍박을 받아 이름을 張祿으로 바꾸고 秦나라로 도망하여 昭王에게 近交遠攻策을 펴서 客卿을 거쳐 宰相이 되었다. 應侯. 《史記》 范雎傳 참조.

【申徒狄】申屠狄이라고도 쓰며 세상을 비관하여 돌을 껴안고 물에 빠져 죽었다. 《說苑》 談叢篇에 『負石赴淵, 行之難者也. 然申屠狄爲之, 君子不貴之也』라 하였고, 《莊子》에는 『申屠狄諫而不用, 負石自投河』라 하였다. 《新序》(七) 143(7-23) 참조.

【徐衍】《列士傳》에 『周之末世人』이라 하였다.

【比周於朝】《論語》 爲政篇에 『君子周而不比, 小人比而不周』라 하였다.

【百里奚】虞나라 사람. 五羔大夫(五羖大夫)로 알려진 인물. 뒤에 秦 穆公을 도와 霸者가 되게 하였다. 《史記》 秦世家 참조.

【秦 繆公】穆公으로도 쓰며 春秋五霸의 하나. 재위 39년(B.C. 659~621).

【寗戚】목동 출신으로 齊 桓公에게 발탁된 人物.

【齊 桓公】春秋五霸의 首長. 管仲의 도움을 받았다. 재위 43년(B.C. 685~643).

【季孫】春秋 말기 魯나라의 大夫.《史記》魯世家,《論語》등 참조.《論語》微子篇
　에『齊景公待孔子曰: ‘若季氏, 則吾不能, 以季孟之間待之.’ 曰: ‘吾老矣. 不能
　用也.’ 孔子行』이라 하였고, 또『齊人歸女樂, 季桓子受之, 三日不朝, 孔子行』이라
　하였다.

【墨翟】墨子. 春秋時代 諸子 중의 하나인 墨家의 대표 人物.

【不能自免】이 구절 다음에《史記》·《漢書》·《文選》등에는 모두『於諂諛而二國
　之危』8字가 더 실려 있다.

【衆口鑠金·積毀銷骨】《史記》索隱에『案, 國語云: 衆心成城, 衆口鑠金. 賈逵
　云: 鑠, 消也. 衆口所惡, 雖金亦爲之消亡. 又風俗通云: 或說有美金於此, 衆人或
　共詆訿, 言其不純金, 賣者欲其必信, 因取鍛燒以見其眞, 是爲衆口鑠金也』라
　하였다.

【由余】春秋時代 晉나라 사람으로 그의 先祖가 戎 땅에 들어가 그곳에 살다가
　秦 穆公에게 발탁되어 그를 도와 戎을 정벌하였다.《史記》秦世家 참조.

【中國】中原 지역을 일컫는다.

【子臧】人名. 越나라 출신.

【威王】戰國時代 齊나라 임금. 재위 37년(B.C. 356~320).

【宣王】戰國時代 齊나라 君主. 재위 19년(B.C. 319~301).

【公聽共觀】『共』은《史記》·《漢書》·《文選》에는 모두『並』으로 되어 있고, 顔師古
　의 註에『公聽, 言不私, 並觀所見齊同也』라 하였다.

【胡越】서로 의기가 맞지 않는 異民族을 말한다. 胡는 북쪽, 越은 남쪽.

【丹朱】《史記》索隱에『丹朱, 堯子, 讐敵未聞』이라 하였다.

【象】 舜임금의 이복동생.《史記》索隱에『舜弟象傲帝, 常欲殺舜』이라 하였다.
　본《新序》(1) 001(1-1) 참조.

【管叔】周 武王의 아우인 姬鮮, 管 땅에 봉해졌다.

【蔡叔】역시 周나라 武王의 아우인 姬度. 蔡 땅에 봉해졌다. 두 사람은 紂의
　아들 武庚祿父의 相이 되어 武王이 죽고, 어린 成王이 즉위하여 周公이 攝政을
　하게 되자 武庚[祿父]를 끼고 반란을 일으켰다가 주살되었다.《史記》周本紀
　등 참조.

【五伯】 春秋五霸를 일컫는다.

【三王】 夏·殷·周 三代의 開國 君主들. 禹·湯·文·武王을 가리킨다.

【子之】 燕나라의 宰相으로 燕王 噲에게 나라를 물려받았다가 혼란을 일으킨 人物.《史記》燕世家에『燕王噲屬國於子之, 子之南面行王事, 齊因伐燕, 燕王噲死, 子之乃亡』이라 하였다.

【田常】 齊 簡公(B.C. 484~481)을 죽이고 스스로 정권을 탈취한 人物. 本來는 陳成恒이라 하였으나, 後에 田氏齊가 된 후 田常이라 하였다. 이름을 常이라 한 것은 漢 文帝의 이름이 劉恒이었으므로, 이를 避諱하고자 함이었다.《史記》에『齊田常殺簡公而立平公, 平公卽位, 田常爲相五年, 齊國政皆歸田常』이라 하였다.

【比干】 商나라 紂의 숙부.《史記》殷本紀에『紂淫亂不止, 比干曰:「爲人臣者, 不得不以死爭.」乃諫紂三日不去, 紂怒曰:「吾聞聖人之心有七竅.」遂剖觀其心』이라 하였으며, 武王이 殷을 멸한 후 閭夭를 시켜 그 무덤을 封하게 하였다. [前出]

【孕婦之墓】 應劭는 이에 대해『紂剖姙者, 觀其胎産也』라 하였으며, 그렇게 죽은 부인들을 위로하기 위하여 그들의 무덤을 만들어 주었다는 뜻.

【晉 文公】 春秋五霸의 하나. 重耳. 재위 9년(B.C. 636~628).

【晉文公親其讐】 勃鞮에 대한 원한을 가리킨다.《國語》晉語에『初獻公使寺人勃鞮伐文公於蒲城. 文公踰垣, 寺人斬其袪』라 하였다.

【齊桓公用其仇】 管仲을 가리킨다. 자신의 혁대를 쏜 죄를 덮어 주고 그를 맞아 재상으로 삼았다.《史記》管晏列傳 및 齊太公世家 참조.

【商鞅】 戰國時代 魏나라 출신. 秦孝公을 도와 宰相이 되어 法家政治를 실현하였다.《史記》商君列傳 참조.『徙木』의 고사를 남겼다.

【大夫 文種】 楚나라 출신으로 越王 勾踐을 섬겼다.《史記》越王勾踐世家 참조.

【孫叔敖】 楚 莊王 때의 유명한 宰相. 陰德陽報·兩頭蛇의 故事를 남긴 人物.《史記》楚世家에『孫叔敖, 楚之處士也. 虞丘相進之, 三月而相楚, 三得相而不喜, 知其材自得之也. 三去相而不悔, 知其非己之罪也』라 하였다.

【於陵仲子】 齊나라의 廉士.《列士傳》에『於陵子終賢, 楚王於欲以爲相, 使使者往聘迎之, 子終出使者, 與相妻逃, 乃爲人灌園』이라 하였다. 단《孟子》滕文公에는 그의 일화를 싣고 혹평하였으며,《戰國策》齊策에는『於陵仲子尙有乎? 是其爲人也. 上不臣於王, 下不治其家, 中不索交諸侯, 此率民而出於無用者, 何爲

至今不殺乎』라 하였다. 陳仲子라고도 한다.

【無變於士】 여기에서의 『變』자는 《史記》·《漢書》·《文選》에는 모두 『愛』자로 되어 있다.

【盜跖】 古代의 大盜. 《莊子》 盜跖篇 참조.

【許由】 古代의 賢士. 巢父와 병칭된다.

【荊軻之沉七族】 應劭는 『荊軻爲燕刺秦王, 不成而死, 其亡族坐之湛沒也』라 하였다.

【要離】 春秋時代 吳나라 사람. 《呂氏春秋》에 『吳王闔閭欲殺王子慶忌, 要離曰:‘王誠助臣請, 必能.’ 吳王曰:‘諾.’ 明旦加罪焉. 執其妻子, 燔而揚其灰』라 하였다.

【慶忌】 闔閭에게 죽은 吳나라 王子. 《史記》 集解에 『吳王闔閭欲殺王子慶忌, 要離詐以罪亡, 令吳王燔其妻子, 要離走見慶忌, 以劍刺之』라 하였다.

【輪困離奇】 『輪困』과 『離奇』는 모두 疊韻連綿語. 구불구불하고 뒤틀린 모습을 표현한 말. 문자의 본뜻과는 관계가 적음.

【隨侯之珠】 姬姓인 隨侯가 뱀이 다친 것을 보고 이를 싸매 주었더니 밤에 구슬을 물어 報恩하였다는 전설이 있다. 《搜神記》 참조. [前出]

【枯木朽株】 썩은 나무. 보잘것없는 人物.

【窮居之士】 《史記》·《文選》에는 『身在貧賤』 네 글자가 더 실려 있고, 《漢書》에는 『賤』자가 『羸』자로 되어 있다.

【伊尹】 湯을 도운 名臣.

【管仲】 齊 桓公을 도운 名臣.

【陶鈞之上】 陶鈞은 그릇을 만들 때 밑에 돌리며 그릇의 크기를 조절할 수 있는 기구. 《漢書》 音義에 『陶家名模下圓轉者爲鈞, 以其能制器爲大小, 比之於天』이라 한다.

【秦 始皇帝】 戰國時代를 통일한 君主. 嬴政. 원래 呂不韋의 아들이었다. 《史記》 秦始皇本紀 및 呂不韋列傳 참조.

【蒙恬】 《史記》·《文選》에는 蒙嘉로, 《漢書》에는 『恬』자가 없다. 자세한 내용은 《史記》 蒙恬列傳 및 《戰國策》 燕策 참조.

【文王】 周 文王·西伯 昌.

【涇水】 鎬京 근처의 물 이름.

【渭水】 지금의 서안 근처에서 黃河로 흘러드는 강 이름.

【呂尙】 姜太公望・子牙. 武王을 도와 殷을 멸하고 齊나라에 封을 받아 그 始祖가 되었다. 《史記》 周本紀 참조.

【烏集】 《漢書》 音義에 『太公望塗覯卒遇, 共成王功, 若烏鳥之暴集也』라 하였다.

【帷墻】 《漢書》 音義에 『言爲左右便辟, 侍帷墻臣妾所見牽制』라 하였다.

【鮑焦】 人名. 《莊子》・《說苑》・《韓詩外傳》 등 참조. 《列土傳》에 『鮑焦, 怨世不用己, 採蔬於道, 子貢難曰: '非其世而采其蔬, 比焦之有哉!' 棄其蔬, 乃立枯洛水之上』이라 하였다. 146(7-26) 참조.

【朝歌】 地名. 지금의 河南省 淇縣 경내. 아침부터 노래 부른다는 뜻으로 좋지 않게 여겼으며, 晉灼은 『史記樂書: 紂作朝歌之音, 朝歌者, 不時也』라 하였다.

【里名勝母~墨子回車】 이 勝母・朝歌의 고사는 《說苑》 談叢에 『邑名勝母, 曾子不入; 水名盜泉, 孔子不飮, 醜其名也』라 하였고, 《淮南子》 說山訓에 『曾子立孝, 不過勝母之閭; 墨子非樂, 不入朝歌之邑. 曾子立廉, 不飮盜泉, 所謂養志者也』라 하였다. 그리고 《鹽鐵論》 晁錯第八에는 『孔子不飮盜泉之流, 曾子不入勝母之閭』라 하였다. 이상은 본 《新序》(7) 145(7-25)章을 참조할 것.

【上客】 벼슬 이름. 本地 출신이 아닌 이에게 주는 최고의 관직.

1.《說苑》尊賢篇

鄒子說梁王曰:「伊尹故有莘氏之媵臣也, 湯立以爲三公, 天下之治太平. 管仲故成陰之狗盜也, 天下之庸夫也, 齊桓公得之爲仲父. 百里奚道之於路, 傳賣五羊之皮, 秦穆公委之以政. 甯戚故將車人也, 叩轅行歌於康之衢, 桓公任以國. 司馬喜髕脚於宋, 而卒相中山. 范雎折脅拉齒於魏而後爲應侯. 太公望故老婦之出夫也, 朝歌之屠佐也, 棘津迎客之舍人也, 年七十而相周, 九十而封齊. 故詩曰:『綿綿之葛, 在於曠野, 良工得之, 以爲絺綌, 良工不得, 枯死於野.』此七士者, 不遇明君聖主, 幾行乞丐, 枯死於中野, 譬猶綿綿之葛矣.」

2.《史記》鄒陽傳

鄒陽者, 齊人也. 游於梁, 與故人莊忌夫子·淮陰枚生之徒交. 上書而介於羊勝·公孫詭之閒. 勝等嫉鄒陽, 惡之梁孝王. 孝王怒, 下之吏, 將欲殺之. 鄒陽客游, 以讒見禽, 恐死而負累, 乃從獄中上書曰:「臣聞: 忠無不報, 信不見疑, 臣常以爲然, 徒虛語耳. 昔者, 荊軻慕燕丹之義, 白虹貫日, 太子畏之; 衛先生爲秦畫長平之事, 太白蝕昴, 而昭王疑之. 夫精變天地而信不喩兩主, 豈不哀哉! 今臣盡忠竭誠, 畢議願知, 左右不明, 卒從吏訊, 爲世所疑, 是使荊軻·衛先生復起, 而燕·秦不悟也. 願大王孰察之. 昔卞和獻寶, 楚王刖之; 李斯竭忠, 胡亥極刑. 是以箕子詳狂, 接輿辟世, 恐遭此患也. 願大王孰察卞和·李斯之意, 而後楚王·胡亥之聽, 無使臣爲箕子·接輿所笑. 臣聞比干剖心, 子胥鴟夷, 臣始不信, 乃今知之. 願大王孰察, 少加憐焉. 諺曰:『有白頭如新, 傾蓋如故.』何則? 知與不知也. 故昔樊於期逃秦之燕, 藉荊軻首以奉丹之事; 王奢去齊之魏, 臨城自剄以卻齊而存魏. 夫王奢·樊於期非新於齊·秦而故於燕·魏也, 所以去二國死兩君者, 行合於志而慕義無窮也. 是以蘇秦不信於天下, 而爲燕尾生; 白圭戰亡六城, 爲魏取中山. 何則? 誠有以相知也. 蘇秦相燕, 燕人惡之於王, 王按劍而怒, 食以駃騠; 白圭顯於中山, 中山人惡之魏文侯, 文侯投之以夜光之璧. 何則? 兩主二臣, 剖心坼肝相信, 豈移於浮辭哉! 故女無美惡, 入宮見妒; 士無賢不肖, 入朝見嫉. 昔者司馬喜髕脚於宋, 卒相中山; 范雎摺脅折齒於魏, 卒爲應侯. 此二人者, 皆信必然之畫, 捐朋黨之私, 挾孤獨之位, 故不能自免於嫉妒之人也. 是以申徒狄自沈於河, 徐衍負石入海. 不容於世, 義不苟取, 比周於朝, 以移主上之心. 故百里奚乞食於路, 繆公委之以政; 甯戚飯牛車下, 而桓公任之以國. 此二人者, 豈借

宦於朝, 假譽於左右, 然後二主用之哉? 感於心, 合於行, 親於膠漆, 昆弟不能離, 豈惑於衆口哉? 故偏聽生姦, 獨任成亂. 昔者魯聽季孫之說而逐孔子, 宋信子罕之計而囚墨翟. 夫以孔·墨之辯, 不能自免於讒諛, 而二國以危. 何則? 衆口鑠金, 積毀銷骨也. 是以秦用戎人由余而霸中國, 齊用越人蒙而彊威·宣. 此二國, 豈拘於俗, 牽於世, 繫阿偏之辭哉? 公聽並觀, 垂名當世. 故意合則胡越爲昆弟, 由余·越人蒙是矣; 不合, 則骨肉出逐不收, 朱·象·管·蔡是矣. 今人主誠能用齊·秦之義, 後宋·魯之聽, 則五伯不足稱, 三王易爲也. 是以聖王覺寤, 捐子之之心, 而能不說於田常之賢; 封比干之後, 修孕婦之墓, 故功業復就於天下. 何則? 欲善無厭也. 夫晉文公親其讎, 彊霸諸侯; 齊桓公用其仇, 而一匡天下. 何則, 慈仁慇勤, 誠加於心, 不可以虛辭借也. 至夫秦用商鞅之法, 東弱韓·魏, 兵彊天下, 而卒車裂之; 越用大夫種之謀, 禽勁吳, 霸中國, 而卒誅其身. 是以孫叔敖三去相而不悔, 於陵子仲辭三公爲人灌園. 今人主誠能去驕慠之心, 懷可報之意, 披心腹, 見情素, 墮肝膽, 施德厚, 終與之窮達, 無愛於士, 則桀之狗可使吠堯, 而蹠之客可使刺由; 況因萬乘之權, 假聖王之資乎? 然則荊軻之湛七族, 要離之燒妻子, 豈足道哉! 臣聞: 明月之珠, 夜光之璧, 以闇投人於道路, 人無不按劍相眄者. 何則? 無因而至前也. 蟠伏根柢, 輪囷離詭, 而爲萬乘器者. 何則? 以左右先爲之容也. 故無因至前, 雖出隨侯之珠, 夜光之璧, 猶結怨而不見德. 故有人先談, 則以枯木朽株樹功而不忘. 今夫天下布衣窮居之士, 身在貧賤, 雖蒙堯·舜之術, 挾伊·管之辯, 懷龍逢·比干之意, 欲盡忠當世之君, 而素無根柢之容, 雖竭精思, 欲開忠信, 輔人主之治, 則人主必有按劍相眄之跡, 是使布衣不得爲枯木朽株之資也. 是以聖王制世御俗, 獨化於陶鈞之上, 而不牽於卑亂之語, 不奪於衆多之口. 故秦皇帝任中庶子蒙嘉之言, 以信荊軻之說, 而匕首竊發; 周文王獵涇·渭, 載呂尙而歸, 以王天下. 故秦信左右而殺, 周用烏集而王. 何則? 以其能越攣拘之語, 馳域外之議, 獨觀於昭曠之道也. 今人主沈於諂諛之辭, 牽於帷裳之制, 使不羈之士與牛驥同皁, 此鮑焦所以忿於世而不留富貴之樂也. 臣聞: 盛飾入朝者不以利汙義, 砥厲名號者不以欲傷行, 故縣名勝母而曾子不入, 邑號朝歌而墨子回車. 今欲使天下寥廓之士, 攝於威重之權, 主於位勢之貴, 故回面汙行以事諂諛之人而求親近於左右, 則士伏死堀穴巖藪之中耳, 安肯有盡忠信而趨闕下者哉!」書奏梁孝王, 孝王使人出之, 卒爲上客.

3. 《漢書》鄒陽傳

鄒陽, 齊人也. 漢興, 諸侯王皆自治民聘賢. 吳王濞招致四方游士, 陽與吳嚴忌·枚乘

等俱仕吳, 皆以文辯著名.(중략)

陽爲人有智略, 忼慨不苟合, 介於羊勝・公孫詭之間. 勝等疾陽, 惡之孝王. 孝王怒, 下陽吏, 將殺之. 陽客游以讒見禽, 恐死而負累, 乃從獄中上書曰:「臣聞: 忠無不報, 信不見疑, 臣常以爲然, 徒虛語耳. 昔荊軻慕燕丹之義, 白虹貫日, 太子畏之; 衛先生爲秦畫長平之事, 太白食昴, 昭王疑之. 夫精(誠)變天地而信不諭兩主, 豈不哀哉! 今臣盡忠竭誠, 畢議願知, 左右不明, 卒從吏訊, 爲世所疑. 是使荊軻・衛先生復起, 而燕・秦不寤也. 願大王孰察之. 昔玉人獻寶, 楚王誅之; 李斯竭忠, 胡亥極刑. 是以箕子陽狂, 接輿避世, 恐遭此患也. 願大王察玉人・李斯之意, 而後楚王・胡亥之聽, 毋使臣爲箕子・接輿所笑. 臣聞比干剖心, 子胥鴟夷, 臣始不信, 乃今知之, 願大王孰察, 少加憐焉! 語曰:『有白頭如新, 傾蓋如故.』何則? 知與不知也. 故樊於期逃秦之燕, 藉荊軻首以奉丹事; 王奢去齊之魏, 臨城自剄以卻齊而存魏. 夫王奢, 樊於期非新於齊・秦而故於燕・魏也, 所以去二國死兩君者, 行合於志, 慕義無窮也. 是以蘇秦不信於天下, 爲燕尾生; 白圭戰亡六城, 爲魏取中山. 何則? 誠有以相知也. 蘇秦相燕, 人惡之燕王, 燕王按劍而怒, 食以駃騠; 白圭顯於中山, 人惡之於魏文侯, 文侯賜以夜光之璧. 何則? 兩主二臣, 剖心析肝相信, 豈移於浮辭哉! 故女無美惡, 入宮見妒; 士無賢不肖, 入朝見嫉. 昔司馬喜臏脚於宋, 卒相中山; 范雎拉脅折齒於魏, 卒爲應侯. 此二人者, 皆信必然之畫, 捐朋黨之私, 挾孤獨之交, 故不能自免於嫉妒之人也. 是以申徒狄蹈雍之河, 徐衍負石入海. 不容於世, 義不苟取比周於朝以移主上之心. 故百里奚乞食於道路, 繆公委之以政; 甯戚飯牛車下, 桓公任之以國. 此二人者, 豈素宦於朝, 借譽於左右, 然後二主用之哉? 感於心, 合於行, 堅如膠漆, 昆弟不能離, 豈惑於衆口哉? 故偏聽生姦, 獨任成亂. 昔魯聽季孫之說逐孔子, 宋任子冉之計囚墨翟. 夫以孔・墨之辯, 不能自免於讒諛, 而二國以危, 何則? 衆口鑠金, 積毁銷骨也. 秦用戎人由余而伯中國, 齊用越人子臧而彊威・宣. 此二國豈係於俗, 牽於世, 繫奇偏之浮辭哉? 公聽並觀, 垂明當世. 故意合則胡越爲兄弟, 由余・子臧是矣; 不合則骨肉爲讎敵, 朱・象・管・蔡是矣. 今人主誠能用齊・秦之明, 後宋・魯之聽, 則五伯不足侔, 而三王易爲也. 是以聖王覺寤, (捐)[捐]子之之心, 而不說田常之賢, 封比干之後, 修孕婦之墓, 故功業覆於天下. 何則? 欲善亡厭也. 夫晉文親其讎, 彊伯諸侯; 齊桓用其仇, 而一匡天下. 何則? 慈仁殷勤, 誠加於心, 不可以虛辭借也. 至夫秦用商鞅之法, 東弱韓・魏, 立彊天下, 卒車裂之. 越用大夫種之謀, 禽勁吳而伯中國, 遂誅其身. 是以孫叔敖三

去相而不悔, 於陵子仲辭三公爲人灌園. 今人主誠能去驕傲之心, 懷可報之意, 披心腹, 見情素, 墮肝膽, 施德厚, 終與之窮達, 無愛於士, 則桀之犬可使吠堯, 跖之客可使刺由, 何況因萬乘之權, 假聖王之資乎! 然則[荊]軻湛七族, 要離燔妻子, 豈足爲大王道哉! 臣聞: 明月之珠, 夜光之璧, 以闇投人於道, 衆莫不按劍相眄者. 何則? 無因而至前也. 蟠木根柢, 輪囷離奇, 而爲萬乘器者, 以左右先爲之容也. 故無因而至前, 雖出隨珠和璧, 衹怨結而不見德; 有人先游, 則枯木朽株, 樹功而不忘. 今夫天下布衣窮居之士, 身在貧羸, 雖蒙堯・舜之術, 挾伊・管之辯, 懷龍逢・比干之意, 而素無根柢之容, 雖竭精神, 欲開忠於當世之君, 則人主必襲按劍相眄之迹矣. 是使布衣之士不得爲枯木(巧)[朽]株之資也. 是以聖王制世御俗, 獨化於陶鈞之上, 而不牽乎卑辭之語, 不奪乎衆多之口. 故秦皇帝任中庶子蒙[嘉]之言, 以信荊軻, 而匕首竊發; 周文王獵涇渭, 載呂尙歸, 以王天下. 秦信左右而亡, 周用烏集而王. 何則? 以其能越攣拘之語, 馳域外之議, 獨觀乎昭曠之道也. 今人主沈諂諛之辭, 牽帷廧之制, 使不羈之士與牛驥同皁, 此鮑焦所以憤於世也. 臣聞: 盛飾入朝者不以私汙義, 底厲名號者不以利傷行. 故里名勝母, 曾子不入; 邑號朝歌, 墨子回車. 今欲使天下寥廓之士籠於威重之權, 脅於位勢之貴, 回面汙行, 以事諂諛之人, 而求親近於左右, 則士有伏死堀穴巖藪之中耳, 安有盡忠信而趨闕下者哉!」書奏孝王, 孝王立出之, 卒爲上客.

4. 《論衡》書虛篇

傳書又言: 燕太子丹使刺客荊軻刺秦王, 不得, 誅死. 後高漸麗復以擊筑見秦王, 秦王說之; 知燕太子之客, 乃冒其眼, 使之擊筑. 漸麗乃置鉛於筑中以爲重, 當擊筑, 秦王膝進, 不能自禁, 漸麗以筑擊秦王顙. 秦王病傷, 三月而死. 夫言高漸麗以筑擊秦王, 實也; 言中秦王病傷三月而死, 虛也. 夫秦王者, 秦始皇帝也. 始皇二十年, 燕太子丹使荊軻刺始皇, 始皇殺軻, 明矣. 二十一年, 使將軍王翦攻燕, 得太子首; 二十五年, 遂伐燕, 而虜燕王嘉. 後不審何年, 高漸麗以筑擊始皇, 不中, 誅漸麗. 當二(三)十七年, 游天下, 到會稽, 至瑯邪, 北至勞・盛山, 並海, 西至平原津而病, 到沙丘平臺, 始皇崩. 夫讖書言始皇還, 到沙丘而亡; 傳書又言病筑瘡三月而死於秦. 一始皇之身, 世或言死於沙丘, 或言死於秦, 其死, 言恒病瘡. 傳書之言, 多失其實, 世俗之人, 不能定也.

5. 《文選》(49) 鄒陽「獄中上書自明」

臣聞: 忠無不報, 信不見疑. 臣常以爲然, 徒虛語耳! 昔者, 荊軻慕燕丹之義, 白虹貫日, 太子畏之; 衛先生爲秦畫長平之事, 太白食昂, 昭王疑之. 夫精誠變天地, 而信不諭

兩主, 豈不哀哉! 今臣盡忠竭誠, 畢議願知, 左右不明, 卒從吏訊, 爲世所疑, 是使荊軻衛先生復起, 而燕秦不寤也. 願大王熟察之. 昔玉人獻寶, 楚王誅之; 李斯竭忠, 胡亥極刑. 是以箕子陽狂, 接輿避世, 恐遭此患. 願大王察玉人・李斯之意, 而後楚王胡亥之聽, 毋使臣爲箕子接輿所笑. 臣聞: 比干剖心, 子胥鴟夷, 臣始不信, 乃今知之. 願大王熟. 少加憐焉. 諺曰: 『白頭如新, 傾蓋如故.』 何則? 知與不知也. 故樊於期逃秦之燕, 藉荊軻首以奉丹事; 王奢去齊之魏, 臨城自剄, 以却齊而存魏. 夫王奢樊於期非新於齊秦, 而故於燕魏也. 所以去二國, 死兩君者, 行合於志, 而慕義無窮也. 是以蘇秦不信於天下, 爲燕尾生; 白圭戰亡六城, 爲魏取中山. 何則? 誠有以相知也. 蘇秦相燕, 人惡之於燕王, 燕王按劍而怒, 食以駃騠; 白圭顯於中山, 人惡之於魏文侯, 文侯投以夜光之璧. 何則? 兩主二臣, 剖心析肝相信, 豈移於浮辭哉! 故女無美惡, 入宮見妬; 士無賢不肖, 入朝見嫉. 昔者, 司馬喜臏脚於宋, 卒相中山; 范雎摺脅折齒於魏, 卒爲應侯. 此二人者, 皆信必然之畫, 捐朋黨之私, 挾孤獨之交, 故不能自免於嫉妬之人也. 是以申徒狄蹈雍之河, 徐衍負石入海, 不容身於世, 義不苟取比周於朝, 以移主上之心. 故百里奚乞食於路, 穆公委之以政; 寗戚飯牛車下, 而桓公任之以國. 此二人豈素宦於朝. 借譽於左右, 然後二主用之哉? 感於心, 合於意, 堅如膠漆, 昆弟不能離, 豈惑於衆口哉? 故偏聽生姦, 獨任成亂. 昔魯聽季孫之說而逐孔子, 宋信子冉之計囚墨翟. 夫以孔墨之辯, 不能自免於讒諛, 而二國以危. 何則? 衆口鑠金, 積毀銷骨. 是以秦用戎人由余而霸中國, 齊用越人子臧而彊威宣, 此二國豈拘於俗, 牽於世, 繫奇偏之辭哉? 公聽並觀, 垂明當世. 故意合則胡越爲昆弟, 由余子臧是矣; 不合則骨肉爲讐敵, 朱象管蔡是矣. 今人主誠能用齊秦之明, 後宋魯之聽, 則五霸不足侔, 三王易爲比也. 是以聖王覺悟, 捐子之之心, 而不說田常之賢, 封比干之後, 修孕婦之墓. 故功業覆於天下. 何則? 欲善無猒也. 夫晉文公親其讐, 而彊霸諸侯; 齊桓公用其仇, 而一匡天下. 何則? 慈仁殷勤, 誠嘉於心, 此不可以虛辭也. 至夫秦用商鞅之法, 東弱韓魏, 立彊天下, 而卒車裂之. 越用大夫種之謀, 禽勁吳而霸中國, 遂誅其身, 是以孫叔敖三去相而不悔, 於陵子仲辭三公爲人灌園. 今人主誠能去驕傲之心, 懷可報之意, 披心腹, 見情素, 墮肝膽, 施德厚, 終與之窮達, 無愛於士, 則桀之狗可使吠堯; 而跖之客, 可使刺由, 何況因萬乘之權, 假聖王之資乎? 然則荊軻湛七族, 要離燔妻子, 豈足爲大王道哉? 臣聞: 明月之珠, 夜光之璧, 以暗投人於道, 衆莫不按劍相眄者, 何則? 無因而至前也. 蟠木根柢, 輪囷離奇, 而爲萬乘器者, 何則? 以左右先爲之容也. 故無因而至前, 雖出隋侯之珠, 夜光之璧, 秖足

結怨而不見德; 故有人先談, 則枯木朽株, 樹功而不忘, 今天下布衣窮居之士, 身在貧賤, 雖蒙堯舜之術, 挾伊管之辯, 懷龍逢比干之意, 欲盡忠當世之君, 而素無根柢之容, 雖竭精神, 欲開忠信, 輔人主之治, 則人主必襲按劍相眄之跡矣, 是使布衣之士, 不得爲枯木朽株之資也. 是以聖王制世御俗, 獨化於陶鈞之上, 而不牽乎卑辭之語, 不奪乎衆多之口. 故秦皇帝任中庶子蒙嘉之言, 以信荊軻之說, 故匕首竊發, 周文獵涇渭, 載呂尚而歸, 以王天下. 秦信左右而亡, 周用烏集而王. 何則? 以其能越拘攣之語, 馳域外之義, 獨觀於昭曠之道也. 今人主沈諂諛之辭, 牽於帷墻之制, 使不羈之士與牛驥同皁, 此鮑焦所以忿於世, 而不留於富貴之樂也. 臣聞: 盛飾以朝者, 不以私汙義; 砥厲名號者, 不以利傷行. 故里名勝母, 曾子不入; 邑號朝歌, 墨子迴車. 今欲使天下恢廓之士, 誘於威重之權, 脅於位勢之貴, 回面汙行, 以事諂諛之人, 而求親近於左右, 則士有伏死堀穴巖藪之中耳, 安有盡忠信而趨闕下者哉?」

卷四

잡사雜事(四)

(050~077)

〈平索戲車車騎出行〉畫像磚(墓室內裝飾圖像, 漢)

050(4-1) 管仲言於齊桓公曰
훌륭한 보좌들

관중管仲이 제齊 환공桓公에게 말하였다.

"무릇 땅을 개간하여 도읍을 창건하고, 토지를 개간하여 곡식을 심어 땅이 가진 이익을 최대로 살리는 일이라면 저는 영척甯戚만 못하오니, 청컨대 전관田官의 자리에 그를 임용하십시오. 또 오르내릴 때 읍양揖讓과 진퇴進退의 태도에 숙련된 일이라면 저는 습붕隰朋만 못합니다. 그러니 청컨대 대행大行의 자리에 그를 임용하십시오.

그리고 일찍 나와 늦도록 일하면서 임금의 얼굴을 겁내지 않고 간언을 하되, 충심으로 하고 부귀를 중히 여기지 않으며 죽음도 피하지 않는 일에는 제가 동곽아東郭牙만 못하오니 간신諫臣의 직위에 그를 앉히십시오. 또 옥사獄事를 판결하되 공정히 하며 죄 없는 자에게 억울함이 없게 하고 무고無辜한 자를 죽이는 일이 없도록 하는 것에는 제가 현녕弦寧에 미치지 못합니다. 그러니 청컨대 그를 대리大理에 임용해 주십시오. 끝으로 드넓은 지역에서 전차戰車들의 궤도에 얽힘이 없게 하고, 병사들이 발길을 돌리지 않도록 북을 울려 삼군三軍의 병사로 하여금 죽음 보기를 본래의 자리로 되돌아가는 것으로 여기게 하는 것, 이는 제가 왕자王子 성보成甫만 못합니다. 그러니 그를 대사마大司馬로 삼아 주십시오. 임금 께서 만약 나라를 잘 다스리고 군대를 강하게 하고 싶으시다면, 이상의 다섯 사람이면 족합니다.

畫像磚(漢) 〈齊桓公과 管仲〉

　그러나 만약 그를 넘어 패왕霸王까지 이루시고자 하신다면 거기에
저 같은 사람이 더해져야 합니다.”

　무릇 관중은 사람을 알아보는 데 능하였고, 환공은 어진 이를 임용하는
데에 뛰어났다. 그래서 구합제후九合諸侯하고 일광천하一匡天下하면서도
전쟁의 방법을 쓰지 않은 것은 바로 관중의 공이다.

　《시詩》에 “뛰어난 많은 선비들, 문왕文王은 이 때문에 편안하였네!”
라고 하였는데 환공이 곧 그와 비슷하다.

　管仲言於齊桓公曰:「夫墾田刱邑, 闢土殖穀, 盡地之利, 則臣
不若甯戚, 請置以爲田官. 登降揖讓, 進退閑習, 臣不如隰朋,
請置以爲大行. 蚤入晏出, 犯君顔色, 進諫必忠, 不重富貴, 不避
死亡, 則臣不若東郭牙, 請置以爲諫臣. 決獄折中, 不誣無罪,
不殺無辜, 則臣不若弦甯, 請置以爲大理. 平原廣圃, 車不結軌,
士不旋踵, 鼓之而三軍之士, 視死若歸, 則臣不若王子成甫, 請置
以爲大司馬. 君如欲治國强兵, 則此五子者足矣. 如欲霸王, 則夷
吾在此.」

夫管仲能知人, 桓公能任賢, 所以九合諸侯, 一匡天下, 不用兵車, 管仲之功也.

詩曰:『濟濟多士, 文王以寧.』桓公其似之矣.

【管仲】齊 桓公의 臣下.

【齊 桓公】春秋五霸의 首長.

【甯戚】목동에서 발탁되어 桓公을 도운 人物.

【田官】農業을 관리하는 임무를 맡은 大官.

【隰朋】齊 桓公의 臣下.《史記》齊太公世家 참조.

【東郭牙】역시 桓公의 臣下.

【諫臣】임금의 잘못을 諫言하는 임무를 맡은 臣下.

【弦寧】《韓非子》에는 弦商으로,《管子》에는 賓胥無로 되어 있다.

【大理】大法官. 죄를 다스려 형벌을 판결하는 임무를 맡았다.

【王子 成甫】公子 成父. 人名.《呂氏春秋》·《管子》에는 城父로 되어 있다. 古代에 人名·地名에서는 甫와 父를 通假字로 通用해서 썼다.

【大司馬】軍隊의 최고 책임자.

【詩曰】《詩經》大雅 文王의 구절.

1.《管子》小匡篇

管仲曰:「升降揖讓, 進退閑習, 辨辭之剛柔, 臣不如隰朋, 請立爲大行; 墾草入邑, 辟土聚粟多衆, 盡地之利, 臣不如寧戚, 請立爲大司田; 平原廣牧, 車不結轍, 士不旋踵, 鼓之而三軍之士視死如歸, 臣不如王子城父, 請立爲大司馬; 決獄折中, 不殺不辜, 不誣無罪, 臣不如賓胥無, 請立爲大司理; 犯君顔色, 進諫必忠, 不辟死亡, 不撓富貴, 臣不如東郭牙, 請立以爲大諫之官. 此五子者. 夷吾一不如, 然而以易夷吾, 夷吾不爲也. 君若欲治國强兵, 則五子者存矣; 若欲霸王, 夷吾在此.」桓公曰:「善.」

2.《韓非子》外儲說左下

桓公問置吏於管仲, 管仲曰:「辯察於辭, 淸潔於貨, 習人情, 夷吾不如弦商, 請立以爲大理. 登降肅讓, 以明禮待賓, 臣不如隰朋, 請立以爲大行. 墾草刱邑, 辟地生粟, 臣不如甯武, 請以爲大田. 三軍旣成陳, 使士視死如歸, 臣不如公子成父, 請以爲大司馬. 犯顔極諫, 臣不如東郭牙, 請立以爲諫臣. 治齊, 此五子足矣; 將欲霸王, 夷吾在此.」

3.《呂氏春秋》勿躬篇

管子復於桓公, 曰:「墾田大邑, 辟土藝粟, 盡地力之利, 臣不若甯遫, 請置以爲大田. 登降辭讓, 進退閑習, 臣不若隰朋, 請置以爲大行. 蚤入晏出, 犯君顔色, 進諫必忠, 不辟死亡, 不重貴富, 臣不若東郭牙, 請置以爲大諫臣. 平原廣城, 車不結軌, 士不旋踵, 鼓之, 三軍之士, 視死如歸, 臣不若王子城父, 請置以爲大司馬. 決獄折中, 不殺不辜, 不誣無罪, 臣不若弦章, 請置以爲大理. 君若欲治國彊兵, 則五子者足矣. 君欲霸王, 則夷吾在此.」桓公曰:「善.」令五子皆任其事, 以受令於管子. 十年, 九合諸侯, 一匡天下, 皆夷吾與五子之能也. 管子, 人臣也. 不任己之不能, 而以盡五子之能, 況於人主乎? 人主知能不能之可以君民也, 則幽詭愚險之言無不職矣. 百官有司之事畢力竭智矣. 五帝三皇之君民也, 下固不過畢力竭智也. 夫君人而知無恃其能·勇·力·誠·信, 則近之矣. 凡君也者, 處平靜·任德化以聽其要, 若此則形性彌羸, 而耳目愈精, 百官愼職, 而莫敢愉綖, 人事其事, 以充其名. 名實相保, 之謂知道.

051(4-2) 有司請吏於齊桓公
임금 노릇하기 쉽군요

어떤 관리 하나가 제齊 환공桓公에게 일을 결재해 달라고 오자 환공은
"중부仲父에게 품고稟告하시오."
라고 하였다. 또 다른 관리가 와서 청하자 환공은 이번에도 역시
"중부에게 가시오."
라고 하는 것이었다. 이렇게 하기를 세 번, 그러자 곁에 있던 자가
빈정댔다.
"하나도 중부에게, 둘도 중부에게, 쉽도다, 임금 노릇하기여!"
이 말을 들은 환공은 이렇게 설명하였다.
"과인이 중부를 얻기 전에는 모든 게 힘들었습니다. 그러나 이미
중부를 얻었으니 어찌 쉽지 않을 수 있겠습니까?"
그러므로 임금 된 자란 사람을 구하는 데는 수고롭지만 어진 이를
얻고 난 후에는 편안하다. 순舜임금은 여러 어진 이를 천거해 놓고
왕위에 있을 때에는 옷을 늘어뜨린 채 자기 자신을 닦기에 힘쓸 뿐
아무 일도 하지 않았지만 천하가 다스려졌다. 또 탕湯과 문왕文王은
이윤伊尹과 여상呂尙을, 그리고 성왕成王은 주공周公과 소공召公을 등용
하고 나자 형벌을 쓸 필요가 없어졌고 군대도 풀어 사용하지 않아도
되었으니, 모두가 많은 어진 이를 등용하였기 때문이다. 환공은 관중
管仲을 등용하였지만 이는 작은 일이다. 결국 겨우 패자霸者에 그쳤을
뿐 왕도王道까지는 성취하지 못한 것이다.

그 때문에 공자孔子는 "작도다, 관중의 그릇이여!"라 하였으니, 이는 아마도 관중이 환공을 만난 것은 대단한 일이나 왕자王者까지 이르게 하지 못한 것을 애석히 여긴 말일 것이다. 명석한 군주라면 그렇지 않다. 그 쓰는 바가 컸을 것이다.

《시詩》에 "훌륭하고 뛰어난 많은 선비들, 문왕文王은 이로써 편안하였네"라 하였으니, 바로 이를 두고 한 말이다.

有司請吏於齊桓公, 桓公曰:「以告仲父.」

有司又請, 桓公曰:「以告仲父.」

若是者三.

在側者曰:「一則告仲父, 二則告仲父, 易哉爲君!」

桓公曰:「吾未得仲父則難, 已得仲父, 曷爲其不易也.」

故王者勞於求人, 佚於得賢. 舜擧衆賢在位, 垂衣裳, 恭己無爲, 而天下治. 湯文用伊·呂, 成王用周·召, 而刑措不用, 兵偃而不動, 用衆賢也. 桓公用管仲則小也, 故至於霸, 而不能以王.

故孔子曰:『小哉, 管仲之器!』蓋善其遇桓公, 惜其不能以王也. 至明主則不然, 所用大矣.

詩曰:『濟濟多士, 文王以寧.』此之謂也.

【齊 桓公】[前出]
【有司請事於齊桓公】『事』자는 《呂氏春秋》에는 『吏』로 되어 있다.
【仲父】齊 桓公이 管仲을 높여 부른 것.
【舜】古代의 聖君.
【湯】商湯. 古代 殷나라의 始祖.
【文王】西伯 昌. 周나라의 聖君.
【伊尹】湯의 어진 宰相.

【呂尙】姜太公望. 子牙. 文王·武王을 도운 人物.

【成王】武王의 아들. 임금이 되었다.

【周公】姬旦. 聖人. 成王의 삼촌이며, 武王의 아우. 成王을 攝政하였다. 魯나라에 봉해져서 始祖가 되었다.

【召公】姬奭. 周公의 아우. 燕에 봉해져서 始祖가 되었다.

【管仲】［前出］

【孔子曰】《論語》八佾篇에 『子曰: ‘管仲之器, 小哉!’ 或曰: ‘管仲儉乎?’ 曰: ‘管氏 有三歸, 官事不攝, 焉得儉?’ ‘然則管仲知禮乎?’ 曰: ‘邦君樹塞門, 管氏亦樹塞門, 邦君爲兩君之好, 有反坫, 管氏亦有反坫, 管氏而知禮, 孰不知禮?’』라 하였다.

【詩曰】《詩經》大雅 文王의 구절.

참고 및 관련 자료

1.《呂氏春秋》任數篇

有司請事於齊桓公. 桓公曰:「以告仲父.」有司又請, 公曰:「告仲父.」若是三. 習者 曰:「一則仲父, 二則仲父, 易哉爲君.」桓公曰:「吾未得仲父, 則難已. 得仲父之後, 曷爲其不易也!」桓公得管子, 事猶大易, 又況於得道術乎!

2.《韓非子》難二

齊桓公之時, 晉客至, 有司請禮, 桓公曰告仲父者三. 而優笑曰:「易哉爲君! 一曰仲父, 二曰仲父.」桓公曰:「吾聞君人者, 勞於索人, 佚於使人. 吾得仲父已難矣. 得仲父之後, 何爲不易乎哉!」

3.《論衡》自然篇

或復於齊桓公 公曰:「以告仲父.」左右曰:「一則仲父, 二則仲父, 爲君乃易乎?」 桓公曰:「吾未得仲父, 故難? 已得仲父, 何爲不易?」夫桓公得仲父, 任之以事, 委之以政, 不復旅知. 皇天以至優之德, 與王政而譴告人, 則天德不若桓公, 而霸君 之操過上帝也.

4. 기타 참고자료

《群書治要》

052(4-3) 公季成謂魏文侯曰
입방아를 찧지 말라

공계성公季成이 위魏 문후文侯에게 이렇게 불평하였다.

"전자방田子方은 비록 어진 사람이기는 하나 선비들을 거느린 군주는 아닙니다. 그런데도 임금께서는 그와 똑같은 등급의 예禮로써 대우하시니, 가령 전자방보다 더 어진 이가 나타난다면 임금께서는 다시 그를 무슨 수로 더 높여 주시겠습니까?"

그러자 문후가 이렇게 설명하였다.

"전자방 같은 인물에 대해 너는 이러쿵저러쿵 할 바가 아니다. 자방은 어진 사람이다. 어진 사람은 나라의 보물이요, 지혜로운 선비는 나라의 그릇이며, 박통博通한 선비는 나라의 존엄尊嚴이다. 따라서 나라에 어진 이가 있으면 신하들의 다툼이 없어지고, 나라에 지혜로운 선비가 있으면 이웃 제후들 때문에 생길 두려움이 없어지며, 나라에 박통한 선비가 있으면 임금이 존귀해진다. 진실로 네가 의론할 바가 아니다."

이 말에 공계성이 스스로 교외에 나가 사흘간이나 그 죄를 빌었다.

公季成謂魏文侯曰:「田子方雖賢人, 然而非有士之君也, 君常與之齊禮. 假有賢於子方者, 君又何以加之?」

文侯曰:「如子方者, 非成所得議也. 子方, 仁人也. 仁人也者, 國之寶也; 智士也者, 國之器也; 博通士也者, 國之尊也. 故國

有仁人, 則群臣不爭; 國有智士, 則無四鄰諸侯之患; 國有博通
之士, 則人主尊; 固非成之所議也.」

　公季成自退於郊三日, 請罪.

【公季成】魏 成子. 이름이 成이며, 文侯의 아우.
【魏 文侯】戰國 초기 魏나라의 영명한 君主. 재위 50년(B.C. 445~396).
【田子方】魏 文侯가 스승으로 모신 인물. 뛰어난 지략과 덕을 겸비하였다.

参고 및 관련 자료

1.《新序》雜事 第四 053(4-4)를 참조 할 것.
2. 본장의 來原은 알 수 없으며 《群書治要》에 채록되어 있다.

053(4-4) 魏文侯弟曰季成
추천한 자가 상을 받아야

위魏 문후文侯에게 있어서의 계성季成은 아우이며, 적황翟黃은 친구였다. 문후가 이들 중 하나를 재상으로 삼고 싶었는데, 결정을 내리지 못하고 망설이다가 결국 이극李克에게 자문을 구하였다. 이에 이극이 이렇게 대답하였다.

"임금께서 재상을 결정하시려면 먼저 악상樂商과 왕손구단王孫苟端 두 사람 중에 누가 더 어진가를 물으셔야지요."

그 말에 문후가 대답하였다.

"옳습니다!"

왕손구단은 어질지 못하였으며 바로 적황이 추천해 올렸던 자요, 악상은 어진 인물로 계성이 추천하였던 인물이었다. 그래서 계성을 재상으로 삼게 되었다. 따라서 사람을 잘 알아보는 것이 명철한 것이요, 어진 이를 추천한 이는 높은 상賞을 받아야 하는 것이다.

계성은 바로 어진 이를 알아보는 이였다. 문후는 그 때문에 그를 재상으로 삼은 것이다.

계성과 적황은 모두가 임금의 가까운 인물이다. 그러나 그들이 추천한 인물이 어진 이인가 그렇지 않은가 하는 것으로 구별한 것이다. 따라서 이극의 말은 아주 옳은 것이다.

魏文侯弟曰季成, 友曰翟黃, 文侯欲相之而未能決, 以問李克.
克對曰:「君若置相, 則問樂商與王孫苟端孰賢?」
文侯曰:「善.」
以王孫苟端爲不肖, 翟黃進之; 樂商爲賢, 季成進之; 故相季成.
故知人則哲, 進賢受上賞, 季成以知賢, 故文侯以爲相. 季成·
翟黃, 皆近臣親屬也, 以所進者賢別之, 故李克之言是也.

【魏 文侯】앞 장 참조.
【季成】公季成. 魏成子. 앞 장 참조.
【翟黃】魏文侯의 臣下.
【李克】魏나라 사람. 里克으로도 쓴다. 文侯의 臣下. 子夏의 弟子라 한다.
【樂商】人名.《呂氏春秋》에는 樂騰으로 되어 있다.
【王孫苟端】人名.

┌─────────────────┐
│ 참고 및 관련 자료 │
└─────────────────┘

1.《呂氏春秋》擧難篇

魏文侯弟曰季成, 友曰翟璜. 文侯欲相之而未能決, 以問李克. 李克對曰:「君欲置相,
則問樂騰與王孫苟端孰賢?」文侯曰:「善.」以王孫苟端爲不肖, 翟璜進之, 以樂騰
爲賢, 季成進之, 故相季成. 凡聽於主, 言人不可不愼. 季成, 弟也, 翟璜, 友也,
而猶不能知, 何由知樂騰與王孫苟端哉? 疏賤者知, 親習者不知, 理無自然. 自然而
斷相過, 李克之對文侯也亦過. 雖皆過, 譬之若金之與木, 金雖柔猶堅於木.

2.《呂氏春秋》論人篇

凡論人, 通則觀其所禮, 貴則觀其所進, 富則觀其所養, 聽則觀其所行, 止則觀其所好,
習則觀其所言, 窮則觀其所不受, 賤則觀其所不爲, 喜之以驗其守, 樂之以驗其僻,
怒之以驗其節, 懼之以驗其特, 哀之以驗其人, 苦之以驗其志, 八觀六驗, 此賢主之
所以論人也.

3.《淮南子》氾論訓

故論人之道, 貴則觀其所舉, 富則觀其所施, 窮則觀其所不受, 賤則觀其所不爲, 貧則觀其所不取.

4.《說苑》臣術篇

魏文侯且置相, 召李克而問焉, 曰:「寡人將置相, 置於季成子與翟觸, 我孰置而可?」李克曰:「臣聞之: 賤不謀貴, 外不謀內, 疏不謀親, 臣者疏賤, 不敢聞命.」文侯曰:「此國事也, 願與先生臨事而勿辭.」李克曰:「君不察故也, 可知矣, 貴視其所舉, 富視其所與, 貧視其所不取, 窮視其所不爲, 由此觀之, 可知矣.」文侯曰:「先生出矣, 寡人之相定矣.」李克出, 過翟黃, 翟黃問曰:「吾聞君問相於先生, 未知果孰爲相?」李克曰:「季成子爲相.」翟黃作色不說:「觸失望於先生.」李克曰:「子何遽失望於我, 我於子之君也, 豈與我比周而求大官哉? 君問相於我, 臣對曰:『君不察故也, 貴視其所舉, 富視其所與, 貧視其所不取, 窮視其所不爲, 由此觀之可知也.』君曰:『出矣, 寡人之相定矣.』以是知季成子爲相.」翟黃不說曰:「觸何遽不爲相乎? 西河之守, 觸所任也; 計事內史, 觸所任也; 王欲攻中山, 吾進樂羊; 無使治之臣, 吾進先生; 無使傅其子, 吾進屈侯附. 觸何負於季成子?」李克曰:「不如季成子, 季成子食采千鍾, 什九居外一居中; 是以東得卜子夏, 田子方, 段干木, 彼其所舉人主之師也, 子之所舉, 人臣之才也.」翟黃逡然而慚:「觸失對於先生, 請自修, 然後學.」言未卒, 而左右言季成子立爲相矣, 於是翟黃黙然變色內慚, 不敢出, 三月也.

5.《韓詩外傳》卷三

魏文侯欲置相, 召李克問曰:「寡人欲置相, 非翟黃則魏成子, 願卜之於先生.」李克避席而辭曰:「臣聞之; 卑不謀尊, 疏不間親. 臣外居者也. 不敢當命.」文侯曰:「先生臨事勿讓.」李克曰:「夫觀士也, 居則視其所親, 富則視其所與, 達則視其所舉, 窮則視其所不爲, 貧則視其所不取. 此五者足以觀矣.」文侯曰:「請先生就舍, 寡人之相定矣.」李克出, 遇翟黃, 曰:「今日聞君召先生而卜相, 果誰爲之?」李克曰:「魏成子爲之.」翟黃悖然作色, 曰:「吾何負於魏成子! 西河之守, 吾所進也; 君以鄴爲憂, 吾進西門豹, 君欲伐中山, 吾進樂羊; 中山既拔, 無守之者, 吾進先生; 君欲置太子傅, 吾進趙蒼唐. 皆有成功就事, 吾何負於魏成子!」克曰:「子之言克於子之君也, 豈比周以求大官哉! 君問置相, 非成則黃, 二子何如? 臣對曰: 君不察故也. 居則視其所親, 富則視其所與, 達則視其所舉, 窮則視其所不爲, 貧則視其所不取. 五者以定, 何待克哉! 是以知魏成子爲相也. 且子焉得與魏成子比? 魏成子食祿日千鍾, 什一在內, 以聘約天下之士,

是以得卜子夏·田子方·段干木, 此三人, 君皆師友之, 子之所進皆臣之, 子焉得與魏成子比乎?」翟黄逡巡再拜曰:「鄙人固陋, 失對於父子.」詩曰:『明昭有周, 式序在位.』

6.《史記》魏世家

魏文侯謂李克曰:「先生嘗教寡人曰『家貧則思良妻, 國亂則思良相』. 今所置非成則璜, 二子何如?」李克對曰:「臣聞之, 卑不謀尊, 疏不謀戚. 臣在闕門之外, 不敢當命.」文侯曰:「先生臨事勿讓.」李克曰:「君不察故也. 居視其所親, 富視其所與, 達視其所舉, 窮視其所不爲, 貧視其所不取, 五者足以定之矣, 何待克哉!」文侯曰:「先生就舍, 寡人之相定矣.」李克趨而出, 過翟璜之家. 翟璜曰:「今者聞君召先生而卜相, 果誰爲之?」李克曰:「魏成子爲相矣.」翟璜忿然作色曰:「以耳目之所覩記, 臣何負於魏成子? 西河之守, 臣之所進也. 君內以鄴爲憂, 臣進西門豹. 君謀欲伐中山, 臣進樂羊. 中山以拔, 無使守之, 臣進先生. 君之子無傅, 臣進屈侯鮒. 臣何以負於魏成子!」李克曰:「且子之言克於子之君者, 豈將比周以求大官哉? 君問而置相『非成則璜, 二子何如』? 克對曰:『君不察故也. 居視其所親, 富視其所與, 達視其所舉, 窮視其所不爲, 貧視其所不取, 五者足以定之矣, 何待克哉!』是以知魏成子之爲相也. 且子安得與魏成子比乎? 魏成子以食祿千鍾, 什九在外, 什一在內, 是以東得卜子夏·田子方·段干木. 此三人者, 君皆師之. 子之所進五人者, 君皆臣之. 子惡得與魏成子比也?」翟璜逡巡再拜曰:「璜, 鄙人也, 失對, 願卒爲弟子.」

7.《十八史略》卷一

文侯謂李克曰:「先生嘗教寡人, 家貧思良妻, 國亂思良相, 今所相, 非魏成則翟璜, 二子何如?」克曰:「居視其所親, 富視其所與, 達視其所舉, 窮視其所不爲, 貧視其所不取, 五者足以定之矣.」子夏·田子方·段干木, 成所舉也, 乃相成.

8.《鶡冠子》道端篇

富者觀其所與, 足以知仁; 貴者觀其所舉, 足以知忠; 觀其大祥: 長不讓少, 貴不讓賤, 足以知禮達. 觀其所不行, 足以知義. 受官任知, 觀其去就. 足以知智. 迫之不懼, 足以知勇; 口利辭巧, 足以知辯. 使之不隱, 足以知信. 貧者觀其所不取, 足以知廉; 賤者觀其所不爲, 足以知賢; 測深觀天, 足以知聖.

9.《文子》上義篇

故論人之道, 貴則觀其所舉, 富則觀其所施, 窮則觀其所不受, 賤則觀其所不爲, 貧則觀其所不取.

054(4-5) 孟嘗君問於白圭曰
어찌 패업에 그쳤겠습니까

맹상군孟嘗君이 백규白圭에게 물었다.

"위魏 문후文侯는 그 명성은 환공桓公보다 나으면서 그 공은 오백五伯에 미치지 못하니 무슨 연유입니까?"

이에 백규가 이렇게 대답하였다.

"위 문후는 자하子夏를 스승으로, 그리고 전자방田子方을 친구로, 단간목段干木을 공경하는 인물로 모시고 있습니다. 이러한 명분이 환공보다 낮게 하는 까닭입니다. 그러나 재상을 선택하는 일로 말한다면 『계성자季成子와 적황翟黃 중에 누가 나을까』라고 하였으니 이로써 그의 공이 오백五伯에 미치지 못하는 것입니다.

사사로운 애정으로 공적公的인 등용을 방해하고, 그 임무에 있는 자가 맡은 일을 감당하지 못하였기 때문에 공적功績이 폐하고 말았습니다. 그런데도 이름이 드날린 것은 세 명의 선비가 날개가 되어 주었기 때문입니다. 만약 그 세 사람을 재상으로 삼았더라면 왕업王業까지 성공시켰을 것이니, 어찌 패업霸業에 그쳤겠습니까?"

孟嘗君問於白圭曰:「魏文侯名過於桓公, 而功不及五伯, 何也?」

白圭對曰:「魏文侯師子夏, 友田子方, 敬段干木, 此名之所以過於桓公也. 卜相則曰:『成與黃孰可?』此功之所以不及五伯也. 以私愛妨公擧, 在職者不堪其事, 故功廢; 然而名號顯榮者, 三士翼之也. 如相三士, 則王功成, 豈特霸哉?」

【孟嘗君】 戰國時代 齊나라 靖郭君(田嬰)의 아들인 田文. 薛 땅에 봉해져 薛公이라고도 하며, 戰國四公子 가운데 하나.《史記》孟嘗君列傳 참조.

【白圭】 戰國時代 魏나라 사람.

【魏 文侯】 [前出]

【桓公】 春秋時代 齊나라의 君主. 春秋五霸의 首長. [前出]

【五伯】 五霸와 같다.

【子夏】 孔子의 弟子. 卜商.

【田子方】 魏 文侯의 臣下. 魏 文侯가 스승으로 모셨다.

【段干木】 戰國時代 晉나라 출신. 卜子夏를 모셨다가 田子方・李克・翟黃・吳起 등과 함께 魏나라로 갔다. 모두가 魏 文侯에게 발탁되었지만 段干木만은 벼슬을 꺼려 하였다. 文侯가 그를 찾아오자 담을 넘어 피하였으며, 文侯가 그를 相이 되어 줄 것을 청하자 이를 거부하고 客으로 대해 주기를 고집하면서 겨우 자주 만나게 되었다. 文侯는 그를 만나 이야기를 나눌 때는 서서 말을 듣다가 피곤해도 앉지 못하였다고 한다.

【季成子】 魏 文侯의 아우. [前出]

【翟黃】 魏文侯의 臣下. 이 이야기는 053(4-4)를 참조할 것.

참고 및 관련 자료

1.《呂氏春秋》擧難篇

孟嘗君問於白圭曰:「魏文侯名過桓公, 而功不及五伯, 何也?」白圭對曰:「文侯師子夏, 友田子方, 敬段干木. 此名之所以過桓公也. 卜相曰:『成與璜, 孰可?』此功之所以不及五伯也. 相也者, 百官之長也. 擇者欲其博也. 今擇而不去二人, 與用其讎亦遠矣. 且師友也者, 公可也. 戚愛也者, 私安也. 以私勝公, 衰國之政也. 然而名號顯榮者. 三士羽翼之也.」

2. 기타 참고자료

《史記》魏世家・《文選》枚乘〈七發〉注・《呂氏春秋》察賢, 期賢, 下賢・《群書治要》

055(4-6) 晉平公問於叔向曰
오미를 맞추어야 하듯이

진晉 평공平公이 숙향叔向에게 물었다.

"옛날 제齊 환공桓公은 구합제후九合諸侯하고 일광천하一匡天下하였는데, 그것은 임금의 힘입니까? 아니면 그 신하들의 힘입니까?"

이에 숙향이 이렇게 비유하였다.

"옷에 비유한다면 관중管仲은 옷감을 잘 자르는 일에 뛰어나고, 습붕隰朋은 잘라 버릴 것은 잘라 버리고 기울 것은 깁는 데 능하며, 빈서무賓胥無는 옷 가장자리를 바느질하는 데 능하였지요. 환공은 다만 그 옷을 입을 줄만 알 따름입니다. 그러니 역시 신하들의 힘이라 보아야겠지요."

그때 사광師曠이 옆에서 평공을 모시고 있다가 이렇게 반박하였다.

"저는 청컨대 오미五味를 가지고 비유해 보겠습니다. 관중은 요리감을 알맞게 자르는 데 뛰어나고, 습붕은 이를 불로 조리하는 데에 뛰어나며, 빈서무는 맛이 고루 화합되도록 하는 데에 뛰어납니다. 국이 다 익어서 이를 환공에게 올렸을 때, 임금이 이를 먹지 않는다면 누가 능히 억지로 먹일 수 있겠습니까? 그러니 역시 임금의 힘이라고 해야겠지요."

晉平公問於叔向曰:「昔者, 齊桓公九合諸侯, 一匡天下, 不識其君之力乎? 其臣之力乎?」

叔向對曰:「管仲善制割, 隰朋善削縫, 賓胥無善純緣, 桓公知衣而已. 亦其臣之力也.」

師曠侍曰:「臣請譬之以五味, 管仲善斷割之, 隰朋善煎熬之, 賓胥無善齊和之. 羹以熟矣, 奉而進之, 而君不食, 誰能彊之? 亦君之力也.」

【晉 平公】 春秋時代 晉나라의 君主. 재위 26년(B.C. 557~532). 師曠·叔向 등을 등용하여 나라를 태평하게 하였다.

【叔向】 晉 平公의 大夫.

【齊 桓公】 春秋時代 齊나라의 君主. 春秋五霸의 首長.

【管仲】 齊 桓公의 宰相. 管夷吾.

【隰朋】 齊 桓公의 臣下.

【賓胥無】 齊 桓公의 大夫. 賢臣.

【師曠】 晉 平公의 樂官이며, 大夫. 賢臣.

참고 및 관련 자료

1.《韓非子》難二

晉平公問於叔向曰:「昔者, 齊桓公九合諸侯, 一匡天下, 不識臣之力也? 君之力也?」叔向對曰:「管仲善制割, 賓胥無善削縫, 隰朋善純緣, 衣成, 君舉而服之, 亦臣之力也, 君何力之有?」師曠伏琴而笑之. 公曰:「太師奚笑也?」師曠對曰:「臣笑叔向之對君也. 凡人臣者, 猶炮宰和五味而進之君, 君不食, 孰敢彊之也? 臣請譬之, 君者, 壤地也; 臣者, 草木也. 必壤地美, 然後草木碩大. 亦君之力也, 臣何力之有?」

2. 기타 참고자료

《文選》〈四子講德論〉·《太平御覽》(620)

056(4-7) 昔者齊桓公與魯莊公爲柯之盟
신하의 위치를 지키겠습니다

옛날 제齊 환공桓公이 노魯 장공莊公과 가柯 땅에서 맹약을 맺을 때 노나라의 대부인 조귀曹劌가 장공에게 이렇게 말하였다.

"제나라가 우리 노나라를 침략하여 바로 성 아래에까지 다다랐습니다. 성이 무너지면 도성都城까지 제나라에게 압도당할 판인데 임금께서는 아무런 방책이 없으십니까?"

그러자 장공이 이렇게 말하였다.

"말도 마십시오. 지금 과인은 살아 있으니 차라리 죽은 것만도 못합니다."

이에 조규가 이렇게 제의하였다.

"그렇다면 청컨대 임금께서는 임금다운 일을 하시고 저는 저대로 신하의 위치를 지키겠습니다."

회의가 시작되어 두 임금이 회담 장소에 올라 서로 읍을 하고 예의를 갖추었다. 이때 조규는 손에 칼을 잡고 칼날을 드러낸 채 쫓아나가 단상의 환공을 향해 이렇게 협박하였다.

"성이 무너지면 노나라는 도성마저 제나라에 위협받게 됩니다. 지금 임금께서는 무엇인가 노나라에 주시기를 도모하시지 않겠습니까?"

이때 옆에 있던 관중管仲이 나섰다.

"그렇다면 그대가 요구하는 것은 무엇입니까?"

그러자 조규가 이렇게 요구하였다.

"문양汶陽 땅을 되돌려 주십시오."

이에 관중이 환공에게 이렇게 아뢰었다.

"임금께서는 허락하십시오."

환공이 이를 허락하자, 조규 역시 맹약 회의를 계속하도록 하였고, 환공은 드디어 맹약을 하였다. 조규는 맹약이 끝나자 칼에 표시를 하고 자리를 떠났다. 그러자 환공의 좌우 신하들이 이렇게 분함을 표시하였다.

"위협으로 맺은 맹약은 가히 배반하여 파기하여도 됩니다. 조규는 원수로 규정해도 됩니다. 청컨대 맹약을 파기하고 조규를 토벌합시다."

그러자 관중이 나섰다.

"협박으로 맺은 맹약은 파기할 수 있습니다. 그러나 임금께서는 파기하지 마십시오. 또 조규를 원수로 여길 수 있으나, 임금께서는 그를 원수로 대하지 마십시오. 오히려 믿음을 천하에 드러내 보일 좋은 기회로 삼으십시오."

드디어 약속을 그대로 지키자 천하의 제후들이 모두 흡족히 여기고 제 환공에게 부귀附歸해왔다. 그래서 견鄄 땅에서의 회의와 유幽 땅에서의 회맹에 참석하지 않은 제후가 없었고, 역시 양곡陽穀의 회의, 관택貫澤에서의 회맹에 멀리 있는 나라조차 모두 달려왔다. 제나라 환공은 남쪽으로는 강한 초楚나라를 쳐서 청모菁茅도 조공朝貢되도록 하였고, 북쪽으로 산융山戎을 토벌하여 연燕나라가 길을 개척할 수 있도록 해주었다. 망해가는 나라를 살려 준 것이 세 번, 끊어질 뻔한 세대世代를 이어 준 것이 한 번이었으며, 주실周室을 존경하여 받들었고, 구합제후九合諸侯하고 일광천하一匡天下하여 그 공이 삼왕三王에 버금갈 정도였고, 오백五伯 중에서도 수장首長이 되었으니, 그 근본은 가柯 땅에서의 맹약에 믿음을 지킨 것으로부터 시작된 것이다.

昔者, 齊桓公與魯莊公爲柯之盟, 魯大夫曹劌謂莊公曰:「齊之侵魯, 至於城下, 城壞壓境, 君不圖與?」

莊公曰:「嘻! 寡人之生不若死.」

曹劌曰:「然則君請當其君, 臣請當其臣.」

《管子》

及會, 兩君就壇, 兩相相揖, 曹劌手劍拔刃而進, 迫桓公於壇上, 曰: 「城壞壓境, 君不圖與?」

管仲曰: 「然則君何求?」

曹劌曰: 「願請汶陽田.」

管仲謂桓公曰: 「君其許之.」

桓公許之, 曹劌請盟, 桓公遂與之盟. 已盟, 標劍而去.

左右曰: 「要盟可倍. 曹劌可讐, 請倍盟而討曹劌.」

管仲曰: 「要盟可負, 而君不負; 曹劌可讐, 而君不讐, 著信天下矣.」

遂不倍. 天下諸侯, 翕然而歸之. 爲鄄之會, 幽之盟, 諸侯莫不至焉. 爲陽穀之會, 貫澤之盟, 遠國皆來. 南伐強楚, 以致菁茅之貢; 北伐山戎, 爲燕開路; 三存亡國, 一繼絶世, 尊事周室, 九合諸侯, 一匡天下, 功次三王, 爲五伯長, 本信起乎柯之盟也.

【齊 桓公】春秋五霸의 首將. 齊나라 君主.

【魯 莊公】春秋時代 魯나라 君主. 재위 32년(B.C. 693~662).

【柯】地名. 지금의 河南省 內黃縣 동북의 柯城.

【曹劌】《呂氏春秋》에는 『曹翽』로,《史記》에는 『曹沫』로 되어 있다. 魯 莊公의 將帥로 齊 桓公을 협박하여 잃었던 땅을 되찾은 人物.

【管仲】齊 桓公의 宰相.

【汶陽】地名. 지금의 山東省 寧陽縣 북쪽.

【鄄】地名. 春秋時代 衛나라 땅. 지금의 山東省 濮縣. 魯莊公 14年(B.C. 680년)의 일이다.

【幽】地名. 지금의 山東省 孝城縣. 魯 莊公 12年(B.C. 682)의 일이다.

【陽穀】春秋時代 齊나라 땅. 지금의 山東省 聊城. 魯僖公 3年(B.C. 657)의 일.

【貫澤】地名. 貫의 地名에 澤字가 첨가된 것. 지금의 山東省 曹縣. 魯 僖公 2年 (B.C. 658)의 일.《春秋》僖公 2年에 『齊侯, 宋公, 江人, 黃人, 盟於貫』이라 하였다.

【菁茅】香草로 술을 거를 때 쓰는 것. 이는 楚나라가 周室에 공급하기로 되어 있으나 周室의 권위가 떨어지자 공급을 중단, 桓公이 다시 계속하도록 하였다는 뜻.《穀梁傳》僖公 4年에 『菁茅之黃不至, 故周室不祭』이라 하였고, 註에 『菁茅, 香草, 所以縮酒, 楚之職貢』이라 하였다.

【山戎】匈奴의 전신으로 異民族. 사건은《公羊傳》莊公 31年에 실려 있다.

【周室】東周 때 宗主國. 권위가 떨어져 諸侯들로부터 보호와 존경을 받지 못하였다.

참고 및 관련 자료

1.《公羊傳》莊公 十三年

十有三年, 春, 齊侯·宋人·陳人·蔡人·邾婁人會于北杏. 夏, 六月, 齊人滅遂. 秋, 七月. 冬, 公會齊侯, 盟于柯, 何以不日, 易也, 其易奈何, 桓之盟不日, 其會不致, 信之也, 其不日何以始乎此, 莊公將會乎桓, 曹子進, 曰:「君之意何如?」莊公曰: 「寡人之生則不若死矣.」曹子曰:「然則君請當其君, 臣請當其臣.」莊公曰:「諾.」 於是會乎桓, 莊公升壇, 曹子手劍而從之, 管子進, 曰:「君何求乎?」曹子曰:「城壞 壓竟, 君不圖與.」管子曰:「然則君將何求?」曹子曰:「願請汶陽之田.」管子顧曰:

「君許諾.」桓公曰:「諾.」曹子請盟, 桓公下與之盟, 已盟, 曹子摽劍而去之, 要盟可犯, 而桓公不欺, 曹子可讎, 而桓公不怨, 桓公之信著乎天下自柯之盟始焉, 十有四年, 春, 齊人, 陳人, 曹人伐宋.

2.《呂氏春秋》貴信篇

齊桓公伐魯, 魯人不敢輕戰, 去魯國五十里而封之, 魯請比關内侯以聽, 桓公許之. 曹翽謂魯莊公曰:「君寧死而又死乎? 其寧生而又生乎?」莊公曰:「何謂也?」翽曰: 「聽臣之言, 國必廣大, 身必安樂, 是生而又生也. 不聽臣之言, 國必滅亡, 身必危辱, 是死而又死也.」莊公曰:「請從.」於是明日將盟, 莊公與曹翽皆懷劍至於壇上. 莊公 左搏桓公, 右抽劍以自承, 曰:「魯國去境數百里, 今去境五十里, 亦無生矣. 鈞其死也, 戮於君前.」管仲·鮑叔進, 曹翽按劍當兩陛之間曰:「且二君將改圖, 毋或進者.」 莊公曰:「封於汶則可, 不則請死.」管仲曰:「以地衛君, 非以君衛地, 君其許之.」 乃遂封於汶南, 與之盟. 歸而欲勿予. 管仲曰:「不可. 人特劫君而不盟, 君不知, 不可謂智, 臨難而不能勿聽, 不可謂勇, 許之而不予, 不可謂信. 不智不勇不信, 有此 三者, 不可以立功名. 予之, 雖亡地亦得信. 以四百里之地見信於天下, 君猶得也.」 莊公, 仇也; 曹翽, 賊也. 信於仇賊, 又況於非仇賊者乎? 夫九合之而合, 壹匡之而聽, 從此生矣. 管仲可謂能因物矣. 以辱爲榮, 以窮爲通, 雖失乎前, 可謂後得之矣. 物固 不可全也.

3.《史記》齊太公世家

五年, 伐魯, 魯將師敗. 魯莊公請獻遂邑以平, 桓公許, 與魯會柯而盟. 魯將盟, 曹沬 以匕首劫桓公於壇上, 曰:「反魯之侵地!」桓公許之. 已而曹沬去匕首, 北面就臣位. 桓公後悔, 欲無與魯地而殺曹沬. 管仲曰:「夫劫許之而倍信殺之, 愈一小快耳, 而棄 信於諸侯, 失天下之援, 不可.」於是遂與曹沬三敗所亡地於魯. 諸侯聞之, 皆信齊而 欲附焉. 七年, 諸侯會桓公於甄, 而桓公於是始霸焉.

4.《史記》刺客列傳

齊桓公許與魯會于柯而盟. 桓公與莊公既盟於壇上, 曹沬執匕首劫齊桓公, 桓公左 右莫敢動, 而問曰:「子將何欲?」曹沬曰:「齊强魯弱, 而大國侵魯亦甚矣. 今魯城壞 即壓齊境, 君其圖之.」桓公乃許盡歸魯侵地. 既已言, 曹沬投其匕首, 下壇, 北面就 羣臣之位, 顏色不變, 辭令如故. 桓公魯, 欲倍其約. 管仲曰:「不可. 大貪小利以自快, 棄信於諸侯, 失天下之援, 不如與之.」於是桓公乃遂割魯侵地, 曹沬三戰所亡地盡 復予魯.

5.《管子》大匡篇

公不聽, 果伐魯, 魯不敢戰, 去國五十里而爲之關. 魯請比於關內, 以從於齊. 齊亦毋復侵魯, 桓公許諾. 魯人請盟曰:「魯, 小國也. 固不帶劍. 今而帶劍, 是交兵聞於諸侯. 君不如已. 請去兵.」桓公曰:「諾.」乃令從者毋以兵. 管仲曰:「不可! 諸侯加忌於君. 君如是以退可. 君果弱魯君, 諸侯又加貪於君. 後有事, 小國彌堅, 大國設備. 非齊國之利也.」桓公不聽, 管仲又諫曰:「君必不去魯, 胡不用兵? 曹劌之爲人也. 堅强以忌, 不可以約取也.」桓公不聽, 果與之遇. 莊公自懷劍. 曹劌亦懷劍, 踐壇. 莊公抽劍其懷. 曰:「魯之境去國五十里, 亦無不死而已.」左摛桓公, 右自承. 曰:「均之死也. 戮死於君前.」管仲走君, 曹劌抽劍當兩階之間曰:「二君將改圖, 無有進者.」管仲曰:「君與地! 以汶爲竟.」桓公許諾, 以汶爲竟而歸. 桓公歸而修於政, 不修於兵革. 自圉辟人, 以過彌師.

6.《戰國策》齊策(六)

齊桓公有天下, 朝諸侯. 曹子以一劍之任, 劫桓公於壇位之上, 顏色不變, 而辭氣不悖. 三戰之所喪, 一朝而反之, 天下震動驚駭, 威信吳楚, 傳名後世.

057(4-8) 晉文公伐原
닷새만에 함락시키리라

진晉 문공文公이 원原나라를 치면서 대부大夫들과 닷새 내에 함락시키겠다고 약속하였다. 그러나 닷새가 지나도록 원나라가 항복하지 않자, 문공은 포기하도록 명령하였다. 그러자 군리軍吏가 말하였다.

"원나라는 앞으로 사흘 이상 버티지 못하고 항복하고 말 것입니다. 기다리는 편이 낫습니다."

그러자 문공이 이렇게 말하였다.

"닷새라는 약속을 잃으면서까지 원 땅을 얻어봤자 무엇하겠는가? 나는 그만두련다."

원 땅 사람들이 이 소문을 듣고 이렇게 말하였다.

"의로움이 이와 같은 임금이 있으니, 항복하지 않을 수가 없다."

그리고는 드디어 항복해 버렸다.

그러자 온溫 땅 사람들이 이 소식을 듣고 역시 항복을 자청해왔다. 그러므로 "원原 땅을 치자 온溫 땅 사람들이 항복하네"라고 하였으니 이를 두고 한 말이다.

이에 제후들이 몰려들었고 드디어 조曹나라와 위나라衛를 쳐서 천토踐土에서의 회맹과 온溫 땅에서의 맹약을 성사시켰다.

뒤에 남으로 강한 초楚나라를 쳐부수어 주실周室을 존경해 모시도록 하였으며, 드디어 패공霸功을 이루어 제齊 환공桓公의 다음 차례에 서게 되었다. 이는 바로 원原을 칠 때의 신용에서 비롯된 것이다.

晉文公伐原, 與大夫期五日, 五日而原不降, 文公令去之.

吏曰:「原不過三日, 將降矣, 君不如待之.」

君曰:「得原失信, 吾不爲也.」

原人聞之, 曰:「有君義若此, 不可不降也.」

遂降. 溫人聞之, 亦請降.

故曰:「伐原而溫降.」此之謂也.

於是諸侯歸之, 遂侵曹伐衛, 爲踐土之會·溫之盟. 後南破强楚, 尊事周室, 遂成霸功, 上次齊桓, 本信由伐原也.

【晉 文公】春秋時代 晉나라 君主(재위 9년, B.C. 636~628)로 春秋五霸의 하나. 이름은 重耳.

【原】周나라 畿內의 小國.《左傳》僖公 24年(B.C. 636)에『畢, 原, 酆, 郇, 文之昭也』라 하였다. 지금의 河南省 濟源縣. 이 사건은《左傳》僖公 25年에 실려 있다.

【溫】古代의 나라 이름. 지금의 河南省 溫縣. 周나라 司寇였던 蘇忿生이 봉해졌던 나라.『溫人之周』의 고사를 남긴 나라.

【曹】春秋時代 衛나라 邑. 지금의 河南省 滑縣의 白馬城. 小國의 지위에 있었다.

【衛】春秋時代 나라 이름. B.C. 209년 秦나라에게 망하였다.

【踐土】地名. 원래 鄭나라에 속하였으며, 지금의 河南省 廣武縣. 踐土의 會盟은《左傳》僖公 28年(B.C. 632) 때 이루어졌다.

【南破强楚】春秋時代 가장 큰 전쟁이었던 城濮之戰(B.C. 632)을 말한다.《左傳》에『晉文公敗楚師于城濮, 還至於衡雍, 作王宮於踐土』라 하였다.

【齊 桓公】晉 文公보다 앞선 齊나라의 君主. 春秋五霸의 우두머리. 재위 40년 (B.C. 683~643).

1.《左傳》僖公 二十五年 傳

冬, 晉侯圍原, 命三日之糧. 原不降, 命去之. 諜出, 曰:「原將降矣.」軍吏曰:「請待之.」
公曰:「信, 國之寶也, 民之所庇也. 得原失信, 何以庇之? 所亡滋多.」退一舍而原降.
遷原伯貫于冀. 趙衰爲原大夫, 狐溱爲溫大夫.

2.《淮南子》道應訓

晉文公伐原, 與大夫期三日, 三日而原不降. 文公令去之, 軍吏曰:「原不過一二日將
降矣.」君曰:「吾不知原三日而不可得下也. 以與大夫期, 盡而不罷失信, 得原吾弗
爲也.」原人聞之, 曰:「有君若此, 可弗降也.」遂降, 溫人聞亦請降. 故老子曰:「窈兮
冥兮, 其中有精.」其精甚眞, 其中有信. 故美言可以市尊, 美行可以加人.

3.《國語》晉語(四)

文公伐原, 令以三日之糧. 三日而原不降, 公令疏軍而去之. 諜出曰:「原不過一二
日矣!」軍吏以告, 公曰:「得原而失信, 何以使人? 夫信, 民之所庇也, 不可失.」
乃去之, 及孟門, 而原請降.

4.《韓非子》外儲說左上

晉文公攻原, 裹十日糧. 遂與大夫期十日. 至原十日而原不下. 擊金而退, 罷兵而去.
士有從原中出者曰:「原三日卽下矣.」群臣左右諫曰:「夫原之食竭力盡矣. 君姑待之.」
公曰:「吾與士期十日, 不去, 是亡吾信也. 得原失信, 吾不爲也.」遂罷兵而去.
原人聞曰:「有君如彼其信, 可無歸乎?」乃降公. 衛人聞曰:「有君如彼其信也,
可無從乎?」乃降公. 孔子聞而記之曰:「攻原得衛者, 信也.」

5.《呂氏春秋》爲欲篇

晉文公伐原, 與士期七日而原不下. 命去之. 謀士言曰:「原將下矣.」師吏請待之.
公曰:「信, 國之寶也. 得原失寶, 吾不爲也.」遂去之. 明年復伐原, 與士期必得原然
後反. 原人聞之, 乃下. 衛人聞之, 以文公之信爲至矣. 乃歸文公. 故曰:「攻原得衛者,
此之謂也.」文公非不欲得原也, 以不信得言, 不若勿得. 必誠信以得之, 歸之者非
獨衛也. 文公可謂知求欲矣,

6. 기타 참고자료

《韓詩外傳》卷二・《資治通鑑》周顯王五十年

058(4-9) 昔者趙之中牟叛
저절로 무너지는 성

옛날 조趙나라 중모中牟 사람들이 반란을 일으키자 조趙 양자襄子가 군대를 이끌고 토벌에 나섰다. 그런데 포위한 채 아직 접전도 벌어지지 않았는데 성이 저절로 무너진 곳이 열 군데나 되었다. 이를 본 양자가 신호판을 두드리며 군사에게 퇴각하라고 명하였다. 그러자 군의 관리가 물었다.

"임금께서 중모의 죄를 벌하려는데 성이 저절로 무너지는 것을 보면 이는 하늘이 우리를 돕고 있다는 뜻입니다. 그런데 어찌하여 포기하고 물러서십니까?"

이에 양자가 이렇게 말하였다.

"과인이 숙향叔向에게 들으니, '군자는 남의 위험한 틈을 노려 이익을 구하지 아니하며, 사람을 위험한 쪽으로 몰아붙여서도 안 된다'라고 하였다. 그러니 그들로 하여금 성을 잘 보수하도록 한 후 공격하려는 것이다."

그러자 중모 사람들이 이러한 의로움을 듣고 항복을 청하였다.

《시詩》에 "왕께서 스스로 헤아림이 진실하니, 진을 치기도 전에 서국 徐國이 항복해 오네"라고 한 것은 이를 두고 한 말이다.

양자는 드디어 지씨知氏를 멸하고, 대代 땅까지 병합하여 천하의 강자가 되었으니, 바로 이 중모의 토벌에서 말미암은 것이다.

昔者, 趙之中牟叛, 趙襄子率師伐之, 圍未合而城自壞者十堵, 襄子擊金而退士.

軍吏曰:「君誅中牟之罪, 而城自壞, 是天助也. 君曷爲去之?」

襄子曰:「吾聞之於叔向曰:『君子不乘人於利, 不迫人於險.』使之城而後攻.」

中牟聞其義, 乃請降.

詩曰:『王猶允塞, 徐方旣來.』此之謂也.

襄子遂滅知氏, 幷代, 爲天下彊, 本由伐中牟也.

【趙】三晉 가운데 하나. 戰國時代에는 首都를 邯鄲으로 하였다.

【中牟】趙나라 경내의 地名.

【趙 襄子】趙나라의 지도자. 『子』는 『公·侯·伯·子·男』의 爵位의 하나. 아직 公이나 王으로 오르지 않은 상태였다. 한편 이 사건은 《韓詩外傳》에 『昔者, 趙簡子薨而未葬, 而中牟叛之』로 되어 있다.

【叔向】人名. 원래 晉 平公의 賢臣이었다.

【詩曰】《詩經》大雅 常武의 구절. 본문 중 徐는 나라 이름. 지금의 安徽省 泗縣. 한편 《詩經箋》에 『猶, 尙允信也. 王重兵, 兵雖臨之, 尙守信自實滿, 兵未陣而徐國已來告服, 所謂善戰者不陣』이라 하였다.

【知氏】知伯[智伯]. 晉六卿의 하나. 가장 강성하였으나 韓·魏·趙 세 나라에게 망하였다. 이리하여 晉나라를 三分하여 戰國時代에 이르러 七雄의 지위에 올랐다.

【代】나라 이름. 지금의 河北省 蔚縣 일대. 이 사건은 《史記》趙世家에 실려 있다.

1.《淮南子》道應訓

趙簡子死, 未葬. 中牟入齊, 已葬五日. 襄子起兵攻, 圍之未合, 而城自壞者十丈. 襄子擊金而退之. 軍吏諫曰:「君誅中牟之罪, 而城自壞. 是天助我. 何故去之?」襄子曰:「吾聞之叔向曰:『君子不乘人於利, 不迫人於險.』使之治城, 城治而後攻之.」中牟聞其義, 乃請降. 故老子曰:「夫唯不爭, 故天下莫能與之爭.」

2.《韓詩外傳》卷六

昔者, 趙簡子薨而未葬, 而中牟畔之. 葬五日, 襄子興師而次之, 圍未匝, 而城自壞者十丈, 襄子擊金而退之. 軍吏諫曰:「君誅中牟之罪, 而城自壞者, 是天助之也. 君曷爲而退之?」襄子曰:「吾聞之於叔向曰:『君子不乘人於利, 不厄人於險.』使其城, 然後攻之.」中牟聞其義而請降. 曰:「善哉! 襄子之謂也.」詩曰:『王猷允塞, 徐方既來.』

3. 기타 참고자료

《史記》孔子世家 ·《太平御覽》(192, 279)

059(4-10) 楚莊王伐鄭
강한 자라고 해서 피하기만 한다면

初楚 장왕莊王이 정鄭나라를 쳐서 항복시켰다. 정백鄭伯은 육단肉袒하여 왼손에는 모정旄旌을 잡고 오른손으로는 난도鸞刀를 잡은 채 앞으로 나와 장왕을 맞이하였다. 그러면서 그는 이렇게 청하였다.

"과인은 똑똑치 못한 변방 구석의 신하로서 천하의 화禍를 일으켰습니다. 그래서 귀하로 하여금 혼란에 빠지게 하여 욕되게 이곳까지 오시도록 하였습니다. 귀하께서 만약 우리의 죽고 다친 자들을 불쌍히 여기신다면 불모不毛의 땅이라도 내려 주셨으면 합니다. 오직 귀하의 처분만을 기다립니다."

이에 장왕이 이렇게 말하였다.

"그대의 옳지 못한 신하들이 나에게 차례로 와서 그대에 대한 말을 하였습니다. 그래서 내가 그대의 얼굴이라도 뵐까 하고 이곳까지 와서 그대 국경을 조금 넘어 여기에 이르게 되었습니다."

그리고는 스스로 정기旌旗를 잡고 좌우로 군사를 지휘하여 7리쯤 퇴각하여 물러났다. 그러자 장군 자중子重이 불만을 토로하였다.

"무릇 우리의 도성인 남쪽 영郢과 이곳 정鄭나라와는 거리가 수천 리는 됩니다. 여러 대부들 중에 죽은 자가 여러 명이며 이번 전역戰役으로 죽은 병사가 수백 명에 이릅니다. 지금 정나라를 무찔러 놓고 이를 점령하지 않고 물러서다니 이는 백성의 힘을 헛되이 쓰는 것이 아닙니까?"

그러나 장왕의 생각은 달랐다. 그리하여 이렇게 말하였다.

"내가 들으니, 옛날에는 그릇 하나 깨뜨리지 않고 가죽옷 하나 좀 슬게 하지 않으면서 아껴 쓰되, 재물을 위해 사방으로 나가지는 않았다고 하였습니다. 그런 까닭에 군자는 예禮를 중시하고 이利는 낮게 보는 것입니다. 그 사람이 필요한 것이지 그 땅이 필요한 것은 아닙니다. 또 남이 이미 복종하겠다고 하였는데 이를 용서해 주지 않는다면 이는 상서롭지 못한 행동입니다. 내가 상서롭지 못한 짓을 해가면서까지 천하에 우뚝 선다면 재앙이 내 자신에게 미칠 날이 얼마나 남았겠습니까?"

그런데 얼마 후, 진晉나라가 이 정鄭나라를 구하겠다고 와서 한번 싸워 보자고 청하였다. 이에 장왕이 좋다고 대응하였다. 그러자 장군 자중子重이 다시 이렇게 간언하였다.

"진나라는 강국입니다. 게다가 진나라는 길도 가깝고 병력도 새로운 부대입니다. 그에 비하면 우리 초나라 군대는 피로에 지쳐 있습니다. 청컨대 싸우지 않는 것이 옳을 듯합니다."

그러자 장왕이 이렇게 말하였다.

"안 됩니다. 우리가 강자라고 해서 피하고 약자라고 해서 위협하려 든다면, 내가 천하에 우뚝 설 명분이 없어지는 것입니다."

그리고는 드디어 군대를 돌려 진나라 군대를 맞아 싸우기 시작하였다. 장왕은 몸소 북채를 잡고 북을 두드려 분전한 끝에 진나라 군대를 크게 패배시켰다. 진나라 사람들은 하수河水를 건너 남으로 와 있었으므로 패배하고 나자 서로 다투어 강을 건너 북쪽으로 도망가려고 나섰다. 사졸들이 서로 다투어 배에 올라, 먼저 탄 병사들이 뱃머리를 잡고, 오르려는 다음 병사들의 손가락을 칼로 쳐서 배 안에는 잘려진 손가락들이 손으로 긁어모을 수 있을 정도였다. 이를 본 장왕이 이렇게 탄식하였다.

"아! 저 진나라 임금과 내가 서로 더 이상 용납하지 않으면 그뿐 이로다. 백성들이 무슨 죄가 있으리오?"

그리고는 군대를 퇴각시켜 진나라 군대가 안전하게 건널 수 있도록 해 주었다.

《시詩》에 "부드럽다고 해서 삼키지 않았고, 딱딱하다고 해서 뱉지 않았으며, 홀아비 과부도 업신여기지 않았고, 강한 자라고 해서 두려워하지도 않았네"라 하였으니 바로 장왕 같은 이를 두고 한 말이다.

楚莊王伐鄭, 克之. 鄭伯肉袒, 左執茅旌, 右執鸞刀, 以迎莊王. 曰:「寡人無良, 邊陲之臣, 以干天下之禍. 是以使君王昧焉, 辱到弊邑, 君如憐此喪人, 錫之不毛之地, 唯君王之命.」

莊王曰:「君之不令臣交易爲言, 是以使寡人得見君王之玉面也, 而微至乎此.」

莊王親自手旌, 左右麾軍, 還舍七里.

將軍子重進諫曰:「夫南郢之與鄭, 相去數千里, 諸大夫死者數人, 斯役死者數百人, 今克而不有, 無乃失民力乎?」

莊王曰:「吾聞之: 古者盂不穿, 皮不蠹, 不出四方, 以是見君子重禮而賤利也. 要其人不要其土, 人告從而不赦, 不祥也. 吾以不祥立乎天下, 菑之及吾身, 何日之有矣?」

旣而晉人之救鄭者至, 請戰, 莊王許之.

將軍子重進諫曰:「晉, 强國也, 道近力新, 楚師疲勞, 君請勿許.」

莊王曰:「不可. 强者我避之, 弱者我威之, 是寡人無以立乎天下也.」

遂還師以逆晉寇, 莊王援枹而鼓之, 晉師大敗. 晉人來, 渡河而南, 及敗, 奔走欲渡而北, 卒爭舟, 而以刃擊引, 舟中之指可掬也.

莊王曰:「嘻, 吾兩君之不能相也, 百姓何罪?」

乃退師, 以軼晉寇.

詩曰:『柔亦不茹, 剛亦不吐. 不侮鰥寡, 不畏强禦.』莊王之謂也.

【楚 莊王】春秋時代 楚나라의 영명한 君主. 재위 23년(B.C. 613~591).

【鄭伯】鄭나라 君主. 爵位가 伯. 당시 鄭나라 君主는 襄公(재위 18년, B.C. 604~587).

【肉祖】스스로 죄인을 뜻하는 행동이다. '항복한다는 뜻으로 어깨를 벗어 보이는 것'이다.

【旄旌】다른 기록에는 '茅旌'으로 되어 있다.《公羊傳》註에『茅旌, 祀宗廟所用, 迎導神, 指護祭者, 斷曰籍, 不斷曰旌』이라 하였다.

【鸞刀】방울 달린 칼로 古代에 제사 때 희생물을 베는 데 사용하였다.

【旌旗】임금의 지휘 깃발.

【子重】楚 莊王 때의 將軍 이름.

【郢】楚나라의 首都.

【晉】당시 晉나라 君主는 景公. 재위 19년(B.C. 599~581).

【河水】黃河.

【詩曰】《詩經》大雅 蒸民의 구절.

참고 및 관련 자료

1.《左傳》宣公 十二年 經·傳

(經) 楚子圍鄭.

(傳) 十二年春, 楚子圍鄭, 旬有七日. 鄭人卜行成, 不吉; 卜臨于大宮, 且巷出車, 吉. 國人大臨, 守陴者皆哭. 楚子退師. 鄭人修城. 進復圍之, 三月, 克之. 入自皇門, 至于逵路. 鄭伯肉祖牽羊以逆, 曰:「孤不天, 不能事君, 使君懷怒以及敝邑, 孤之罪也, 敢不唯命是聽? 其俘諸江南, 以實海濱, 亦唯命; 其翦以賜諸侯, 使臣妾之, 亦唯命. 若惠顧前好, 徼福於厲, 宣, 桓, 武, 不泯其社稷, 使改事君, 夷於九縣, 君之惠也, 孤之願也, 非所敢望也. 敢布腹心, 君實圖之.」左右曰:「不可許也, 得國無赦.」王曰:「其君能下人, 必能信用其民矣, 庸可幾乎!」退三十里而許之平. 潘尫入盟, 子良出質.

2.《公羊傳》宣公 十二年

莊王伐鄭, 勝乎皇門, 放乎路衢, 鄭伯肉祖, 左執茅旌, 右執鸞刀, 以逆莊王, 曰:「寡人無良邊垂之臣, 以干天禍, 是以使君王沛焉, 辱到敝邑, 君如矜此喪人, 錫之不毛之地, 使帥一二耊老而綏焉, 請唯君王之命.」莊王曰:「君之不令臣交易爲言, 是以使寡人得見君之玉面, 而微至乎此.」莊王親自手旌, 左右撝軍, 退舍七里, 將軍子重諫曰:

「南郢之與鄭相去數千里, 諸大夫死者數人. 廝, 役, 扈, 養, 死者數百人. 今君勝鄭而不有, 無乃失民臣之力乎?」莊王曰:「古者, 杅不穿, 皮不蠹, 則不出於四方. 是以君子篤於禮而薄于利, 要其人而不要其土. 告從, 不赦, 不詳, 吾以不詳道民. 災及吾身, 何日之有?」既則晉師之救鄭者至, 曰:「請戰.」莊王許諾, 將軍子重諫曰:「晉, 大國也. 王師淹病矣. 君請勿許也.」莊王曰:「弱者吾威之, 彊者吾辟之. 是以使寡人無以立乎天下.」令之還師而逆晉寇, 莊王鼓之, 晉師大敗. 晉眾之走者舟中之指可掬矣, 莊王曰:「嘻! 吾兩君不相好, 百姓何罪?」令之還師而佚晉寇.

3.《韓詩外傳》卷六

楚莊公伐鄭, 鄭伯肉袒, 左把茅旌, 右執鸞刀以進言於莊王曰:「寡人無良邊陲之臣, 以干大禍, 使大國之君, 沛焉遠辱至此.」莊王曰:「君子不令臣交易爲言, 是以使寡人得見君之玉面也, 而微至乎此.」莊王受節, 左右麾楚軍, 退舍七里. 將軍子重進諫曰:「夫南郢之與鄭, 相去數千里, 大夫死者數人, 廝役者數百人, 今克而弗有, 無乃失民臣之力乎?」莊王曰:「吾聞: 古者杅不穿, 皮不蠹, 不出於四方. 以是君子之重禮而賤財也. 要其人, 不要其土. 人告以從而不舍, 不祥. 吾以不祥立乎天下, 災及吾身, 何取之有?」既, 晉之救鄭者至, 曰:「請戰.」莊王許之. 將軍子重進諫曰:「晉, 強國也, 道近兵銳, 楚師奮罷, 君其勿許.」莊王曰:「不可. 強者, 我避之; 弱者, 我威之. 是寡人無以立乎天下也.」乃遂還師, 以逆晉寇. 莊王援枹而鼓之, 晉師大敗. 士卒奔者爭舟, 而指可掬也. 莊王曰:「噫! 吾兩君不相好, 百娍何罪?」乃退楚師, 以佚晉寇. 詩曰:『柔亦不茹, 剛亦不吐.』

4.《新書》(賈誼) 卷七 先醒

昔楚莊王, 卽位, 自靜三年, 以講得失, 乃退辟邪, 以進忠正, 能者任事, 而後在高位, 乃令國政, 辟草而施, 教百姓富民恒一, 路不拾遺, 國無獄訟, 當是時也, 周室壞微, 天子失制矣. 宋鄭無道, 欺昧諸侯. 莊王圍宋伐鄭, 鄭伯肉袒, 牽羊奉簪而獻國. 莊王曰:「古之伐者, 亂則整之, 服則舍之, 非利之也.」遂弗受, 乃與晉人戰於兩棠, 大克晉人, 會諸侯於漢陽.

060(4-11) 晉人伐楚
패업을 이룬 이유가 있다

진晉나라가 초楚나라로 쳐들어왔다. 이에 초나라가 삼사三舍나 물러났지만 진나라는 계속해서 다가오는 것이었다. 이에 대부大夫가 이렇게 제의하였다.

"이제 맞서 싸웁시다."

그러나 장왕莊王이 이렇게 반대하였다.

"선군先君 때에는 진나라가 우리 초나라를 침략한 적이 없었습니다. 그런데 과인이 임금이 되자 그들이 우리를 쳐들어오니, 이는 바로 과인에게 잘못이 있다는 뜻입니다. 내 어찌 여러 대부들을 욕되게 할 수 있겠습니까?"

그러자 대부가 이렇게 주장하였다.

"선군 때에는 진나라가 우리를 치지 않더니 지금 저희들 같은 신하가 있을 때 쳐들어오는 것을 보면, 이는 신하된 자들이 잘못 보필하였기 때문입니다. 그러니 쳐야 합니다."

장왕이 이 말에 머리를 숙이고 눈물을 흘리며 일어나서 여러 대부들에게 절을 하였다. 진晉나라 사람들이 이런 소문을 듣고 말하였다.

"군신君臣 사이에 서로 자신에게 허물이 있다고 다투고 있다. 더구나 임금은 그 신하보다 아래에 처하기를 이와 같이 하니, 이것이 곧 상하일 심上下一心이라는 것이다. 삼군三軍이 힘을 합하고 있는 이때에 그들을 공격해서는 안 된다."

그리고는 밤에 군대를 돌려 물러서 버렸다. 공자孔子가 이를 듣고 이렇게 말하였다.

"초 장왕이 패업을 이룬 것은 그 이유가 있다. 선비보다 아래에 처하면서 한 마디 말로써 적들을 물러가게 하여 사직을 안정시켰다. 그러니 그가 패자霸者가 되는 것이 어찌 마땅치 않겠는가?"

《시詩》에도 "멀리 가까이 다 어루만져 우리 임금 편안히 계시도록 하네"라고 하였으니, 이를 두고 이른 것이다.

晉人伐楚, 三舍不止.

大夫曰:「請擊之.」

莊王曰:「先君之時, 晉不伐楚, 及孤之身, 而晉伐楚, 是寡人之過也. 如何其辱諸大夫也?」

大夫曰:「先君之時, 晉不伐楚, 及臣之身, 而晉伐楚, 是臣之罪也. 請擊之.」

莊王俛泣而起, 拜諸大夫.

晉人聞之曰:「君臣爭以過爲在己, 且君下其臣猶如此, 所謂上下一心, 三軍同力, 未可攻也.」

乃夜還師.

孔子聞之曰:「楚莊王霸, 其有方矣. 下士以一言而敵還, 以安社稷, 其霸, 不亦宜乎?」

詩曰:『柔遠能邇, 以定我王.』此之謂也.

【三舍】一舍는 군대가 하루 자고 걸을 수 있는 거리. 三舍는 사흘 행군할 수 있는 거리를 말한다. 一舍를 혹은 30리라고도 한다.

【楚 莊王】[前出]

【先君】先代의 임금.

【詩曰】《詩經》大雅 民勞의 구절.

참고 및 관련 자료

1. 《淮南子》道應訓

晉伐楚, 三舍不止. 大夫請擊之. 莊王曰「先君之時, 晉不伐楚, 及孤之身, 而晉伐楚, 是孤之過也. 若何其辱?」群大夫曰「先臣之時, 晉不伐楚, 今臣之身, 而晉伐楚. 此臣之罪也. 請三擊之.」王俛而泣. 涕沾襟. 起而拜群大夫. 晉人聞之曰「君臣爭以過爲在己, 且輕下其臣, 不可伐也.」夜還師而歸. 老子曰「能受國之垢, 是謂社稷主.」

061(4-12) 晉文公將伐鄴
실천하기는 어려운 법

진晉 문공文公이 업鄴을 치려 하자, 조쇠趙衰가 업을 이길 수 있는 방법을 일러 주었다. 문공은 조쇠의 책략에 따라 업을 이기고 나자 조쇠에게 상을 내리려고 하였다. 그때 조쇠가 이렇게 말하였다.

"임금께서는 장차 상을 말末에 내리려 하십니까? 아니면 본本에 내리려 하십니까? 말末에 내리려 하신다면 말馬을 타고 싸운 자들이 모두 수상자가 되어야 할 것이며, 본에 내리려 하신다면 저는 극호郤虎에게 듣고 임금께 알려 드린 것뿐입니다."

이에 문공이 극호를 불렀다.

"조쇠가 업을 이기는 방법을 일러 주었고, 그에 따라 드디어 업을 이겼습니다. 그래서 과인이 그에게 상을 주려고 하였더니, 그가 그대에게 들은 것이라 하며 마땅히 그대에게 상을 내려야 한다고 하였소."

그러자 극호가 이렇게 대답하였다.

"말하기는 쉽지만 실천하기는 어려운 법입니다. 신은 말로써 한 사람일 뿐입니다."

이 말에 문공이 말하였다.

"그대는 더 이상 사양하지 마십시오."

이에 극호도 더 이상 고사固辭하지 못하고 상을 받았다.

晉文公將伐鄴, 趙衰言所以勝鄴, 文公用之而勝鄴, 將賞趙衰.

趙衰曰:「君將賞其末乎? 賞其本乎? 賞其末, 則騎乘者存; 賞其本, 則臣聞之郤虎.」

公召郤虎曰:「衰言所以勝鄴, 遂勝, 將賞之. 曰:『蓋聞之子, 子當賞郤虎.』」

對曰:「言之易, 行之難. 臣言之者也.」

公曰:「子無辭.」

郤虎不敢固辭, 乃受賞.

【晉 文公】春秋五霸의 하나.

【鄴】地名. 春秋時代 齊 땅에 있던 邑. 桓公이 城을 쌓았던 적이 있다. 지금의 河北省 臨漳縣이라고도 함.

【趙衰】春秋時代 晉나라 사람으로 字는 子餘. 文公을 따라 19년간 유랑생활 끝에 大夫가 되어 文公이 霸者가 되는 데 큰 공을 세웠다. 그 子孫은 대대로 晉나라 卿을 거쳐 뒤에 戰國時代 趙나라의 기틀을 이루었다. '조최'로도 읽는다.

【郤虎】人名. 晉 文公의 臣下. 郤之虎로도 불린다.《呂氏春秋》韋昭 註에『郤叔虎, 晉大夫郤芮父, 郤豹也』라 하였다.

참고 및 관련 자료

1.《呂氏春秋》不苟篇

晉文公將伐鄴, 趙衰言所以勝鄴之術, 文公用之, 果勝. 還, 將行賞. 衰曰:「君將賞其本乎? 賞其末乎? 賞其末則騎乘者存, 賞其本則臣聞之郤子虎.」文公召郤子虎曰:「衰言所以勝鄴, 鄴既勝, 將賞之. 曰蓋聞之於子虎.」子虎曰:「言之易, 行之難. 臣言之者也.」公曰:「子無辭.」郤子虎不敢固辭, 乃受矣. 凡行賞欲其博也, 博則多助. 今虎非親言者也, 而賞猶及之, 此疏遠者之所以盡能竭智者也. 晉文公亡久矣, 歸而因大亂之餘, 猶能以霸, 其由此歟?

062(4-13) 梁大夫有宋就者
변방 두 마을의 참외밭

양梁**나라**의 대부大夫 가운데 송취宋就라는 자가 있었다. 일찍이 변방의 현령縣令을 지냈는데, 그곳은 초楚나라와 접경 지대였다. 양나라 변방의 마을과 그에 맞닿은 초나라의 마을은 양쪽이 모두 참외를 심고 있었으며 각각 그 규모가 꽤 되었다. 그런데 양나라 변경의 사람들은 힘써서 노력하여 참외 밭에 물을 자주 주어 그 참외의 맛이 달고 훌륭하였지만, 초나라 사람들은 게을러서 물을 제때 주지 않아 참외가 찌그러져 형편없었다. 초나라 관리가 양나라 참외는 달고 자신들의 참외는 맛없음을 불쾌하게 여겼다. 초나라 사람들 또한 양나라 사람들이 자신들보다 현명한 것을 미워하여 밤에 몰래 가서 양나라 마을 참외밭을 휘저어 놓고 말았다.

결국 참외 덩굴은 죽거나 말라 버렸다. 양나라 사람들이 이를 발견하고 수비군대의 위尉에게 찾아가서 몰래 가서 초나라 참외밭도 똑같이 휘저어 놓아 보복할 것을 요청하였다. 그러자 위尉가 먼저 현령인 송취에게 가서 물어보았다. 이 말을 들은 송취가 이렇게 일러 주었다.

"아! 그런 일을 해서야 되겠는가? 원한으로 얽히는 것은 화禍의 지름길이다. 남이 나를 미워한다고 나 역시 미워하다니, 편협하기가 어찌 그리 심한가? 내가 그대에게 일러 주는 대로 하라. 반드시 매일 밤마다 사람을 시켜 몰래 초나라 사람들을 위해 그 참외밭에 물을 주되, 절대 그 사람들이 알지 못하게 하라."

이에 양나라 마을 사람들이 밤마다 몰래 가서 참외밭에 물을 주고 돌아왔다. 초나라 사람들이 참외밭에 나와 보니 아침마다 모두가 이미 물이 주어져 있는 것이었다. 참외도 날로 잘 자랐고 맛도 훌륭하였다. 초나라 사람들이 이를 이상히 여겨 살펴본즉 양나라 사람들이 한 일이었다. 초나라 현령이 이를 듣고 사실대로 갖추어 초왕에게 알렸다. 그러자 초왕은 역연悠然히 부끄럽게 여기고 스스로 번민하다가 관리에게 이렇게 일렀다.

"몰래 양나라 참외 밭을 휘저어 놓은 자들에게 다른 죄는 더 없습니까? 이는 양나라가 몰래 양보한 덕분이겠지요."

그리고 사과하고 많은 재물로 보상하면서 아울러 양나라 임금과 사귀기를 청하였다. 초왕은 때마다 양왕을 축하하였고, 양왕도 그가 믿음이 있다고 여겼다. 그래서 양과 초의 교환交歡은 송취로부터 말미암은 것이다.

속담에 "패배를 돌려 성공의 기회로 삼고, 화를 원인으로 하여 복이 되도록 고친다"라고 하였으며, 노자老子도 "원한을 덕으로 갚는다"라고 하였으니, 바로 이를 두고 한 말이다. 무릇 다른 사람이 선하지 않을 때 어찌 족히 해볼 만한 일이 아니리오!

梁大夫有宋就者, 嘗爲邊縣令, 與楚鄰界. 梁之邊亭, 與楚之邊亭, 皆種瓜, 各有數. 梁之邊亭人, 劬力數灌其瓜, 瓜美. 楚人窳而稀灌其瓜, 瓜惡. 楚令因以梁瓜之美, 怒其亭瓜之惡也. 楚亭人心惡梁亭之賢己, 因往夜竊搔梁亭之瓜, 皆有死焦者矣. 梁亭覺之, 因請其尉, 亦欲竊往報搔楚亭之瓜. 尉以請宋就.

就曰:「惡! 是何可? 構怨禍之道也, 人惡亦惡, 何褊之甚也? 若我教子, 必每暮令人往竊爲楚亭夜善灌其瓜, 勿令知也.」

於是梁亭乃每暮夜竊灌楚亭之瓜, 楚亭旦而行瓜, 則又皆以

灌矣, 瓜日以美, 楚亭怪而察之, 則乃梁亭也. 楚令聞之大悅,
因具以聞楚王, 楚王聞之, 怒然愧以意自閔也.

告吏曰:「徵搔瓜者, 得無有他罪乎? 此梁之陰讓也.」

乃謝以重幣, 而請交於梁王. 楚王時稱則祝, 梁王以爲信, 故梁
楚之歡, 由宋就始.

語曰:「轉敗而爲功, 因禍而爲福.」

老子曰:「報怨以德.」此之謂也.

夫人旣不善, 胡足效哉!

【梁】戰國時代 魏나라의 首都가 大梁이어서 흔히 魏나라를 梁나라라고도 불렀다.
【宋就】戰國時代 魏나라의 大夫.
【亭】중국 고대의 최소 행정단위 명칭. 마을.
【徵搔瓜者】『徵』은 賈誼《新書》에 『微』로 되어 있으며, 無・未의 뜻이다.
【老子】老聃. 李耳. 道家의 首長.《史記》老子傳 참조.
【老子曰】《老子》63章에 『爲無爲, 事無事, 味無味, 大小多少, 報怨以德』이라
하였다.

참고 및 관련 자료

1.《新書》(賈誼) 退讓
昔梁大夫宋就爲邊縣令, 與楚隣界. 良亭・楚亭皆種瓜. 梁亭劬力數灌其瓜, 瓜美.
楚亭窳而稀灌其瓜, 瓜惡. 楚令以梁瓜之美, 怒其瓜之惡. 因往夜竊搔梁瓜, 皆有
死焦者矣. 梁亭覺之, 因請其尉亦欲竊往報搔瓜, 宋就曰:「是構怨召禍之道也.」令人
竊爲楚亭夜灌其瓜, 令勿知也. 楚亭旦而往瓜, 則已灌矣, 日已美. 楚亭怪而察之,
則梁亭之爲也. 楚令大悅, 因以聞楚王. 楚王曰:「此梁之陰讓也.」乃謝以幣而請交
於梁王.

보기에 따라 다른 죄의 유무

양梁나라에 송사訟事가 생겼는데 어떻게 판결해야 할지 애매모호한 경우였다. 여러 신하들 중 반은 마땅히 죄가 된다고 하였고, 반은 무죄라고 하였다. 비록 임금일지라도 역시 의심스럽기만 할뿐이었다. 그래서 양왕은 이렇게 말하였다.

"도陶 땅의 주공朱公은 평민이면서도 그 재산이 나라와 맞먹는다. 이는 반드시 기지奇智가 있기 때문이리라."

그리고는 주공을 모셔 와서 물었다.

"우리 양나라에 판결하기 어려운 송사가 하나 있습니다. 재판관들의 반은 유죄에 해당한다 하고 반은 무죄라고 합니다. 과인 역시 의심스럽습니다. 그대의 판결은 어떠하신지요?"

그러자 주공이 이렇게 대답하였다.

"저는 비루한 백성이라 송사의 일은 잘 모릅니다. 그렇기는 하나 저의 집에 두 개의 흰 구슬이 있습니다. 그 색깔도 비슷하고 그 지름의 크기도 같으며 그 광택 또한 같습니다. 그러나 하나는 값이 1천 금이고 하나는 5백 금밖에 되지 않습니다."

이 비유에 양왕이 물었다.

"지름이나 색깔·광택이 모두 같은데 하나는 1천 금이요, 하나는 오백 금이라니 무슨 까닭입니까?"

주공은 이렇게 설명하였다.

"옆에서 그것을 보면 하나는 그 두께가 두 배로 보이지요. 그래서 그것이 1천 금이나 되는 것입니다."

그러자 양왕은 말하였다.

"그렇군요!"

따라서 송사에서 확실한 죄가 아니고 조금이라도 의심이 나는 경우라면 모두 풀어서 돌려보내고, 상을 내릴 때는 반대로 그 공이 의심이 나더라도 모두 상을 주었다. 그러자 양나라 사람들은 크게 기뻐하였다.

이로 말미암아 보건대 담장이 얇으면 쉽게 무너지고, 비단도 얇으면 쉽게 찢어지며, 그릇이 얇으면 쉽게 깨어지며, 술도 엷으면 쉽게 시어지고 마는 것이다. 무릇 얇으면서도 밝은 하늘 아래에서 오래 견디는 것은 거의 없다. 따라서 나라에서 백성을 기르고 정교政教를 베푸는 자는 마땅히 후덕厚德하면 곧 그것으로 모든 것이 해결될 뿐이다.

梁嘗有疑獄, 君臣半以爲當罪, 半以爲無罪, 雖梁王亦疑.

梁王曰:「陶之朱公, 以布衣富侔國, 是必有奇智.」

乃召朱公而問曰:「梁有疑獄, 獄吏半以爲當罪, 半以爲不當罪, 雖寡人亦疑, 吾子決是, 奈何?」

朱公曰:「臣, 鄙民也. 不知當獄. 雖然, 臣之家有二白璧, 其色相如也, 其徑相如也, 其澤相如也. 然其價, 一者千金, 一者五百金.」

王曰:「徑與色澤相如也, 一者千金, 一者五百金, 何也?」

朱公曰:「側而視之, 一者厚倍, 是以千金.」

梁王曰:「善!」

故獄疑則從去, 賞疑則從與, 梁國大悅.

由此觀之, 墻薄則亟壞, 繒薄則亟裂, 器薄則亟毀, 酒薄則亟酸. 夫薄而可以曠日持久者, 殆未有也. 故有國畜民施政教者, 宜厚之而可耳.

【梁】魏나라의 別稱. 大梁이 도읍이었으므로 붙여진 이름.

【陶朱公】范蠡를 가리킨다. 원래 越王 勾踐을 섬겨 吳나라를 멸망시키는 숙원을 풀어 준 후 밤에 배를 타고 齊나라 陶 땅으로 옮겨 다시 큰 富者가 되었다. 《史記》越王勾踐世家 참조. 그가 둘째아들의 죄를 구해내지 못한 이야기는 유명하며, 富者를 陶朱公이라 할 만큼 관직은 宰相까지, 富는 중국 역대 갑부로 된 일은 뒤에 널리 引用되고 있다.

참고 및 관련 자료

1. 《新書》(賈誼) 連語

梁嘗有疑獄, 半以爲當罪, 半以爲不當罪, 雖梁王亦疑. 梁王曰:「陶之朱叟, 以布衣而富侔國, 是必有奇智.」乃召朱公而問之曰:「梁有疑獄, 吏半以爲當罪, 半以爲不當罪. 雖寡人亦疑, 爲吾決, 是奈何?」朱公曰:「臣鄙人也. 不知當獄, 然臣家有二白璧, 其色相如也; 其徑相如也; 其澤相如也. 然其價也, 一者千金; 一者五百金.」王曰:「徑與色澤皆相如也, 一者千金, 一者五百金, 何也?」朱公曰:「側而視之, 其一者, 厚倍之, 是以千金.」王曰:「善!」故獄疑則從去, 賞疑則從予. 梁國大悅. 以臣義竊觀之, 墙薄則亟壞; 繒薄則亟裂; 器薄則亟毀; 酒薄則亟酸. 夫薄而可以曠日持久者, 殆未有也. 故有國畜民施政敎者, 臣竊以爲厚之而可耳.

064(4-15) 楚惠王食寒菹而得蛭
거머리를 삼킨 임금

초楚 혜왕惠王이 한저寒菹를 먹다가 그 속에 거머리가 들어 있는 것을 보고는 말없이 그냥 삼켜 버렸다. 그러자 그 거머리가 뱃속에 들어가 배탈을 일으켜 음식을 먹지 못할 지경에 이르고 말았다. 영윤令尹이 들어와 이를 보고 물었다.

"임금께서는 어쩌다가 이런 배탈이 나셨습니까?"

그러자 임금이 이렇게 설명하였다.

"과인이 한저를 먹다가 거머리를 보았습니다. 이를 견책譴責할 생각을 하였지만 그렇게 하면 주방 사람들에게 죄를 묻지 않을 수 있겠습니까? 죄를 묻지 않고 넘어간다면 나라의 법도 엉망이 되고 나라의 위엄도 서지 않게 됩니다. 이는 나라를 위해 명예로운 소문이 못 되겠지요. 그럼 견책해서 이들을 형벌에 처합니까? 그렇게 되면 포재庖宰와 식감食監은 법으로 보아 모두 사형에 해당합니다. 이 또한 차마 못할 일이지요. 그래서 과인은 거머리가 남에게 보일까 두려워 얼른 삼켜 버린 것입니다."

영윤이 이 말을 듣고 자리를 피하여 두 번 절하고 이렇게 축하하였다.

"제가 들으니 '천도天道란 사사롭게 친한 것이 없고, 오직 덕 있는 자를 도울 뿐'이라 하였습니다. 임금께서 어진 덕이 있으시니, 하늘이 받들 것입니다. 그 병은 더 이상 임금을 상하게 하지 않을 것입니다."

이윽고 그날 저녁 대변으로 그 거머리가 나왔고, 그 탈로 인해 오히려 오랫동안 뱃속에 쌓였던 것까지 다 낫고 말았다. 하늘의 시청視聽을 잘 살피지 않을 수 없는 것이다.

楚惠王食寒菹而得蛭, 因遂吞之, 腹有疾而不能食.

令尹入問曰:「王安得此疾也?」

王曰:「我食寒俺而得蛭, 念譴之而不行其罪乎? 是法廢而威不立也, 非所以使國聞也; 譴而行其誅乎? 則庖宰食監法皆當死, 心又不忍也. 故吾恐蛭之見也, 因遂吞之.」

令尹避席再拜而賀曰:「臣聞:『天道無親, 惟德是輔.』君有仁德, 天之所奉也, 病不爲傷.」

是夕也, 惠王之後蛭出, 故其久病心腹之積皆愈, 天之視聽, 不可不察也.

【楚 惠王】春秋 말기부터 戰國 초기의 楚나라 君主. 재위 57년(B.C. 488~432).

【寒俺】냉채의 일종.

【蛭】거머리.

【令尹】楚나라 최고의 관직. 다른 나라의 相國 혹은 宰相과 같다.

【庖宰·食監】포재는 주방장, 식감은 요리를 감식하는 임무를 맡은 관직.

【天道無親】《書經》蔡仲之命에『皇天無親, 惟德是輔; 民心無常, 惟惠之懷』라 하였고,《老子》79章에는『天道無親, 常與善人』이라 하였다.

1. 《論衡》 福虛篇

楚惠王食寒菹而得蛭, 因遂吞之, 腹有疾而不能食. 令尹問:「 王安得此疾也?」王曰:
「我食寒菹而得蛭, 念譴之而不行其罪乎? 是廢法而威不立也, 非所以使國人聞之也.
譴而行誅乎? 則庖廚監食者法皆當死, 心又不忍也. 吾恐左右見之也, 因遂吞之.」
令尹避席再拜而賀曰:「臣聞天道無親, 唯德是輔. 王有仁德, 天之所奉也, 病不爲傷.」
是夕也, 惠王之後而蛭出, 及久患心腹之積皆愈. 故天之親德也, 可謂不察乎?

2. 《新書》(賈誼) 卷六 春秋

楚惠王食寒菹而得蛭, 因遂吞之. 腹有疾而不能食. 令尹入問曰:「王安得此疾?」
王曰:「我食寒菹而得蛭, 念譴之而不行其罪乎? 是法廢而威不立也. 非所聞也. 譴而
行其誅, 則庖宰監食者, 法皆當死, 心又不忍也. 故吾恐蛭之見也, 遂吞之.」令尹避席,
再拜而賀曰:「臣聞, 皇天無親, 惟德是輔. 王有仁德, 天之所奉也. 病不爲傷.」是夕也,
惠王之後而蛭出. 故其久病心腹之積皆愈. 故天之視聽, 不可謂不察.

065(4-16) 鄭人游於鄉校
향교는 언론이 조성되는 곳

정鄭**나라** 사람들은 향교鄉校에 나와 놀면서 나라의 정치가 잘 되는지 그렇지 않은지를 이러쿵저러쿵 의논하곤 하였다. 이를 본 연명 然明이 자산子産에게 물었다.

"왜 그 향교를 허물어 없애지 않습니까?"

그러자 자산이 이렇게 설명하였다.

"무슨 뜻입니까? 무릇 사람들이 조석朝夕으로 놀러 나와 나라 정치의 잘잘못을 의논하고 있는데, 그들이 잘한다고 하는 것을 나는 장차 실행할 것이요, 그들이 싫어하는 것이라고 하면 나는 앞으로 고쳐 나갈 것입니다. 이는 곧 나의 스승입니다. 그런데 어째서 헐어 없애라는 것입니까? 내 듣기로 나라를 다스리는 것은 충성과 믿음을 다해 원망을 덜어 주는 일이라 하였습니다. 위협으로 원망을 막아 버려야 한다는 소리는 듣지 못하였습니다.

이는 비유컨대 냇물을 막는 것과 같아서 큰 물결이 밀려와서 넘치면 다치는 사람이 많을 수밖에 없습니다. 그때는 나도 더 이상 구해내지 못합니다. 그러니 작은 물결일 때 이를 잘 흐르도록 해 주는 것이 가장 좋을 것입니다. 내가 향교에서 들리는 바를 방향으로 삼아 약으로 쓰면 되는 것입니다."

이에 연명이 이렇게 감탄하였다.

"제가 모자랐습니다. 지금에서야 귀하께서 가히 믿음으로 일을 처리하는 분임을 알았습니다. 저 같은 소인은 재목감이 못 됩니다. 귀하께서

만약 과감히 이렇게 해 나가시면 정나라는 이를 바탕으로 뻗어나갈
것이니 어찌 두세 명의 신하만이 이러한 은택恩澤을 입겠습니까?"
　중니仲尼가 이 이야기를 듣고 이렇게 말하였다.
"이로써 보건대 어떤 사람은 자산이 어질지 못하였다고 하나, 나는
그 말을 믿지 못하겠다."

　鄭人游於鄕校, 以議執政之善否.
　然明謂子産曰:「何不毁鄕校?」
　子産曰:「胡爲? 夫人朝夕游焉, 以議執政之善否. 其所善者,
吾將行之; 其所惡者, 吾將改之. 是吾師也, 如之何毁之? 吾聞
爲國忠信以損怨, 不聞作威以防怨. 譬之若防川也, 大決所犯,
傷人必多, 吾不能救也, 不如小決之使導, 吾聞而藥之也.」
　然明曰:「蔑也, 乃今知吾子之信可事也. 小人實不材, 若果行,
此其鄭國實賴之, 豈惟二三臣?」
　仲尼聞是語也, 曰:「以是觀之, 人謂子産不仁, 吾不信也.」

【鄕校】지방에 설치한 교육 기관. 여기에서 사람들이 모여 정치를 비판하는
　풍조를 이루었음을 알 수 있다.
【然明】鄭나라의 人物.
【子産】鄭나라 大夫인 公孫僑. 字는 子産. 東里에 살아 東里子産으로도 불렸다.
　鄭나라 成公·簡公·定公을 거치면서 나라를 안정시켰으며, 그가 죽자 孔子가
　눈물을 흘렸다고 한다.
【仲尼】孔子.
【以是觀之~吾不信也】《左傳》襄公 31年 傳에 실려 있다. 한편《論語》公冶長篇
　에『子謂子産: '有君子之道四焉: 其行己也恭, 其事上也敬, 其養民也惠, 其使民
　也義'』라 하였고, 憲問篇에는『或問子産, 子曰: '惠人也.'』라 하였다.

1. 《左傳》 襄公 三十一年 傳

鄭人游于鄉校, 以論執政. 然明謂子産曰:「毀鄉校如何?」子産曰:「何爲? 夫人朝夕退而游焉, 以議執政之善否. 其所善者, 吾則行之; 其所惡者, 吾則改之, 是吾師也. 若之何毀之? 我聞: 忠善以損怨, 不聞作威以防怨. 豈不遽止?然猶防川. 大決所犯, 傷人必多, 吾不克救也. 不如小決使道, 不如吾聞而藥之也.」然明曰:「蔑也今而後知吾子之信可事也. 小人實不才, 若果行此, 其鄭國實賴之, 豈唯二三臣?」仲尼是語也, 曰:「以是觀之, 人謂子産不仁, 吾不信也.」

2. 《孔子家語》 正論解

鄭有鄉校, 鄉校之士, 非論執政, 瞰命欲毀鄉校, 子産曰:「何以毀爲也? 夫人朝夕退而遊焉, 以議執政之善否. 其所善者, 吾則行之; 其所否者, 吾則改之, 若之何其毀也? 我聞忠言以損怨, 不聞立威以防怨. 防怨, 猶防水也. 大決所犯, 傷人必多, 吾弗克救也; 不如小決使導之, 不如吾所聞而藥之.」孔子聞是言也, 曰:「吾以是觀之, 人謂子産不仁, 吾不信也.」

066(4-17) 桓公與管仲
무망재거

환공桓公이 관중管仲·포숙鮑叔 그리고 영척甯戚과 함께 술을 마시고 있었다. 그때 환공이 포숙에게 말하였다.

"잠깐 과인을 위하여 축수祝壽해 주실 수 있겠습니까?"

그러자 포숙이 술을 받들고 일어서서 이렇게 기원하였다.

"우리 임금께서는 거莒 땅으로 쫓겨 가 어려웠을 때를 잊지 말 것이며, 관중管仲은 오랏줄로 묶인 채 노魯나라에서 풀려 나오던 때를 잊지 말 것이며, 영척은 수레 아래에서 남의 소에게 꼴을 먹이던 미천한 시절을 잊지 말게 하옵소서."

이 말에 환공은 자리를 옮겨 앉으며 포숙에게 두 번 절하고 이렇게 말하였다.

"과인이 이 두 대부들과 모두 그대의 말을 잊지 않으면 제齊나라의 사직은 절대로 무너지는 일이 없을 것입니다!"

이는 곤액스러웠을 때의 일을 언제나 잊지 않고 있으면 틀림없이 교만해지지 않을 것임을 말한 것이다.

桓公與管仲·鮑叔·甯戚飲酒.

桓公謂鮑叔:「姑爲寡人祝乎?」

鮑叔奉酒而起曰:「祝吾君無忘其出而在莒也, 使管仲無忘其束縛而從魯也, 使甯子無忘其飯牛於車下也.」

桓公避席再拜曰:「寡人與二大夫, 皆無忘夫子之言, 齊之社稷,
必不廢矣.」

此言常思困阨之時, 必不驕矣.

【桓公】 齊 桓公.
【管仲】 齊 桓公의 宰相. 仲父.
【鮑叔】 齊 桓公의 臣下. 管鮑之交의 故事를 낳았다.
【甯戚】 齊 桓公의 臣下. 목동 출신으로 桓公에게 발탁된 人物.
【莒】 地名. 桓公이 鮑叔과 함께 국내의 혼란을 피해 갔던 곳. 지금의 山東省
　　莒縣. 이상의 이야기는 《史記》 齊太公世家 및 管晏列傳 참조.

참고 및 관련 자료

1. 본장의 이야기는 『무망재거毋忘在莒』 성어고사의 원출전이다.

2. 《管子》 小稱篇

桓公管仲鮑叔牙甯戚, 四人飲, 飲酣, 桓公謂鮑叔牙曰:「闔不起爲寡人壽乎?」鮑叔
牙奉杯而起曰:「使公毋忘出如莒時也. 使管子毋忘束縛在魯也. 使甯戚毋忘飯牛車
下也.」桓公辟席再拜曰:「寡人與二大夫能無忘夫子之言, 則國之社稷必不危矣.」

3. 《呂氏春秋》 直諫篇

齊桓公管仲鮑叔甯戚, 相與飲酒, 酣, 桓公謂鮑叔曰:「何不起爲壽?」鮑叔奉杯而進
曰:「使公毋忘出奔在於莒也. 使管仲毋忘束縛而在於魯也. 使甯戚毋忘其飯牛而
居於車下.」桓公辟席再拜曰:「寡人與大夫能毋忘夫子之言, 則齊國之社稷幸於不
殆矣.」

4. 《貞觀政要》 卷三「君臣鑑戒」篇

昔齊桓公與管仲·鮑叔牙·甯戚四人飲, 桓公謂叔牙曰:「盍起爲寡人壽乎?」叔牙奉
觴而起曰:「願公無忘出在莒時, 使管仲無忘束縛於魯時, 使甯戚無忘飯牛車下時.」
桓公避席而謝曰:「寡人與二大夫能無忘夫子之言, 則社稷不危矣!」

067(4-18) 桓公田
맥구의 노인

환공桓公이 사냥을 나가 맥구麥丘에 이르러 그 읍의 한 사람을 만나자 이렇게 물었다.

"그대는 어디 사람입니까?"

"맥구 읍의 사람입니다."

"나이가 얼마나 되셨습니까?"

"여든세 살입니다."

"훌륭하십니다! 장수하셨군요. 그대의 장수로 나를 위해 축수祝壽하여 주십시오."

그러자 맥구 사람이 이렇게 말하였다.

"임금을 위해 축도합니다, 임금께서 장수를 누리게 하소서. 금옥金玉은 천한 것이요, 사람을 보배로 여기도록 하소서."

환공이 이러한 축도에 만족하여 다시 부탁하였다.

"훌륭합니다! 지극한 덕은 외롭지 않은 법이며, 좋은 말은 반드시 두 번째 구절이 따르게 마련입니다. 그대는 다음 말을 계속해 주십시오."

노인은 다시 이렇게 축도하였다.

"임금을 위해 축도합니다, 임금으로 하여금 배우는 것을 부끄럽게 여기지 않도록 하시고, 아랫사람에게 묻는 것을 싫어하지 않도록 하소서. 어진 이가 늘 그 곁에 있으며 간언해 주는 자를 항상 만날 수 있게 하소서."

환공은 만족스러워 다시 부탁하였다.

"훌륭합니다! 좋은 말은 반드시 세 번째 말로 이어져야 합니다. 그대는 다시 계속하여 주십시오."

노인은 다시 이렇게 축도하였다.

"우리 임금을 위하여 축도합니다. 우리 임금으로 하여금 군신群臣과 백성들에게 죄짓는 일이 없도록 하소서."

이 말에 환공이 불연怫然히 얼굴색을 붉히며 이렇게 명령하였다.

"내 들으니 자식 된 자가 어버이에게 죄를 짓고, 신하된 자가 임금에게 죄를 짓는다는 말은 있지만, 임금 된 자가 신하에게 죄를 짓는다는 소리는 들어보지 못하였습니다. 지금 이 한 마디는 앞서 말한 두 가지 말과 짝을 이루지 못합니다. 그대는 말을 바꾸십시오."

그러자 맥구의 노인은 앉은 채 절을 하고 일어서며 이렇게 말하였다.

"방금 한 말 한 마디는 앞서 한 두 가지보다 훨씬 높은 뜻입니다. 아들이 아버지에게 죄를 지으면 그들의 고모나 누나·숙부가 나서서 해결해 주어 아버지도 능히 이를 용서할 수 있지요. 또 신하가 임금에게 죄를 지으면 편벽便嬖과 좌우 신하들이 나서서 사죄하여 임금이 용서할 수도 있습니다. 그러나 옛날 걸桀은 탕湯에게 죄를 지었고, 주紂는 무왕武王에게 죄를 지었습니다. 이는 곧 임금이 자기의 신하에게 죄를 지은 것입니다. 이렇게 신하에게 지은 죄를 어디에 사죄할 수도 없었고 지금까지도 용서받지 못하고 있습니다."

그제야 환공이 감탄하였다.

"훌륭합니다. 나라의 복과 사직社稷이 영령靈의 은택을 입어 나로 하여금 여기서 그대 같은 분을 만날 수 있게 하였군요."

그리고는 그를 부축하여 수레에 태워 스스로 말을 몰아 돌아왔다. 그리고 조정에서 예를 갖추어 모시고 그를 맥구에 봉하여 마음놓고 정치를 펴볼 수 있도록 해 주었다.

桓公田, 至於麥丘, 見麥丘邑人, 問之:「子何爲者也?」

對曰:「麥丘邑人也.」

公曰:「年幾何?」

對曰:「八十有三矣.」

公曰:「美哉壽乎! 子其以子壽祝寡人.」

麥丘邑人曰:「祝主君, 使主君甚壽. 金玉是賤, 人爲寶.」

桓公曰:「善哉! 至德不孤, 善言必再, 吾子其復之.」

麥丘邑人曰:「祝主君, 使主君無羞學, 無惡下問, 賢者在傍, 諫者得人.」

桓公曰:「善哉! 至德不孤, 善言必三, 吾子其復之.」

麥丘邑人曰:「祝主君, 使主君無得罪群臣百姓.」

桓公怫然作色曰:「吾聞之: 子得罪於父, 臣得罪於君, 未嘗聞君得罪於臣者也. 此一言者, 非夫二言者之匹也, 子更之.」

麥丘邑人坐拜而起曰:「此一言者, 夫二言之長也. 子得罪於父, 可以因姑姊叔父而解之, 父能赦之; 臣得罪於君, 可以因便辟左右而謝之, 君能赦之. 昔桀得罪於湯, 紂得罪於武王, 此則君之得罪於其臣者也. 莫爲謝, 至今不赦.」

公曰:「善. 賴國家之福, 社稷之靈, 使寡人得吾子於此.」

扶而載之, 自御以歸, 禮之於朝, 封之以麥丘, 而斷政焉.

【桓公】齊 桓公.

【麥丘】地名. 자세한 것은 알 수 없다.

【諫者得人】『諫者得入』의 오기가 아닌가 한다.

【便辟】총애를 받는 臣下. 嬖臣.

【桀】夏의 末王. 폭군.

【湯】桀을 없애고 殷을 세운 聖君.

【紂】殷의 末王. 폭군.

【武王】周 文王의 아들, 發. 紂를 멸하였다.

참고 및 관련 자료

1.《韓詩外傳》卷十

齊桓公逐白鹿, 至麥丘之邦, 遇人, 曰:「何爲者也?」對曰:「臣, 麥丘之邦人.」桓公曰:「叟年幾何?」對曰:「臣年八十有三矣.」桓公曰:「美哉!」與之飮. 曰:「叟盍爲寡人壽也?」對曰:「野人不知爲君王之壽.」桓公曰:「盍以叟之壽祝寡人矣?」邦人奉觴再拜曰:「使吾君固壽, 金玉之賤, 人民是寶.」桓公曰:「善哉! 祝乎! 寡人聞之矣: 至德不孤, 善言必再. 叟盍優之?」邦人奉觴再拜曰:「使吾君好學士而不惡問, 賢者在側, 諫者得入.」桓公曰:「善哉! 祝乎! 寡人聞之, 至德不孤, 善言必三. 叟盍優之?」邦人奉觴再拜曰:「無使羣臣百姓得罪於吾君, 無使吾君得罪於羣臣百姓.」桓公不說, 曰:「此言者. 非夫前二言之祝. 叟其革之矣.」邦人潸然而涕下, 曰:「願君熟思之, 此一言者, 夫前二言之上也. 臣聞子得罪於父, 可因姑姊妹謝也, 父乃赦之. 臣得罪於君, 可使左右謝也, 君乃赦之. 昔者, 桀得罪於湯, 紂得罪於武王, 此君得罪於臣也, 至今未有爲謝也.」桓公曰:「善哉! 寡人賴宗廟之福, 社稷之靈, 使寡人遇叟於此.」扶而載之, 自御以歸, 薦之於廟, 而斷政焉. 桓公之所以九合諸侯, 一匡天下, 不以兵車者, 非獨管仲也, 亦遇之於是. 詩曰:『濟濟多士, 文王以寧.』

2.《晏子春秋》諫上

景公遊于麥丘, 問其封人曰:「年幾何矣?」對曰:「鄙人之年, 八十五矣!」公曰:「壽哉! 子其祝我.」封人曰:「使君之年, 長于胡! 宜國家.」公曰:「善哉! 子其復之.」封人曰:「使君之嗣, 壽皆若鄙人之年!」公曰:「善哉! 子其復之.」封人曰:「使君無得罪于民!」公曰:「誠有民得罪于君則可, 安有君得罪于民者乎?」晏子諫曰:「君過矣. 彼疏者有罪, 戚者治之. 賤者有罪, 貴者治之. 君得罪于民, 誰將治之? 敢問桀紂, 君誅乎? 民誅乎?」公曰:「寡人固也.」于是賜封人麥丘以爲邑.

3.《藝文類聚》(18)

齊桓公見畝丘人曰:「叟年幾何?」對曰:「臣八十三矣.」公曰:「美哉壽也!」

4. 기타 참고자료

《新論》(桓譚) 祛蔽篇・《初學記》(29)・《太平御覽》(736, 906)

068(4-19) 哀公問孔子曰
호랑이 꼬리를 밟은 듯이

애공哀公이 공자孔子에게 말하였다.

"과인은 깊은 궁중에서 태어나 여자들 손에 자랐기 때문에 슬픔哀이 무엇인지 맛보지 못하였고, 근심憂이 무엇인지 모르며, 수고로움勞도 모르고, 두려움懼도 모르며, 위험危이 무엇인지도 모릅니다."

이 말에 공자가 자리를 피하면서 이렇게 말하였다.

"우리 임금님의 질문은 성군聖君의 질문이십니다. 저丘는 소인이라 어찌 족히 대답할 수 있겠습니까?"

그러자 애공이 말하였다.

"아닙니다. 그대는 자리로 돌아와 앉으십시오. 그대가 아니라면 이런 질문에 대한 대답을 들어볼 데가 없습니다."

그제야 공자는 자리를 잡고 앉으며 이렇게 설명하였다.

"그렇습니다. 임금께서 사당의 문으로 들어가 스스로 계단에 올라 고개를 들어 기둥과 서까래를 보시고 굽어 책상과 자리를 보십시오. 그 물건들은 다 그대로 있는데 그것을 쓰던 선조들은 이미 죽고 없습니다. 임금께서 그런 상황에서 슬픔을 생각해 보시면 어찌 슬픔이라는 것이 다가오지 않겠습니까? 또 임금께서 평소의 아침에 맑은 기분으로 일어나 머리를 빗고 관을 쓰고 평소와 다름없이 아침에 조회에 나갔는데 누구 하나 임금께 응해 오는 것이 없이 변란이 시작되었다고 가정을 해보십시오. 이때에 근심을 생각하시면 어찌 근심이 다가오지 않겠습니까? 그리고 임금께서 평소의 아침에 일찍 조회에 나가 해가 기운 다음에야 퇴청하는데도 제후의 자손 중에 반드시 임금 문 앞에 서서 그때까지 일을 하고 있는 자가 있을 것입니다. 그때 임금께서 수고로움을 생각해 보신다면 어찌 그 노고라는 것이 무엇인지 알 수 없겠습니까? 다음으로 임금께서 노魯나라 사문四門을 나서서 사방의 교외郊外를 보십시오. 망하고 터만 남은 나라가 반드시 꽤 여러 곳이 될 것입니다. 그때 임금께서 두려움이라는 것을 생각해 보십시오. 어찌 두려움이 엄습해 오지 않겠습니까? 끝으로 제가 듣기로 임금이란 배舟요, 백성들은 물이라 하였습니다. 물은 배를 뜨게도 하지만 배를 엎어 뒤집기도 합니다. 임금께서 그때의 위험을 생각하신다면 어찌 위험이라는 것을 알 수 없겠습니까? 무릇 나라를 다스리는 근본을 잡고 백성의 위에 서 있으니, 그 마음은 썩은 새끼줄로 날뛰는 말을 다루듯이 두려움을 가져야 합니다. 그래서 《역易》에 '호랑이의 꼬리를 밟은 듯 조심하라' 하였고, 《시詩》에는 '얇은 얼음을 밟고 건너듯 하라'고 하였으니, 그 어찌 위태로운 상황이 아니겠습니까?"

이 설명에 애공이 재배하며 말하였다.

"과인이 비록 민첩하지는 못하나 청컨대 이 말을 잘 받들어 명심하겠나이다."

哀公問孔子曰:「寡人生乎深宮之中, 長於婦人之手, 寡人未嘗知哀也, 未嘗知憂也, 未嘗知勞也, 未嘗知懼也, 未嘗知危也.」

孔子辟席曰:「吾君之問, 乃聖君之問也. 丘, 小人也. 何足以言之?」

哀公曰:「否. 吾子就席, 微吾子, 無所聞之矣.」

孔子就席曰:「然. 君入廟門, 升自阼階, 仰見榱棟, 俯見几筵, 其器存, 其人亡, 君以此思哀, 則哀將安不至矣? 君昧爽而櫛冠,

平旦而聽朝, 一物不應, 亂之端也, 君以此思憂, 則憂將安不至矣?
君平旦而聽朝, 日昃而退, 諸侯之子孫, 必有在君之門廷者, 君以
此思勞, 則勞將安不至矣? 君出魯之四門, 以望魯之四郊, 亡國
之墟, 列必有數矣, 君以此思懼, 則懼將安不至矣? 丘聞之: 君者
舟也, 庶人者水也, 水則載舟, 水則覆舟, 君以此思危, 則危將安
不至矣? 夫執國之柄, 履民之上, 懍乎如以腐索御奔馬. 易曰:
『履虎尾.』詩曰:『如履薄冰.』不亦危乎?」

哀公再拜曰:「寡人雖不敏, 請事斯語矣.」

【哀公】魯나라의 마지막 君主. 이름은 將. 재위 27년(B.C. 494~468).
【丘】孔子의 이름. 仲尼.
【然, 君入廟門】다른 기록에는 '然'자가 빠져 있다.
【易曰】《周易》履卦의 구절.
【詩曰】《詩經》小雅 旻의 구절.

참고 및 관련 자료

1.《荀子》哀公篇

孔子曰:「君入廟門而右, 登自胙階, 仰視榱棟, 俯見几筵, 其器存, 其人亡, 君以此思哀,
則哀將焉而不至矣? 君昧爽而櫛冠, 平明而聽朝, 一物不應, 亂之端也, 君以此思憂,
則憂將焉而不至矣? 君平明而聽朝, 日昃而退, 諸侯之子孫必有在君之末庭者, 君以
此思勞, 則勞將焉而不至矣? 君出魯之四門以望魯四郊, 亡國之虛則必有數蓋焉,
君以此思懼, 則懼將焉而不至矣? 且丘聞之, 君者, 舟也; 庶人者, 水也. 水則載舟,
水則覆舟. 君以此思危, 則危將焉而不至矣?」

2.《孔子家語》五儀解

公曰:「善哉! 非子之賢, 則寡人不得聞此言也. 雖然, 寡人生於深宮之內, 長於婦人
之手, 未嘗知哀, 未嘗知憂, 未嘗知勞, 未嘗知懼, 未嘗知危, 恐不足以行五儀之敎,

若何?」孔子對曰:「如君之言, 已知之矣, 則丘亦無所聞焉.」公曰:「非吾子, 寡人無以啓其心, 吾子言也.」孔子曰:「君子入廟如右, 登自阼階, 仰視榱桷, 俯察机筵, 其器皆存, 而不睹其人, 君以此思哀, 則衰可知矣! 昧爽夙興, 正其衣冠, 平旦視朝, 慮其危難, 一物失理, 亂亡之端. 君以此思憂, 則憂可知矣! 日出聽政, 至于中冥, 諸侯子孫, 往來爲賓, 行禮揖讓, 慎其威儀. 君以此思勞, 則勞亦可知矣! 緬然長思, 出於四門, 周章遠望, 睹亡國之墟, 必將有數焉. 君以此思懼, 則懼可知矣! 夫君者, 舟也; 庶人者, 水也. 水所以載舟, 水所以覆舟. 君以此思危, 則危可知矣! 君旣明此五者, 又少留意於五儀之事, 則於政治, 何有失矣?」

069(4-20) 昔者齊桓公出遊於野
곽씨의 폐허

옛날 제齊 환공桓公이 들에 놀이를 나갔다가 망한 나라의 옛 성터인 곽씨郭氏의 폐허를 보게 되었다. 환공이 그곳 촌로에게 물었다.

"여기가 무슨 폐허입니까?"

노인이 대답하였다.

"곽씨의 폐허입니다."

다시 환공이 물었다.

"곽씨라는 자는 어떻게 하다가 이렇게 폐허가 되었습니까?"

그는 이렇게 대답하는 것이었다.

"곽씨는 착한 이를 좋아하고 악한 이를 미워하였지요."

이에 환공이 의아히 여기며 물었다.

"착한 이를 좋아하고, 악한 이를 미워하였다면 이는 사람으로서 선한 행동을 한 것인데 그 때문에 폐허가 되었다니 무슨 뜻입니까?"

그러자 그가 이렇게 대답하였다.

"착한 이를 좋아하되 능히 실천하지 못하였고, 악한 이를 미워하되 능히 제거하지 못하였습니다. 그 때문에 망한 것입니다."

환공이 돌아와 관중管仲에게 이 말을 전하였다. 그러자 관중이 물었다.

"그 사람이 누구였습니까?"

환공이 대답하였다.

"모릅니다."

이에 관중은 대뜸 이렇게 말하는 것이었다.

"임금 역시 그 곽씨와 똑같은 인물 중의 하나입니다."

이에 환공이 그 촌로를 불러 상을 내렸다.

昔者, 齊桓公出遊於野, 見亡國故城郭氏之墟.

問於野人曰:「是爲何墟?」

野人曰:「是爲郭氏之墟.」

桓公曰:「郭氏者曷爲墟?」

野人曰:「郭氏者善善而惡惡.」

桓公曰:「善善而惡惡, 人之善行也, 其所以爲墟者, 何也?」

野人曰:「善善而不能行, 惡惡而不能去, 是以爲墟也.」

桓公歸, 以語管仲, 曰:「其人爲誰?」

桓公曰:「不知也.」

管仲曰:「君亦一郭氏也.」

於是桓公招野人而賞焉.

【齊 桓公】 [前出]

【郭氏】 古代의 어떤 王族.

【管仲】 齊 桓公의 宰相. [前出]

1.《貞觀政要》「論納諫」篇

貞觀初, 太宗與黃門侍郎王珪宴語, 時有美人侍側, 本廬江王瑗之姬也. 瑗敗, 籍沒入宮. 太宗指珪曰:「廬江不道, 賊殺其夫而納其室. 暴虐之甚, 何有不亡者乎!」珪避席曰:「陛下以廬江取之爲是耶? 爲非也?」太宗曰:「安有殺人而取其妻! 卿乃問朕是非, 何也?」珪對曰:「臣聞於管子曰: 齊桓公之郭國, 問其父老曰:『郭何故亡?』父老曰:『以其善善而惡惡也.』桓公曰:『如子之言, 乃賢君也, 何至於亡?』父老曰:『不然, 郭君善善而不能用, 惡惡而不能去, 所以亡也.』今此婦人尚在左右, 臣竊以爲聖心爲是之也, 陛下若以爲非, 所謂知惡而不去也.」太宗大悅, 稱爲至言, 遽命美人還其親族.

2. 기타 참고자료

《新論》(桓譚, 嚴可均輯本 卷中)·《風俗通》卷十

070(4-21) 晉文公田於虢
괵나라가 망한 이유

진晉 문공文公이 괵虢 땅으로 사냥을 나갔다가 한 노인을 만나 이렇게 물었다.

"이 괵 땅이 괵나라 땅이었던 기간이 이미 오래입니다. 당신도 나이로 보아 오랫동안 여기에 사셨겠지요. 그대는 그런 괵나라가 무슨 연유로 망하였다고 보십니까?"

그러자 노인은 이렇게 대답하였다.

"괵나라 임금은 잘라 버려야 할 일을 과감히 자르지 못하고 간언하는 말이 있어도 이를 받아들이지 않았습니다. 결단도 내리지 못하고 사람도 바로 쓰지 못하였으니, 망할 수밖에 없지요."

이 말에 문공은 사냥을 중단하고 돌아와 버렸다. 그리고 조쇠趙衰를 만나 그 이야기를 들려주었다. 그러자 조쇠가 이렇게 물었다.

"그 사람 지금 어디 있습니까?"

임금이 대답하였다.

"함께 데리고 오지는 못하였습니다."

이에 조쇠는 이렇게 말하였다.

"옛날의 군자들은 좋은 말을 들으면 그를 등용하였는데, 지금의 군자들은 좋은 말만 듣고 그 사람은 버리는군요. 애통합니다! 이 진나라가 걱정스럽습니다."

이에 문공이 그를 찾아 상을 내렸다. 이에 진나라는 좋은 말을 듣는 것을 즐겨하였고, 문공은 마침내 패자霸者가 되었다.

晉文公田於虢, 遇一老夫而問曰:「虢之爲虢久矣, 子處此故矣, 虢亡, 其有說乎?」

對曰:「虢君斷則不能, 諫則無與也. 不能斷, 又不能用人. 此虢之所以亡.」

文公以輟田而歸, 遇趙衰而告之.

趙衰曰:「今其人安在?」

君曰:「吾不與之來也.」

趙衰曰:「古之君子, 聽其言而用其人; 今之君子, 聽其言而棄其身. 哀哉! 晉國之憂也.」

文公乃召賞之, 於是晉國樂納善言, 文公卒以霸.

【晉 文公】이름은 重耳. 春秋時代 晉나라 君主. 春秋五霸의 하나.

【虢】나라 이름. 小國. 일찍이 晉나라가 이 虢을 거쳐 虞를 멸하였다. 지금의 山西省에 있었다.

【趙衰】晉 文公의 臣下. '조최'로도 읽는다.

참고 및 관련 자료

※ 出處나 來源을 알 수 없으며, 《群書治要》에 채록되어 있다.

무덤에 묻힌 인재

진晉 평공平公이 구원九原을 지나면서 이렇게 탄식하였다.

"아! 이곳에는 과인의 훌륭한 양신良臣들이 많이 묻혀 있지. 만약 죽은 자를 다시 살아나게 한다면 과인은 장차 누구와 함께 궁궐로 돌아갈까?"

숙향叔向이 이 말을 듣고 말하였다.

"그럴 만한 인물이라면 조무趙武이겠지요!"

평공이 이렇게 비꼬았다.

"그대는 스승이라고 그쪽으로 기우는군요."

이에 숙향이 이렇게 대답하였다.

"제가 조무의 사람됨을 들었습니다. 일어나면 옷을 이겨내지 못할 정도로 검약하였고, 말할 때는 입 안의 말을 내뱉지 못할 정도로 어눌하지만, 그에 의해 가난한 집의 선비로서 추천된 자

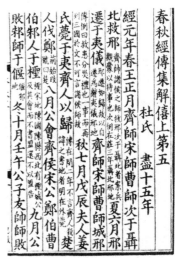

杜預의 《春秋經傳集解》

가 46명이나 됩니다. 모두가 훌륭한 분들이었고 나라에서도 그들을 크게 믿고 의지하였습니다. 문자文子가 죽었을 때 이 46명은 모두가 빈위賓位에 나갔으니, 이로 보면 그는 사사로이 덕을 베푼 것이 아님을 알 수 있습니다. 그래서 저는 그를 어진 이로 보는 것입니다."

이에 평공이 말하였다.

"옳습니다!"

무릇 조무는 현신賢臣으로 진나라에 재상이 되자 천하에 전쟁이 9년이나 없었다. 《춘추春秋》에 '진나라의 조무의 힘이었다'라고 하였으니, 이는 사람을 얻는데 온힘을 쏟은 것을 말한 것이다.

晉平公過九原而歎曰:「嗟乎! 此地之蘊吾良臣多矣. 若使死者起也, 吾將誰與歸乎?」

叔向對曰:「其趙武乎!」

平公曰:「子黨於子之師也.」

對曰:「臣敢言趙武之爲人也, 立若不勝衣, 言若不出於口, 然其身擧士於白屋下者四十六人, 皆得其意, 而公家甚賴之. 及文子之死也, 四十六人皆就賓位, 是以無私德也. 臣故以爲賢也.」

平公曰:「善.」

夫趙武, 賢臣也. 相晉, 天下無兵革者九年.

春秋曰:「晉趙武之力.」 盡得人也.

【晉 平公】 春秋時代 晉나라의 君主.
【九原】 春秋時代 晉나라 경대부들의 국립묘지. 지금의 山西省 絳縣.
【叔向】 晉 平公의 臣下.
【趙武】 春秋時代 晉나라 大夫. 趙朔이 屠岸賈에게 살해된 후 유복자로서 程嬰과 公孫杵臼에 의해 대를 이은 人物. 趙孟. 平公 때 正卿이 되어 많은 人材를 추천하였다. 諡號는 文子. 본《新序》(7) 147(7-27) 참조.
【白屋】 顔師古는 『白屋, 謂白蓋之屋, 以茅覆之, 賤人所居』라 하였다.
【文子】 趙武의 諡號. 본《新序》(4) 071(4-22)의 註 참조.
【春秋曰】《穀梁傳》襄公 30년을 참조할 것.

1. 《穀梁傳》襄公 三十年

中國不侵伐夷狄, 夷狄不入中國. 無侵伐八年, 善之也. 晉趙武, 楚屈建之力也.

2. 《國語》晉語(八)

趙文子與叔向遊於九原. 曰:「死者若可作也, 吾誰與歸?」叔向曰:「其陽子乎?」
文子曰:「夫陽子行廉直於晉國, 不免其身, 其知不足稱也.」叔向曰:「其舅犯乎?」
文子曰:「夫舅犯見利而不顧其君, 其仁不足稱也. 其隨武子乎! 納諫不忘其飾, 言身
不失其友, 事君不援而進, 不阿而退.」

3. 《禮記》檀弓(下)

趙文子與叔譽觀乎九原. 文子曰:「死者如可作也, 吾誰與歸?」叔譽曰:「其陽處
父乎?」文子曰:「行并植於晉國, 不沒其身, 其知不足稱也. 其舅犯乎?」文子曰:
「見利不顧其君, 其仁不足稱也. 我則隨武子乎, 利其君不忘其身, 謀其身不遺其友.」
晉人謂文子知人. 文子其中退然如不勝衣, 其言吶吶然如不出其口; 所舉於晉國管
庫之士七十有餘家, 生不交利, 死不屬其子焉.

4. 기타 참고자료

《韓非子》外儲說左下

072(4-23) 葉公諸梁問樂王鮒曰
근원은 미미하지만

섭공제량葉公諸梁이 악왕부樂王鮒에게 물었다.

"진晉나라 대부인 조문자趙文子는 사람됨이 어떻습니까?"

이에 악왕부가 이렇게 대답하였다.

"배움을 좋아하면서 규간規諫을 잘 들어주는 인물이었지요."

다시 섭공이 물었다.

"미진未盡하지 않았는지 의심스럽습니다."

그러자 악왕부는 이렇게 설명하였다.

"배움을 좋아하는 것은 지智요, 규간을 잘 들어주는 것은 인仁입니다. 강江이 문산汶山에서 발원할 때는 그 근원이 항아리 구멍 정도밖에 안 되지만 초楚나라에 이르러서는 그 폭이 10리나 됩니다. 다른 이유 때문이 아닙니다. 그리 흘러들어오는 물이 많기 때문입니다. 사람이 배우기 좋아하고 능히 남의 충간을 잘 들어준다면 그는 의당히 그럴 만한 입신立身이 있는 것이지요."

《시詩》에 "그는 한 분의 철인, 다른 사람이 그에게 알려 주면 덕을 따라 그 일을 하네"라고 하였으니, 이를 두고 한 말이다.

葉公諸梁問樂王鮒曰:「晉大夫趙文子爲人何若?」

對曰:「好學而受規諫.」

葉公曰:「疑未盡之矣.」

對曰:「好學, 智也; 受規諫, 仁也. 江出汶山, 其源若甕口, 至楚國, 其廣十里, 無他故, 其下流多也. 人而好學受規諫, 宜哉其立也.」

詩曰:『其惟哲人, 告之話言, 順德之行.』此之謂也.

【葉公 諸梁】 葉 땅의 公인 沈諸梁. 字는 子高.《論語》子罕篇에 그의 기록이 실려 있다.

【樂王鮒】 人名. 葉公의 家臣인 듯하다.

【趙文子】 趙武. 文子는 諡號.《新序》(4) 071(4-22)의 註 참조.

【汶山】 岷山. 지금의 四川省 松潘縣. 長江이 발원하는 곳.

【詩曰】《詩經》大雅 抑의 구절.

참고 및 관련 자료

1.《北堂書鈔》(97)

新序云: 葉公諸梁問樂王鮒曰:「晉大夫趙文子如何?」對曰:「好學而受規諫.」

073(4-24) 鍾子期夜聞擊磬聲者
지극한 정성

종자기鍾子期가 밤중에 경磬 치는 소리를 듣게 되었는데, 그 소리가 비통하였다. 이튿날 아침 경을 치는 이를 불러 물어보았다.

"무슨 이유인가? 그대의 경치는 소리가 그렇게 비통한 것은?"

그러자 그가 이렇게 대답하였다.

"제 아버지는 살인죄를 지어 살아나지 못하였고, 제 어머니는 겨우 죽음을 면하고 공가公家의 노예가 되었습니다. 저 역시 겨우 살아 공가를 위해 경을 치고 있습니다. 저는 저의 어머니를 뵙지 못한 지가 이미 3년이 되었는데, 어제 시장 근처를 돌다가 어머니를 뵙게 되었습니다. 돈을 내어 대속代贖하고 싶으나 재물도 없고, 제 자신도 공가에 매인 몸, 그래서 비통하였던 것입니다."

이 말을 듣고 종자기가 이렇게 말하였다.

"슬픔이란 마음에 있는 것이지 손에 있는 것이 아니며, 나무나 돌에 있는 것도 아니다. 마음에서 슬픔이 생기면 목석木石이 이에 응하는 것이다. 바로 지성至誠이 그렇게 하는 것이다."

〈堯舜禪位圖〉

帝堯 陶唐氏《三才圖會》　　　　帝舜 有虞氏《三才圖會》

　사람의 임금이 되어 능히 그 마음속에 지성이 움직인다면 만민萬民도
반드시 이에 응하여 감화할 것이다. 요堯·순舜의 정성은 만국萬國에
감화되었고 천지를 움직였다. 그래서 먼 황무지 변방 사람도 그 풍화風化
에 복종하였고, 봉鳳이 날고 인麟이 춤추었으며, 미물微物에까지 미치어
모두가 각각 그 적소適所를 얻게 된 것이다.
　《역易》에 "마음속에 정성을 품으면 길짐승 날짐승조차 감화를 받아
길하다"라고 하였으니, 바로 이를 두고 한 말이다.

　鍾子期夜聞擊磬聲者而悲, 旦召問之曰:「何哉? 子之擊磬若
此之悲也?」
　對曰:「臣之父殺人而不得, 臣之母得而爲公家隸, 臣得而爲
公家擊磬. 臣不睹臣之母三年於此矣. 昨日爲舍市而睹之, 意欲
贖之, 無財, 身又公家之有也, 是以悲也.」
　鍾子期曰:「悲在心也, 非在手也, 非木非石也, 悲於心而木石

應之, 以至誠故也.」

　人君苟能至誠動於內, 萬民必應而感移. 堯舜之誠, 感於萬國, 動於天地. 故荒外從風, 鳳麟翔舞, 下及微物, 咸得其所.

　易曰:『中孚豚魚, 吉.』此之謂也.

堯임금 宋 馬麟(畫)

【鍾子期】春秋時代 楚나라 사람으로 音의 판별에 뛰어났던 人物. 伯牙와 함께『伯牙絶絃』의 故事를 남겼다.《說苑》·《呂氏春秋》참조.
【磬】옥으로 만든 樂器.
【堯】古代의 聖王.《史記》五帝本紀 참조.
【舜】古代의 聖王.《史記》五帝本紀 참조.
【易曰】《周易》中孚卦의 구절.

参고 및 관련 자료

1.《呂氏春秋》精通篇

鍾子期夜聞擊磬者而悲, 使人召而問之, 曰:「子何擊磬之悲也?」答曰:「臣之父不幸而殺人, 不得生. 臣子母得生, 而爲公家爲酒, 臣之身得生, 而爲公家擊磬. 臣不覩臣之母三年矣. 昔爲舍氏覩臣之母, 量所以贖之則無有, 而身固公家之財也. 是故悲也.」鍾子期欺嗟曰:「悲夫, 悲夫! 心非臂也, 臂非椎非石也. 悲存乎心而木石應之.」故君子誠乎此而諭乎彼, 感乎己而發乎人, 豈必彊說乎哉?

074(4-25) 勇士一呼
바위를 뚫고 들어간 화살

용사勇士가 한 번 소리치면 삼군三軍이 모두 물러나니, 이는 바로 그 용사의 성심誠心 때문이다. 옛날 초楚나라에 웅거자熊渠子란 인물이 있었다. 그가 밤길을 가다가 누워 있는 돌을 엎드려 있는 호랑이로 잘못 알고 활을 겨누어 쏘았다. 그런데 그 화살이 너무 깊게 박혀 끝의 깃털조차 파묻혀 보이지 않을 정도였다. 다가가 보고서야 그것이 돌인 줄 알고 물러서서 다시 쏘아보았다. 그랬더니 화살은 부러지고 그 맞은 자리에는 자국도 나지 않는 것이었다.

웅거자가 성심誠心을 보여 주자 돌도 이를 위해 열어 주었는데, 하물며 사람의 마음이겠는가? 노래 불러도 화답하지 않고 움직여도 따라 주지 않는다면 틀림없이 그 지도자 자신이 그 속이 온전치 못한 때문일 것이다. 무릇 자리에서 내려오지도 않으면서 천하를 바로잡는 자는 바로 모든 것을 자기 자신에게서 구하는 자이다. 공자孔子는 이렇게 말하였다.

"자기 자신이 바르면 명령을 내리지 않아도 움직이지만, 자기 자신이 바르지 못하면 명령을 내려도 백성이 따르지 않는다."

옛 선왕先王들이 팔짱을 끼고서 지휘를 해도 사해四海의 모든 이가 찾아오는 것은 성덕誠德의 지극함이 그 밖에서 결과로 나타나기 때문이다. 그러므로 《시詩》에 "왕께서 헤아림이 진실하시니, 진을 치기도 전에 서徐나라가 항복해오네"라 하였으니 이를 두고 한 말이다.

勇士一呼, 三軍皆辟, 士之誠也. 昔者, 楚熊渠子夜行, 見寢石以爲伏虎, 關弓射之, 滅矢飮羽. 下視, 知石也. 却復射之, 矢摧無迹. 熊渠子見其誠心而金石爲之開, 況人心乎? 唱而不和, 動而不隨, 中必有不全者矣. 夫不降席而匡天下者, 求之己也.

孔子曰: 『其身正, 不令而行; 其身不正, 雖令不從.』 先王之所以拱揖指揮, 而四海賓者, 誠德之至, 已形於外.

故詩曰: 『王猶允塞, 徐方旣來.』 此之謂也.

【士之誠也】 '용사의 지도력이란 그 위엄이 남을 감동시켜 따르게 해야 한다'는 뜻이다.

【熊渠子】 春秋時代 楚나라 사람으로 활을 잘 쏘았다. 《史記》에는 雄渠로 실려 있다.

【不降席】 노고롭게 왕좌에서 내려와 힘을 들이는 일이 없다는 뜻.

【孔子曰】 《論語》 子路篇의 구절.

【詩曰】 《詩經》 大雅 常武의 구절.

참고 및 관련 자료

1. 《韓詩外傳》 卷六

勇士一呼, 而三軍皆避, 士之誠也. 昔者, 楚熊渠子夜行, 見寢石以爲伏虎, 彎弓而射之, 沒金飮羽, 下視, 知其爲石, 石爲之開, 而況人乎? 夫倡而不和, 動而不償, 中心有不全者矣. 夫不降席而匡天下者, 求之己也. 孔子曰: 『其身正, 不令而行; 其身不正, 雖令不從.』 先王之所以拱揖指麾, 而四海來賓者, 誠德之至也, 色以形于外也. 詩曰: 『王猷允塞, 徐方旣來.』

2. 《史記》 龜策列傳

羿名善射, 不如雄渠逢門, 禹名爲辯智, 而不能勝鬼神.

3. 《淮南子》繆稱訓

勇士一呼, 三軍皆辟, 其出之也誠. 故倡而不和, 意而不戴, 中心必有不合者也.

4. 《論衡》儒增篇

儒書言:「楚熊渠子出見寢石, 以爲伏虎. 將弓射之, 矢沒其衛.」或言:「養由基見寢石, 以爲兕也. 射之矢飲羽.」或言李廣. 便是熊渠・養由基・李廣, 主名不審, 無實也.

5. 《文子》精誠篇

老子曰:「勇士一呼, 三軍皆辟, 其出之誠也. 唱而不和, 意而不載, 中必有不合者也, 不下席而匡天下者, 求諸己也. 故說之所不至者, 容貌至焉. 容貌所不至者, 感忽至焉. 感乎心發, 而成形精之至者, 可形接不可以照期.

6. 《西京雜記》卷五

李廣與兄弟共獵於冥山之北, 見臥虎焉. 射之, 一矢卽斃. 斷其髑髏以爲枕, 示服猛也. 鑄銅象其形爲溲器, 示厭辱之也. 他日, 復獵於冥山之陽, 又見臥虎, 射之, 沒矢飲羽. 進而視之, 乃石也, 其形類虎. 退而更射, 鏃破簳折而石不傷. 余嘗以問揚子雲, 子雲曰:「至誠則金石爲開.」余應之曰:「昔人有遊東海者, 旣而風惡, 船漂不能制, 船隨風浪, 莫知所之. 一日一夜, 得至一孤洲, 共侶歡然. 下石植纜, 登洲煮食. 食未熟而洲沒, 在船者斫斷其纜, 船復漂蕩. 向者, 孤洲乃大魚, 怒掉揚鬐, 吸波吐浪而去, 疾如風雲. 在洲死者十餘人. 又余所知陳縞, 質木人也, 入終南山采薪, 還晚, 趨舍未至, 見張丞相墓前石馬, 謂爲鹿也, 卽以斧撾之, 斧缺柯折, 石馬不傷. 此二者亦至誠也, 卒有沈溺缺斧之事, 何金石之所感偏乎?」子雲無以應余.

7. 《搜神記》卷十一「熊渠子射石」

楚熊渠子夜行, 見寢石, 以爲伏虎, 彎弓射之, 沒金鍛羽. 下視, 知其石也. 因復射之, 矢摧無跡. 漢世復有李廣, 爲右北平太守, 射虎得石, 亦如之. 劉向曰:「誠之至也, 而金石爲之開, 況如人乎! 夫唱而不和, 動而不隨, 中必有不全者也. 夫不降席而匡天下者, 求之己也.」

8. 《博物志》卷八

楚熊渠子夜行, 射寢石以爲伏虎, 矢爲沒羽.

9. 《藝文類聚》(6)

雄渠子夜行, 見寢石, 以爲伏虎, 彎弓而射之, 沒金飲羽, 下視, 知其石也. 因復射之, 矢摧無迹.

10.《**藝文類聚**》(14)

傳曰: 楚雄渠子夜行, 見寢石, 以爲伏虎, 彎弓而射之, 沒金飮羽, 下視, 知其石也.
因復射之, 矢摧無跡. 渠子見其誠心, 金石爲之開, 而況於人乎?

11.《**史記**》李將軍列傳.

廣出獵, 見草中石, 以爲虎而射之, 中石沒鏃, 視之石也. 因復更射之, 終不能復入石矣.
廣所居郡聞有虎, 嘗自射之. 及居右北平, 虎騰傷廣, 廣亦竟射殺之.

12.《**漢書**》李廣傳.

廣出獵, 見草中石, 以爲虎而射之, 中石沒矢, 視之, 石也. 他日射之, 終不能復入矣.
廣所居郡聞有虎, 常自射之. 及居右北平射虎, 虎騰傷廣, 廣亦射殺之.

13.《**事物紀原**》「虎枕」.

李廣與兄游獵冥山北, 見猛虎, 一矢斃. 斷其頭爲枕, 示服也.

14. 기타 참고자료

《太平御覽》(51)·《事文類聚》(14)

075(4-26) 齊有彗星
제사를 지낸들

　제齊나라에 혜성彗星이 나타나자 제후齊侯가 축祝하는 자로 하여금 재앙을 제거하는 제사를 지내도록 하였다. 그러자 안자晏子가 이렇게 말하였다.

　"아무런 도움이 안 됩니다. 다만 무망誣妄한 짓일 뿐입니다. 천도天道는 아첨을 받아들이지도 않으며, 그 천명天命을 두 가지로 보여 주는 것도 아닙니다. 이러한 경우에 어찌 제사를 지낸다고 되겠습니까? 또 무릇 하늘이 혜성을 보여 주는 것은 더러운 것을 제거하기 위함입니다. 임금께서 덕을 잘못 베풀지 않았다면 무슨 제사가 필요합니까? 만약 또 이미 잘못된 일을 하셨다면 제사를 지낸들 무슨 이익이 있겠습니까? 《시詩》에 '우리의 문왕文王께서는 조심하시고 삼가셔서 덕으로 하느님을 섬기셨으니, 많은 복을 내려 주지 않으시리오. 그 덕이 헛되이 사라지지 않아 천하의 많은 나라가 이를 받았네'라 하였습니다.

　임금께서 덕을 위배하신 것이 없다면 시에서처럼 복된 낙원이 이를 텐데 혜성 따위가 무슨 근심거리가 되겠습니까? 또 《시詩》에 '우리는 알 필요 없네, 하후夏后에서 상商까지, 난리를 일으키면 백성들은 모두 흩어진다는 것 외에는'이라고 하였습니다. 이는 덕을 잘못 베풀면 백성들은 흩어진다는 뜻입니다. 그렇게 되면 축사祝史가 제사를 지낸들 이를 보충할 수 없습니다."

　이에 제후가 기뻐하면서 제사를 그만두도록 하였다.

齊有彗星, 齊侯使祝禳之.

晏子曰:「無益也, 祇取誣焉. 天道不諂, 不貳其命, 若之何禳
之也? 且天之有彗, 以除穢也. 君無穢德, 又何禳焉? 若德之穢,
禳之何益? 詩云:『惟此文王, 小心翼翼. 昭事上帝, 聿懷多福.
厥德不回, 以受方國.』君無違德, 方國將至, 何患於彗? 詩曰:
『我無所監, 夏后及商. 用亂之故, 民卒流亡.』若德之回亂, 民將
流亡. 祝史之爲, 無能補也.」

公說, 乃止.

【慧星】혹 孛星, 掃帚星이라고도 하며, 빗자루 모양을 하고 있다고 하여 붙여진
    이름. 옛 사람들은 이 별이 나타나면 나라에 흉조가 든다고 여겨 불길하다고
    여겼다.
【晏子】晏嬰. 齊 景公 때의 훌륭한 宰相.《晏子春秋》및《史記》管晏列傳 참조.
【禳之何益】〈四庫全書〉본에는『一作損』이라는 夾註가 있고, 〈四部叢刊〉본에는
    『禳之何損』으로 되어 있다.
【詩云】《詩經》大雅 大明의 구절.
【詩曰】逸詩. 지금《詩經》에는 없다.
【祝史】제사를 맡은 관직. 혹은『史』는『吏』의 誤記나 혹은 使의 통가자로 보기도
    한다.

1. 《左傳》昭公 二十六年 傳

齊有彗星, 齊侯使禳之. 晏子曰:「無益也, 祇取誣焉. 天道不謟, 不貳其命, 若之何禳之? 且天之有彗也, 以除穢也. 君無穢德, 又何禳焉? 若德之穢, 禳之何損? 詩曰:『惟此文王, 小心翼翼. 昭事上帝, 聿懷多福. 厥德不回, 以受方國.』君無違德, 方國將至, 何患於彗? 詩曰:『我無所監, 夏后及商. 用亂之故, 民卒流亡.』若德回亂, 民將流亡, 祝史之爲, 無能補也.」公說, 乃止.

2. 《晏子春秋》外篇 重而異者

齊有彗星. 景公使祝禳之. 晏子諫曰:「無益也. 祇取誣焉. 天道不謟. 不貳其命. 若之何禳之也? 且天之有彗, 以除穢也. 君無穢德, 又何禳焉? 若德之穢, 禳之何損? 詩云:『維此文王, 小心翼翼, 昭事上帝, 聿懷多福, 厥德不回, 以受方國』君無違德, 方國將至. 何患于彗? 詩曰:『我無所監, 夏后及商, 用亂之故, 民卒流亡.』若德回亂, 民將流亡. 祝史之爲, 無能補也.」公說, 乃止.

3. 《晏子春秋》卷一

景公出遊于公阜, 北面望, 睹齊國. 曰:「嗚呼! 使古而無死, 何如?」晏子曰:「昔者, 上帝以人之死爲善. 仁者息焉. 不仁者伏焉. 若使古而無死, 太公·丁公, 將有齊國, 桓·襄·文·武, 將皆相之, 君將戴笠衣褐, 執銚耨, 以蹲行畎畝之中, 孰暇患死?」公忿然作色不說. 無幾何, 而梁丘據乘六馬而來. 公曰:「是誰也?」晏子曰:「據也.」公曰:「何以知之?」曰:「大暑而疾馳, 甚者馬死, 薄者馬傷, 非據孰敢爲之?」公曰:「據與我和者夫?」晏子曰:「此所謂同也. 所謂和者, 君甘則臣酸, 君淡則臣鹹. 今據也, 君甘亦甘, 所謂同也, 安得爲和?」公忿然作色不說. 無幾何, 日暮. 公西面望, 睹彗星, 召伯常騫使禳去之. 晏子曰:「不可! 此天教也. 日月之氣, 風雨不時, 彗星之出, 天爲民之亂見之. 故詔之妖祥, 以戒不敬, 今君若設文而受諫, 謁聖賢人. 雖不去彗, 星將自亡. 今君嗜酒而並于樂, 政不飾而寬于小人, 近讒好優, 惡文而疏聖賢人, 何暇去彗? 弗又將見矣.」公忿然作色不說. 及晏子卒, 公出屛而立. 曰:「嗚呼! 昔者, 從夫子而遊公阜, 夫子一日而三責我, 今誰責寡人哉!」

4. 《論衡》變虛篇

齊景公時有彗星, 使人禳之. 晏子曰:「無益也, 祇取誣焉. 天道不闇, 不貳其命, 若之何禳之也? 且天之有彗, 以除穢也. 君無穢德, 又何禳焉? 若德之穢, 禳之何益?

詩曰:『惟此文王, 小心翼翼, 昭事上帝, 聿懷多福; 厥德不回, 以受方國.』君無回德,
方國將至, 何患於彗? 詩曰:『我無所監, 夏后及商, 用亂之故, 民卒流亡.』若德回亂,
民將流亡, 祝史之爲, 無能補也.」公說, 乃止. 齊君欲禳彗星之凶, 猶子韋欲移熒惑
之禍也; 宋君不聽, 猶晏子不肯從也, 則齊君爲子韋, 晏子爲宋君也. 同變共禍, 一事
二人, 天猶賢宋君, 使熒惑徙三舍, 延二十一年, 獨不多晏子, 使彗消而增其壽, 何天
祐善偏駁不齊一也?

5.《史記》齊太公世家

三十二年, 彗星見. 景公坐柏寢, 嘆曰:「堂堂! 誰有此乎?」群臣皆泣, 晏子笑,
公怒. 晏子曰:「臣笑群臣諫甚.」景公曰:「彗星出東北, 當齊分野, 寡人以爲憂.」
晏子曰:「君高臺深池, 賦斂如弗得, 刑罰恐弗勝, 茀星將出, 彗星何懼乎?」公曰:
「可禳否?」晏子曰:「使神可祝而來, 亦可禳而去也. 百姓苦怨以萬數, 而君令一人
禳之, 安能勝衆口乎?」是時景公好治宮室, 聚狗馬, 奢侈, 厚賦重刑, 故晏子以此
諫之.

6. 기타 참고자료

《晏子春秋》卷一·《晏子春秋》卷七

076(4-27) 宋景公時
백성이 없다면

宋宋 경공景公 때에 형혹熒惑이 심방心方에 나타나자, 경공은 두려운 나머지 자위子韋를 불러 물었다.

"형혹이 심방에 나타났습니다. 어찌하면 좋겠습니까?"

그러자 자위가 이렇게 대답하였다.

"형혹은 천벌天罰을 뜻합니다. 심방心方은 위치로 보아 우리 송宋나라에 해당되는 분야分野입니다. 그 화禍가 임금의 몸에 미친다는 뜻입니다. 비록 그렇다고는 하나 이를 재상에게 떠넘길 수도 있습니다."

그러자 경공이 이렇게 말하였다.

"재상은 내가 나라를 다스리도록 임무를 부여한 자입니다. 그에게 떠넘겨 죽게 한다면 상서롭지 못한 일입니다. 과인이 스스로 당하기를 청합니다."

이 말에 자위가 다시 말하였다.

"그러면 백성에게 떠넘길 수도 있습니다."

경공은 이렇게 말하였다.

"백성이 죽고 없다면 누구를 상대로 임금 노릇을 하겠습니까? 차라리 나 하나 죽는 게 낫습니다."

그러자 자위가 이번에는 다시 이렇게 제의하였다.

"그럼, 세歲에 떠넘기면 됩니다."

경공은 다시 이렇게 말하였다.

"세歲에 기근이 들면 백성들은 굶어죽고 맙니다. 임금 된 자가 자신만 살겠다고 백성들을 죽인다면 누가 나를 임금으로 여기겠습니까? 이는 결국 과인의 운명이 다하였다는 뜻입니다. 그대는 더 이상 말하지 마십시오."

자위가 자리를 뜨면서 북면하여 재배再拜하고 나서 이렇게 말하였다.

"저는 감히 임금에게 축하드리고 싶습니다. 하늘은 높은 곳에 처하지만 낮은 곳까지 다 듣습니다. 임금께서는 어진 말을 세 번이나 하셨으니, 하늘은 임금에게 틀림없이 세 번의 상을 내리실 것이며, 오늘 저녁에 그 별은 틀림없이 그 위치를 옮길 것입니다. 그리고 임금의 수명은 21년이 연장될 것입니다."

그러자 경공이 물었다.

"그대는 그것을 어찌 아는가?"

그러자 자위가 이렇게 설명하였다.

"임금께서 세 번이나 착한 말씀을 하셨으니, 세 번 상을 받을 것이요, 별은 삼사三舍를 옮길 것입니다. 매 사舍마다 일곱 별을 움직이며, 그 별 하나는 1년씩에 해당합니다. 그래서 삼칠은 이십일, 21년을 더 사신다는 풀이입니다. 저는 청컨대 섬돌 아래에 엎드려 이를 살펴보겠습니다. 별이 옮겨가지 않으면 저는 죽음을 자청하겠습니다."

임금이 말하였다.

"좋다."

그리고 그날 밤에 살펴보니 과연 별이 삼사만큼 옮겨가서 자위의 말과 똑같이 되었다.

노자老子가 말하였다.

"나라의 상서롭지 못한 것을 능히 수용하는 것, 이를 일컬어 천하의 왕이라 한다."

宋景公時, 熒惑在心, 懼, 召子韋而問曰:「熒惑在心, 何也?」

子韋曰:「熒惑, 天罰也; 心, 宋分野也, 禍當君身. 雖然, 可移於宰相.」

公曰:「宰相, 所使治國也, 而移死焉, 不祥, 寡人請自當也.」

子韋曰:「可移於民.」

公曰:「民死, 將誰君乎? 寧獨死耳.」

子韋曰:「可移於歲.」

公曰:「歲饑, 民餓, 必死, 爲人君欲殺其民以自活, 其誰以我爲君乎? 是寡人之命固盡矣. 子無復言矣.」

子韋還走, 北面再拜曰:「臣敢賀君, 天之處高而聽卑, 君有仁之言三, 天必三賞君, 今夕星必徙舍, 君延壽二十一歲.」

公曰:「子何以知之?」

對曰:「君有三善, 故三賞, 星必三舍, 舍行七星, 星當一年, 三七二十一, 故曰延壽二十一年. 臣請伏於陛下, 以伺之, 星不徙, 臣請死之.」

公曰:「可.」

是夕也, 星三徙舍, 如子韋言.

老子曰:「能受國之不祥, 是謂天下之王也.」

【宋 景公】春秋時代 宋나라 君主. 이름은 頭曼. 재위 64년(B.C. 516~453).

【熒惑】火星. 별 이름.

【心方】하늘과 땅을 나누어 결합시킨 방위. 宋나라 땅에 해당하는 위치.

【子韋】宋 景公 때의 司星官.

【歲】그해 농사의 상황을 말한다. 여기서는 그해에 흉년이 들지언정 임금은 살아남겠다는 뜻이다.

【三舍】一舍는 군대가 하루 宿營하고 갈 수 있는 거리.
【老子曰】《老子》78章의 구절.

1.《呂氏春秋》制樂篇

宋景公之時, 熒惑在心, 公懼, 召子韋而問焉, 曰:「熒惑在心, 何也?」子韋曰:「熒惑者,
天罰也. 心者, 宋之分野也. 禍當於君. 雖然, 可移於宰相.」公曰:「宰相所與治國家也,
而移死焉, 不祥.」子韋曰:「可移於民.」公曰:「民死, 寡人將誰爲君乎? 寧獨死.」
子韋曰:「可移於歲.」公曰:「歲害則民饑, 民饑必死. 爲人君而殺其民以自活也.
其誰以我爲君乎? 是寡人之命固盡已, 子無復言矣.」子韋還走, 北面載拜曰:「臣敢
賀君. 天之處高而聽卑. 君有至德之言三, 天必三賞君. 今夕熒惑其徙三舍, 君延年
二十一歲.」公曰:「子何以知之?」對曰:「有三善言, 必有三賞. 熒惑有三徙舍, 舍行
七星, 星一徙當一年, 三七二十一, 臣故曰君延年二十一歲矣. 臣請伏於陛下以伺候之.
熒惑不徙, 臣請死.」公曰:「可.」是夕熒惑果徙三舍.

2.《史記》宋微子世家

三十七年, 楚惠王滅陳. 熒惑守心. 心, 宋之分野也. 景公憂之. 司星子韋曰:「可移於相.」
景公曰:「相, 吾之股肱.」曰:「可移於民.」景公曰:「君者待民.」曰:「可移於歲.」
景公曰:「歲饑民困, 吾誰爲君!」子韋曰:「天高聽卑. 君有君人之言三, 熒惑宜
有動.」於是候之, 果徙三度.

3.《淮南子》道應訓

宋景公之時, 熒惑在心, 公懼, 召子韋而問焉, 曰:「熒惑在心, 何也?」子韋曰:「熒惑,
天罰也. 心, 宋分野. 禍且當君. 雖然. 可移於宰相.」公曰:「宰相, 所使治國家也.
而移死焉, 不祥.」子韋曰:「可移於民.」公曰:「民死, 寡人誰爲君乎? 寧獨死耳.」
子韋曰:「可移於歲.」公曰:「歲, 民之命. 歲饑, 民必死矣. 爲人君, 而欲殺其民
以自活也. 其誰以我爲君者乎? 是寡人之命, 固已盡矣.」子韋無復言矣. 子韋還走,
北面再拜曰:「敢賀君. 天之處高而聽卑. 君有君人之言三, 天必有三賞君. 今夕,
星必徙三舍, 舍行七里. 三七二十一, 故君延年二十一歲. 臣請伏於陛下, 以伺之.
星不徙, 臣請死之.」公曰:「可.」是夕也, 星東三徙舍. 故老子曰:「能受國之不祥,
是謂天下王.」

4.《論衡》變虛篇

傳書曰: 宋景公之時, 熒惑守心. 公懼, 召子韋而問之, 曰:「熒惑在心, 何也?」子韋曰:「熒惑, 天罰也; 心, 宋分野也. 禍當君. 雖然, 可移於宰相.」公曰:「宰相, 所使治國家也, 而移死焉, 不祥.」子韋曰:「可移於民.」公曰:「民死, 寡人將誰爲君也? 寧獨死耳.」子韋曰:「可移於歲.」公曰:「民饑, 必死. 爲人君而欲殺其民以自活也, 其誰以我爲君者乎? 是寡人命固盡也, 子毋復言!」子韋退(還)走, 北面再拜, 曰:「臣敢賀君. 天之處高而耳(聽)卑, 君有君人之言三, 天必三賞君. 今夕, 星必徙三舍, 君延命二十一年.」公曰:「奚知之?」對曰:「君有三善[言], 故有三賞, 星必三徙, {三}徙行七星, 星當一年, 三七二十一, 故君命延二十一歲. 臣請伏於殿(陛)下以伺之, 星必不徙, 臣請死耳.」是夕也, 火星果徙三舍. 如子韋之言, 則延年審得二十一歲矣. 星徙審, 則延命, 延命明, 則景公爲善, 天祐之也, 則夫世間人能爲景公之行者, 則必得景公祐矣. 此虛言也. 何則? 皇天遷怒, 使熒惑本景公身有惡而守心, 則雖聽子韋言, 猶無益也. 使其不爲景公, 則雖不聽子韋之言, 亦無損也.

077(4-28) 宋康王時
참새가 송골매를 낳다

宋宋 강왕康王 때에 성城의 귀퉁이에서 참새가 송골매를 낳은 이상한 일이 벌어졌다. 이에 왕이 태사太史에게 점을 쳐 보도록 하였더니, 이러한 점괘가 나왔다.

"작은 것이 큰 것을 낳았으니, 반드시 천하를 제패할 것이다."

이에 강왕이 크게 기뻐하며 등滕나라를 멸하고 설薛을 쳐서 회북淮北 땅까지 차지하였다. 이에 더욱 자신을 나타내며 급히 패업을 이룰 욕심을 부리게 되었다. 그래서 하늘을 쏘고 땅을 태질하였으며 사직社稷을 부수고 불을 지르면서 이렇게 말하였다.

"나의 위엄이 천지와 귀신까지 굴복시키도다."

그리고 나라의 노인들 가운데 이에 대해 간언하는 자는 꾸짖고 자신은 무두지관無頭之冠을 쓰고 용감함을 과시하였다. 곱추의 등을 갈라 왜 그런지를 보고자 하고, 이른 아침 물을 건너는 사람이 추워하는 이유를 알겠다고 그 정강이를 자르는 못된 행동을 자행하였다. 이에 백성들이 크게 놀랐다. 제齊나라에서 이 소식을 듣고 쳐들어가자 백성들은 모두 흩어져 성조차 지키지 않았다. 결국 임금은 예후兒侯의 관사館舍로 도망쳤다가 끝내 병을 얻어 죽고 말았다.

그러므로 상서로운 것을 보고, 해서는 안 될 짓을 하였으므로 상서로움이 도리어 화가 된 것이다. 그러나 나 유향劉向의 생각으로는 홍범전洪範傳을 통해 추론推論해 보건대 宋나라 태사의 점이 잘못된 것이다. 이는 《한서漢書》 흑상黑祥에 이른 바와 같이 흑생黑眚이란 것인데,

옛날 노魯나라에 구욕鸜鵒새가 이상한 징조를 보인 것과 같은 이치이다. 송나라 강왕康王과 태사太史의 점은 허물이 있음에도 급히 이를 고치려 도모圖謀하지 않은 데 속하는 것이다.

또 송골매는 검은 색깔로 참새를 잡아먹으며, 그 새는 참새보다 크다. 이를 낚아채어 부리로 찢어 먹는 것이 송골매이다. 그런데 참새가 송골매를 낳았다는 것은 송나라 임금이 장차 급하고 포악하게 공격하고 찢어 먹는 행동을 할 것이라는 뜻이었다. 충간하는 자를 막음으로써 큰 화가 생겨났으며, 이것이 곧 자해自害로까지 이어진 것이다. 그러므로 성 귀퉁이에서 참새가 송골매를 낳았다는 것은 나라가 망한다는 뜻이요, 그 화가 장차 나라를 해롭게 할 것이라는 것을 알려 준 것이다. 송왕은 이를 깨닫지 못하고 드디어 멸망하였으니, 이것이 그 응험應驗이다.

宋康王時, 有爵生鸇於城之陬, 使史占之, 曰:「小而生巨, 必霸天下.」

康王大喜, 於是滅滕伐薛, 取淮北之地, 乃愈自信, 欲霸之亟成, 故射天笞地, 斬社稷而焚之, 曰:「威嚴伏天地鬼神.」

罵國老之諫者, 爲無頭之棺, 以示有勇, 剖傴者之背, 鍥朝涉之脛, 而國人大駭. 齊聞而伐之, 民散城不守, 王乃逃兒侯之館, 遂得病而死.

故見祥而爲不可, 祥反爲禍. 臣向愚以鴻範傳推之, 宋史之占非也, 此黑祥, 傳所謂黑眚者也, 猶魯之有鸜鵒爲異祥也. 屬於不謀, 其咎急也. 鸇者, 黑色, 食爵, 大於爵害. 爵也, 攫擊之物, 貪叨之類, 爵而生鸇者, 是宋君且行急暴擊伐貪叨之行, 距諫以生大禍, 以自害也. 故爵生鸇於城陬者, 以亡國也, 明禍且害國也. 康王不悟, 遂以滅亡, 此其效也.

【宋 康王】 戰國時代 宋나라 때의 마지막 임금. 이름은 偃. 포악한 君主로 널리 알려졌다.

【鷶】 송골매. 《戰國策》에는 기(鸇)로 되어 있다.

【滕】 나라 이름. 지금의 山東省 滕縣. 《孟子》의 滕文公은 이곳의 임금을 말한다.

【薛】 나라 이름. 地名. 戰國時代 田嬰(靖郭君)과 田文(孟嘗君)의 封邑이었다. 지금의 山東省 滕縣의 薛城.

【淮北】 淮水의 북쪽 지역.

【無頭之冠】 뚜껑이 없는 모자. 자신은 하늘과 맞닿아 있다는 뜻. 혹은 전쟁에 나가서도 하늘의 명을 받았으므로 다치지 않는다는 뜻. 棺은 冠의 誤記.

【兒侯】 작은 제후의 이름. 兒는 성씨, 혹은 地名. 倪·郳 등으로도 쓴다.

【劉向】 《新序》를 펴낸 編者. 자신의 의견을 삽입한 것이다.

【鴻範】 《書經》의 篇名. 箕子가 쓴 것으로 알려져 있다. 《尚書》 序에 『武王 勝殷, 殺受, 立武庚, 以箕子歸作洪範』이라 하였다.

【黑祥】 五行의 水氣에서 일어나는 瑞祥. 《漢書》 五行志(中之下)에, 『時則有黑眚 黑祥. 惟火沴水云云, 水色黑. 故有黑眚, 黑祥凡聽傷者, 病水氣者, 水氣病則火 沴之』라고 하였다.

【鷁鴒爲異祥也】 이 사건은 《左傳》 昭公 25년을 볼 것.(참고)

> ### 참고 및 관련 자료

1. 《戰國策》 宋策

宋康王之時, 有雀生鷑於城之陬. 使史占之, 曰:「小而生巨, 必霸天下.」康王大喜. 於是滅滕伐薛, 取淮北之地, 乃愈自信, 欲霸之亟成, 故射天笞地, 斬社稷而焚滅之, 曰:「威服天下鬼神.」罵國老諫曰, 爲無顔之冠, 以示勇. 剖傴之背, 鍥朝涉之脛, 而國人 大駭. 齊聞而伐之, 民散, 城不守. 王乃逃倪侯之館, 遂得而死. 見祥而不爲祥, 反爲禍.

2. 《史記》 宋微子世家

君偃十一年, 自立爲王. 東敗齊, 取五城; 南敗楚, 取地三百里; 西敗魏軍, 乃與齊· 魏爲敵國. 盛血以韋囊, 縣而射之, 命曰:「射天.」淫於酒婦人. 群臣諫者輒射之. 於是諸侯皆曰「桀宋.」「宋其復爲紂所爲, 不可不誅」. 告齊伐宋. 王偃立四十七年, 齊湣王與魏·楚伐宋, 殺王偃, 遂滅宋而三分其地.

3. 《孔子家語》五儀解

哀公問於孔子曰:「夫國家之存亡禍福, 信有天命, 非唯人也.」孔子對曰:「存亡禍福, 皆己而已, 天災地妖, 不能加也.」公曰:「善! 吾子之言, 豈有其事乎?」孔子曰:「昔者, 殷王帝辛之世, 有雀生大鳥於城隅焉. 占之曰:『凡以小生大, 則國家必王而名必昌.』於是帝辛介雀之德, 不修國政, 亢暴無極, 朝臣莫救, 外寇乃至, 殷國以亡, 此卽以己逆天時, 詭福反爲禍者也. 又其先世殷王太戊之時, 道缺法弛, 以致夭蘗, 桑穀于朝, 七日大拱. 占之者曰:『桑穀野木, 而不合生朝, 意者國亡乎!』太戊恐駭, 側身修行, 思先王之政, 明養民之道, 三年之後, 遠方慕義. 重譯至者, 十有六國, 此卽以己逆天時, 得禍爲福者也. 故天災地妖, 所以儆人主者也; 寤夢徵怪, 所以儆人臣者也. 災妖不勝善政, 寤夢不勝善行, 能知此者, 至治之極也. 唯明王達此.」公曰:「寡人不鄙固, 此亦不得聞君子之教也.」

4. 《史記》殷本紀

帝武乙無道, 爲偶人, 謂之天神. 與之博, 令人爲行. 天神不勝, 乃僇辱之. 爲革囊, 盛血, 卬而射之, 命曰「射天」. 武乙獵於河渭之間, 暴雷, 武乙震死. 子帝太丁立. 帝太丁崩, 子帝乙立. 帝乙立, 殷益衰

5. 《新書》(賈誼) 卷六 春秋

宋康王時, 有爵生鷃於城之陬, 使史占之, 曰:「小而生大, 必伯於天下.」康王大喜, 於是滅滕伐諸侯, 取淮北之地. 乃愈自信, 欲霸之亟成. 故射天笞地, 伐社稷而焚之, 曰:「威服天地鬼神.」罵國老之諫者, 爲無頭之棺, 以視有勇, 剖傴者之背, 斬朝涉之脛. 國人大駭, 齊王聞而伐之, 民散, 城不守, 王乃逃於郳侯之館, 遂得病而死. 故見祥而爲不可祥反爲禍.

6. 《左傳》昭公 二十五年 經, 傳

有鸜鵒來巢, 書所無也. 師己曰:「異哉! 吾聞, 文, 成之世, 童謠有之, 曰:『鸜之鵒之, 公出辱之. 鸜鵒之羽, 公在外野, 往饋之馬. 鸜鵒跦跦, 公在乾侯, 徵褰與襦. 鸜鵒之巢, 遠哉遙遙, 裯父喪勞, 宋父以驕. 鸜鵒鸜鵒, 往歌來哭.』童謠有是. 今鸜鵒來巢, 其將及乎!」

卷五

잡사雜事(五)

(078~109)

畵像磚(漢) 〈車騎圖〉

078(5-1) 魯哀公問子夏曰
임금도 배워야 합니다

노魯 애공哀公이 자하子夏에게 물었다.

"배운 후라야만 나라를 편안히 하고 백성을 보호할 수 있습니까?"

그러자 자하가 이렇게 대답하였다.

"지도자로서 배우지 아니하고 안국보민安國保民한 경우는 아직 들어보지 못하였습니다."

"그렇다면 오제五帝에게도 스승이 있었습니까?"

애공이 이렇게 묻자 자하가 설명하였다.

黃帝 明《歷代帝王名臣像冊》

"있었지요. 제가 듣건대 황제黃帝는 대진大眞에게 배웠고, 전욱顓頊은 녹도綠圖에게 배웠으며, 제곡帝嚳은 적송자赤松子에게, 요堯는 윤수尹壽에게, 순舜은 무성부務成跗에게, 우禹는 서왕국西王國에게, 탕湯은 위자백威子伯에게, 그리고 문왕文王은 교시자사鉸時子斯에게, 무왕武王은 곽숙郭叔에게, 주공周公은 태공太公에게, 중니仲尼는 노담老聃에게 배웠다 하였습니다.

이 열한 분의 성인聖人은 이런 스승들을 만나지 못하였더라면 천하에 그 공과 업적을 드날릴 수 없었고, 그 이름도 천세千世에 전할 수 없었을 것입니다. 《시詩》에 '어기지도 않고 잊지도 아니하면서, 선왕의 옛 법을 따르네'라고 하였으니, 이를 두고 한 말입니다. 무릇 배우지 않아 옛 법을 밝히 알지도 못하면서, 능히 나라를 편안히 한 자는 없었습니다."

魯哀公問子夏曰:「必學而後可以安國保民乎?」

子夏曰:「不學而能安國保民者, 未嘗聞也.」

哀公曰:「然則五帝有師乎?」

子夏曰:「有. 臣聞: 黃帝學乎大眞, 顓頊學乎綠圖, 帝嚳學乎赤松子, 堯學乎尹壽, 舜學乎務成跗, 禹學乎西王國, 湯學乎威子伯, 文王學乎鉸時子斯, 武王學乎郭叔, 周公學乎太公, 仲尼學乎老聃. 此十一聖人, 未遭此

赤松子 명, 洪應明《仙佛奇蹤》삽화

師, 則功業不著乎天下, 名號不傳乎千世. 詩曰:『不愆不忘, 率由舊章.』此之謂也. 夫不學不明古道, 而能安國者. 未之有也.」

【魯 哀公】春秋 말기 魯나라 君主. 이름은 蔣. 재위 27년(B.C. 494~468).

【子夏】孔子의 弟子. 卜商·卜子夏.

【五帝】《史記》五帝本紀에는 黃帝 軒轅氏(有態氏의 군주). 顓頊(高陽氏)· 帝嚳·堯·舜을 들고 있다.

【詩曰】《詩經》大雅 假樂의 구절.

1. 《韓詩外傳》卷五

哀公問於子夏曰:「必學然後可以安國保民乎?」子夏曰:「不學而能安國保民, 未之
有也.」哀公曰:「然則五帝有師乎?」子夏曰:「臣聞: 黃帝學乎大墳, 顓頊學乎祿圖,
帝嚳學乎赤松子, 堯學乎務成子附, 舜學乎尹壽, 禹學乎西王國, 湯學乎貸乎相, 文王
學乎錫疇子斯, 武王學乎太公, 周公學乎虢叔, 仲尼學乎老聃. 此十一聖人, 未遭此師,
則功業不能著於天下, 名號不能傳乎後世者也. 詩曰:『不愆不忘, 率由舊章.』

2. 《荀子》大略篇

不學, 不成. 堯學於君疇, 舜學於務成昭, 禹學於西王國.

3. 《呂氏春秋》尊師篇

神農師悉諸, 黃帝師大撓, 帝顓頊師伯夷父, 帝嚳師伯招, 帝堯師子州支父, 帝舜師
許由, 禹師大成贄, 湯師小臣,文王′ 武王師呂望′ 周公旦, 齊桓公師管夷吾, 晉文
公師咎犯′ 隨會, 秦穆公師百里奚′ 公孫枝, 楚莊王師孫叔敖′ 沈尹巫, 吳王闔閭
師伍子胥′ 文之儀, 越王句踐師范蠡′ 大夫種. 此十聖人六賢者, 未有不尊師者也.
今尊不至於帝, 智不至於聖, 而欲無尊師, 奚由至哉? 此五帝之所以絶, 三代之所以滅.
且天生人也, 而使其耳可以聞, 不學, 其聞不若聾, 使其目可以見, 不學, 其見不若盲,
使其口可以言, 不學, 其言不若爽, 使其心可以知, 不學, 其知不若狂. 故凡學, 非能
益也, 達天性也. 能全天之所生而勿敗之, 是謂善學.

4. 《貞觀政要》卷四「論尊敬師傅」篇

貞觀六年, 詔曰:「朕比尋討經史, 明王聖帝曷嘗無師傅哉? 前所進令遂不睹三師之位,
意將未可. 何以然? 黃帝學太顚, 顓頊學錄圖, 堯學尹壽, 舜學務成昭, 禹學西王國,
湯學威子伯, 文王學子期, 武王學虢叔. 前代聖王未遭此師, 則功業不著乎天下, 名
譽不傳乎載籍. 況朕接百王之末, 智不同聖人, 其無師傅, 安可以臨兆民者哉? 詩
云乎:『不愆不忘, 率由舊章.』夫不學, 則不明古道, 而能政致太平者, 未之有也!
可卽著令, 置三師之位.」

5. 기타 참고자료

《太平御覽》(404)·《史記》孔子世家·《天中記》(20)

성인들의 스승

여자呂子가 말하였다.

"신농씨神農氏는 실로悉老에게, 황제黃帝는 대진大眞에게, 전욱顓頊은
백이보伯夷父에게, 제곡帝嚳은 백초伯招에게, 제요帝堯는 주문보州文父에게,
제순帝舜은 허유許由에게, 우禹는 대성집大成執에게, 탕湯은 소신小臣에게,
문왕文王과 무왕武王은 태공망太公望과 주공周公 단旦에게, 그리고 제齊
환공桓公은 관이오管夷吾와 습붕隰朋에게, 진晉 문공文公은 구범咎犯과
수회隨會에게, 진秦 목공穆公은 백리해百里奚와 공손지公孫支에게, 초楚
장왕莊王은 손숙오孫叔敖와 심윤축沈尹竺에게, 오왕吳王 합려闔閭는 오자서
伍子胥와 문지의文之儀에게 그리고 월왕越王
구천勾踐은 범려范蠡와 대부大夫 문종文種
에게 각각 배웠다.

이상이 모두 성왕聖王들이 배운 바이다.
무릇 하늘이 사람을 낳으매 그 귀로는
소리를 들을 수 있게 해 주었건만 배우지
않으면 그 들음은 귀머거리만도 못하게
되고, 그 눈으로 볼 수 있게 해 주었건만
배우지 않으면 그 보는 것은 장님만도
못하며, 그 입으로는 말을 할 수 있게 해
주었는데도 배우지 않으면 그 말은 벙어리
만도 못하며, 그 마음으로는 지혜를 얻게

帝嚳 高辛氏《三才圖會》

해 주었는데도 배우지 않으면 그 지혜는 미친 이만도 못하게 된다.

따라서 무릇 배움이란 무엇을 더 늘어나게 하는 것이 아니요, 천성天性을 달성시켜 하늘이 내려 준 바를 온전히 하고, 이를 어그러뜨리지 않는 것이다. 이를 가히 훌륭한 배움이라 이를 수 있는 것이다."

呂子曰:「神農學悉老, 黃帝學大眞, 顓頊學伯夷父, 帝嚳學伯招, 帝堯學州文父, 帝舜學許由, 禹學大成執, 湯學小臣, 文王·武王學太公望·周公旦, 齊桓公學管夷吾·隰朋, 晉文公學咎犯·隨會, 秦穆公學百里奚·公孫支, 楚莊王學孫叔敖·沈尹竺, 吳王闔閭學伍子胥·文之儀, 越王勾踐學范蠡·大夫種. 此皆聖王之所學也. 且夫天生人而使其耳可以聞, 不學, 其聞則不若聾; 使其目可以見, 不學, 其見則不若盲; 使其口可以言, 不學, 其言則不若喑; 使其心可以智, 不學, 其智則不若狂. 故凡學非能益之也, 達天性也. 能全天之所生而勿敗之, 可謂善學者矣.」

【呂子】呂不韋를 말한다.《戰國策》秦策 및《史記》呂不韋傳 참조.《呂氏春秋》를 編纂하였다.

【范蠡】越나라 勾踐을 도왔던 人物. 뒤에 陶 땅에 이르러 큰 富者가 되었다.《史記》越王勾踐世家 참조.

【文種】越나라 勾踐의 大夫. 范蠡와 함께 吳王 夫差를 멸하는 데 큰 공을 세웠다.

1. 《呂氏春秋》尊師, 앞장 (5-1) 참고 부분을 참조할 것.

〈百里奚牧牛圖〉

080(5-3) 湯見祝網者
새 잡는 그물

탕湯임금이 새 잡는 그물을 사방에 쳐놓고 기도하는 자를 보게 되었다. 그 기도는 이러하였다.

"하늘에서 떨어지는 모든 것, 땅에서 솟아나는 모든 것, 사방에서 다가오는 모든 것, 모두 내 그물에 걸리거라."

이를 본 탕임금이 이렇게 탄식하였다.

"아! 씨를 말리겠구나. 걸桀 같은 사람이 아니라면 누가 이런 짓을 하겠는가?"

그리고는 그 그물의 삼면三面은 풀고 한쪽만을 남겨둔 채 다시 그 사람에게 이렇게 기도하라고 가르쳐 주었다.

"옛날에 거미와 가뢰蛓가 그물을 만들어 먹이 잡는 것을 보고 지금 사람들이 그대로 따라 할뿐이다. 그러니 왼쪽으로 갈 자는 왼쪽으로, 오른쪽으로 갈 자는 오른쪽으로, 위로 갈 자는 위로, 아래로 갈 자는 아래로 가거라. 나는 이 명령을 어긴 자를 잡으리라."

湯

한남漢南의 나라들이 이 소식을
들고 "탕임금의 덕은 금수禽獸에게
까지 미치도다"라 하고는, 40나라
가 귀의해 왔다. 다른 사람은 사면
을 다 막고도 새를 제대로 잡지도
못하였지만, 탕임금은 삼면을 치
우고 한 면만 설치하였는데도 40
나라를 얻었으니, 이것이 한갓 새
를 그물로 잡는 경우만은 아닐 것
이다.

商王 成湯《三才圖會》

湯見祝網者置四面, 其祝曰:
「從天墜者, 從地出者, 從四方
來者, 皆離吾網.」

湯曰:「嘻! 盡之矣, 非桀其孰爲此?」

湯乃解其三面, 置其一面, 更敎之祝曰:「昔蛛蝥作網, 今之人
循序, 欲左者左, 欲右者右; 欲高者高, 欲下者下, 吾取其犯命者.」

漢南之國聞之曰:『湯之德及禽獸矣.』四十國歸之. 人置四面,
未必得鳥, 湯去三面, 置其一面, 以網四十國, 非徒網鳥也.

【湯】商나라의 始祖. 聖君.
【離】罹(리: 걸리다)와 같다.
【桀】夏의 末王. 暴君.
【蛛蝥】蛛는 거미[蜘蛛], 蝥는 가뢰. 가뢰는 斑猫라고도 하며 그물을 쳐서 곤충을
잡는 독충으로 말려서 약재로 쓰는 벌레.
【漢南】漢水의 남쪽 지역.

1.《史記》殷本紀

湯出, 見野張網四面, 祝曰:「自天下四方皆入吾網」湯曰:「嘻, 盡之矣!」乃去其三面,
祝曰:「欲左, 左. 欲右, 右. 不用命, 乃入吾網」諸侯聞之, 曰:「湯德至矣, 及禽獸.」
當是時, 夏桀爲虐政淫荒, 而諸侯昆吾氏爲亂. 湯乃興師率諸侯, 伊尹從湯, 湯自把
鉞以伐昆吾, 遂伐桀.

2.《新書》(賈誼) 卷七 諭誠

湯見設網者, 四面張, 祝曰:「自天下者, 自地出者, 自四方至者, 皆羅我網!」湯曰:
「嘻! 盡之矣. 非桀, 其孰能如此?」令去三面, 舍一面而敎. 祝之曰:「蛛蝥作網,
今之人脩緖, 欲左者左, 欲右者右, 欲高者高, 欲下者下. 吾請受其犯命者.」士民聞
之曰:「湯之德, 及於禽獸矣, 而況我乎!」於是下親其上.

3.《呂氏春秋》異用篇

湯見祝網者, 置四面, 其祝曰:「從天墜者, 從地出者, 從四方來者, 皆離吾網!」湯曰:
「嘻! 盡之矣. 非桀, 其孰爲此也?」湯收其三面, 置其一面, 更敎祝曰:「昔蛛蝥作網罟,
今人之學紓, 欲左者左, 欲右者右, 欲高者高, 欲下者下. 吾取其犯命者.」漢南之國
聞之曰:「湯之德, 及禽獸矣.」四十國歸之.

4.《十八史略》卷一

湯出, 見有張網四面而祝之曰:「從天降, 從地出, 從四方來者, 皆罹吾網!」湯曰:
「嘻! 盡之矣.」乃解其三面, 改祝曰:「欲左左, 欲右右, 不用命者, 入吾網」諸侯聞
之曰:「湯德至矣, 及禽獸矣.」

5. 기타 참고자료

《文選》〈東京賦〉李善 注・〈羽獵賦〉李善 注

081(5-4) 周文王作靈臺
죽은 사람의 뼈

주周 문왕文王 때에 영대靈臺를 짓고 연못을 만들기 위해 땅을 파기에 이르렀을 때 죽은 사람의 뼈를 발견하였다. 관리가 이 사실을 문왕에게 알리자, 문왕은 이렇게 지시하였다.

"다시 장례를 치러 주어라."

이에 관리가 말하였다.

"이는 주인도 없는 뼈입니다."

문왕이 이렇게 말하였다.

"천하를 가진 자는 그 천하가 주인이요, 나라를 가진 자는 그 나라 전체가 주인이다. 내가 진실로 이 나라의 주인이라면, 그 뼈의 주인을 따로 어디서 찾는단 말이냐?"

그리고 관리로 하여금 수의와 관을 준비해 다시 장례를 치르도록 하였다. 천하가 이 소문을 듣고 모두 감탄하였다.

"문왕은 어진 분이시다. 그 은택이 마른 뼈에까지 미치는데, 하물며 산 사람에게 있어서랴?"

어떤 이는 보물을 얻어 그 때문에 나라를 위태롭게 하는 이가 있는가 하면, 문왕 같은 이는 썩은 뼈를 얻어 자기 뜻을 일깨워 천하의 마음을 얻었던 것이다.

周文王《三才圖會》

周文王作靈臺, 及爲池沼, 掘地得死人之骨, 吏以聞於文王.

文王曰:「更葬之.」

吏曰:「此無主矣.」

文王曰:「有天下者, 天下之主也; 有一國者, 一國之主也. 寡人固其主, 又安求主?」

遂令吏以衣棺更葬之.

天下聞之, 皆曰:「文王賢矣. 澤及枯骨, 又況於人乎?」

或得寶以危國, 文王得朽骨, 以喻其意, 而天下歸心焉.

【周 文王】西伯 姬昌. 武王의 아버지. 聖人으로 알려졌다.

【靈臺】천문기상을 관찰하던 누대.《詩經》大雅 靈臺篇 鄭玄의 箋에『天下有靈臺者, 所以觀祲象察氣之妖祥也』라 하였다.

참고 및 관련 자료

1.《呂氏春秋》異用篇

周文王使人抇地, 得死人之骸. 吏以聞於文王, 文王曰:「更葬之.」吏曰:「此無主矣.」文王曰:「有天下者, 天下之主也. 有一國者, 一國之主也. 今我非其主也?」遂令吏以衣棺更葬之. 天下聞之曰:「文王賢矣. 澤及骸骨, 又況於人乎?」或得寶以危其國. 文王得朽骨以喻其意. 故聖人於物也無不材.

2.《新書》(賈誼) 卷七 諭誠

文王晝臥夢, 人登城而呼己曰:「我東北陬之槁骨也. 速以王禮葬我!」文王曰:「諾.」覺召吏視之, 信有焉. 文王曰:「速以人君葬之.」吏曰:「此無主矣. 請以五大夫.」文王曰:「吾夢中已許之矣. 奈何其倍之也?」士民聞之曰:「我君不以夢之故, 不倍槁骨, 況於生人乎?」於是下信其上.

3. 기타 참고자료

《太平御覽》(84)

082(5-5) 管仲傅齊公子糾
제환공과 관중

    관중管仲은 제齊나라 공자公子 규糾의 스승이었고, 포숙鮑叔은 공자 소백小白의 스승이었다. 제나라 공손무지公孫無知가 양공襄公을 죽이자, 공자 규는 노魯나라로, 소백은 거莒 땅으로 각각 도망하였다.

    제나라 사람들이 무지無知를 죽여 없애고 노나라에 가 있는 공자 규를 맞이하려 하자, 공자 규와 소백이 서로 먼저 들어가 왕이 되려고 다투었다. 이에 관중이 소백을 쏘아 그 허리띠 고리를 맞히자 소백은 거짓 으로 죽은 체한 후 다시 살아난 다음 드디어 먼저 들어갔다.

    그가 곧 제齊 환공桓公이다. 공자 규 는 죽임을 당하고 관중은 다시 노나라 로 도망쳤다. 환공은 나라를 일으켜 안정되자 사람을 보내어 노나라에서 관중을 모셔온 다음, 이를 중부仲父에 앉히고 나라를 그에게 맡긴 채 그의 말을 들었다. 그리하여 구합제후九合 諸侯하고 일광천하一匡天下하여 오백 五伯의 수장首長이 되었다.

齊桓公

管仲傅齊公子糾, 鮑叔傅公子小白. 齊公孫無知殺襄公, 公子糾奔魯, 小白奔莒. 齊人誅無知, 迎公子糾於魯. 公子糾與小白爭入, 管仲射小白, 中其帶鉤, 小白佯死, 遂先入, 是爲齊桓公. 公子糾死, 管仲奔魯. 桓公立國定, 使人迎管仲於魯, 遂立以爲仲父, 委國而聽之, 九合諸侯, 一匡天下, 爲五伯長.

【管仲】管夷吾를 말한다. 본장의 내용대로 公子 糾를 모셨다가, 뒤에 小白(桓公)에게 발탁되어 宰相이 되었다.

【公子 糾】齊 襄公의 아우이며 桓公(小白)의 형.

【鮑叔】鮑叔牙. 管仲의 친구로 小白을 모셨으며, 뒤에 管仲을 추천하여 宰相이 되게 하였다. 『管鮑之交』의 故事를 남겼다.

【小白】襄公의 아우. 뒤에 齊 桓公이 되었다. 春秋五霸의 하나.

【公孫無知】齊 釐公의 아우인 夷仲年의 아들. 釐公이 죽고 太子가 평소 이를 무시하자 太子가 襄公이 되어 無知를 축출하였다. 無知는 원한을 품고 襄公을 죽여 버렸다(襄公 12년, B.C. 686의 일). 《史記》齊太公世家 참조.

【襄公】齊 釐公[僖公]의 아들. 재위 12년(B.C. 697~686). 뒤에 公孫無知에게 죽임을 당하였다.

【齊 桓公】小白. 春秋五霸의 首長. 재위 43년(B.C. 685~643).

【仲父】齊 桓公이 管仲을 높여 부른 것. '아버지 항렬로 대우해 준다'는 뜻이다.

참고 및 관련 자료

1. 《左傳》莊公 八年·九年 傳

齊侯使連稱` 管至父戍葵丘, 瓜時而往, 曰:「及瓜而代.」期戌, 公問不至. 請代, 弗許. 故謀作亂. 僖公之母弟曰夷仲年, 生公孫無知, 有寵於僖公, 衣服禮秩如適. 襄公黜之. 二人因之以作亂. 連稱有從妹在公宮, 無寵, 使間公. 曰:「捷, 吾以汝爲夫人.」冬十二月, 齊侯游于姑棼, 遂田于貝丘. 見大豕. 從者曰:「公子彭生也.」公怒, 曰:「彭生敢見!」射之. 豕人立而啼. 公懼, 隊于車. 傷足, 喪屨. 反, 誅屨於徒人費.

弗得, 鞭之, 見血. 走出, 遇賊于門. 刮而束之. 費曰:「我奚御哉?」袒而示之背.
信之. 費請先入. 伏公而出, 鬭, 死于門中. 石之紛如死于階下. 遂入, 殺孟陽于牀. 曰:
「非君也, 不類.」見公之足于戶下, 遂弑之, 而立無知. 初, 襄公立, 無常. 鮑叔牙曰:
「君使民慢, 亂將作矣.」奉公子小白出奔莒. 亂作, 管夷吾·召忽奉公子糾來奔. 初,
公孫無知虐于雍廩. 九年春, 雍廩殺無知. 公及齊大夫盟于蔇, 齊無君也. 夏, 公伐齊,
納子糾. 桓公自莒先入. 秋, 師及齊師戰于乾時, 我師敗績. 公喪戎路, 傳乘而歸.
秦子·梁子以公旗辟于下道, 是以皆止. 鮑叔帥師來言曰:「子糾, 親也, 請君討之.
管·召, 讎也, 請受而甘心焉.」乃殺子糾于生竇. 召忽死之. 管仲請囚, 鮑叔受之,
及堂阜而稅之. 歸而以告曰:「管夷吾治於高傒, 使相可也.」公從之.

2. 《左傳》莊公 九年經

九月, 齊人取子糾殺之.

3. 《史記》齊太公世家

十二年, 初, 襄公使連稱·管至父戍葵丘, 瓜時而往, 及瓜而代. 往戍一歲, 卒瓜時而
公弗爲發代. 或爲請代, 公弗許. 故此二人怒, 因公孫無知謀作亂. 連稱有從妹在
公宮, 無寵, 使之·襄公, 曰:「事成以女爲無知夫人.」冬十二月, 襄公游姑棼, 遂獵沛丘.
見彘, 從者曰「彭生」. 公怒, 射之, 彘人立而啼. 公懼, 墜車傷足, 失屨. 反而鞭主屨者
三百. 出宮. 而無知·連稱·管至父等聞公傷, 乃遂率其衆襲宮. 逢主屨茀, 茀曰:
「且無入驚宮, 驚宮未易入也.」無知弗信, 茀示之創, 乃信之. 待宮外, 令茀先入.
茀先入, 卽匿襄公戶閒. 良久, 無知等恐, 遂入宮. 茀反與宮中及公之幸臣攻無知等,
不勝, 皆死. 無知入宮, 求公不得. 或見人足於戶閒, 發視, 乃襄公, 遂弑之, 而無知自
立爲齊君. 桓公元年春, 齊君無知游於雍林. 雍林人嘗有怨無知, 及其往游, 雍林人
襲殺無知, 告齊大夫曰:「無知弑襄公自立, 臣謹行誅. 唯大夫更立公子之當立者,
唯命是聽.」初, 襄公之醉殺魯桓公, 通其夫人, 殺誅數不當, 淫於婦人, 數欺大臣,
群弟恐禍及, 故次弟糾奔魯. 其母魯女也. 管仲·召忽傅之. 次弟小白奔莒, 鮑叔傅之.
小白母, 衛女也, 有寵於釐公. 小白自少好善大夫高傒. 及雍林人殺無知, 議立君, 高·
國先陰召小白於莒. 魯聞無知死, 亦發兵送公子糾, 而使管仲別將兵遮莒道, 射中小白
帶鉤. 小白詳死, 管仲使人馳報魯. 魯送糾者行益遲, 六日至齊, 則小白已入, 高傒立之,
是爲桓公. 桓公之中鉤, 詳死以誤管仲, 已而載溫車中馳行, 亦有高·國內應, 故得先
入立, 發兵距魯. 秋, 與魯戰于乾時, 魯兵敗走, 齊兵掩絕魯歸道. 齊遺魯書曰:「子糾
兄弟, 弗忍誅, 請魯自殺之. 召忽·管仲讎也, 請得而甘心醢之. 不然, 將圍魯.」

魯人患之, 遂殺子糾于笙瀆. 召忽自殺, 管仲請囚. 桓公之立, 發兵攻魯, 心欲殺管仲. 鮑叔牙曰:「臣幸得從君, 君竟以立. 君之尊, 臣無以增君. 君將治齊, 卽高 與叔牙足也. 君且欲霸王, 非管夷吾不可. 夷吾所居國國重, 不可失也.」於是桓公從之. 乃詳爲召管仲欲甘心, 實欲用之. 管仲知之, 故請往. 鮑叔牙迎受管仲, 及堂阜而脫桎梏, 齋祓而見桓公. 桓公厚禮以爲大夫, 任政. 桓公旣得管仲, 與鮑叔·隰朋·高傒修齊國政, 連五家之兵, 設輕重魚鹽之利, 以贍貧窮, 祿賢能, 齊人皆說.

4.《列子》力命篇

管夷吾鮑叔牙二人相友甚戚, 同處於齊. 管夷吾事公子糾, 鮑叔牙事公子小白. 齊公族多寵, 嫡庶並行; 國人懼亂. 管仲與召忽奉公子糾奔魯, 鮑叔奉公子小白奔莒. 旣而公孫無知作亂, 齊無君, 二公子爭入. 管夷吾與小白戰於莒, 道射中小白帶鉤. 小白旣立, 脅魯殺子糾, 召忽死之, 管夷吾被囚. 鮑叔牙謂桓公曰:「管夷吾能, 可以治國.」桓公曰:「我讐也, 願殺之.」鮑叔牙曰:「吾聞賢君無私怨, 且人能爲其主, 亦必能爲人君. 如欲霸王, 非夷吾其弗可. 君必舍之!」遂召管仲. 魯歸之, 齊鮑叔牙郊迎, 釋其囚. 桓公禮之, 而立於高國之上, 鮑叔牙以身下之, 任以國政, 號曰仲父. 桓公遂霸.

5. 기타 참고자료

《管子》大匡篇

083(5-6) 里鳧須

보물을 훔쳐간 신하

이부수里鳧須란 자는 진晉나라 공자公子 중이重耳의 창고를 지키는 사람이었다. 공자 중이가 진나라로부터 도망치자 이부수가 그 집의 보물을 훔쳐 도망가고 말았다.

후에 공자 중이가 귀국하여 임금으로 즉위하자 이부수가 궁궐 문에 이르러 뵙기를 청하였다. 그때 문공文公은 마침 머리를 감는 중이었는데 알자謁者가 와서 그 사실을 복명復命하는 것이었다. 문공이 머리를 잡고 이에 응대하였다.

"내 집을 지키던 그 부수더냐?"

알자가 그렇다고 하자, 부수에게 이렇게 이르도록 하였다.

"너는 무슨 면목으로 나를 다시 보려고 왔는가?"

알자가 그 말을 이부수에게 전하자 부수가 이렇게 말하였다.

"내가 듣기로 머리를 감는 자는 그 심장이 거꾸로 되며, 심장이 거꾸로 되면 그 말이 옳지 않게 나타난다고 하였습니다. 생각건대 임금께서는 지금 머리를 감는 중인 모양이지요. 말이 어찌 이리도 옳지 않으신지요?"

알자가 다시 문공에게 이 말을 전하자 문공이 그를 불러들여 만났다.

"너는 나의 보물을 훔쳐 도망갔다. 내가 너에게 '무슨 면목으로 나를 만나자고 하느냐?'고 물었더니, 너는 '그 말이 어찌 그리 잘못되었느냐?'고 하였다지? 그게 무슨 뜻이냐?"

그러자 부수가 이렇게 대답하였다.

"그렇습니다, 임금께서 이 나라로 돌아오신 후 나라의 절반은 불안에 떨고 있습니다. 임금께서는 이 나라의 절반을 포기하실 작정이십니까? 아니면 이 진나라 전체를 다 가지시렵니까?"

"무슨 뜻이냐?"

문공이 묻자 부수가 다시 말을 이었다.

"임금께 죄를 지은 자 가운데 저보다 더 큰 죄를 지은 자는 없습니다. 임금께서 저 부수를 용서해 주시고 오히려 저를 써서 우대하여 주신다면 저같이 죄가 중한 자도 임금이 사면을 내리는데, 하물며 저보다 훨씬 가벼운 죄를 지은 사람이랴 하고 모두들 안심할 것입니다."

그제야 문공이 말하였다.

"명령대로 따르겠도다."

그리고는 드디어 그를 사면해 주었다.

그리고 이튿날 나라에 출행出行하면서 그를 우대하여 오른쪽에 앉도록 하였다. 그러자 진나라 사람들은 모두 흡족해하며 안심하였다.

속담에 "환공桓公은 자신의 원수를 임용하였고, 문공은 자신의 도적을 등용시켰다"라 하였다. 그러므로 "훌륭한 임금은 계모計謀로 사람을 쓰되 노기怒氣로 정책을 결정하지 아니하며, 어두운 임금은 노기로 사람을 결정하되 계책은 쓸 줄 모른다. 계책이 노기보다 앞선 자는 강자가 되고 노기가 계책보다 앞선 자는 망하고 만다"라고 하였으니, 이를 두고 한 말이다.

里鳧須, 晉公子重耳之守府者也. 公子重耳出亡於晉, 里鳧須竊其寶貨而逃. 公子重耳反國, 立爲君, 里鳧須造門願見, 文公方沐, 其謁者復, 文公握髮而應之曰:「吾鳧須邪?」

曰:「然.」

謂頭須曰:「若猶有以面目而復見我乎?」

謁者謂里頭須. 頭須對曰:「臣聞之: 沐者其心覆, 心覆者言悖, 君意沐邪? 何悖也?」

謁者復, 文公見之, 曰:「若竊我貨寶而逃, 我謂:『汝猶有面目而見我邪?』汝曰:『君何悖也?』是何也?」

頭須曰:「然. 君反國, 國之半不自安也. 君寧棄國之半乎? 其寧有全晉乎?」

文公曰:「何謂也?」

頭須曰:「得罪於君者, 莫大於頭須矣, 君謂赦頭須, 顯出以爲右. 如頭須之罪重也, 君猶赦之, 況有輕於頭須者乎?」

文公曰:「聞命矣.」

遂赦之. 明日出行國, 使爲右, 翕然晉國皆安.

語曰:『桓公任其賊, 而文公用其盜.』

故曰:『明主任計不任怒, 闇主任怒不任計. 計勝怒者強, 怒勝計者亡.』此之謂也.

【里頭須】 文公[重耳]의 家臣이었던 人物.
【重耳】 晉나라 文公이 公子였을 때의 이름. 春秋五霸의 하나. 驪姬의 핍박으로 19년간 유랑 끝에 돌아와 王이 되었다. 재위 9년(B.C. 636~628).
【齊 桓公】 원수였던 管仲을 등용하여 宰相을 삼은 일을 말한다.
【明主任計~怒勝計者亡】《荀子》哀公篇의 구절. 참고 부분을 볼 것.

1.《韓詩外傳》卷十

晉文公重耳亡, 過曹, 里鳧須從, 因盜重耳資而亡. 重耳無糧, 餒不能行, 子推割股肉以食重耳, 然後能行. 及重耳反國, 國中多不附重耳者. 於是里鳧須造見, 曰:「臣能安晉國.」文公使人應之曰:「子尙何面目來見寡人, 欲安晉也?」里鳧須曰:「君沐邪?」使者曰:「否.」里鳧須曰:「臣聞沐者其心倒, 心倒者其言悖. 今君不沐, 何言之悖也?」使者以聞, 文公見之. 里鳧須仰首曰:「離國久, 臣民多過君; 君反國, 而民皆自危. 里鳧須又襲竭君之資, 避於深山, 而君以餒. 介子推割股, 天下莫不聞. 臣之爲賊亦大矣. 罪至十族, 未足塞責. 然君誠赦之罪, 與驂乘, 遊於國中, 百姓見之, 必知不念舊惡, 人自安矣.」於是文公大悅, 從其計, 使驂乘於國中, 百姓見之, 皆曰:「夫里鳧須且不誅而驂乘, 吾何懼也?」是以晉國大寧. 故書云:『文王卑服, 卽康功田功.』若里鳧須罪無赦者也. 詩曰:『濟濟多士, 文王以寧.』

2.《左傳》僖公 二十四年 傳

初, 晉侯之竪頭須, 守藏者也, 其出也, 竊藏以逃, 盡用以求納之. 及入, 求見. 公辭焉以沐. 謂僕人曰:「沐則心覆, 心覆則圖反, 宜吾不得見也. 居者爲社稷之守, 行者爲羈絏之僕, 其亦可也, 何必罪居者? 國君而讐匹夫, 懼者甚衆矣.」僕人以告, 公遽見之.

3.《國語》晉語(四)

文公之出也, 竪頭須, 守藏者也, 不從. 公入, 乃求見, 公辭焉以沐. 謂謁者曰:「沐則心覆, 心覆則圖反, 宜吾不得見也. 從者爲羈絏之僕, 居者爲社稷之守, 何必罪居者! 國君而讎匹夫, 懼者衆矣.」謁者以告, 公遽見之.

4.《荀子》哀公篇

語曰:「桓公用其賊, 文公用其盜.」故明主任計不信怒, 闇主信怒不任計. 計勝怒則彊, 怒勝計則亡.」

5.《漢書》〈丙吉傳〉顔師古 注

晉公子重耳之亡也, 過曹, 里鳧須以從, 因盜其資而逃. 重耳無糧, 餒不能行, 介子推割其股肉以食重耳, 然後能行也.

084(5-7) 甯戚欲干齊桓公
제환공을 찾아온 영척

영척甯戚이 제齊 환공桓公에게 가서 일을 해보고 싶었지만 집이 가난하여 스스로 나설 수가 없었다. 이에 장사꾼이 되어 수레를 빌려 제나라로 가고 있었다. 영척이 저녁에 제나라 곽문郭門 밖에 이르러 투숙하고 있을 때, 환공이 마침 교외까지 나와 손님을 맞이하기 위하여 밤에 문을 열고 장사꾼들의 수레를 멀리 쫓아 버리도록 사람을 내보냈는데, 그들은 모두가 밝은 등불을 들고 있었으며 따르는 자도 매우 많았다. 이에 영척이 수레 아래에서 소에게 꼴을 먹이다가 멀리 환공을 보고 슬픔이 복받쳐 올랐다. 그래서 쇠뿔을 두드리며 빠른 상가商歌의 노래를 불렀다. 환공이 이 노래를 듣고 마부의 손을 잡으며 물었다.

"이상하도다! 이런 노래를 부르는 자는 보통 사람이 아니다."

그리고는, 뒤따르는 수레에 그를 태워 들어오도록 명하였다. 환공이 조정으로 돌아오자 수종자隨從者들이 환공에게 그를 직접 만나보도록 청하였다. 그러나 환공은 이렇게 말하였다.

"그에게 의관衣冠을 내려라. 그리고 나서 만나겠다."

영척이 환공을 만나자 환공에게 제나라 국내를 화합시키는 일로 그에게 의견을 개진하였다. 이튿날 다시 만나자 이번에는 천하를 어떻게 다스릴 것인가에 대해 말하였다.

환공이 크게 기뻐하며 그를 임명하려 하였다. 그러자 여러 신하들이 다투어 의견을 내놓았다.

"그 객客은 위衛나라 출신으로 위나라는 우리 제나라와는 5백 리 거리에 있는 멀지 않은 곳입니다. 그러니 사람을 보내어 그곳에서의 그에 대한 평판을 물어보고 진실로 어진 사람이라면 그때 임용해도 늦지 않을 것입니다."

그러나 환공의 생각은 달랐다.

"그렇지 않습니다! 물어보았다가 공연히 작은 결점이라도 발견될까 해서입니다. 작은 결점 때문에 그 사람이 가지고 있는 큰 장점을 놓친다면 이는 임금 된 자가 천하의 큰 선비를 잃는 것이 됩니다. 또 사람이란 모든 것이 완전하기가 어렵습니다. 그러므로 그 장점을 저울질하여 쓸 일입니다."

드디어 그를 등용하여 크게 써서 그에게 경卿 벼슬을 내렸다. 이렇게 거용함을 거쳐 환공은 사람을 얻었으며 그로 인해 패자가 된 것이다.

甯戚欲干齊桓公, 窮困無以自進, 於是爲商旅, 賃車以適齊, 暮宿於郭門之外. 桓公郊迎客, 夜開門, 辟賃車者, 執火甚盛, 從者甚衆. 甯戚飯牛於車下, 望桓公而悲, 擊牛角, 疾商歌.

桓公聞之, 執其僕之手曰:「異哉! 此歌者非常人也.」

命後車載之. 桓公反至, 從者以請.

桓公曰:「賜之衣冠, 將見之.」

甯戚見, 說桓公以合境內. 明日復見, 說桓公以爲天下, 桓公大說, 將任之.

群臣爭之曰:「客, 衛人, 去齊五百里, 不遠, 不若使人問之, 固賢人也, 任之未晚也.」

桓公曰:「不然, 問之, 恐其有小惡. 以其小惡, 忘人之大美, 此人主所以失天下之士也. 且人固難全, 權用其長者.」

遂擧大用之, 而授之以爲卿. 當此擧也, 桓公得之矣. 所以霸也.

【甯戚】원래 衛나라 출신의 가난한 사람으로 목동으로 있다가 본장의 이야기처럼 桓公에게 발탁된 人物.『甯戚』,『寧戚』으로도 쓴다.

【齊 桓公】小白. 春秋五霸의 하나. [前出]

【郭門】內城外郭 중에 外郭의 門.

【商歌】五音 중 商調의 노래인 듯하다. 혹은 商人들의 노래라고도 한다.

참고 및 관련 자료

1.《淮南子》道應訓

甯戚欲干齊桓公, 困窮無以自達. 於是爲商旅, 將任車, 以商於齊. 暮宿於郭門之外. 桓公郊迎客夜開門辟任車, 爛火甚盛 從者甚衆. 甯戚飯牛車下, 望見桓公而悲. 擊牛角而疾商歌. 桓公聞之, 撫其僕之手, 曰:「異哉歌者. 非常人也.」命後車載之, 桓公反至 從者以請, 桓公贛之. 衣冠而見說以爲天下. 桓公大說, 將任之. 羣臣爭之曰:「客, 衛人也. 衛之去齊不遠, 君不若使人問之而故賢者也, 用之未晚也.」桓公曰:「不然. 問之恐其有小惡也. 以人之小惡, 而忘人之大美. 此人主之所以失天下之士也. 凡聽必有驗, 一聽而勿復問. 合其所以也. 且人固全也, 權而用其長者而已矣.」當是擧也, 桓公得之矣. 故老子曰:「天大地大, 道大王亦大, 域中有四大, 而王處其一焉.」以言其能包裹之也.

2.《呂氏春秋》去難篇

寧戚欲干齊桓公, 窮困無以自進. 於是爲商旅將任車以至齊. 暮宿於郭門之外, 桓公郊迎客, 夜開門, 辟任車. 爛火甚盛, 從者甚衆. 寧戚飯牛居車下. 望桓公而悲. 擊牛角疾歌. 桓公聞之, 撫其僕之手曰:「異哉! 之歌者非常人也.」命後車載之. 桓公反至, 從者以請. 桓公賜之衣冠, 將見之. 寧戚見, 說桓公以治境內. 明日復見, 說桓公以爲天下, 桓公大說, 將任之. 群臣爭之曰:「客衛人也, 衛之去齊不遠, 君不若使人問之, 而固賢也, 用之未晚也.」桓公曰:「不然. 問之患其有小惡. 以人之小惡, 亡人之大美. 此人主之所以失天下之士也已. 凡聽必有以矣. 今聽而不復問, 合其所以也. 且人固難全. 權而用其長者, 當擧也.」桓公得之矣.

3.《說苑》善說篇

陳子說梁王, 梁王說而疑之曰:「子何爲去陳侯之國而教小國之孤於此乎?」陳子曰:「夫善亦有道, 而遇亦有時, 昔傅說衣褐帶劍, 而築於秕傳之城, 武丁夕夢, 旦得之,

時王也; 寗戚飯牛, 康衢擊車輻而歌, 顧見桓公得之, 時霸也; 百里奚自賣五羊之皮, 爲秦人虜 , 穆公得之, 時强也. 論若三子之行, 未得爲孔子駿徒也. 今孔子經營天下, 南有陳蔡之阨, 而北干景公, 二坐而五立, 未嘗離也. 孔子之時不行, 而景公之時怠也. 以孔子之聖, 不能以時行, 說之怠, 亦獨能如之何乎?」

4. 기타 참고자료

《後漢書》馬融傳 注・《史記》鄒陽傳 集解・《文選》〈嘯賦〉注・《群書治要》・《說苑》 君道篇, 尊賢篇

085(5-8) 齊桓公見小臣稷
포의를 세 번이나 찾아가다

제齊 환공桓公이 소신직小臣稷을 만나 보고자 하루에 세 번이나 찾아갔지만 만날 수가 없었다.

그러자 시종侍從이 말하였다.

"만승萬乘의 임금이 포의布衣의 선비를 하루에 세 번이나 찾아가도 만나지 못하였다면 이제 그만두어도 될 것입니다."

환공이 이렇게 말하였다.

"그렇지 않다. 선비란 작록爵祿에 대해 오만하며, 고집스럽게도 그들은 군주조차 가벼이 여기는 법이다. 그 군주가 오만한 패왕霸王이라면 군주 또한 그 선비를 가벼이 여긴다. 선생께서 끝내 작록에 대하여 오만하다 해서 내가 어찌 감히 오만한 패왕霸王이 된단 말인가?"

그리고 다섯 번째 가서야 그를 만나볼 수 있었다. 천하가 이를 듣고 모두 이렇게 말하였다.

"환공은 포의의 선비에게조차 굽히는 인물인데 하물며 다른 나라 임금에게 있어서랴?"

그리고는 서로 인솔하여 조알朝謁해서 찾아오지 않은 나라가 없었다. 환공이 구합제후九合諸侯하고 일광천하一匡天下한 것은 선비를 우대함이 이와 같았기 때문이다. 《시詩》에 "어진 덕을 베풀어 사방 나라가 순종하네"라 하였으니 환공의 성공이 그러한 까닭이다.

齊桓公見小臣稷, 一日三至, 不得見也.

從者曰:「萬乘之主, 布衣之士, 一日三至, 而不得見, 亦可以
止矣.」

桓公曰:「不然. 士之傲爵祿者, 固輕其主; 其主傲霸王者, 亦輕
其士. 縱夫子傲爵祿, 吾庸敢傲霸王乎?」

五往而後得見.

天下聞之, 皆曰:「桓公猶下布衣之士, 而況國君乎?」

於是相率而朝, 靡有不至.

桓公所以九合諸侯, 一匡天下者, 遇士於是也.

詩云:『有覺德行, 四國順之.』桓公其以之矣.

【齊 桓公】춘추 오패의 수장. [前出]

【小臣稷】齊 桓公 때의 處士.

【夫子】선생님. 남을 높여 부르는 말. 여기서는 小臣稷을 가리킨다.

【敢傲霸王】자신은 오만한 霸者가 되고 싶지 않다는 뜻.《韓詩外傳》에는『從夫子
不欲富貴可也, 吾不好仁義不可也』라 하였다.

【詩云】《詩經》大雅 抑의 구절.

1.《韓非子》難一

齊桓公時, 有處士曰小臣稷, 桓公三往而弗得見. 桓公曰:「吾聞布衣之士不輕爵祿, 無以易萬乘之主; 萬乘之主不好仁義, 亦無以下布衣之士.」於是五往乃得見之.

2.《呂氏春秋》下賢篇

齊桓公見小臣稷, 一日三至弗得見. 從者曰:「萬乘之主, 見布衣之士, 一日三至而弗得見, 亦可以止矣.」桓公曰:「不然. 士驁祿爵者, 固輕其主, 其主驁霸王者, 亦輕其士. 縱夫子驁祿爵, 吾庸敢驁霸王乎?」遂見之, 不可止. 世多擧桓公之內行, 內行雖不修, 霸亦可矣. 誠行之此論而內行修, 王猶少.

3.《韓詩外傳》卷六

齊桓公見小臣, 三往不得見. 左右曰:「夫小臣, 國之賤臣也, 君三往而不得見, 其可已矣!」桓公曰:「惡! 是何言也! 吾聞之: 布衣之士不欲富貴, 不輕身於萬乘之君. 萬乘之君不好仁義, 不輕身於布衣之士. 縱夫子不欲富貴, 可也; 吾不好仁義, 不可也.」五往而得見也. 天下諸侯聞之, 謂『桓公猶下布衣之士, 而況國君乎?』於是相率而朝, 靡有不至. 桓公之所以九合諸侯, 一匡天下者, 此也. 詩曰:『有覺德行, 四國順之.』

4.《高士傳》(上)「小臣稷」

小臣稷者, 齊人也. 抗厲希古, 桓公凡三往而不得見. 公嘆曰:「吾聞布衣之士, 不輕爵祿, 則無以助萬乘之主. 萬乘之主不好仁義, 則無以下布衣之士.」於是五往乃得見焉. 桓公以此能致士, 爲五霸之長.

5. 기타 참고자료

《册府元龜》(241)

086(5-9) 魏文侯過段干木之閭
단간목이 사는 동네

위魏나라의 문후文侯가 단간목段干木의 동네 앞을 지나면서 식軾을 하는 것이었다. 그 마부가 이를 이상히 여겨 물었다.

"임금께서는 무슨 연유로 식을 하십니까?"

문후가 이렇게 대답하였다.

"여기가 바로 단간목의 동네가 아니냐? 단간목은 어진 분이시다. 내가 어찌 감히 식을 하지 않고 지나갈 수 있겠느냐? 또 내 듣기로 단간목은 단 한 번도 자신을 위해 벼슬을 달라고 요구한 적이 없다고 하였다. 그러니 내 어찌 그를 높이지 않을 수 있겠는가? 단간목은 덕에다 자신의 빛을 발하게 하였고, 나는 땅에다 나의 빛을 발하게 한 셈이다. 또 단간목은 의義에 부유함을 걸었고, 나는 재물에다 부유함을 걸었다. 땅은 덕만 못하고 재물은 의만 못하다. 내가 마땅히 모셔야 할 사람은 바로 이 분이다."

그리고는 드디어 1백만의 녹祿을 주고 때때로 그를 찾아가 자문을 구하였다. 백성들이 이를 알고 대단히 기뻐하며 서로 더불어 이렇게 노래 불렀다.

"우리 임금 정의를 좋아하시지
그래서 단간목을 존경한다네.
우리 임금 충을 좋아하시지
그래서 단간목을 높이셨다네."

그로부터 얼마 지나지 않아 진秦나라가 군대를 일으켜 위나라를 공격하였다. 이때 사마당차司馬唐且(司馬庚)가 진나라 임금에게 이렇게 만류하였다.

"단간목은 어진 사람입니다. 위나라에서 그를 높이 예우해 주고 있습니다. 천하에 이 사실을 모르는 자가 없는데 그러한 나라를 침략할 수 있겠습니까?"

진나라 임금도 그렇다고 여겨 군대를 거두어 돌아가며 위나라 공격을 그만두었다. 이로 보면 문후는 용병에도 뛰어났던 것이다. 무릇 군자로서 용병에 뛰어난 자는 그 형세가 나타나기 전에 이미 그 공을 이룬다 하였으니, 바로 이러한 경우일 것이다.

그런가 하면 어리석은 자의 용병은 북소리를 우레처럼 울리며, 소리 지르기를 하늘이 떠나갈 듯이 하며, 먼지를 하늘에 가득히 일으키며, 화살을 비 오듯 하게 한다. 그리고 사상자死傷者를 일으켜 끌고 가며, 죽은 자의 창자를 밟고 피를 건너 죄 없는 백성으로서 그로 인해 죽은 자가 이미 연못에 가득하게 한다. 그러면서도 나라가 망할지 견뎌낼지, 임금이 죽을지 살지도 모를 상황을 만든다. 이는 인의仁義로부터 아주 먼 일일 뿐이다.

魏文侯過段干木之閭而軾, 其僕曰:「君何爲軾?」

曰:「此非段干木之閭乎? 段干木蓋賢者也, 吾安敢不軾? 且吾聞段干木未嘗肯以己易寡人也, 吾安敢高之? 段干木光乎德, 寡人光乎地; 段干木富乎義, 寡人富乎財. 地不如德, 財不如義. 寡人當事之者也.」

遂致祿百萬, 而時往問之.

國人皆喜, 相與誦之曰:『吾君好正, 段干木之敬; 吾君好忠, 段干木之隆.』

居無幾何, 秦興兵欲攻魏, 司馬唐且諫秦君曰:「段干木, 賢者也. 而魏禮之, 天下莫不聞, 無乃不可加兵乎?」

秦君以爲然, 乃案兵而輟, 不攻魏. 文侯可謂善用兵矣.

夫君子善用兵也, 不見其形, 而攻已成, 其此之謂也. 野人之用兵, 鼓聲則似雷, 號呼則動天, 塵氣充天, 流矢如雨. 扶傷擧死, 履腸涉血, 無罪之民, 其死者已量於澤矣, 而國之存亡, 主之死生, 猶未可知也, 其離仁義亦遠矣.

【魏 文侯】 戰國 초기 魏나라의 영명한 君主. 재위 50년(B.C. 445~396).

【段干木】 戰國時代 魏나라 大夫. 어진 人物로 널리 알려졌다.

【軾】 원래는 수레의 앞쪽 손잡이 橫木. 그것을 잡고 예를 표시함을 말한다. 朱駿聲은『軾可以憑人. 故人憑軾上卽謂之軾』이라 하였다.

【司馬唐且】 秦나라의 大夫. 다른 기록에는 司馬庚로 되어 있다. 그리고 且는 뒷사람이 덧붙인 衍字로도 본다.《淮南子》修務訓의 註에『庚, 秦大夫也, 或作唐』이라 하였고,《群書拾補》에는『呂氏無且字, 淮南修務訓註云: '庚, 秦大夫也, 或作唐.' 然則且字後人誤加也, 唐且是魏人, 此在秦者, 非其人也, 古今人表有司馬庚』라 하였다. 즉 魏나라 사람에 唐且라는 이가 있으나 그와는 다른 사람인 것으로 본다. 唐且는 인명일 경우 '당저'로도 읽는다.

【而攻已成】 여기서의『攻』은『功』의 通假字.

참고 및 관련 자료

1.《呂氏春秋》期賢篇

魏文侯過段干木之閭而軾之, 其僕曰:「君胡爲軾?」曰:「此非段干木之閭歟? 段干木蓋賢者也, 吾安敢不軾? 且吾聞段干木未嘗肯以已易寡人也, 吾安敢驕之?段干木光乎德, 寡人光乎地, 段干木富乎義, 寡人富乎財.」其僕曰:「然則君何不相之?」於是君請相之, 段干木不肯受. 則君乃致祿百萬, 而時往館之. 於是國人皆喜, 相與

誦之曰:「吾君好正, 段干木之敬, 吾君好忠, 段干木之隆.」居無幾何, 秦興兵欲攻魏, 司馬唐諫秦君曰:「段干木賢者也, 而魏禮之, 天下莫不聞, 無乃不可加兵乎!」秦君以爲然, 乃按兵輟不敢攻之. 魏文侯可謂善用兵矣. 嘗聞君子之用兵, 莫見其形, 其功已成, 其此之謂也. 野人之用兵也, 鼓聲則似雷, 號呼則動地, 塵氣充天, 流矢如雨, 扶傷輿死, 履腸涉血, 無罪之民其死者量於澤矣, 而國之存亡·主之死生猶不可知也, 其離仁義亦遠矣.

2. 《淮南子》 脩務訓

段干木辭祿而處家, 魏文侯過其閭, 而軾之. 其僕曰:「君何爲軾?」文侯曰:「段干木在, 是以軾.」其僕曰:「段干木布衣之士, 君軾其閭, 不已甚乎?」文侯曰:「段干木不趍勢利, 懷君子之道. 隱處窮巷, 聲施千里. 寡人敢勿軾乎? 段干木光于德, 寡人光于勢. 段干木富于義, 寡人富于財, 勢不若德尊, 財不若義高. 干木雖以己易寡人, 不爲, 吾日悠悠, 慙于影. 子何以輕之哉?」其後秦將起兵伐魏, 司馬庾諫曰:「段干木賢者, 其君禮之, 天下莫不知; 諸侯莫不聞. 擧兵伐之, 無乃妨於義乎?」於是秦乃偃兵, 輟不攻魏.

3. 《高士傳》(中) 「段干木」

段木者, 晉人也. 少貧且賤, 心志不遂. 乃治清節遊西河, 師事卜子夏與田子方·李克·翟璜·吳起等. 居於魏, 皆爲將, 唯干木守道不仕. 魏文侯欲見, 就造其門, 段干木踰墻而避文侯. 文侯以客禮待之. 出過其廬而軾, 其僕問曰:「干木, 布衣也. 君軾其廬, 不已甚乎?」文侯曰:「段干木, 賢者也. 不移勢利, 懷君子之道. 隱處窮巷, 聲馳千里, 吾敢不軾乎? 干木先乎德; 寡人先乎勢; 干木富乎義; 寡人富乎財. 勢不若德貴, 財不若義高. 又請爲相不肯, 後卑己. 固請見」文侯立倦不敢息. 夫文侯名過齊桓公者, 蓋能尊段干木, 敬卜子夏, 友田子方故也.

4. 기타 참고자료

《群書治要》

087(5-10) 秦昭王問孫卿曰
선비의 역할

진秦 소왕昭王이 손경孫卿에게 물었다.

"유儒는 사람 사는 나라에 도움이 되지 않습니다."

그러자 손경이 이렇게 대답하였다.

"유가들은 선왕先王의 법을 중히 여겨 예의를 융성히 하고 신하로서 겸손하며, 능히 윗사람을 귀하게 해 주는 자입니다.

임금 된 자가 이를 등용해 쓰면 그를 조정에까지 진출시킬 수 있고, 그대로 두고 그들을 쓰지 않아도 그들은 물러나 백성의 자리에 있으면서 그에 맞게 틀림없이 아랫사람을 순하게 할 자들입니다. 비록 가난하여 추위와 배고픔에 떤다 할지라도 사악한 도로써 먹을 것을 삼지 아니하며, 치추置錐의 자리 하나 없다 하여도 오히려 사직의 안정을 밝히는 것을 자신의 임무로 여기는 자들입니다. 그들이 울부짖을 때 비록 아무도 응해 주지 않지만 만물을 재제裁制하여 백성을 봉양하겠다는 경세지기經世之紀를 마음속에

荀子(荀況, 孫卿) 夢谷 姚谷良(그림)

품고 있습니다. 그들이 세상에 나서
사람의 윗자리에 있게 되면 왕공의
대임을 맡을 수 있고, 사람의 아래에
있다 할지라도 사직지신社稷之臣이 될
수 있으니, 나라와 임금의 보배로운
존재입니다. 그들이 비록 궁려루옥
窮閭漏屋에 묻혀 살지만 그를 귀하게
여기지 않는 사람이 없는 것은 그
에게 진실한 도가 머물러 있기 때문
입니다.

先聖(孔子) 別像《三才圖會》

중니仲尼가 노魯나라 사구司寇가 되
자 심유씨沈猶氏는 감히 아침에 양
에게 물 먹이는 짓을 하지 못하였고,
공신씨公慎氏는 그 아내를 내쫓을 수
밖에 없었으며, 신궤씨慎潰氏는 국경을 넘어 도망가 버리고 말았습
니다. 그리하여 노나라에는 우마牛馬를 파는 자가 값을 조작하는 일이
없어졌으니, 이는 바로 공자가 바르게 행정을 펴서 그들을 대하였기
때문입니다.

또 그가 궐당闕黨에 거居하자 궐당의 자제들이 그물로 잡은 것들을
어버이를 모시고 있는 이에게 더 많이 가질 수 있도록 나누어 주었습니다.
이는 그가 효제孝悌로써 그들을 교화시킨 까닭입니다. 유자儒者란 조정
에 있을 때는 정치를 아름답게 하고, 아래에 있을 때는 풍속을 아름답게
합니다. 그들은 누구의 아래에 있을 때이거나 이와 같이 합니다."

임금이 다시 물었다.

"그렇다면 그들이 윗자리에 있을 때는 어떠합니까?"

손경은 이렇게 대답하였다.

"그 사람됨이 광대廣大하지요. 의지意志로 자기 자신을 고정시켜 놓고
예절禮節로 조정朝廷을 닦아 나갑니다. 그리고 법칙과 도량으로 관직을

바로잡고, 충신忠信과 애리愛利로써 아랫사람에게 모범을 보입니다. 그러면서 한 번만 불의한 일을 하고 한 번만 무고한 자를 죽이면 천하를 얻는다 할지라도 그들은 하지 않습니다.

또 그들의 대의가 남에게 믿음을 얻어 사해에 통하게 되면 천하 밖에서도 이에 응하여 모여드니, 이는 무슨 연유이겠습니까? 이는 바로 유자儒者의 귀명貴名이 밝혀지면 천하가 잘 다스려지리라 믿기 때문입니다. 그러므로 가까이 있는 자는 노래 부르며 즐거워하고, 멀리 있는 자는 있는 힘을 다해 달려와 사해지내四海之內가 마치 한 집안 같아지며, 그 어느 곳이나 통하기만 하면 복종해 오지 않는 자가 없는 것입니다. 무릇 이를 일컬어 스승이라 하는 것입니다.

《시詩》에 '서로부터 동으로부터, 남으로부터 북으로부터, 복종해 오려 들지 않는 자가 없네'라 하였으니, 바로 이를 두고 한 말입니다. 무릇 남의 아래에 있을 때는 조금 전의 말씀과 같고, 남의 위에 있을 때도 이와 같으니 어찌 사람의 나라에 무익하다 할 수 있겠습니까?"

이 말에 소왕은 이렇게 감탄하였다.

"훌륭합니다!"

秦昭王問孫卿曰:「儒無益於人之國.」

孫卿曰:「儒者法先王, 隆禮義, 謹乎臣子, 而能致貴其上者也. 人主用之, 則進在本朝; 置而不用, 則退編百姓而敵, 必爲順下矣. 雖窮困凍餒, 必不以邪道爲食, 無置錐之地, 而明於持社稷之大計, 叫呼而莫之能應, 然而通乎裁萬物·養百姓之經紀; 勢在人上, 則王公之才也; 在人下, 則社稷之臣, 國君之寶也. 雖隱於窮閻漏屋, 人莫不貴之, 道誠存也. 仲尼爲魯司寇, 沈猶氏不敢朝飲其羊, 公愼氏出其妻, 愼潰氏踰境而走, 魯之鬻牛馬不豫賈, 布正以待之也. 居於闕黨, 闕黨之子弟, 罔罟分有親者取多,

孝悌以化之也. 儒者在本朝則美政, 在下位則美俗. 儒之爲人下如是矣.」

王曰:「然則其爲人上何如?」

孫卿對曰:「其爲人也廣大矣. 志意定乎內, 禮節修乎朝, 法則度量正乎官, 忠信愛利形乎下, 行一不義, 殺一無罪而得天下, 不爲也. 若義信乎人矣, 通於四海, 則天下之外, 應之而懷之, 是何也? 則貴名白而天下治也. 故近者謳謳而樂之, 遠者竭走而趨之, 四海之內若一家, 通達之屬, 莫不從服, 夫是之謂人師. 詩曰:『自西自東, 自南自北, 無思不服.』此之謂也. 夫其爲人下也, 如彼; 爲人上也, 如此, 何爲其無益人之國乎?」

昭王曰:「善.」

【秦 昭王】戰國時代 秦나라 君主. 재위 56년(B.C. 306~251).

【孫卿】荀況, 荀子. 儒家의 人物로《荀子》를 남겼다.《史記》孟荀列傳 참조. 漢 宣帝 劉詢의 이름을 諱하여 孫卿이라 불렀다.

【儒者】원 뜻은 '儒라는 것', 여기서는 '유도를 행하는 자'와 같은 뜻으로 풀이하였다.

【置錐】立錐와 같다. 송곳 하나 세울 만한 아주 작은 땅.

【窮閭漏屋】다른 판본에는 『窮閭陋屋』으로 되어 있다.

【踰境而走】〈四庫全書〉및〈四部叢刊〉에는 모두 『踰』자가 『喻』자로 잘못 실려 있다. 이 내용은《新序》(1) 002(1-2) 참조할 것.

【詩云】《詩經》大雅 文王有篇의 구절.

1. 《荀子》儒效篇

秦昭王問孫卿子曰:「儒無益於人之國?」孫卿子曰:「儒者, 法先王, 隆禮義, 謹乎臣子
而致貴其上者也. 人主用之, 則勢在本朝而宜, 不用, 則退編百姓而愨, 必爲順下矣;
雖窮困凍餧, 必不以邪道爲貪; 無置錐之地, 而明於持社稷之大義. 嗚呼而莫之能應;
然而通乎財萬物養百姓之經紀. 勢在人上, 則王公之材也; 在人下, 則社稷之臣, 國君
之寶也. 雖隱於窮閻漏屋, 人莫不貴之; 道誠存也. 仲尼將爲司寇, 沈猶氏不敢朝飮
其羊, 公愼氏出其妻也, 愼潰氏踰境而徙, 魯之粥牛馬者不豫賈, 必蚤正以待之也.
居於闕黨, 闕黨之子弟, 罔不必分, 有親者取多, 孝弟以化之也. 儒者在本朝則美政,
在下位則美俗. 儒之爲人下如是矣.」王曰:「然則其爲人上何如?」孫卿曰:「其爲人
上也, 廣大矣! 志義定乎內, 禮節脩乎朝, 法則度量正乎官, 忠信愛利形乎下. 行一不義,
殺一無罪, 而得天下, 不爲也. 此君義信乎人矣, 通於四海, 則天下應之如讙. 是何也?
則貴名白而天下治也. 故近者歌謳而樂之, 遠者竭蹶而趨之. 四海之內若一家, 通達
之屬, 莫不從服, 夫是之爲人師. 詩曰:『自西自東, 自南自北, 無思不服.』此之謂也.
夫其爲人下也, 如彼; 其爲人上也, 如此; 何謂其無益於人之國也!」昭王曰:「善!」

2. 기타 참고자료

《新序》卷一 002(1-2) 참조

088(5-11) 田贊衣儒衣而見荊王
갑옷이야 말로 천한 옷

전찬田贊이 유자儒者의 옷을 입고 형왕荊王을 알현하자, 형왕이 물었다.

"선생의 옷은 어찌 그리도 조악粗惡합니까?"

그러자 전찬이 이렇게 대답하였다.

"세상의 옷 가운데는 이보다 더 조악한 옷도 있습니다."

그러자 형왕이 되물었다.

"가히 들려줄 수 있겠습니까?"

전찬이 이렇게 대답하였다.

"갑옷이야말로 이 옷보다 더욱 조악하지요."

왕이 물었다.

"무슨 뜻입니까?"

그는 이렇게 설명하였다.

"겨울에는 춥고 여름에는 더운 것, 이런 것으로 갑옷보다 더한 것이 없습니다. 저는 가난하여 이렇게 좋지 않은 옷을 입고 있을 뿐입니다. 그러나 지금 대왕께서는 만승의 군주요, 그 부유함은 대적할 자가 없는데도 오히려 남에게 갑옷 입히기를 좋아하시니, 제가 생각건대 대왕께서는 남에게 갑옷을 입히는 병혁兵革의 일을 취하지 마십시오.

생각해 보십시오. 대왕께서는 그러한 일을 의롭다 여기십니까? 전쟁이란 사람의 머리를 자르고 남의 배를 가르며, 남의 성곽을 무너뜨리고 남의 자녀들을 묶어 오는 일입니다. 이를 명예로 여긴다면 이보다 더 추악한 일은 없습니다.

또 생각해 보십시오. 대왕께서는 이를 귀한 일이라고 여기십니까? 정말로 남을 해치려고 생각하신다면 남들 또한 왕을 해치려고 생각할 것입니다. 남을 위험에 빠뜨리려고 하다면 남도 그를 위험에 빠뜨리려 할 것입니다. 스스로가 귀하다고 여기는 자는 이러한 일을 심히 불안하게 여깁니다. 이상의 두 가지는 대왕께서 취하지 말아야 할 일들입니다."

그러자 형왕은 아무런 대답도 하지 못하였다. 옛날 위衛 영공靈公이 진陣을 치는 일에 대해 묻자, 공자孔子가 조두俎豆의 일로 대답하여 전쟁이란 천한 것이며 예가 귀한 것이라고 일러 주었다.

무릇 유자의 의복이란 선왕先王의 의복인데도 형왕이 이를 싫어하였다. 그런가 하면 전쟁이란 나라의 흉기凶器인데도 형왕은 이를 좋아하였다. 그러나 마침내 전찬에게 굴복한 것은 전쟁만으로는 나라가 위험해진다는 것을 알았기 때문이다.

《춘추春秋》에 '나라를 잘 다스리는 자는 무력으로 하지 않는다'라고 하였으니, 이를 두고 한 말이다.

田贊衣儒衣而見荊王, 荊王曰:「先生之衣, 何其惡也?」

贊對曰:「衣又有惡此者.」

荊王曰:「可得而聞邪?」

對曰:「甲惡於此.」

王曰:「何謂也?」

對曰:「冬日則寒, 夏日則熱, 衣無惡於甲矣. 贊貧, 故衣惡也. 今大王, 萬乘之主也, 富厚無敵, 而好衣人以甲, 臣竊爲大王不取也. 意者爲其義耶? 甲兵之事, 析人之首, 刳人之腹, 墮人城郭, 係人子女, 其名尤甚不榮. 意者爲其貴邪? 苟慮害人, 人亦必慮害之; 苟慮危人, 人亦必慮危之; 其貴人甚不安. 之二者爲大王無取焉.」

荊王無以應也.

　昔衛靈公問陣, 孔子言俎豆, 賤兵而貴禮也. 夫儒服先王之
服也, 而荊王惡之; 兵者, 國之凶器也, 而荊王喜之. 所以屈於
田贊, 而危其國也.

　故春秋曰:「善爲國者不師.」此之謂也.

【田贊】戰國時代 楚나라 사람으로 儒家를 신봉하였던 人物.
【儒者】儒家. 者는 사람을 지칭하는 말이 아니라 儒를 확정지어 주는 조사.
【荊王】楚王의 別稱. 楚나라를 흔히 荊이라고도 부른다.
【好衣人以甲】전쟁을 좋아한다는 뜻.
【衛靈公】春秋時代 衛나라의 君主. 재위 42년(B.C. 534~493). 공자와 같은 시대의
　임금이다.
【俎豆】古代 제사에 썼던 그릇. 禮敎를 뜻한다. 《論語》부분을 참조할 것.
【春秋曰】《穀梁傳》莊公 8年에『善爲國者不師, 善爲師者不陣; 善爲陣者不戰,
　善戰者不死, 善死者不亡』이라 하였다.

　　［참고 및 관련 자료］

1. 《呂氏春秋》順說篇

田贊衣補衣而見荊王. 荊王曰:「先生之衣, 何其惡也?」田贊對曰:「衣又有惡於此
者也.」荊王曰:「可得而聞乎?」對曰:「甲惡於此」王曰:「何謂也?」對曰:「冬日則寒,
夏日則暑. 衣無惡乎甲者, 贊也貧, 故衣惡也. 今大王萬乘之主也, 富貴無敵, 而好衣
民以甲, 臣弗得也. 意者, 爲其義邪? 甲之事, 兵之事也. 刈人之頸, 刳人之腹, 墮人之
城郭, 刑人之父子也. 其名又甚不榮. 意者, 爲其實邪? 苟慮害人, 人亦必慮害之;
苟慮危人, 人亦必慮危之. 其實人則甚不安之. 二者, 臣爲大王無取焉.」荊王無以應.
說雖未大行. 田贊可謂能立其方矣. 若夫偃息之義. 則未之識也.

2. 《論語》衛靈公篇

衛靈公問陳於孔子, 孔子對曰:「俎豆之事, 則嘗聞之矣. 軍旅之事, 未之學也.」明日, 遂行.

3. 《老子》 31장

兵者不祥之器, 非君子之器, 不得已而用之.

4. 《穀梁傳》 莊公 八年

善爲國者, 不師.

5. 기타 참고자료

《文子》·《太平御覽》(356)

089(5-12) 哀公問於孔子曰
잘못된 금기

애공哀公이 공자孔子에게 물었다.

"과인이 들건대 집을 동쪽 방향으로 늘려 지으면 상서롭지 못하다는데 과연 그 말이 맞습니까?"

그러자 공자가 이렇게 대답하였다.

"상서롭지 못한 일에는 다섯 가지가 있습니다. 그러나 동쪽으로 집을 늘려 짓는 것은 거기에 포함되지 않습니다. 무릇 남에게 손해를 끼치면서 자신을 이익이 되게 하는 것은 자신에게 불상不祥한 것입니다. 노인을 버리고 어린이만 위하는 것, 이는 집안의 불상입니다. 어진 이는 버려두고 불초한 자를 등용시키는 것, 이는 나라의 불상입니다. 다음으로 노인이 남을 가르치고 깨우쳐 주려 하지 않고, 어린아이는 배우려 들지 않는다면 이는 교화풍속의 불상입니다. 성인이 엎드려 숨어 버린다면 이는 천하의 불상입니다. 따라서 불상은 이상의 다섯 가지이며, 동쪽으로 집을 늘려 짓는 것은 이에 포함되지 않습니다.

《시詩》에 '각각 공경히 자기 의표를 바르게 하라. 천명은 두 번 다시 오지 않는다'라 하였으나, 동쪽으로 더 달아 짓는 것이 천명과 관련 있다는 말은 들어 보지 못하였습니다."

哀公問於孔子曰:「寡人聞之, 東益宅不祥, 信有之乎?」

孔子曰:「不祥有五, 而東益不與焉. 夫損人而益己, 身之不祥也;

棄老取幼, 家之不祥也; 釋賢用不肖, 國之不祥也; 老者不敎, 幼者不學, 俗之不祥也; 聖人伏匿, 天下之不祥也. 故不祥有五, 而東益不與焉. 詩曰:『各敬爾儀, 天命不又.』未聞東益之與爲命也.」

【哀公】春秋 말기 魯나라 君主. 이름은 蔣. 재위 27년(B.C. 494~468).
【東益】동쪽으로 집을 더 달아 증축하는 것. 당시 이를 상서롭지 못한 이로 여긴 속설이 있었던 듯하다.
【聖人伏匿】《孔子家語》에는 『聖人伏匿, 愚者擅權』으로 되어 있다.
【詩曰】《詩經》 小雅 小宛의 구절.

> ## 참고 및 관련 자료

1. 《孔子家語》 正論解

哀公問於孔子曰:「寡人聞東益不祥, 信有之乎?」孔子曰:「不祥有五; 而東益不與焉. 夫損人自益, 身之不祥; 棄老而取幼, 家之不祥; 擇賢而任不肖, 國之不祥; 老者不敎, 幼者不學, 俗之不祥; 聖人伏匿, 愚子擅權, 天下不祥. 不祥有五, 東益不與焉.」

2. 《淮南子》 人間訓

魯哀公欲西益宅, 史爭之, 以爲西益宅不祥. 哀公作色而怒, 左右數諫不聽. 乃以問其傅宰折睢, 曰:「吾欲益宅而史以爲不祥, 子以爲何如?」宰折睢曰:「天下有三不祥, 西益宅不與焉.」哀公大悅而喜. 頃復問曰:「何謂三不祥?」對曰:「不行禮義, 一不祥也; 嗜慾無止, 二不祥也; 不聽强諫, 三不祥也.」哀公黙然深念, 憤然自反, 遂不西益宅.

090(5-13) 顔淵侍魯定公于臺
동야필의 말 모는 솜씨

안연顔淵이 노魯 정공定公을 모시고 대臺에 앉아 있는데 마침 동야필 東野畢이 말을 몰고 그 대 아래를 지나고 있었다. 정공이 감탄하였다.
"멋지도다! 동야필의 말 모는 솜씨여."
그러자 안연이 말하였다.
"멋지기는 멋집니다만 저 말은 장차 넘어질 것입니다."
이 말을 들은 정공은 불쾌히 여겨 좌우에게 심기를 털어놓았다.
"내 듣기로 군자는 참언讒言을 하지 않는다 하였는데 군자도 참언을 합니까?"
그러자 이번에는 안연이 불쾌히 여겨 계단을 내려가 떠나 버렸다. 그런데 잠시 후에 말이 거꾸러졌다는 소식이 들려왔다. 그러자 정공이 자리를 박차고 일어나며 소리쳤다.
"어서 수레를 보내어 안연을 모시고 오라."
안연이 오자 정공이 물었다.
"방금 과인이 '훌륭하도다! 동야필의 말모는 솜씨여'라고 하였을 때, 선생께서 '좋기는 좋지만 그 말은 곧 넘어질 것입니다'라고 하였습니다. 알지 못하겠습니다. 선생께서는 어떻게 그것을 아셨는지요?"
그러자 안연이 이렇게 설명하였다.
"저는 정치를 통해 그것을 알았지요. 옛날 순舜임금은 사람을 부리는 데 뛰어나셨고, 조보造父는 말을 부리는 데에 뛰어났었지요.

그런데 순임금은 사람을 부리되 그 백성을 궁한 데까지 몰고 가지는 않았고, 조보는 말을 부리되 그 말이 진력盡力하도록 하지는 않았습니다. 그러한 까닭으로 순임금은 그 백성을 잃지 않았고, 조보는 그 말을 잃지 않았던 것입니다. 그러나 방금 동야필의 말 모는 것을 보니, 수레에 올라 그 고삐를 잡고 몸을 뻣뻣이 한 채 말이 돌고 걷고 뛰고 할 때에 그에 맞추지 않고 있습니다. 게다가 조회가 끝나면 험하고 먼 곳까지 내달아 말을 기진맥진하여 힘이 다 닳게 하고 있습니다. 그런데도 그의 요구는 그칠 줄 모릅니다. 이로써 저는 그 말이 실족할 것이라는 것을 알게 된 것입니다."

그러자 정공이 말하였다.

"훌륭합니다! 좋은 말씀을 좀 더 계속해 주십시오."

그러자 안연이 말을 이었다.

"짐승도 궁하면 그 뿔로 덤비는 법이요, 새도 궁하면 그 부리로 쪼려고 덤비는 법이며, 마찬가지로 사람도 궁하면 사술詐術을 부려서라도 모면하려 하는 것입니다. 예로부터 지금까지 그 아랫사람을 궁하게 하면서 능히 위험에 처하지 아니한 자는 없었습니다. 《시詩》에 '고삐를 잡되 부드러운 끈을 잡듯이 하고, 두 필 말을 몰 때는 춤추듯 발을 맞추도록 해 주어야 한다'라고 하였으니, 이는 바로 말을 잘 모는 것을 두고 한 말입니다."

이 말에 정공이 감탄하였다.

"훌륭합니다! 과인의 잘못이었습니다."

顏淵侍魯定公于臺, 東野畢御馬于臺下.

定公曰:「善哉! 東野畢之御.」

顏淵曰:「善則善矣. 雖然, 其馬將失.」

定公不悅, 以告左右曰:「吾聞之: 君子不讒人. 君子亦讒人乎?」

顏淵不悅, 歷階而去.

顔子(顔回)《三才圖會》

須臾, 馬敗聞矣. 定公躐席而起, 曰:「趨駕請顔淵.」

顔淵至, 定公曰:「向寡人曰:『善哉! 東野畢御也.』吾子曰:『善則善矣. 雖然, 其馬將失矣.』不識君子何以知之也?」

顔淵曰:「臣以政知之. 昔者, 舜工於使人, 造父工於使馬. 舜不窮於其民, 造父不盡其馬, 是以舜無失民, 造父無失馬. 今東野畢之御也, 上車執轡, 御體正矣, 周旋步驟; 朝禮畢矣, 歷險致遠, 而馬力殫矣. 然求不已, 是以知其失矣.」

定公曰:「善! 可少進與?」

顔淵曰:「獸窮則觸, 鳥窮則啄, 人窮則詐. 自古及今, 有窮其下能無危者, 未之有也. 詩曰:『執轡如組, 兩驂如舞.』善御之謂也.」

定公曰:「善哉! 寡人之過也.」

【顔淵】顔回. 孔子의 弟子.

【魯 定公】春秋時代의 魯나라 君主. 재위 15년(B.C. 509~495). 이름은 宋.

【東野畢】人名. 魯나라의 大夫.《莊子》에는 東野稷으로 실려 있다.

【造父】人名. 말을 잘 몰던 사람. 周 穆王의 八駿馬를 몰았다 하며 그로 인해
 趙 땅을 받아 趙氏의 始祖가 되었다.《史記》趙世家 참조. '趙父'로도 표기한다.

【詩曰】《詩經》鄭風 大叔于田의 구절.

참고 및 관련 자료

1.《莊子》達生篇

東野稷以御見莊公, 進退中繩, 左右旋中規. 莊公以爲文弗過也, 使人鉤百而反. 顔闔
遇之, 入見曰:「稷之馬將敗.」公密而不應. 少焉, 果敗而反. 公曰:「子何以知之?」
曰:「其馬力竭矣. 而猶求焉, 故曰敗.」

2.《荀子》哀公篇

定公問於顔淵曰:「東野畢之善馭乎?」顔淵對曰:「善則善矣, 雖然, 其馬將失.」
定公不悅. 入謂左右曰:「君子固讒人乎?」三日而校來謁曰:「東野畢之馬失. 兩驂列,
兩服入廄.」定公越席而起曰:「趨駕召顔淵.」顔淵至, 定公曰:「前日寡人問吾子,
吾子曰:『東野畢之馭, 善則善矣, 雖然, 其馬將失』, 不識吾子何以知之?」顔淵對曰:
「臣以政知之. 昔舜巧於使民, 而造父巧於使馬. 舜不窮其民, 造父不窮其馬, 是以舜
無失民, 造父無失馬也. 今東野畢之馭, 上車執轡, 銜體正矣, 步驟馳騁, 朝禮畢矣,
歷險致遠, 馬力盡矣, 然猶求馬不已, 是以知之也.」定公曰:「善. 可得少進乎?」
顔淵對曰:「臣聞之, 鳥窮則啄, 獸窮則攫, 人窮則詐. 自古及今, 未有窮其下而能無
危者也.」

3.《韓詩外傳》卷二

顔淵侍坐魯定公于臺, 東野畢御馬于臺下. 定公曰:「善哉! 東野畢之御也.」顔淵曰:
「善則善矣. 其馬將佚矣.」定公不說, 以告左右曰:「聞君子不譖人, 君子亦譖人乎?」
顔淵退, 俄而廄人以東野畢馬佚聞矣. 定公揭席而起, 曰:「趣駕召顔淵.」顔淵至,
定公曰:「鄉寡人曰:『善哉! 東野畢之御也.』吾子曰:『善則善矣. 然則馬將佚矣.』
不識吾子以何知之?」顔淵曰:「臣以政知之. 昔者, 舜工於使人, 造父工於使馬,

舜不窮其民, 造父不極其馬. 是以舜無佚民, 造父無佚馬. 今東野畢之上車執轡, 銜體正矣, 周旋步驟. 朝禮畢矣, 歷險致遠, 馬力殫矣. 然猶策之不已, 所以知佚也.」定公曰:「善! 可少進.」顏淵曰:「獸窮則齧, 鳥窮則啄, 人窮則詐. 自古及今, 窮其下, 能不危者, 未之有也. 詩曰:『執轡如組, 兩驂如舞.』善御之謂也.」定公曰:「寡人之過矣.」

4. 《孔子家語》 顏回

魯定公問於顏回曰:「子亦聞東野畢之善御乎?」對曰:「善則善矣, 雖然, 其馬將必佚.」定公色不悅, 謂左右曰:「君子固有誣人也.」顏回退, 後三日, 牧來訴之曰:「東野畢之馬佚, 兩驂曳兩服入于廄.」公聞之, 越席而起, 促駕召顏回, 回至, 公曰:「前日寡人問吾子以東野畢之御, 而子曰:『善則善矣, 其馬將佚.』不識吾子奚以知之?」顏回對曰:「以政知之. 昔者, 帝舜巧於使民, 造父巧於使馬. 舜不窮其民力, 造父不窮其馬力. 是以舜無佚民, 造父無佚馬. 今東野畢力之御也, 升馬執轡, 銜體正矣; 步驟馳騁, 朝禮畢矣; 歷險致遠, 馬力盡矣. 然而猶乃求馬不已, 臣以此知之.」公曰:「善! 誠若吾子之言也. 吾子之言, 其義大矣. 願少進平!」顏回曰:「臣聞之; 鳥窮則啄, 獸窮則攫, 人窮則詐, 馬窮則佚. 自古及今, 未有窮其下而能無危者也.」公悅, 遂以告孔子, 孔子對曰:「夫其所以爲顏回者, 此之類也, 豈足多哉?」

5. 《呂氏春秋》 適威

東野稷以御見莊公, 進退中繩, 左右旋中規. 莊公曰:「善, 以爲造父不過也, 使之鉤百而少及焉.」顏闔入見, 莊公曰:「子遇東野稷乎?」對曰:「然. 臣遇之. 其馬必敗.」莊公曰:「將何敗?」少頃, 東野之馬敗而至. 莊公召顏闔而問之曰:「子何以知其敗也?」顏闔對曰:「夫進退中繩, 左右旋中規, 造父之御, 無以過焉. 鄉臣遇之, 猶求其馬, 臣是以知其敗也.」

6. 《管子》 形勢解篇

造父, 善馭馬者也. 善視其馬, 節其飲食, 度量馬力, 審其足走. 故能取遠道而馬不罷. 明主猶造父也, 善治其民, 度量其力, 審其技能. 改立功而民不困傷. 故術者, 造父之所以取遠道也. 主之所以立功名也. 馭者, 操轡也. 故曰:「造父之術非馭也.」

7. 기타 참고자료

《說郛》(80)

091(5-14) 孔子北之山戎氏
가혹한 정치는 범보다 무섭다

공자孔子가 북쪽의 산융씨山戎氏 땅에 갔을 때, 길가에서 어떤 부인 하나가 울고 있는 소리를 듣게 되었다. 그런데 그 우는 소리가 너무나 애처로워 공자가 수레를 멈추고 물어보았다.

"어찌하여 우는 소리가 그토록 슬픈고?"

그러자 그 부인이 이렇게 대답하였다.

"지난날 호랑이가 우리 남편을 잡아먹었습니다. 그런데 지금 또 우리 아들까지 잡아먹고 말았습니다. 그래서 이렇게 우는 것입니다."

그러자 공자가 물었다.

"아! 그렇다면 어째서 이곳을 떠나지 않는 것입니까?"

이 물음에 그 부인은 이렇게 말하였다.

"이곳은 정치가 평온하고 관리官吏가 가혹하게 굴지 않습니다. 그래서 이곳을 떠날 수가 없습니다."

그러자 공자가 자공子貢을 돌아보며 이렇게 말하였다.

"제자弟子야, 기록해 두어라. 무릇 정치가 평온하지 못하고 관리가 가혹한 것은 범이나 이리와 같은 것이라고."

《시詩》에 "하늘이 내리시는 죽음과 기근, 사방 나라를 온통 벌하시네"라 하였으니, 무릇 정치를 평안히 하지 못하면 하늘이 사방 온 나라를 참벌하는 터에 한두 사람쯤이야 그냥 두겠는가? 그 부인이 떠나지 않는 것, 참으로 마땅하다 하리라!

孔子北之山戎氏, 有婦人哭於路者, 其哭甚哀.

孔子立輿而問曰:「曷爲哭哀至於此也?」

婦人對曰:「往年虎食我夫, 今虎食我子, 是以哀也.」

孔子曰:「嘻! 若是, 則曷爲不去也?」

曰:「其政平, 其吏不苛, 吾以是不能去也.」

孔子顧子貢曰:「弟子記之, 夫政之不平而吏苛, 乃等於虎狼矣.」

詩曰:『降喪饑饉, 斬伐四國.』夫政不平也. 乃斬伐四國, 而況二人乎? 其不去宜哉!

【山戎氏】북쪽 異民族의 지역.
【子貢】孔子의 弟子. 衛나라 출신이며 이름은 端木賜.
【詩曰】《詩經》小雅 雨無正의 구절.

참고 및 관련 자료

1.《禮記》檀弓篇의 『苛政猛於虎』의 내용이 이와 같다.

孔子過泰山側, 有婦人哭於墓者而哀, 夫子式而聽之. 使子路問之曰:「子之哭也, 壹似重有憂者?」而曰:「然, 昔者吾舅死於虎, 吾夫又死焉, 今吾子又死焉.」夫子曰:「何爲不去也?」曰:「無苛政.」夫子曰:「小子識之, 苛政猛於虎.」

2.《孔子家語》正論解

孔子適齊, 過泰山之側, 有婦人哭於野者而哀, 夫子式而聽之, 曰:「此哀一似重有憂者.」使子貢往問之, 而曰:「昔舅死於虎, 吾夫又死焉, 今吾子又死焉.」子貢曰:「何不去乎?」婦人曰:「無苛政.」子貢以告孔子, 子曰:「小子識之, 苛政猛於暴虎.」

3.《禮衡》遭虎

孔子行魯林中, 婦人哭甚哀, 使子貢問之:「何以哭之哀也?」曰:「去年虎食吾夫, 今年食吾子, 是以哭哀也.」子貢曰:「若此, 何不去也?」對曰:「吾善其政之不苛,

吏之不暴也.」子貢還報孔子, 孔子曰:「弟子識諸, 苛政暴吏, 甚於虎也.」夫虎害人,
古有之矣. 政不苛, 吏不暴, 德化之足以卻虎. 然而二歲比食二人, 林中獸不應善也,
爲廉不應, 姦吏亦不應矣.

092(5-15) 魏文侯問李克曰
오나라가 망한 까닭

위魏 문후文侯가 이극李克에게 물었다.

"오吳나라가 망하게 된 까닭은 어디에 있다고 보십니까?"

이에 이극이 대답하였다.

"자주 싸워 자주 승리한 데에 있지요."

그러자 문후가 의아히 여겨 물었다.

"자주 싸워 자주 이기는 것은 나라의 복입니다. 그것 때문에 망하였다니 무슨 뜻입니까?"

이극은 이렇게 설명하였다.

"자주 싸우면 백성이 피로해지지요. 자주 이기면 임금은 교만해지기 마련입니다. 교만해진 임금이 피로한 백성을 다스렸으니, 이것이 곧 망한 까닭입니다. 그러므로 싸움을 좋아하여 병사를 궁하게 하면서 망하지 않은 나라는 없습니다."

魏文侯問李克曰:「吳之所以亡者, 何也?」

李克對曰:「數戰數勝.」

文侯曰:「數戰數勝, 國之福也. 其所以亡, 何也?」

李克曰:「數戰則民疲, 數勝則主驕. 以驕主治疲民, 此其所以亡也.」

是故好戰窮兵, 未有不亡者也.

【魏 文侯】戰國 초기 魏나라의 영명한 君主.
【李克】魏 文侯의 臣下. 里克으로도 쓰며 흔히 李悝가 아닌가 여기기도 한다.
【吳】春秋 말기 吳나라는 강대하였음에도 夫差가 잘못하여 越王勾踐에게 망하였다.

참고 및 관련 자료

1.《淮南子》道應訓

魏武侯問於李克曰:「吳之所以亡者, 何也?」李克對曰:「數戰而數勝.」武侯曰:「數戰數勝, 國之福. 其獨以亡, 何故也?」對曰:「數戰則民罷, 數勝則主憍. 以憍主使罷民, 而國不亡者, 天下鮮矣. 憍則恣, 恣則極. 物罷則怨, 怨則極慮, 上下俱極, 吳之亡猶晚矣.」

2.《韓詩外傳》卷十

魏武侯問里克:「吳之所以亡者, 何也?」里克對曰:「數戰而數勝.」文侯曰:「數戰數勝, 國之福也. 其獨亡, 何也?」里克對曰:「數戰則民疲. 數勝則主驕; 驕則恣, 恣則極, 上下俱極. 吳之亡猶晚矣! 此夫差所以自喪於干遂.」詩曰:『天降喪亂, 滅我立王.』

3.《呂氏春秋》適威

魏武侯之居中山也, 問於李克曰:「吳之所以亡者, 何也?」李克對曰:「驟戰而驟勝.」武侯曰:「驟戰而驟勝, 國家之福也. 其獨以亡, 何故?」對曰:「驟戰則民罷, 驟勝則主驕. 以驕主使罷民, 然而國不亡者, 天下少矣. 驕則恣, 恣則極物. 罷則怨, 怨則極慮. 上下俱極, 吳之亡猶晚. 此夫差之所以自歿於干隧也.」

4.《文子》道德篇

老子曰:「夫亟戰而數勝者, 則國必亡; 亟戰則民罷, 數勝則主驕, 以驕主使罷民, 而國不亡者, 則寡矣. 主驕則恣, 恣則極物; 民罷則怨, 怨則極慮. 上下俱極而不亡者, 未之有也. 故功遂身退, 天之道也.」

인색함의 결과

조趙 양자襄子가 왕자王子 유維에게 물었다.

"오吳나라가 망하게 된 까닭은 어디에 있다고 보는가?"

이에 왕자 유가 대답하였다.

"오나라 임금은 인색하면서 차마 못하는 일이 있었기 때문이지요."

이에 양자가 이렇게 말하였다.

"그렇지, 오나라는 망할 수밖에 없었지. 인색하면 어진 이에게 상을 내릴 수 없고, 차마 못하는 약한 마음이면 간악한 이에게 벌을 내리지 못하지. 어진 이가 상을 받지 못하고 죄 있는 자가 벌을 받지 않는다면 망하는 것 외에 무엇을 기다리겠는가?"

趙襄子問於王子維曰:「吳之所以亡者, 何也?」

對曰:「吳君吝而不忍.」

襄子曰:「宜哉. 吳之亡也. 吝則不能賞賢, 不忍則不能罰姦. 賢者不賞, 有罪不能罰, 不亡何待?」

【趙 襄子】趙無恤. 春秋 말기 晉나라 六卿의 하나. 趙鞅(簡子)의 둘째아들로 太子인 伯魯를 폐하고 지도자가 되었다. 子는 爵位(公·侯·伯·子·男)의 하나. 뒤에 知氏를 멸하고 三晉의 하나가 되었으며, 戰國時代 七雄의 하나인 趙나라로 성장하였다. 근거지는 邯鄲.
【維】趙維. 趙 襄子의 아들.

참고 및 관련 자료

1. 《太平御覽》(633)에 《說苑》을 引用하였다 하나 지금의 《說苑》에는 없다.
2. 《太平御覽》(620)

094(5-17) 孔子侍坐於季孫
빌리는 것과 취하는 것

공자孔子가 계손季孫을 모시고 있는데 계손의 가재家宰가 이렇게 알려왔다.

"임금께서 말을 빌려 달라假馬고 연락이 왔는데 빌려 드려도 될까요?"

이에 공자가 나서서 이렇게 말하였다.

"제가 듣건대 임금이 신하에게 무엇을 요구할 때는 취取한다고 하였습니다. 빌린다假는 말은 당치 않습니다."

그러자 계손이 깨닫고 가재에게 이렇게 말하였다.

"지금부터 임금께서 무엇을 요구하시면 취한다고 하지 빌린다고는 하지 마십시오."

이처럼 공자가 가마지명假馬之名을 바르게 잡아 놓자 군신君臣 간의 의의義가 바르게 정해졌다. 《논어論語》에 "반드시라면 명분부터 바르게 해놓겠다"라 하였고, 《시詩》에는 "쉽게 말하지도 말고, 구차하게 말하지도 말라"고 하였으니, 어찌 조심하지 않을 수 있겠는가?

先聖(孔子)와 孔子家系圖 《三才圖會》

孔子侍坐於季孫, 季孫之宰通曰:「君使人假馬, 其與之乎?」
孔子曰:「吾聞: 取於臣謂之取, 不曰假.」
季孫悟, 告宰曰:「自今以來, 君有取謂之取, 無曰假.」
故孔子正假馬之名, 而君臣之義定矣.
論語曰:『必也正名.』
詩曰:『無易由言, 無曰苟矣.』可不愼乎?

【季孫】春秋 말기 魯나라의 大夫. 실력자. 季氏. 魯나라 桓公의 아들 중에 季友가
있어 그 後孫이 季氏로 성을 삼았다. 여기서는 季孫斯(혹은 季孫肥)를 가리킨다.
【家宰】家臣 중의 우두머리.
【論語曰】《論語》 子路篇의 구절.
【詩曰】《詩經》 大雅 抑篇의 구절.

> 참고 및 관련 자료

1.《韓詩外傳》卷五

孔子侍坐於季孫. 季孫之宰通曰:「君使人假馬, 其與之乎?」孔子曰:「吾聞君取於臣,
謂之取, 不曰假.」季孫悟, 告宰通曰:「今以往, 君有取, 謂之取, 無曰假.」孔子曰:
「正假馬之言, 而君臣之義定矣.」論語曰:『必也正名乎!』詩曰:『君子無易由言.』

2.《孔子家語》正論解

孔子適季孫, 季孫之宰謁曰:「君使求假於田, 將與之乎?」季孫未言, 孔子曰:「吾聞
之, 君取於臣, 謂之取; 與於臣, 謂之賜. 臣取於君, 謂之假; 與於君, 謂之獻.」季孫色
然悟曰:「吾誠未達此義.」遂命其宰曰:「自今已往, 君有取之, 一切不得復言假也.」

3.《論語》子路篇

子路曰:「衛君待子而爲政, 子將奚先?」子曰:「必也正名乎!」子路曰:「有是哉?
子之迂也! 奚其正?」子曰:「野哉由也! 君子於其所不知, 蓋闕如也. 名不正, 則言不順;
言不順, 則事不成; 事不成, 則禮樂不興; 禮樂不興, 則刑罰不中; 刑罰不中, 則民無所
錯手足. 故君子名之必可言也; 言之必可行也. 君子於其言, 無所苟而已矣.」

095(5-18) 君子曰
혼자서 보는 것은

군자君子가 이렇게 말하였다.

"천자가 깊은 궁궐, 장막 안, 큰 집 안에 자리를 깔고 살아 처마 밖에는 나와 보지 않으면서도 천하의 일을 아는 것은, 어진 좌우 신하가 있기 때문이다."

그러므로 혼자 보는 것은 여럿이 보는 것만큼 명확하지 못하고, 혼자 듣는 것은 여럿이 듣는 것만큼 명료하지 못하다.」

君子曰:「天子居闈闕之中, 帷帳之內, 廣廈之下, 斾茵之上, 不出襜幄, 而知天下者, 以有賢左右也. 故獨視不如與衆視之明也, 獨聽不如與衆聽之聰也.」

【君子】불특정으로 옛날 어떤 學者. 유식하고 덕망 있는 이라는 뜻.
【斾】氈의 通假字. 털로 짠 자리.

1. 《韓詩外傳》卷五

傳曰: 天子居廣廈之下, 帷帳之內, 旖茵之上, 被躧舄, 視不出闔, 莽然而知天下者, 以其賢左右也. 故獨視不若與衆視之明也; 獨聽不若與衆聽之聰也; 獨慮不若與衆慮之工也. 故明王使賢臣輻湊並進, 所以通中正而致隱居之士. 詩曰:『先民有言, 詢于芻蕘.』此之謂也.

의견의 통로

진晉 평공平公이 숙향叔向에게 물었다.

"나라의 근심 중에 무엇이 가장 큽니까?"

숙향은 이렇게 대답하였다.

"대신大臣들이 중한 녹록祿을 먹으면서 임금이 잘못이 있을 때 극력極力 간하지 않는 것, 그리고 근신近臣들은 벌이 두려워 감히 말을 하지 못하는 것, 그래서 아래의 사정이 위로 통하지 못하는 것, 이것이 근심 중에 가장 큰 것이지요."

그러자 평공이 말하였다.

"훌륭합니다."

그리고는 나라에 이런 영令을 내렸다.

"좋은 의견을 올리고자 할 때 알자謁者가 이를 막는다면 그 죄는 사형에 해당하리라."

晉平公問於叔向曰:「國家之患, 孰爲大?」

對曰:「大臣重祿而不極諫, 近臣畏罰而不敢言, 下情不上通, 此患之大者也.」

公曰:「善.」

於是令國曰:「欲進善言, 謁者不通, 罪當死.」

【晉 平公】春秋時代 晉나라의 君主. 재위 26년(B.C. 557~532).

【叔向】平公의 臣下. 賢臣.

【謁者】임금 곁에서 남의 의견이나 접견을 전달하고 주선하는 일을 맡은 비서.

참고 및 관련 자료

1.《說苑》善說篇

晉平公問叔向曰:「歲饑民疫, 翟人攻我, 我將若何?」對曰:「歲饑來年而反矣, 疾疫將止矣, 翟人不足患也.」公曰:「患有大於此者乎?」對曰:「夫大臣重祿而不極諫, 近臣畏罪而不敢言, 左右顧寵於小官而君不知. 此誠患之大者也.」公曰:「善.」於是令國中曰:「欲有諫者爲隱, 左右言及國史罪.」

2. 기타 참고자료

《群書治要》

097(5-20) 楚人有善相人
관상보는 법

초楚**나라**에 관상을 잘 보는 이가 있었다. 그가 말한 것은 조금도 실책이 없어 마침내 나라에까지 그 소문이 알려지게 되었다.

장왕莊王이 그를 만나 그에게 어떻게 그리 신통할 수 있는지를 물어보았다. 그러자 그가 이렇게 대답하였다.

"저는 남의 관상을 잘 보는 것이 아니라 그 사람의 사귐을 잘 볼 뿐입니다. 포의布衣일 때는 그가 사귀는 사람들이 효제스럽고 독실하며 법을 두려워할 줄 아는 경우, 이런 사람은 그 집이 날로 번창하고 그 자신은 날로 편안해집니다. 이런 사람을 일컬어 '길인吉人'이라 합니다.

다음, 관직이란 올라 임금을 섬기고 있는 자의 일입니다. 그가 사귀는 친구들이 성실하고 믿음직스러우며 선을 좋아한다면, 이런 사람은 날로 임금을 잘 섬기고 관직도 날로 높아갈 것입니다. 이런 경우를 '길사吉士'라고 하지요.

또 임금은 총명하고 그 신하는 어질며 좌우가 모두 충성이 있어 임금에게 실수가 있을 때 모두가 감히 서로 다투어 정간正諫을 할 수 있다면 이런 나라는 날로 평안을 얻을 것이요, 임금은 날로 존귀함을 받고 천하는 날로 부유해질 것입니다. 이런 임금을 '길주吉主'라고 하지요. 이처럼 저는 사람의 관상을 잘 보는 것이 아니라 그 사람의 사귐을 잘 볼 뿐입니다."

장왕은 이 말에 수긍하였다.

"좋다."

그리고는 이에 사방의 선비를 초빙하여 이른 새벽부터 밤늦도록
게으름 없이 부지런히 한 끝에 드디어 손숙오孫叔敖와 장군 자중子重
등의 무리를 얻게 되었으며, 이들을 경상卿相으로 삼아 패공霸功을 완수
할 수 있었다.

《시詩》에 "훌륭하고 뛰어난 많은 선비들, 문왕文王은 이로써 안녕을
얻었네"라고 하였으니, 이를 두고 한 말이다.

楚人有善相人, 所言無遺策, 聞於國.

莊王見而問於情, 對曰:「臣非能相人, 能觀人之交也. 布衣也,
其交皆孝悌, 篤謹畏令, 如此者其家必日益, 身必日安, 此所謂
吉人也. 官, 事君者也, 其交皆誠信, 有好善, 如此者, 事君日益,
官職日進, 此所謂吉士也. 主明臣賢, 左右多忠, 主有失, 皆敢分
爭正諫, 如此者國日安, 主日尊, 天下日富, 此之謂吉主也. 臣非
能相人, 能觀人之交也.」

莊王曰:「善.」

於是乃招聘四方之士, 夙夜不懈, 遂得孫叔敖・將軍子重之屬,
以備卿相, 遂成霸功.

詩曰:『濟濟多士, 文王以寧.』此之謂也.

【莊王】 楚 莊王. 春秋五霸의 하나.
【布衣】 벼슬을 하지 않은 평민.
【孫叔敖】 楚 莊王을 섬긴 훌륭한 宰相.『兩頭蛇』(陰德陽報)의 故事를 남겼다.
【子重】 莊王의 將軍.
【詩曰】《詩經》大雅 文王의 구절.

1.《韓詩外傳》卷九

楚有善相人者, 所言無遺, 美聞於國中. 莊王召見而問焉. 對曰:「臣非能相人也, 能相人之友者也. 觀布衣者, 其友皆孝悌篤謹畏令, 如此者, 家必日益, 而身日安, 此所謂吉人者也. 觀事君者, 其友皆誠信有行好善, 如此者, 措事日益, 官職日進, 此所謂吉臣者也. 人主朝臣多賢, 左右多忠, 主有失敗, 皆交爭正諫, 如此者, 國日安, 主日尊, 名聲日顯, 此所謂吉主者也. 臣非能相人也, 觀友者也.」王曰:「善.」其所以任賢使能, 而霸天下者, 始遇之於是也. 詩曰:『彼己之子, 邦之彦兮.』

2.《呂氏春秋》貴當

荊有善相人者, 所言無遺策, 聞於國. 莊王見而問焉. 對曰:「臣非能相人也, 能觀人之友也. 觀布衣也, 其友皆孝悌純謹畏令. 如此者, 其家必日益, 身必日榮矣, 所謂吉人也; 觀事君者也, 其友皆誠信有行好善, 如此者, 事君日益, 官職日進. 此所謂吉臣也; 觀人主也, 其朝臣多賢, 左右多忠, 主有失, 皆交爭証諫, 如此者, 國日安, 主日尊, 天下日服. 此所謂吉主也. 臣非能相人也, 能觀人之友也.」莊王善之. 於是疾收士, 日夜不懈, 遂霸天下. 故賢主之時見文藝之人也, 非特具之而已也. 所以就大務也. 夫事無大小, 固相與通, 田獵馳騁, 弋射走狗. 賢者非不爲也, 爲之而智日得焉, 不肖主爲之, 而智日惑焉. 志曰:「驕惑之事, 不亡奚待?」

3. 기타 참고자료

《說郛》(14)・《渚宮舊事》(1)・《類說》(38)

098(5-21) 齊閔王亡居衛
영원히 깨닫지 못하는 임금

제齊 민왕閔王이 도망하여 위衛나라에 거할 때였다. 낮에 산보를 하면서 공옥단公玉丹에게 물었다.

"나는 이미 망하였다. 그런데 그 까닭을 모르겠다. 내가 망하게 된 까닭이 무엇인가?"

그러자 공옥단이 이렇게 설명하였다.

"저는 왕께서 이미 알고 계시는 줄 알았습니다. 왕께서는 아직도 모르고 계셨습니까? 왕께서 망하신 이유는 어질었기 때문입니다. 천하의 다른 왕들은 스스로 모두 불초하면서 왕의 어짊을 미워하여 서로 군사를 모아 왕을 공격하였던 것입니다. 이것이 바로 왕께서 망하신 이유입니다."

이 말에 민왕은 개연慨然히 크게 한숨을 쉬었다.

"어질다는 이유 때문에 이와 같은 고통을 받아야 하느냐?"

그러자 공옥단이 민왕에게 다시 이렇게 아첨하였다.

"옛 사람들은 천하를 사양하고도 근심 띤 빛이 없었다 하였는데, 저는 그런 말을 듣고 바로 왕을 통해 사실이라고 알게 되었습니다. 왕께서는 이름이 동제東帝이시지 사실은 천하를 다 소유하고 있었습니다. 그런데도 조국을 떠나 이 위나라에 거하시면서 용모는 더욱 충영充盈하여졌고, 안색은 발양發揚하여 나라 따위를 중히 여겨 연연해하는 뜻이 없으십니다."

이 말에 민왕은 이렇게 좋아하였다.

"훌륭하다! 그대는 나를 아주 잘 알아주는구나. 내 나라를 떠나 이 위나라에 거한 이래 허리띠가 세 칸이나 늘었단다."

그리고는 스스로 어질다고 여겨 교만한 모습은 그칠 줄 몰랐다. 당초 이 민왕이 도망하여 위나라로 달려왔을 때, 위나라 임금은 궁궐까지 비워 주며 살도록 하였고, 스스로 신하라 칭하면서 물건을 갖추어 공급해 주고 있었다. 그런데 이 민왕이 불손하게 굴자 참다못한 위나라 사람들이 공격해 버렸다.

민왕은 할 수 없이 다시 추鄒·노魯로 도망갔다. 그러나 그곳에서도 교만을 부리자 추·노에서조차 받아 주지 않았다. 이에 할 수 없이 다시 거莒 땅으로 도망갔다. 이때 초楚나라는 요치淖齒에게 군대를 주어 제나라를 구원하도록 보냈다. 제나라를 구한 다음 그를 민왕의 재상으로 앉혀 간섭할 속셈이었던 것이다.

그 후 일이 뒤틀리자 요치는 민왕의 근육을 꿰어 사당의 대들보에 달아매어 하룻밤이 지난 후 끝내 죽여 버렸다. 그리고는 연燕나라와 함께 제나라 땅을 나누어 갖고 말았다.

불쌍하도다! 민왕은 그 큰 제나라에, 수천 리나 되는 땅을 가졌건만 제후에게 패하여 땅은 연나라 소왕昭王에게 빼앗기고 종묘는 무너지고 사직의 제사도 끊어졌으며, 궁실은 공허하고 몸은 도망하여 숨어 지내다 노예보다도 천해지고 말았다.

그런데도 오히려 망한 이유를 몰랐으니 가히 애통하도다! 그러면서 도리어 스스로를 어질다고 여겼으니 그 아니 불쌍하리오! 공옥단은 노예 가운데 하나로서 아첨으로 이를 이끌었으니, 심하도다! 민왕은 이를 깨닫지 못하고 그를 좇아 훌륭하다고 하면서 욕됨을 영광으로 여기고 근심을 즐거움으로 여겼도다. 그 망함이 오히려 너무 늦었다 하였더니 마침내 죽음을 당하는 것으로 끝을 맺고 말았다.

齊閔王亡居衛, 晝日步走, 謂公玉丹曰:「我已亡矣, 而不知其故, 吾所以亡者, 其何哉?」

公玉丹對曰:「臣以王爲已知之矣, 王故尚未之知邪? 王之所以亡者, 以賢也, 以天下之主皆不肖, 而惡王之賢也, 因相與合兵而攻王, 此王之所以亡也.」

閔王慨然太息曰:「賢固若是其苦邪?」

丹又謂閔王曰:「古人有辭天下, 無憂色者, 臣聞其聲, 於王見其實, 王名稱東帝, 實有天下. 去國居衛, 容貌充盈, 顏色發揚, 無重國之意.」

王曰:「甚善! 丹知寡人. 自去國而居衛也, 帶三益矣.」

遂以自賢, 驕盈不止.

閔王亡走衛, 衛君避宮舍之, 稱臣而供具. 閔王不遜, 衛人侵之.

閔王去走鄒·魯, 有驕色, 鄒·魯不納, 遂走莒, 楚使淖齒將兵救齊, 因相閔王. 淖齒擢閔王之筋, 而懸之廟梁, 宿昔而殺之, 而與燕共分齊地.

悲夫! 閔公臨大齊之國, 地方數千里, 然而兵敗於諸侯, 地奪於燕昭, 宗廟喪亡, 社稷不祀, 宮室空虛, 身亡逃竄, 甚於徒隸, 尚不知所以亡, 甚可痛也. 猶自以爲賢, 豈不哀哉! 公玉丹徒隸之中, 而道之諂佞, 甚矣! 閔王不覺, 追而善之, 以辱爲榮, 以憂爲樂, 其亡晚矣, 而卒見殺.

【齊 閔王】 愍王, 湣王으로도 쓰며, 戰國時代 齊나라 君主. 齊 宣王의 아들로 이름은 地. 뒤에 淖齒에게 살해되었다. 재위 17년(B.C. 300~284).
【公玉丹】 人名. 齊 閔王의 幸臣.

【東帝】秦나라가 자신은 西帝, 齊나라는 東帝로 하여 천하를 兩分하자고 주장한 일이 있었다.《戰國策》秦策·齊策 참조.

【帶三益矣】근심하지 않아 살이 쪄서 허리띠 세 구멍을 늘렸다는 뜻.

【鄒】나라 이름. 孟子가 출생한 곳. 원래 邾婁國, 혹은 鄹로 불렀으나, 魯 穆公이 鄒로 고쳤다. 지금의 山東省 鄒縣.

【莒】地名. 小國名.

【淖齒】人名. 楚나라 將帥.《戰國策》齊策 참조.

【燕 昭王】戰國時代 燕나라 君主. 재위 33년(B.C. 311~279).

<hr>

참고 및 관련 자료

1.《呂氏春秋》審己

齊湣王亡居於衛, 晝日步足謂公玉丹曰:「我已亡矣, 而不知其故. 吾所以亡者, 果何故哉? 我當已.」公玉丹答曰:「臣以王爲已知之矣. 王故尙未之知邪? 王之所以亡也者, 以賢也, 天下之王, 皆不肖而惡王之賢. 因相與合兵而攻王, 此王之所以亡也.」湣王慨焉太息曰:「賢固若是其苦邪?」此亦不知其所以也, 此公玉丹之所以過也.

2.《呂氏春秋》過理

齊湣王亡居衛. 謂公王丹曰:「我何如主也?」王丹對曰:「王賢主也, 臣聞古人有辭天下而無恨色者, 臣聞其聲, 於王而見其實. 王名稱東帝, 實辨天下. 去國居衛, 容貌充滿, 顏色發揚, 無重國之意.」王曰:「甚善! 丹知寡人. 寡人自去國居衛也, 帶益三副矣.」

3.《韓非子》姦劫弑臣

卓齒之用齊也, 擢湣王之筋. 懸之廟梁. 宿昔而死.

4. 기타 참고자료

《戰國策》趙策(三)·《戰國策》楚策(四)·《史記》田敬仲完世家

099(5-22) 先是靖郭君殘賊其百姓
이럴 줄 알았습니다

앞서 정곽군靖郭君이 그 백성을 잔혹하게 대하고, 그 신하들을 못살게 굴었다. 참다못한 그 나라 사람들이 들고 일어나 함께 축출해 버릴 참이었다. 그의 마부가 미리 이를 예상하고 먹을 것과 쓸 물건들을 챙겨 놓고 있었다. 드디어 난이 일자 정곽군은 도망칠 수밖에 없었다. 들판에 이르러 굶주림에 떨게 되었을 때 마부가 챙겨 두었던 먹을 것을 꺼내 놓았다. 그러자 정곽군이 물었다.

"그대는 어떻게 알고 먹을 것을 준비하였는가?"

그러자 마부는 이렇게 대답하였다.

"임금께서 포학暴虐하게 굴어 신하들이 모의해 온 지 오래입니다."

정곽군은 화가 나서 밥도 먹지 않고 이렇게 소리쳤다.

"나는 이제까지 어질다는 소문만 들어왔다. 그런 나를 어찌 포학하다 하는가?"

그 마부는 그만 겁이 나서 이렇게 둘러댔다.

"제 말이 지나쳤습니다. 임금께서는 사실 어진 분이십니다. 오직 신하들이 불초하여 함께 그 어짊을 해친 것입니다."

그제야 정곽군은 기쁜 표정으로 밥을 먹었다. 따라서 제齊 민왕閔王과 정곽군은 죽음에까지 이르면서도 자신의 잘못을 깨닫지 못하였으니, 참으로 안타깝도다!

先是靖郭君殘賊其百姓, 害傷其群臣, 國人將背叛共逐之,
其御知之, 豫裝齋食, 及亂作, 靖郭君出亡, 至於野而饑, 其御出
所裝食進之.

靖郭君曰:「何以知之而齋食?」

對曰:「君之暴虐, 其臣下之謀久矣.」

靖郭君怒, 不食.

曰:「以吾賢至聞也, 何謂暴虐?」

其御懼曰:「臣言過也, 君實賢, 唯群臣不肖, 共害賢.」

然後靖郭君悅, 然後食. 故齊閔王·靖郭君, 雖至死亡, 終身
不諭者也. 悲夫!

【靖郭君】원래 齊나라 王族으로 田嬰. 孟嘗君의 아버지. 여기서는 靖郭君은
郭君의 잘못이며 이는 虢君의 사건이 정곽군의 사건으로 잘못 기록된 것이다.
(참고 자료의 盧文弨의 고증을 볼 것)
【齊 閔王】요치(淖齒)에게 죽임을 당하였다. 앞장 참조.

참고 및 관련 자료

1. 다른 판본에는 본장이 앞장(099)과 연결되어 있다. 이 기록에 대해 盧文弨는
이렇게 말하였다. 『案, 賈子先醒篇所載虢君事與此略同, 郭與虢通用, 若靖郭君乃
齊孟嘗君之父田嬰也, 不聞有死亡事, 疑靖字乃後人妄加之.』

2. 《韓詩外傳》卷六

問者曰:「古之謂知道者曰先生, 何也?」「猶言先醒也. 不聞道術之人, 則冥於得失,
不知亂之所由. 眊眊乎其猶醉也. 故世主有先生者, 有後生者, 有不生者.」昔者,
楚莊王謀事而居有憂色. 申公巫臣問曰:「王何爲有憂也?」莊王曰:「吾聞諸侯之德,
能自取師者王, 而與居不若其身者亡. 以寡人之不肖也, 諸大夫之論, 莫有及於寡人,
是以憂也.」莊王之德宜君人, 威服諸侯, 日猶恐懼, 思索賢佐. 此其先生者也. 昔者,

宋昭公出亡, 謂其御曰:「吾知其所以亡矣.」御者曰:「何哉?」昭公曰:「吾被服而立,
侍御者數十人, 無不曰:『吾君, 麗者也.』吾發言動事, 朝臣數百人, 無不曰:『吾君,
聖者也.』吾外內不見吾過失, 是以亡也.」於是改操易行, 安義行道, 不出二年, 而美
聞於宋, 宋人迎而復之, 諡爲昭. 此其後生者也. 昔郭君出郭, 謂其御者曰:「吾渴,
欲飲.」御者進清酒. 曰:「吾飢, 欲食.」御者進乾脯粱糗. 曰:「何備也?」御者曰:
「臣儲之.」曰:「奚儲之?」御者曰:「爲君之出亡, 而道飢渴也.」曰:「子知吾且亡乎?」
御者曰:「然.」曰:「何不以諫也?」御者曰:「君喜道諛, 而惡至言. 臣欲進諫, 恐先郭亡,
是以不諫也.」郭君作色而怒曰:「吾所以亡者, 誠何哉?」御轉其辭曰:「君之所以亡者,
太賢.」曰:「夫賢者所以不爲存而亡者, 何也?」御曰:「天下無賢而獨賢, 是以亡也.」
伏軾而嘆曰:「嗟乎! 夫賢人者如此乎?」於是身倦力解, 枕御膝而臥, 御自易以備,
疎行而去. 身死中野, 爲虎狼所食. 此其不生者也. 故先生者, 當年霸, 楚莊王是也;
後生者, 三年而復, 宋昭公是也; 不生者, 死中野, 爲虎狼所食, 郭君是也. 有先生者,
有後生者, 有不生者. 詩曰:『聽言則對, 誦言如醉.』

3.《新書》(賈誼) 卷七 先醒

昔者, 虢君驕恣, 自伐諂諛, 親貴諫臣誅逐, 政治踦亂, 國人不服. 晉師伐之, 虢人不守;
虢君出走至於澤中. 曰:「吾渴而欲飲.」其御乃進清酒.「吾飢而欲食.」御進腶脯粱糗.
虢君喜曰:「何給也?」御曰:「儲之久矣.」「何故儲之?」對曰:「爲君出亡而道飢渴也.」
君曰:「知寡人亡邪?」對曰:「知之.」曰:「知之, 何以不諫?」對曰:「君好諂諛而惡至言,
臣願諫, 恐先虢亡.」虢君作色而怒, 御謝曰:「臣之言過也.」有間, 君曰:「吾之亡者,
誠何也?」其御曰:「君弗知耶? 君之所以亡者, 以大賢也.」虢君曰:「賢人之所以存也,
乃亡, 何也?」對曰:「天下之君, 皆不肖. 夫疾吾君之獨賢也, 故亡.」虢君喜, 據式而
笑曰:「嗟乎! 賢固若是若耶?」遂徒, 行卻於山中居, 飢倦枕御膝而臥, 御以塊自易,
逃行而去. 君遂餓死爲禽獸食.

100(5-23) 宋昭公出亡
망한 이유를 안다

송宋 소공昭公이 도망하여 변방에 이르러서는 이렇게 탄식하는 것이었다.

"나는 망한 까닭을 안다. 나의 조정에는 신하가 1천여 명이나 되었지만, 그들은 정치를 펴고 일을 처리하면서 누구 하나 '우리 임금은 성군聖君이시다'라고 하지 않은 이가 없었고, 내 주위에 나를 모시는 시어侍御가 수백 명, 이들은 내가 좋은 옷을 입고 서 있으면 누구 하나 나를 '곱기도 하여라' 하지 않은 이가 없었다.

이처럼 안팎으로 나의 과실을 들을 수 없었던 것, 그 때문에 내가 이 지경에 이른 것이다."

이처럼 송군宋君의 일로 보건대 임금 된 자가 나라에서 쫓겨나고 사직을 잃게 되는 까닭은 바로 아첨하는 자가 많았기 때문이다. 그러나 송군은 나라를 잃고도 이를 깨달았기 때문에 능히 나라를 되찾았다고 말할 수 있을 것이다.

宋昭公出亡, 至於鄙, 喟然嘆曰:「吾知所以亡矣. 吾朝臣千人, 發政擧事, 無不曰『吾君聖』者; 侍御數百人, 被服以立, 無不曰『吾君麗』者. 內外不聞吾過, 是以至此.」

由宋君觀之, 人主之所以離國家, 失社稷者, 詔諛者眾也. 故宋昭亡而能悟, 蓋得反國云.

【宋 昭公】春秋時代 宋나라 君主. 이름은 杵臼. 재위 9년(B.C. 619~611).
【鄙】 나라의 변방.
【侍御】 임금을 곁에서 모시는 臣下들을 말한다.

참고 및 관련 자료

1.《韓詩外傳》卷六

昔者, 宋昭公出亡, 謂其御曰:「吾知其所以亡矣.」御者曰:「何哉?」昭公曰:「吾被服而立, 侍御者數十人, 無不曰:『吾君, 麗者也.』吾發言動事, 朝臣數百人, 無不曰:『吾君, 聖者也.』吾外內不見吾過失, 是以亡也.」於是改操易行, 安義行道, 不出二年, 而美聞於宋, 宋人迎而復之, 諡爲昭. 此其後生者也.

2.《新書》(賈誼) 卷七 先醒

昔宋昭公出亡, 喟然歎曰:「嗚呼! 吾知其所以亡矣. 被服而立, 侍御者數十人, 無不曰:『吾君, 麗者也.』外內不聞吾過失, 吾是以至此, 吾困宜矣.」於是革心易行, 衣苴布食膞牷, 晝學道而夕講之. 二年, 美聞宋人, 車徒迎而復位, 卒爲賢君, 諡爲昭公. 既亡矣而乃寤所以存, 此其後醒者也. 昔者, 虢君驕恣, 自伐詔諛親貴, 諫臣誅逐, 政治蝼亂. 國人不服, 晉師伐之. 虢人不守, 虢君出走, 至於澤中, 曰:「吾渴而欲飲.」其御乃進清酒. 曰:「吾飢而欲食.」御膠脯粱糗. 虢君喜曰:「何給也?」御曰:「儲之久矣.」「何故儲之?」對曰:「爲君之出亡, 而道飢渴也.」君曰:「知寡人之亡邪?」對曰:「知之.」曰:「知之何以不諫?」對曰:「君好詔諛, 而惡至言. 臣願諫, 恐先虢亡.」虢君作色而怒. 御謝曰:『臣之言寡也.」有間君曰:「吾之亡者, 誠何也?」其御曰:「君弗知耶? 君之所以亡者, 以大賢.」虢君曰:「賢人之所以存也, 乃亡何也?」對曰:「天下之君皆不肖, 夫疾吾君之獨賢也, 故亡.」虢君喜, 據式而笑曰:「嗟乎! 賢固若是若耶?」遂徒行卽於山中, 居飢倦, 枕御膝而臥, 御以塊自易, 逃行而去. 君遂餓死, 爲禽獸食. 此已亡矣, 猶不悟所存亡. 此不醒者也. 故先醒者, 當時而伯: 後醒者, 三年而復: 不醒者, 枕土而死, 爲虎狼食. 嗚呼! 戒之哉!

101(5-24) 秦二世胡亥之爲公子也
신발을 흩어놓은 이세

　　진秦나라 이세二世인 호해胡亥가 공자公子였을 때였다. 형제 여러 명과 함께 임금의 명령에 의해 술을 준비하여 신하들에게 잔치를 베풀게 되었다. 임금은 여러 아들을 불러 그들에게 술을 내려 주었다. 이렇게 아들들의 식사가 먼저 끝나고 호해가 계단을 내려오면서 신하들의 신발이 잘 정돈된 것을 보고는 그만 마구 밟고 흩트려 놓고 떠나 버리는 것이었다.

　　여러 아들들이 이 행동을 듣고 보고는 탄식하지 않는 이가 없었다. 그가 이세로 즉위하자 천하가 그를 버릴 것이라는 것을 누구나 다 알게 되었다.

　　결국 이세는 조고趙高의 농간에 혹하여 대신을 무시하고 백성을 돌보지 않게 되었다. 그러자 진승陳勝은 관동關東에서 팔을 걷어붙이고 분격해 일어났고, 염악閻樂은 망이궁望夷宮에서 난을 일으키기에 이르렀다. 이 염악이란 자는 바로 조고의 사위로서 당시 함양령咸陽令이었다. 그는 도적을 쫓아낸다는 거짓 핑계로 군사를 이끌고 망이궁에 들이닥쳐 이세에게 활을 겨누며 그의 죄상을 따져 묻고 칼로 치려고 하였다.

　　이세는 겁을 먹고 들어가 자살하겠다고 하였다. 이때 환관 하나가 그를 따라 들어왔다. 이세는 이렇게 물었다.

　　"내 어떻게 하다가 이 지경에 이르렀는가?"

　　환관이 대답하였다.

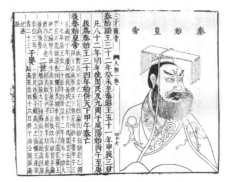

秦始皇《三才圖會》

"일찍부터 이렇게 될 줄 알았습니다."

이세가 물었다.

"그러면 어찌 나에게 진작 일러 주지 않았는가?"

이에 그 환관은 이렇게 말하였다.

"제가 말을 하지 않았기 때문에 저는 지금까지나마 살아 있을 수 있었습니다. 제가 말을 하였더라면 저는 죽어 없어진 지 오래 되었을 것입니다."

그러자 이세는 위연히 후회를 하며 결국 자살하고 말았다.

秦二世胡亥之爲公子也, 昆弟數人, 詔置酒饗群臣, 召諸子, 諸子賜食先罷, 胡亥下階, 視群臣陳履狀善者, 因行踐敗而去. 諸子聞見之者, 莫不太息. 及二世卽位, 皆知天下必棄之也. 故二世惑於趙高, 輕大臣, 不顧下民. 是以陳勝奮臂於關東, 閻樂作亂於望夷. 閻樂, 趙高之婿也, 爲咸陽令, 詐爲逐賊, 將吏率入望夷宮, 攻射二世, 就數二世, 欲加刃, 二世懼, 入將自殺, 有一官者從之, 二世謂:「何謂至於此也?」

官臣曰:「知此久矣.」

二世曰:「子何不早言?」

對曰:「臣以不言, 故得至於此, 使臣言, 死久矣.」

然後二世喟然悔之, 遂自殺.

【胡亥】秦始皇의 막내아들. 趙高가 二世皇帝로 세워 주었다. 재위 3년(B.C. 209~
207). 다시 호해의 아들인 子嬰에 이르러 劉邦에게 항복하여 나라가 망하고
말았다.

【趙高】秦나라의 逆臣. 秦始皇이 죽자 첫째인 扶蘇를 죽게 한 후 胡亥를 세워
왕이 되게 하고는 자신은 丞相이 되었다. 『指鹿爲馬』의 故事를 남긴 人物.
《史記》秦始皇本紀 및 李斯傳 참조.

【陳勝】秦나라 陽城 사람으로 이름은 涉. 秦나라의 폭정에 못 이겨 최초로 亂을
일으켜 스스로 張楚王이라 하였다. 뒤에 秦나라 將帥 章邯에게 죽었다. 『燕雀焉知
鴻鵠之志.』『王侯將相別有種乎』등의 故事를 남겼다.《史記》陳涉世家 참조.

【關東】函谷關의 동쪽.

【閻樂】趙高의 사위로 胡亥를 죽였다.

【望夷宮】秦나라의 궁궐 이름.

【咸陽令】咸陽은 秦나라의 首都. 지금의 西安 부근. 令은 首都 집정관.

【何謂】『何爲』와 같다.

참고 및 관련 자료

1.《史記》秦始皇本紀

始皇旣歿, 胡亥極愚, 酈山未畢, 復作阿房, 以遂前策. 云:「凡所爲貴有天下者,
肆意極欲, 大臣至欲罷先君所爲.」誅斯·去疾, 任用趙高. 痛哉言乎! 人頭畜鳴.
不威不伐惡, 不篤不虛亡, 距之不得留, 殘虐以促期, 雖居形便之國, 猶不得存.

2.《新書》(賈誼) 卷六 春秋

二世胡亥之爲公子, 昆弟數人, 詔置酒饗羣臣召諸子賜食, 先罷, 胡亥下陛視羣臣陳履,
伏善者, 因行殘敗以去. 諸侯聞之, 莫不大息. 及二世卽位, 皆知天下之棄也.

102(5-25) 齊侯問於晏子曰
충신과 양신

제후齊侯가 안자晏子에게 물었다.

"충신이 그 임금을 섬김에는 어떠해야 합니까?"

이에 안자가 이렇게 말하였다.

"난難을 만나도 임금을 따라 죽지 않고, 임금이 쫓겨 도망갈 때는 배웅도 하지 말아야지요."

임금이 의아히 여겨 물었다.

"땅을 떼어 이에게 주고, 작위를 나누어 귀하게 해 주었는데, 난에는 따라 죽지 않고 쫓겨 갈 때는 배웅조차 하지 말아야 한다니, 그것을 충忠이라 할 수 있습니까?"

그러자 안자가 이렇게 설명하였다.

晏子(晏嬰) 顧沅《古聖賢傳像》

"직언을 해서 그것이 쓰임을 받는다면 종신토록 난이 없을 터인데 신하로서 어찌 죽을 일이 있겠습니까? 또 간언을 해서 그것이 받아들여진다면 종신토록 도망가야 하는 일이 없을 터인데 신하로서 어찌 임금을 보낼 일이 있겠습니까? 그러나 만약 말을 해도 채택되지 않아 난이 생겼을 때 따라 죽는 것, 이는 헛되게 죽는 것입니다. 마찬가지로 간언을 하였는데 받아

들여지지 않아 임금이 도망가야 하는 일이 생겼을 때 배웅하는 것,
이는 속이는 것입니다. 그러므로 충신이란 모든 선을 그 임금에게
다 바쳐 난에 빠지는 일이 없도록 해야 하는 것입니다."

齊侯問於晏子曰:「忠臣之事君, 何若?」

對曰:「有難不死, 出亡不送.」

君曰:「列地而與之, 疏爵而貴之, 君有難不死, 出亡不送,
可謂忠乎?」

對曰:「言而見用, 終身無難, 臣奚死焉? 諫而見從, 終身不亡,
臣奚送焉? 若言不見用, 有難而死, 是妄死也; 諫不見從, 出亡
而送, 是詐爲也. 故忠臣也者, 能盡善與君, 而不能陷於難.」

【齊侯】春秋時代 齊나라 임금. 景公을 가리킨다.
【晏子】晏嬰. 景公 때의 뛰어난 宰相.《史記》管晏列傳 및《晏子春秋》
　참조.
【妄死】헛되이 죽음.
【陷於難】〈四庫全書〉에는『諂於難』으로 되어 있다.

참고 및 관련 자료

1.《說苑》臣術篇

齊諸侯問於晏子曰:「忠臣之事其君, 何若?」對曰:「有難不死, 出亡不送.」君曰:「裂地
而封之, 疏爵而貴之; 吾有難不死, 出亡不送, 可謂忠乎?」對曰:「言而見用, 終身無難,
臣何死焉; 諫而見從, 終身不亡, 臣何送焉. 若言不見用, 有難而死之, 是妄死也; 諫而
不見從, 出亡而送, 是詐爲也. 故忠臣者能納善於君而不能與君陷難者也.」

2.《晏子春秋》問上

景公問於晏子曰:「忠臣之事君也, 何若?」晏子對曰:「有難不死, 出亡不送.」公不說,
曰:「君裂地而封之, 疏爵而貴之, 君有難不死, 出亡不送, 可謂忠乎?」對曰:「言而
見用, 終身無難, 臣奚死焉? 謀而見從, 終身不出, 臣奚送焉? 若言不用, 有難而死之,
是妄死也; 謀而不從, 出亡而送之, 是詐偽也. 故忠臣也者, 能納善於君, 不能與君陷
於難.」

3.《論衡》定賢篇

齊詹(侯)問於晏子曰:「忠臣之事其君也, 若何?」對曰:「有難不死, 出亡不送.」
詹曰:「列地而予之, 疎爵而貴之, 君有難不死, 出亡不送, 可謂忠乎?」對曰:「言而
見用, 臣奚處焉? 諫而見從, 終身不亡, 臣奚送焉? 若言不見用, 有難而死, 是妄
死也; 諫而不見從, 出亡而送, 是詐偽也. 故忠臣者能盡善於君, 不能與陷於難.」
案晏子之對, 以求賢於世, 死君之難·立忠節者不應科矣. 是故大賢寡可名之節, 小賢
多可稱之行.

4.《呂氏春秋》務大

鄭君聞於被瞻曰:「聞先生之義, 不死君不亡君, 信有之乎?」被瞻對曰:「有之. 夫言
不聽道不行, 則固不事君也. 若言聽道行, 又何死亡哉?」故被瞻之不死亡也, 賢乎
其死亡者也.

5.《貞觀政要》卷三 君臣鑒戒

齊景公聞於晏子曰:「忠臣之事君, 如之何?」晏子對曰:「有難不死, 出亡不送.」
公曰:「裂地以封之, 疏爵以待之, 有難不死, 出亡不送, 何也?」晏子曰:「言而見用,
終身無難, 臣何死焉? 諫而見納, 終身不亡, 臣何送焉? 若言不見用, 有難而死,
是妄死也; 諫不見納, 出亡而送, 是詐忠也.」

103(5-26) 宋玉因其友以見於楚襄王
동곽준이라는 사냥개

송옥宋玉이 자신의 친구를 통해 초楚 양왕襄王을 알현하게 되었다. 그런데 양왕이 이 송옥을 특별하게 달리 대해 주지 않는 것이었다. 송옥은 서운해서 그 친구를 원망하였다. 그러자 그 친구는 이렇게 말하였다.

"무릇 생강이나 계피는 땅이 있어야 살지만 그 땅 때문에 매운 것은 아니요, 또 여자는 중매쟁이가 있어야 시집을 가지만 그 중매쟁이가 무작정 두 사람을 친하게 해줄 수 있는 것은 아닙니다. 그대가 임금을 아직 잘 모시지 못하여 그런 것이지, 이것이 어찌 나를 원망할 일입니까?"

그러나 송옥의 의견은 달랐다.

"그렇지 않습니다. 옛날 제齊나라에 동곽준東郭㕙이라는 뛰어난 토끼가 있었는데, 하루아침에 5백 리는 뛰지요. 한편 역시 그 제나라에 한로韓盧라는 훌륭한 사냥개가 있었습니다. 마찬가지로 하루아침에 5백 리를 뜁니다. 그런데 이 한로로 하여금 멀리 있는 동곽준을 가리키며 쫓으라 하면 아무리 한로인들 그 여러 마리의 동곽준이 일으키고 간 뒤의 먼지라도 쫓을 수 있겠습니까? 그러나 한로를 줄에 매어 토끼의 흔적을 밟아가다가 그 끈을 풀어 주면 비록 뛰어난 동곽준이라도 끝내는 도망가지 못할 것입니다.

지금 그대는 나를 임금에게 부탁해 놓고 끈을 매어 그 자취를 밟고 가다가 끈을 풀어 주는 것입니까? 아니면 먼데를 가리키며 나를 보고 쫓아가라고 하는 것입니까? 《시詩》에 '이제 겨우 편안하고 즐거우려 하였더니, 도리어 날 이렇게 버리시누나'라고 하였는데, 바로 이러한 경우로군요."

이에 그 친구가 이렇게 말하였다.

"내가 잘못하였습니다, 내가 잘못하였습니다."

宋玉因其友以見於楚襄王, 襄王待之無以異. 宋玉讓其友.

其友曰:「夫薑桂因地而生, 不因地而辛; 婦人因媒而嫁, 不因媒而親. 子之事王未耳, 何怨於我?」

宋玉曰:「不然. 昔者, 齊有良免曰東郭㕙, 蓋一旦而走五百里. 於是齊有良狗曰韓盧, 亦一旦而走五百里, 使之遙見而指屬, 則雖韓盧不及眾免之塵, 若躡迹而縱緤, 則雖東郭㕙亦不能離. 今子之屬臣也, 躡迹而縱緤與? 遙見而指屬與? 詩曰:『將安將樂, 棄我如遺.』此之謂也.」

其友人曰:「僕人有過, 僕人有過.」

【宋玉】戰國時代 楚나라의 大夫. 文人.『楚辭』작가로 알려져 있다.

【楚 襄王】戰國時代 楚나라 君主. 頃襄王을 말한다. 재위 36년(B.C. 298~263).

【東郭㕙】토끼. 교활하여 잡기 어려운 토끼의 대명사로 널리 비유된다.『東郭逡』으로도 쓴다.《戰國策》齊策에『東郭逡者, 海內之狡兔也』라 하였다.

【韓盧】뛰어난 사냥개.《漢書》王莽傳 顏師古 註에『韓盧, 古韓國之名犬, 黑色曰盧』라 하였다.

【詩曰】《詩經》小雅 谷風의 구절.

1. 《韓詩外傳》卷七

宋玉因其友見楚襄王, 襄王待之無以異. 乃讓其友. 友曰:「夫薑桂因地而生, 不因地而辛; 女因媒而嫁, 不因媒而親. 子之事王未耳, 何怨於我?」宋玉曰:「不然. 昔者, 齊有狡兔, 盡一日而走五百里. 使之瞻見指注, 雖良狗猶不及狡兔之塵. 若攝縷而縱緤之. 瞻見指注與?」詩曰:『將安將樂, 棄予作遺.』

2. 《藝文類聚》(89)

韓詩外傳曰: 宋玉因其友以見於楚襄王, 襄王待之無以異. 宋玉讓其友. 其友曰:「夫薑桂因地而生, 不因地而辛; 女因媒而嫁, 不因媒而親.」

3. 기타 참고자료

《渚宮舊事》卷三(《襄陽耆舊傳》을 引用하였다 한다)·《太平御覽》(409, 977)·《北堂書鈔》(33)

104(5-27) 宋玉事楚襄王
가시나무에 갇힌 원숭이

송옥宋玉이 초楚 양왕襄王을 섬기면서 인정을 받지 못하였다. 그래서 의기를 펴지 못하는 모습이 얼굴에까지 나타났다. 어떤 이가 그에게 물었다.

"선생의 말소리는 어찌 그리 처져 있으며, 계획한 일도 자신감 없이 의심하고 있소?"

그러자 송옥은 이렇게 설명하였다.

"그렇지 않습니다. 그대는 현원玄蝯이라는 원숭이를 보지 못하였소? 그들이 계수나무 수풀 속, 높은 산 나뭇잎 위에 파묻혀 살 때에는 조용히 유희하기도 하고 이리저리 뛰기도 하지요. 그러나 용이 나타나고 새들이 모여들면 슬픈 휘파람 소리를 길게 내며 야단들이지요. 이런 때에는 비록 후예后羿나 봉몽逢蒙 같은 이가 있다 할지라도 감히 눈을 똑바로 뜨고 쏠 생각을 하지 못합니다. 그러나 그 원숭이가 탱자 같은 가시나무에 갇혀 두려움에 떨면서 불안해하는 눈빛을 하고 있을 때에는 보통 사람이라도 득의만만하게 구경할 수가 있습니다. 이는 그 원숭이가 가죽이나 근육이 줄어들었거나 몸체가 작아졌기 때문이 아닙니다. 그가 처한 자리가 나를 공격할 수 없는 갇힌 상태이기 때문입니다. 이처럼 그 처한 자리가 불편한데 어찌 능히 자신의 능력을 비교해보여 줄 수 있겠습니까? 《시詩》에 '수레를 끄는 네 필 수말, 그 목덜미많이도 부었네'라 하였는데, 무릇 너무 오래 끌었고 이미 나이도 들었으며 걷지도 못할 정도로 목까지 부었으니 그럴 수밖에 없지 않겠습니까? 또 《역易》에 '궁둥이에 살이 없으면 걸음걸이가 절뚝거린다'라 하였으니, 바로 이를 두고 한 말입니다."

宋玉事楚襄王而不見察, 意氣不得, 形於顏色.

或謂曰:「先生何談說之不揚, 計畫之疑也?」

宋玉曰:「不然. 子獨不見夫玄蝯乎? 當其居桂林之中, 峻葉之上, 從容游戲, 超騰往來, 龍興而鳥集, 悲嘯長吟. 當此之時, 雖羿逢蒙, 不得正目而視也. 及其在枳棘之中也, 恐懼而掉慄, 危視而蹐行, 衆人皆得意焉. 此皮筋非加急而體益短也, 處勢不便故也. 夫處勢不便, 豈可以量功校能哉? 詩不云乎?『駕彼四牡, 四牡項領.』夫久駕而長不得, 行項領, 不亦宜乎? 易曰:『臀無膚, 其行趑趄.』此之謂也.」

【宋玉】楚나라 사람. 앞장 참조.[前出]

【楚 襄王】앞장 참조.[前出]

【玄蝯】원숭이(고릴라, 침팬지)의 일종.『蝯』은『猿』,『猨』字와 같다.

【后羿】有窮氏의 임금. 활을 잘 쏘았으며,『嫦娥奔月』의 故事를 낳았다.

【逢蒙】后羿의 家衆으로 역시 활을 잘 쏘았다.《孟子》離婁章에『逢蒙學射於羿, 盡羿之道, 思天下惟羿爲愈己, 於是殺羿』라 하였고, 그 註에『羿, 有窮后羿, 逢蒙, 羿之家衆也』라 하였다.

【詩不云乎】《詩經》小雅 節南山의 구절.

【易曰】《周易》姤卦의 九三爻辭.『자저(趑趄)』는 雙聲連綿語로『뒤뚱거리다 (절뚝거림)의 모습을 소리로 표현한 것이며, 글자 원의와는 관계가 없다. 한편 《周易》원문은『臀无膚, 其行次且. 厲, 无大咎. 象曰: 其行次且, 行未牽也』로 되어 있다. '次且'는 따라서 첩운연면어이다.

참고 및 관련 자료

1. 본장의 來源이나 출처는 알 수 없다.《渚宮舊事》卷三에 채록되어 있다.

105(5-28) 田饒事魯哀公
닭의 다섯 가지 미덕

전요田饒가 노魯 애공哀公을 섬기면서도 제대로 인정받지 못하고 있었다. 이에 전요가 애공에게 이렇게 말하였다.

"저는 장차 임금을 떠나 홍곡鴻鵠처럼 훨훨 날아갈까 합니다."

이에 애공이 물었다.

"무슨 뜻입니까?"

전요는 이렇게 설명하였다.

"임금께서는 닭을 보신 적이 없으십니까? 머리에 벼슬을 쓰고 있는 것은 문文입니다. 발에 발톱을 달고 있는 것은 무武입니다. 적이 앞에 나타났을 때 용감히 달려드는 것은 용勇입니다. 그리고 먹이를 보면 서로 부르는 것은 인仁이며, 밤을 지키되 때를 놓치지 않고 우는 것은 신信입니다. 닭이 이와 같이 다섯 가지 훌륭한 덕목을 가졌건만 임금께서는 날마다 이를 잡아 삶아 먹습니다.

왜 그렇겠습니까? 이는 그놈이 바로 사람 가까이 있기 때문입니다. 무릇 홍곡은 한 번에 천리를 날아 임금의 원지園池에 내려앉아서는 임금이 기르는 어별魚鱉을 잡아먹고 임금의 콩과 좁쌀을 쪼아 먹습니다.

이놈은 닭과 같은 다섯 가지 덕목도 갖추지 못하였는데도 임금께서 이를 귀히 여기는 것은 바로 사람으로부터 멀리 있기 때문입니다. 그래서 저는 홍곡과 같은 행동을 하겠다는 것입니다."

애공이 이 말에 이렇게 말하였다.

"잠깐, 내 그대의 말을 기록해 두어야겠습니다."

그러자 전요가 이렇게 대꾸하였다.

"제가 듣기로 밥그릇에 밥을 먹는 자는 그 그릇을 깨지 않으며, 나무 그늘에 쉬면서 덕을 보는 자는 그 가지를 꺾지 않는다 하였습니다. 선비가 있는데도 등용치 않으면서 그 말은 받아 적어서 무엇 하시렵니까?"

그리고는 마침내 연燕나라로 떠나 버렸다. 연나라에서는 이를 받아들여 재상으로 삼았다. 그러자 3년 만에 연나라의 정치는 태평을 구가하였고 나라에는 도적이 사라졌다.

애공이 이 소문을 듣고 크게 후회하고 탄식하며 3개월이나 정침을 피하여 잠을 잤고 웃옷을 벗어 입지 않은 채 이렇게 탄식하였다.

"미리 삼가지 않았다가 뒤에 와서 후회하는구나. 어찌하면 다시 복구할 수 있을까?"

《시詩》에 "너를 두고 떠나가리, 저 낙원 찾아가리. 낙원이 어디요, 거기 가서 나는 살리"라 하였고, 《춘추春秋》에는 "임금과 함께 자라면 임금은 그를 가볍게 여기게 된다"라 하였으니 이를 두고 한 말이다.

田饒事魯哀公而不見察.

田饒謂哀公曰:「臣將去君而鴻鵠擧矣.」

哀公曰:「何謂也?」

田饒曰:「君獨不見夫雞乎? 頭戴冠者, 文也; 足傳距者, 武也; 敵在前敢鬪者, 勇也; 見食相呼, 仁也; 守夜不失時, 信也. 雞雖有此五者, 君猶日瀹而食之, 何則? 以其所從來近也. 夫鴻鵠一擧千里, 止君園池, 食君魚鼈, 啄君菽粟, 無此五者, 君猶貴之, 以其所從來遠也. 臣請鴻鵠擧矣.」

哀公曰:「止, 吾書子之言也.」

田饒曰:「臣聞: 食其食者, 不毁其器; 蔭其樹者, 不折其枝. 有士不用, 何書其言爲?」

遂去之燕, 燕立爲相.

三年, 燕之政太平, 國無盜賊.

哀公聞之, 慨然太息, 爲之避寢三月, 抽損上服, 曰:「不愼其前,
而悔其後, 何可復得?」

詩曰:『逝將去汝, 適彼樂土. 適彼樂土, 爰得我所.』

春秋曰:『少長於君, 則君輕之.』 此之謂也.

【田饒】人名. 春秋 말기 魯 哀公을 섬겼다가 燕나라로 갔다.

【魯 哀公】春秋 말기 魯나라 君主. 재위 27년(B.C. 494~468).

【鴻鵠】고니. 큰 물새.

【園池】임금의 동산과 그 속의 연못.

【燕】북쪽의 나라. 首都는 薊(지금의 북경 지역), 당시 燕나라에는 獻公이 君主로
있었다.

【避寢】正寢에서 잠을 자지 않으면서 스스로 반성함을 표현한 것을 말함. 혹은
침대가 아닌 바닥에서 잠을 자는 것이라고도 함.

【抽損上服】웃옷을 정복으로 입지 아니하여 자책의 뜻을 보이는 행동을 말함.

【詩曰】《詩經》魏風 碩鼠의 구절.

【春秋曰】《穀梁傳》僖公 2年의 구절.

참고 및 관련 자료

1.《韓詩外傳》卷二

伊尹去夏入殷, 田饒去魯適燕, 介子推去晉入山. 田饒事魯哀公而不見察. 田饒謂哀
公曰:「臣將去君, 黃鵠擧矣.」哀公;「何謂也?」曰:「君獨不見夫雞乎? 首戴冠者,
文也. 足搏距者, 武也. 敵在前敢鬪者, 勇也. 得食相告, 仁也. 守夜不失時, 信也.
雞有此五德, 君猶日瀹而食之者, 何也? 則以其所從來者近也. 夫黃鵠一擧千里,
止君園池, 食君魚鱉, 啄君黍粱, 無此五者, 君猶貴之, 以其所從來者遠矣. 臣將去
君, 黃鵠擧矣.」哀公曰:「止. 吾將書子言也.」田饒曰:「臣聞: 食其食者, 不毁其器;

陰其樹者, 不折其枝. 有臣不用, 何書其言?」遂去, 之燕. 燕立以爲相. 三年, 燕政大平, 國無盜賊. 哀公喟然太息, 爲之辟寢三月, 減損上服. 曰:「不愼其前, 而悔其後, 何可復得?」詩云:『逝將去汝, 適彼樂國, 樂國樂國, 爰得我直.』

2. 《藝文類聚》(90)

田饒事魯哀公而不見察, 謂哀公曰:「夫雞有五德, 猶曰淪而食之者, 以其所從來者近也. 夫黃鵠一舉千里, 止君園池, 啄君稻梁, 君猶貴之, 以其所從來者遠矣. 故臣將去君, 黃鵠舉矣!」

3. 《藝文類聚》(91)

田饒事魯哀公而不見察哀公曰:「臣將去君, 黃鵠舉矣.」哀公曰;「何謂也?」曰:「君不見夫雞乎! 首戴冠者, 文也, 足搏距者, 武也, 敵在前敢鬪者, 勇也, 得食相呼者, 仁也, 守夜不失時者, 信也. 雞雖有五德, 君猶日淪而食之者, 何也? 以其所從來者近. 夫黃鵠一舉千里, 止君園池, 食君魚鼈, 啄君黍梁, 無此五德者, 君猶貴之, 以其所從來者遠也.」

4. 기타 참고자료

《群書治要》·《太平御覽》(204, 916, 918)·《文選》鮑明遠〈樂府白頭吟〉注·《事類賦注》(18)·《初學記》(20, 30)

106(5-29) 子張見魯哀公
진짜 용이 나타나자

자장子張이 노魯 애공哀公을 만났다. 그런데 이레가 지나도록 애공은 그를 거들떠보지도 않는 것이었다. 이에 자공이 애공의 신하에게 이렇게 전해 달라고 부탁하였다.

"저는 임금께서 선비를 좋아하신다는 소문을 들었습니다. 그래서 천리를 멀다 하지 않고 서리와 이슬, 티끌과 먼지를 무릅쓰고 백사百舍의 먼 길을 발이 부르트도록 쉬지 않고 찾아왔습니다.

그러나 7일이 지나도록 거들떠보지도 않으시니, 이로 보면 임금께서 선비를 좋아하시되, 마치 섭공葉公 자고子高가 용龍을 좋아하는 것과 흡사하군요. 섭공 자고는 용을 얼마나 좋아하였던지 허리띠 장식에도 용을 그렸고, 못을 파도 용의 모습으로 하였으며, 집도 모두 용의 무늬를 조각하여 꾸몄습니다. 그런데 용이 이 소문을 듣고 하늘에서 내려와 그 머리를 창틀에 대고 들여다보며, 그 꼬리는 그 집 마당으로 늘어뜨렸지요. 섭공은 이를 보고 모든 것을 다 버리고 도망하여 혼백을 잃고 얼굴색이 파랗게 질려 버렸습니다. 이처럼 섭공은 용을 좋아한 것이 아니라 용과 비슷하나 용이 아닌 것을 좋아하였던 것입니다.

지금 제가 임금께서 선비를 좋아하신다는 말씀을 듣고 천리를 멀다 아니 하고 찾아왔는데 이레 동안 거들떠보지도 않는 것을 보면 임금께서는 선비를 좋아하시는 것이 아니라 선비 같으나 선비가 아닌 사람을 좋아하시는 것입니다. 《시詩》에 '마음속 깊이 간직하였네, 어느 날 그제야 잊혀질거나'라 하였습니다. 감히 신하에게 이 말을 부탁하며 떠납니다."

子張見魯哀公, 七日而哀公不禮, 託僕夫而去, 曰:「臣聞君好士,
故不遠千里之外, 犯霜露, 冒塵垢, 百舍重趼, 不敢休息以見君,
七日而君不禮, 君之好士也, 有似葉公子高之好龍也. 葉公子
高好龍, 鉤以寫龍, 鑿以寫龍, 屋室雕文以寫龍, 於是夫龍聞而
下之, 窺頭於牖, 拖尾於堂. 葉公見之, 棄而還走, 失其魂魄,
五色無主. 是葉公非好龍也, 好夫似龍而非龍者也. 今臣聞君
好士, 不遠千里之外以見君, 七日不禮, 君非好士也, 好夫似士
而非士者也. 詩曰:『中心藏之, 何日忘之.』敢託而去.」

【子張】春秋 때 陳나라 출신으로서 孔子의 弟子. 姓은 顓孫, 이름은 師이다.
【魯 哀公】春秋 말기 魯나라 君主. [前出]
【百舍】一舍는 군대의 하루 행군 거리. 百舍는 먼 길을 의미한다.
【葉公 子高】葉 땅의 子高. 公은 爵位. 楚나라 사람 沈諸梁을 가리킨다. 《論語》
　참조.
【五色無主】너무 겁을 먹어 얼굴색이 질린 모습을 표현한 것.
【詩曰】《詩經》 小雅 隰桑의 구절.

참고 및 관련 자료

1. 《藝文類聚》 96(《莊子》에서 인용했다고 했으나 금본 《莊子》에는 없음)

子張見魯哀公, 不禮焉. 去曰:「君之好士也, 有似葉公子高之好龍. 雕文畫之, 於是
天龍聞而示之. 窺頭於牖. 拖尾於堂. 葉公見之. 失其魂魄. 五色無主, 是葉公非好龍也.
好夫似龍非龍也. 今君非好士也, 好夫似士者.」

2. 기타 참고자료

《太平御覽》(927, 역시 《莊子》에서 인용했다 함) · 《太平御覽》(750) · 《群書治要》

107(5-30) 昔者楚丘先生行年七十
언행은 나이와 함께 간다

옛날 초구선생楚丘先生이란 분이 있었는데, 나이 일흔에 거친 가죽옷에 새끼줄을 허리띠로 매고 맹상군孟嘗君을 찾아갔다. 그는 맹상군 앞으로 급히 달려가고자 하였으나 나갈 수가 없었다. 이를 본 맹상군이 물었다.

"선생은 늙으셨습니다. 춘추春秋도 많으시고요. 그런데 저에게 무엇을 가르쳐 주시려고 오셨습니까?"

이에 초구선생은 이렇게 말하였다.

"아! 나를 늙었다고 하셨습니까? 아! 나에게 수레 뒤를 쫓게 하고 말을 타고 다니는 일에 쓰려 하십니까? 아니면 돌을 던지거나 무엇이건 뛰어넘는 일을 시키려 하십니까? 그것도 아니면 사슴을 몰고 표호豹虎를 맨손으로 잡기를 원하십니까? 그러한 일이라면 저는 벌써 죽어 없어졌을 것인데 어찌 늙을 겨를이 있었겠습니까? 아! 그러나 나로 하여금 사령辭令을 받들고 다른 제후들을 담당하는 일을 시켜 주시겠습니까? 혐의를 판결하고 유예猶豫를 결정하는 일을 시켜 주실 수 있습니까? 그런 일이라면 제 나이쯤이 비로소 장년에 해당할 텐데 어찌 늙었다고 할 수 있겠습니까?"

이 말에 맹상군은 발걸음을 머뭇거리며 자리를 고쳐 앉았다. 그리고 얼굴에는 부끄러워하는 기색이 역력하였다. 《시詩》에 '늙은이가 정성으로 말해 주어도 젊은이는 잘난 체 듣지를 않네'라 하였다. 이는 늙은이가 그 책모를 다 일러 주고자 하나, 젊은이가 교만하여 받아들이려 하지 않는다는 뜻이다.

진秦 목공穆公이 전쟁에서 패배한 것과 은殷의 주紂가 천하를 잃은 것이 이러한 까닭이다.

그래서 《서書》에 '늙은이의 말을 귀담아들으면 허물이 생기지 않는다'라 하였고, 《시詩》에는 '나이와 언행은 함께 간다'라고 하였다. 이는 모두 노인의 말은 나라를 편안히 한다는 것을 훌륭하게 표현한 말이다.

昔者, 楚丘先生行年七十, 披裘帶索, 往見孟嘗君, 欲趨不能進.

孟嘗君曰:「先生老矣, 春秋高矣, 何以敎之?」

楚丘先生曰:「噫! 將我而老乎? 噫! 將使我追車而赴馬乎? 投石而超距乎? 逐麋鹿而搏豹虎乎? 吾已死矣. 何暇老哉? 噫! 將使我出正辭而當諸侯乎? 決嫌疑而定猶豫乎? 吾始壯矣, 何老之有?」

孟嘗君逡巡避席, 面有愧色.

詩曰:『老夫灌灌, 小子蹻蹻.』言老夫欲盡其謀, 而少者驕而不受也.

秦穆公所以敗其師, 殷紂所以亡天下也.

故書曰:『黃髮之言, 則無所愆.』

詩曰:『壽胥與試.』美用老人之言以安國也.

【楚丘先生】楚丘는 지명으로 지명이 성씨가 된 것이다. 齊나라 사람.

【孟嘗君】戰國 四公子 가운데 하나로 田文을 가리킨다. 靖郭君 田嬰의 아들로 薛 땅에 봉해져서 薛公이라고도 불렸다. 식객이 수 천 인이었으며 『鷄鳴狗盜』 등의 많은 故事를 남겼다. 《史記》 孟嘗君列傳 참조.

【辭令】외교관으로서 임금으로부터 받은 使命.

【猶豫】일의 결정을 머뭇거림. 雙聲連綿語.

【逡巡】발걸음을 머뭇거림. 疊韻連綿語.

【詩曰】《詩經》大雅 板의 구절.

【秦 穆公】春秋五霸의 하나. 재위 39년(B.C. 659~621). 이 일은 晉나라와의 殽戰을
말한다. 《左傳》僖公 32年 참조.

【書曰】《尙書》泰誓에 『詢玆黃髮, 則罔所愆』이라 하였다.

【詩曰】《詩經》魯頌 閟宮의 구절.

참고 및 관련 자료

1. 《韓詩外傳》卷十

楚丘先生披蓑帶索, 往見孟嘗君. 孟嘗君曰:「先生老矣. 春秋高矣. 多遺忘矣! 何以
教文?」楚丘先生曰:「惡! 君謂我老! 惡! 君謂我老! 意者將使我投石超距乎? 追車
赴馬乎? 逐麋鹿, 搏豹虎乎? 吾則死矣, 何暇老哉? 將使我深計遠謀乎? 定猶豫而
決嫌疑乎? 出正辭而當諸侯乎? 吾乃始壯耳, 何老之有?」孟嘗君赧然汗出至踵,
曰:「文過矣, 文過矣!」詩曰:『老夫灌灌.』

2. 《藝文類聚》(18)

楚丘先生披蓑帶索, 見孟嘗君. 孟嘗君曰:「先生老矣! 春秋高矣! 多遺忘矣! 何以
教文?」先生曰:「惡! 將我使而老哉! 使我投石拔距乎? 追車赴馬乎? 吾則將死,
何暇老哉? 將使我深計遠謀乎? 設精神而決嫌疑乎? 吾乃始壯耳, 何老之有?」

3. 《鶡子》逸文(《全上古三代文》卷九)

昔文王見鶡子年九十. 文王曰:「嘻! 老矣.」鶡子曰:「若使臣捕虎逐鹿, 則臣已老矣.
使臣坐策國事, 則臣年尙少.」因立爲師.

4. 기타 참고자료

《冊府元龜》(833) ·《太平御覽》(383) ·《意林》(3)

108(5-31) 齊有閭丘邛年十八
항탁은 일곱 살에 스승이 되었습니다

제齊나라에 여구공閭丘邛이란 자가 있었는데 나이가 열여덟이었다. 그는 선왕宣王이 지나가는 길을 가로막고 대뜸 이렇게 요구하였다.

"집안은 가난하고 어버이는 연로하십니다. 작은 벼슬자리 하나 얻기를 원합니다."

이에 선왕이 거절하였다.

"그대는 아직 너무 어려서 곤란하다."

그러자 여구공이 이렇게 반박하였다.

"그렇지 않습니다. 옛날 전욱顓頊은 나이 열둘에 천하를 다스렸고, 진秦나라 항탁項橐은 일곱 살에 성인의 스승이 되었습니다. 이로써 보건대 저는 불초할 따름이지 나이가 어린 것은 아닙니다."

그러나 선왕은 역시 망설였다.

"겨우 뿔이 난 망아지는 무거운 짐을 지고 멀리 갈 수가 없다. 이로 보면 선비 역시 화발타전華髮墮顚 정도의 나이가 든 후라야 가히 뽑아 쓸 수 있는 것이다."

이에 여구공은 다시 이렇게 말하였다.

"아닙니다. 무릇 같은 한 척尺이라도 짧은 것이 있고, 같은 한 촌寸이라도 긴 것이 있습니다. 화류록기驊騮騄驥는 천하의 준마들입니다. 이를 살쾡이나 다람쥐와 함께 솥이나 아궁이 같은 좁은 곳에 두면 그 빠르기가 결코 살쾡이·다람쥐를 앞서지 못합니다. 또 황곡黃鵠이나 백학白鶴은 한 번 날면 천리를 갑니다. 그러나 이들을 제비와 같이 날개를 펴고 처마 밑이나 집안으로 날아들게 하면 제비처럼 편히 날 수 없는 것은 뻔한 이치입니다. 또 벽려辟閭나 거궐巨闕은 천하의 날카로운 칼입니다. 돌을 쳐도 날이 망가지지 않고 바위를 찔러도 무디어지지 않습니다. 그러나 이 칼로 가는 볏짚 줄기와 함께 작은 눈알을 빼내는 일을 시키면 그 편리함이 볏짚을 앞서지 못합니다. 이로 보건대 화발타전의 나이를 저와 함께 하도록 하는 것과 무엇이 다릅니까?"

그제야 선왕은 이렇게 말하였다.

"좋다, 그대는 참으로 훌륭한 말을 들려주었다. 과인이 어찌 그대를 이렇게 늦게 만났는가?"

그러자 여구공은 이렇게 덧붙였다.

"무릇 닭·돼지의 시끄러운 소리는 종고鐘鼓의 좋은 음악을 빼앗고, 구름과 안개가 가득 차면 일월日月의 밝은 빛은 빼앗기고 맙니다. 참언하는 자들이 옆에 들끓으니 그 까닭으로 늦게 만난 것입니다. 《시詩》에 '물으시면 대답이나 겨우 하다가, 참언 만나 물러가니 애닯도다'라고 하였으니, 어찌 임금 가까이 갈 수 있었겠습니까?"

선왕은 수레의 손잡이를 치면서 말하였다.

"과인의 잘못이었네."

그리고는 함께 수레에 태워 돌아와서는 그를 등용하였다. 그래서 공자孔子가 "뒤따르는 자가 두렵도다. 그러니 어찌 다음에 오는 자들이 지금만 못하리라고 할 수 있겠는가?"라 하였으니, 이러한 경우를 두고 한 말이다.

齊有閭丘邛, 年十八, 道遮宣王曰:「家貧親老, 願得小仕.」

宣王曰:「子年尙稚, 未可也.」

閭丘邛對曰:「不然. 昔有顓頊行年十二而治天下, 秦項橐七歲爲聖人師. 由此觀之, 邛不肖耳, 年不稚矣.」

宣王曰:「未有咫角驂駒而能服重致遠者也. 由此觀之, 夫士

亦華髮墮顚而後可用耳.」

閭丘邛曰:「不然. 未尺有所短, 寸有所長, 驊騮騄驥, 天下之俊馬也, 使之與貍鼬試於釜竈之間, 其疾未必能過貍鼬也; 黃鵠白鶴, 一擧千里, 使之與燕服翼試之堂廡之下, 盧室之間, 其便未必能過燕服翼也. 辟閭巨闕, 天下之利器也, 擊石不缺, 刺石不鈈, 使之與管槀決目出眯, 其便未必能過管槀也. 由此觀之, 華髮墮顚, 與邛何以異哉?」

宣王曰:「善. 子有善言, 何見寡人之晚也?」

邛對曰:「夫雞豚謹嗷, 卽奪鐘鼓之音; 雲霞充咽, 則奪日月之明; 讒人在側, 是以見晚也. 詩曰:『聽言則對, 譖言則退.』庸得進乎?」

宣王拊軾曰:「寡人有過.」

遂載與之俱歸而用焉.

故孔子曰:『後生可畏, 安知來者之不如今?』此之謂也.

【閭丘工邛】 齊나라 사람. 閭丘는 姓氏, 邛은 이름이다.

【宣王】 戰國時代 齊나라의 君主. 재위 19년(B.C. 319~301).

【家貧親老】《韓詩外傳》에 "任重道遠者, 不擇地而息, 家貧親老者, 不擇官而仕"라 하였다.

【項囊】 孔子의 스승으로 알려진 어린이.《史記》甘茂傳에『夫項囊生七歲而爲孔子師』라고 하였고,《帝王世紀》에『顓頊生十年, 佐少昊氏, 二十而登帝位』라고 하였다.

【華髮墮顚】 머리가 희끗희끗하거나 대머리가 벗겨진 상태쯤의 나이.

【驊騮騄驥】 驊騮는 周穆王의 八駿馬 중의 하나이며, 騄과 驥 역시 천리마이다.

【辟閭巨闕】 모두 名劍의 이름.《荀子》性惡篇에『闔閭之干將·莫邪·鉅闕·隻閭, 此皆古之良劍也』라고 하였다.

【詩曰】《詩經》小雅 雨無正의 구절.

【孔子曰】《論語》子罕篇의 구절.

1.《淮南子》主術訓

夫華騮綠耳, 一日而至千里. 然其使之搏兎, 不如豺狼, 伎能殊也. 鴟夜撮蚤蚊, 察分秋毫, 晝日顚越, 不能見邱山, 形性詭也.

109(5-32) 荊人卞和得玉璞
화씨지벽

형荊나라 사람 변화卞和란 자가 옥박玉璞을 구하여 이를 형荊의 여왕
厲王에게 바쳤다. 왕이 이를 옥윤玉尹에게 감정토록 하였더니 "돌입니다"
라 하는 것이었다. 임금은 변화가 자신을 속였다고 여겨 그의 왼쪽
다리를 자르는 형벌을 내렸다.

여왕이 죽고 무왕武王이 즉위하자, 변화는 다시 그 옥박을 무왕에게
바쳤다. 무왕 역시 그것을 옥윤에게 감정토록 시키자 이번에도 "돌입니다"
라고 하였다. 또다시 감히 속였다고 여겨 이번에는 오른쪽 다리를
잘라 버리고 말았다.

무왕이 죽고 다시 공왕共王이 즉위하였다. 이에 변화는 옥을 받든
채 형산荊山 속에 들어가 통곡을 하였다. 사흘 밤낮을 울어 눈물이
메말라 피가 이어져 흘러 내렸다. 공왕이 이 소식을 듣고 사람을 시켜
이렇게 물어보도록 하였다.

"천하에 형벌을 당한 자가 많거늘, 그대는 어찌 유독 그리도 슬피
우는가?"

이에 변화가 이렇게 대답하였다.

"보옥을 돌이라 하고, 곧은 선비를 속임수를 쓰는 자로 몰아 살육하니
저는 이 때문에 우는 것입니다."

이 말에 공왕은 이렇게 말하였다.

"애석하도다! 우리 선왕들의 남의 말 들으심이여. 돌을 갈라 보는 것을 어렵게 여기고 사람 다리 자르는 것을 쉽게 여기셨으니! 무릇 사람이란 한 번 죽으면 다시 살아날 수 없고 다리는 한 번 잘려지면 다시 붙일 수는 없는 것, 그런데 어찌 들으심이 그렇게도 다르셨을까?"

그리고는 그 옥을 다듬어 천하의 보배를 얻게 되었다. 그리하여 이 옥을

玉人(商) 1976 河南 安陽 婦好墓 출토

'화씨지벽和氏之璧'이라 부르게 된 것이다.

그러므로 주옥이란 임금이 좋아하는 것인데 변화가 이를 바쳤건만 그 가치가 옥윤에 의하여 중간에서 인정받지 못하였다고 할 수 있다. 보물을 바치는 일도 이처럼 어려운데 하물며 현인을 추천하는 일임에랴? 현신賢臣과 간신姦臣 사이는 서로 구수仇讐와 같다. 어리석은 임금과는 더욱 그 뜻이 맞지 않는다. 무릇 간신으로 하여금 뜻이 맞지 않은 임금에게 그 원수를 추천토록 기대하는 일이란 화씨지벽을 바치는 일보다 만 배나 더 어렵다. 또 양 다리를 잘리지 아니하면서 남을 추천하기란 산을 뽑는 일만큼이나 어렵다.

천세에 한 번 서로 뜻이 맞을 경우와 이것이 계속된다면 그런 연후에야 패왕霸王의 임금이 나타날 수 있는 것이다. 어질면서 등용되지 못한 자는 그 수를 헤아릴 수 없다. 그래서 도가 있는 자로서 죽임을 당하지 아니하려면 의당 백옥의 박璞 같은 좋은 것이 있다 할지라도 감히 나서서 바치지 않아야 가능할 뿐이다.

荊人卞和得玉璞而獻之, 荊屬王使玉尹相之, 曰:「石也.」
王以和爲謾, 而斷其左足.

屬王薨, 武王卽位, 和復奉玉璞而獻之武王.

武王使玉尹相之, 曰:「石也.」

又以爲謾, 而斷其右足.

武王薨, 共王卽位, 和乃奉玉璞而哭於荊山中, 三日三夜, 泣盡, 而繼之以血. 共王聞之, 使人問之, 曰:「天下刑之者衆矣. 子獨何哭之悲也?」

對曰:「寶玉而名之曰石, 貞士而戮之以謾, 此臣之所以悲也.」

共王曰:「惜矣! 吾先王之聽. 難剖石而易斬人之足! 夫死者不可生, 斷者不可屬, 何聽之殊也?」

乃使人理其璞而得寶焉. 故名之曰和氏之璧.

故曰: 珠玉者, 人主之所貴也, 和雖獻寶, 而美未爲玉尹用也. 進寶且若彼之難也, 況進賢人乎? 賢人與姦臣, 猶仇讐也, 於庸君意不合. 夫欲使姦臣進其讐於不合意之君, 其難萬倍於和氏之璧, 又無斷兩足之臣以推, 其難猶拔山也. 千歲一合, 若繼踵, 然後霸王之君興焉. 其賢而不用, 不可勝載, 故有道者之不戮也, 宜白玉之璞未獻耳.

【荊】 楚나라의 別稱.
【卞和】 人名. 和氏之璧의 故事를 낳은 楚나라 사람.
【玉璞】 다듬지 않은 옥의 原石을 말한다.
【厲王】 楚나라에는 襄王이 없으며 임의로 시대를 빗댄 것이다.
【玉尹】 玉을 관리하고 감정하는 臣下를 말한다.
【武王】 원래 楚 武王은 春秋時代(재위 51년, B.C. 740~690)의 君主.

【共王】역시 楚나라 君主(재위 31년, B.C. 590~560). 내용이나 시기로 보아 구체적인 임금은 아닌 것으로 보인다.

【和氏之璧】이 구슬은 뒤에 『完璧(完璧歸趙)』, 그리고 張儀가 楚나라에서 이를 훔친 것으로 의심받은 『吾舌尙在』 등의 故事를 남겼다.

참고 및 관련 자료

1.《韓非子》和氏篇

楚人和氏得玉璞楚山中, 奉而獻之厲王. 厲王使玉人相之. 玉人曰:「石也.」王以和爲誑, 而刖其左足. 及厲王薨, 武王卽位. 和又奉其璞而獻之武王. 武王使玉人相之. 又曰:「石也.」王又以和爲誑, 而刖其右足. 武王薨, 文王卽位. 和乃抱其璞而哭於楚山之下, 三日三夜, 泣盡而繼之以血. 王聞之, 使人問其故, 曰:「天下之刖者多矣, 子奚哭之悲也?」和曰:「吾非悲刖也, 悲夫寶玉而題之以石, 貞士而名之以誑, 此吾所以悲也.」王乃使玉人理其璞而得寶焉, 遂命曰:「和氏之璧.」夫珠玉, 人主之所急也. 和雖獻璞而未美, 未爲王之害也, 然猶兩足斬而寶乃論, 論寶若此其難也. 今人主之於法術也, 未必和璧之急也; 而禁群臣士民之私邪. 然則有道者之不僇也, 特帝王之璞未獻耳. 主用術, 則大臣不得擅斷, 近習不敢賣重; 官行法, 則浮萌趨於耕農, 而遊士危於戰陳; 則法術者乃群臣士民之所禍也. 人主非能倍大臣之議, 越民萌之誹, 獨周乎道言也, 則法術之士, 雖至死亡, 道必不論矣.

2. 기타 참고자료

《淮南子》覽冥訓 高誘 注·《琴操》(蔡邕) 卷下·《楚辭》七諫 洪興祖 補注

임동석(茁浦 林東錫)

慶北 榮州 上茁에서 출생. 忠北 丹陽 德尙골에서 성장. 丹陽初中 졸업. 京東高 서울敎大 國際大 建國大 대학원 졸업. 雨田 辛鎬烈 선생에게 漢學 배움. 臺灣 國立臺灣師範大學 國文硏究所(大學院) 博士班 졸업. 中華民國 國家文學博士(1983). 建國大學校 敎授. 文科大學長 역임. 成均館大 延世大 高麗大 外國語大 서울대 등 大學院 강의. 韓國中國言語學會 中國語文學硏究會 韓國中語中文學會 會長 역임. 저서에 《朝鮮譯學考》(中文)《中國學術槪論》《中韓對比語文論》. 편역서에 《수레를 밀기 위해 내린 사람들》《栗谷先生詩文選》. 역서에 《漢語音韻學講義》《廣開土王碑硏究》《東北民族源流》《龍鳳文化源流》《論語心得》〈漢語雙聲疊韻硏究〉 등 학술 논문 50여 편.

임동석중국사상100

신서 新序

劉向 撰 / 林東錫 譯註
1판 1쇄 발행/2009년 12월 12일
2쇄 발행/2013년 10월 1일
발행인 고정일
발행처 동서문화사
창업 1956. 12. 12. 등록 16-3799
서울강남구신사동563-10 ☎546-0331~6 (FAX)545-0331
www.dongsuhbook.com
잘못 만들어진 책은 바꾸어 드립니다.

*

*

사업자등록번호 211-87-75330
ISBN 978-89-497-0581-1 04080
ISBN 978-89-497-0542-2 (세트)